Die Selbstanzeige in der Insolvenz

Bochumer Schriften zum Steuerrecht

Herausgegeben von Roman Seer

Band 37

PETER LANG

Marc Frintrup

Die Selbstanzeige in der Insolvenz

PETER LANG

Bibliografische Information der Deutschen Nationalbibliothek
Die Deutsche Nationalbibliothek verzeichnet diese Publikation in der Deutschen Nationalbibliografie; detaillierte bibliografische Daten sind im Internet über http://dnb.d-nb.de abrufbar.

Zugl.: Bochum, Univ., Diss., 2019

Abbildung auf dem Umschlag: Siegel der Universität Bochum.
Abdruck mit freundlicher Genehmigung der Universität Bochum.

Gedruckt auf alterungsbeständigem, säurefreiem Papier.
Druck und Bindung: CPI books GmbH, Leck

D 294
ISSN 1613-933X
ISBN 978-3-631-79466-1 (Print)
E-ISBN 978-3-631-80935-8 (E-PDF)
E-ISBN 978-3-631-80936-5 (EPUB)
E-ISBN 978-3-631-80937-2 (MOBI)
DOI 10.3726/b16452

Peter Lang – Berlin · Bern · Bruxelles · New York ·
Oxford · Warszawa · Wien

Diese Publikation wurde begutachtet.

www.peterlang.com

Für meine Familie

Vorwort

Die vorliegende Arbeit wurde im Wintersemester 2018/2019 von der Juristischen Fakultät der Ruhr-Universität Bochum als Dissertation angenommen. Die mündliche Prüfung fand am 24. April 2019 in Bochum statt. Am 12. September 2018 habe ich das Manuskript fertiggestellt. Es basiert auf der zu diesem Zeitpunkt geltenden Rechtslage. Bis dahin ergangene Rechtsprechung und veröffentlichte Literatur wurden berücksichtigt.

Vor allem möchte ich meinem Doktorvater Herrn Prof. Dr. Roman Seer herzlich für die Bereitschaft danken, das Promotionsvorhaben zu betreuen. Dank seiner engagierten Unterstützung konnte die Dissertation stringent umgesetzt werden. Seine wertvollen Denkanstöße halfen mir sehr dabei, die Thematik zu durchdringen und zu strukturieren. Zu großem Dank bin ich ihm darüber hinaus wegen seines Angebots verpflichtet, diese Dissertation in die von ihm herausgegebenen Bochumer Schriften zum Steuerrecht aufzunehmen und sie dort zu veröffentlichen. Frau Prof. Dr. Sabine Swoboda habe ich für die außerordentlich zügige Erstellung des Zweitgutachtens zu danken. Weiterer Dank gebührt Frau Dr. Daniela Zuschlag, die mich dabei unterstützt hat, den Kontakt zum Bochumer Lehrstuhl herzustellen.

Von ganzem Herzen bedanke ich mich bei meiner Frau und meinen beiden Töchtern. Sie haben die Belastungen und Einschränkungen, die mit der langjährigen Arbeit an der Dissertation verbunden waren, mit viel Verständnis und Geduld ertragen. Darüber hinaus hat mich meine Frau in vielfältiger Weise während des Promotionsverfahrens unterstützt. Ohne sie hätte ich es nicht geschafft. Für das Korrekturlesen großer Teile des Manuskripts möchte schließlich auch meinen Schwiegereltern und meiner Schwägerin danken.

Hamm/Westf., im August 2019
Marc Frintrup

Inhaltsübersicht

Inhaltsverzeichnis

Abkürzungsverzeichnis

a.A.	andere Ansicht
aaO	am angegebenen Ort
Abb.	Abbildung
Abs.	Absatz
ABl.	Amtsblatt
AEAO	Anwendungserlass zur Abgabenordnung
AEUV	Vertrag über die Arbeitsweise der Europäischen Union
Alt.	Alternative
AnfG	Anfechtungsgesetz
Anm.	Anmerkung
AnwBl	Anwaltsblatt (Zeitschrift)
AO	Abgabenordnung
AO-Änderungsgesetz 2015	Gesetz zur Änderung der Abgabenordnung und des Einführungsgesetzes zur Abgabenordnung 2015
AO-StB	AO-Steuerberater (Zeitschrift)
AO StrafÄndG	Gesetz zur Änderung strafrechtlicher Vorschriften der Reichsabgabenordnung und anderer Gesetze
Art.	Artikel
AStBV (St) 2017	Anweisungen für das Straf- und Bußgeldverfahren (Steuer) 2017
Aufl.	Auflage
Aug.	August
BAG	Bundesarbeitsgericht
BayOLG	Bayerisches Oberlandesgericht
BayOLGSt	Amtliche Sammlung von Entscheidungen des Bayerischen Oberlandesgerichts in Strafsachen
BB	Betriebs-Berater (Zeitschrift)
Beschl.	Beschluss
BesitzStG	Besitzsteuergesetz
Begr.	Begründer
BFH	Bundesfinanzhof

BFHE	Amtliche Sammlung von Entscheidungen des Bundesfinanzhofs
BFH/NV	Sammlung amtlich nicht veröffentlichter Entscheidungen des Bundesfinanzhofs
BGB	Bürgerliches Gesetzbuch
BGBl.	Bundesgesetzblatt
BGH	Bundesgerichtshof
BGHR Strafsachen	BGH-Rechtsprechung Strafsachen
BGHSt	Amtliche Sammlung von Entscheidungen des Bundesgerichtshofs in Strafsachen
BGHZ	Amtliche Sammlung von Entscheidungen des Bundesgerichtshofs in Zivilsachen
BMF	Bundesministerium der Finanzen
BR-Drucks.	Bundesratsdrucksache
BStBl.	Bundessteuerblatt
BT-Drucks	Bundestagsdrucksache
BuStra	Buß- und Strafsachenstelle
BVerfG	Bundesverfassungsgericht
BVerfGE	Amtliche Sammlung der Entscheidungen des Bundesverfassungsgerichts
bzw.	beziehungsweise
d.h.	das heißt
DB	Der Betrieb (Zeitschrift)
ders./dies.	derselbe/dieselbe(n)
DepotG	Depotgesetz
Dez.	Dezember
DStR	Das deutsche Steuerrecht (Zeitschrift)
DStZ	Deutsche Steuerzeitung (Zeitschrift)
DStZ/B	Deutsche Steuerzeitung Ausgabe B (Zeitschrift)
e.V.	eingetragener Verein
EFG	Entscheidungen der Finanzgerichte (Zeitschrift)
EGMR	Europäischer Gerichtshof für Menschenrechte
EGStGB	Einführungsgesetz zum Strafgesetzbuch
Einl.	Einleitung
EMRK	Europäische Menschenrechtskonvention
Erl.	Erläuterungen

ESUG	Gesetz zur weiteren Erleichterung der Sanierung von Unternehmen
EU	Europäische Union
EU-GR Charta	Charta der Grundrechte der Europäischen Union
EuGH	Europäischer Gerichtshof
EuInsVO	Verordnung (EG) Nr. 1346/2000 über Insolvenzverfahren (Europäische Insolvenzverordnung)
EUV	Vertrag über die Europäische Union
f.	folgend
FA	Finanzamt
Feb.	Februar
ff.	fortfolgend
FG	Finanzgericht
FGO	Finanzgerichtsordnung
FinMin	Finanzministerium
FK	Frankfurter Kommentar zur Insolvenzordnung
GA	Goldammer's Archiv für Strafrecht
GG	Grundgesetz
ggfs.	gegebenenfalls
GJW	Graf/Jäger/Wittig
GmbHG	Gesetz betreffend die Gesellschaften mit beschränkter Haftung
GVG	Gerichtsverfassungsgesetz
h.L.	herrschende Lehre
h.M.	herrschende Meinung
HambKomm	Hamburger Kommentar zum Insolvenzrecht
HBeglG 2011	Haushaltsbegleitgesetz 2011
HHSP	Hübschmann/Hepp/Spitaler
HK	Heidelberger Kommentar
HRRS	HöchstRichterliche Rechtsprechung zum Strafrecht (Zeitschrift)
Hrsg.	Herausgeber
i.Br.	im Breisgau
i.d.R.	in der Regel
i.S.d.	im Sinne des

i.S.v.	im Sinne von
insb.	insbesondere
InsbürO	Zeitschrift für Insolvenzsachbearbeitung und Entschuldungsverfahren (Zeitschrift)
InsO	Insolvenzordnung
InsO-E	Entwurf Insolvenzordnung
InsO-RefE 2012	Referentenentwurf zur Reform des Insolvenzrechts 2012
InsVV	Insolvenzrechtliche Vergütungsverordnung
Jan.	Januar
JJR	Joecks/Jäger/Randt
JR	Juristische Rundschau (Zeitschrift)
Jura	Juristische Ausbildung (Zeitschrift)
JurisPR-InsR	Juris PraxisReport Insolvenzrecht (Online-Zeitschrift)
JuS	Juristische Schulung (Zeitschrift)
JZ	JuristenZeitung (Zeitschrift)
KG	Kammergericht
KTS	Konkurs-/ Treuhand- und Schiedsgerichtswesen (Zeitschrift)
KO	Konkursordnung
KÖSDI	Kölner Steuerdialog (Zeitschrift)
KPB	Kübler/Prütting/Bork
Lfg.	Lieferung
LG	Landgericht
LSt-A	Lohnsteueranmeldung
m.E.	meines Erachtens
MiZi	Anordnung über Mitteilungen in Zivilsachen
MünchKommStGB	Münchener Kommentar zum Strafgesetzbuch
MünchKommInsO	Münchener Kommentar zur Insolvenzordnung
mwN	Mit weiteren Nachweisen
n.F.	neue Fassung
NdsRpfl	Niedersächsische Rechtspflege
NJ	Neue Justiz (Zeitschrift)

NJW	Neue Juristische Wochenschrift
Nov.	November
Nr.	Nummer
NRW	Nordrhein-Westfalen
NStZ	Neue Zeitschrift für Strafrecht (Zeitschrift)
NStZ-RR	Neue Zeitschrift für Strafrecht Rechtsprechungsreport (Zeitschrift)
NZI	Neue Zeitschrift für das Recht der Insolvenz und Sanierung (Zeitschrift)
NZWiSt	Neue Zeitschrift für Wirtschafts-, Steuer- und Unternehmensstrafrecht
o.ä.	oder ähnliches
OFD	Oberfinanzdirektion
OLG	Oberlandesgericht
Okt.	Oktober
p.a.	per annum
PStR	Praxis Steuerstrafrecht (Zeitschrift)
RAO	Reichsabgabenordnung
RefE	Referentenentwurf
RG	Reichsgericht
RGBl.	Reichsgesetzblatt
RGZ	Amtliche Sammlung von Entscheidungen des Reichsgerichts
Rn.	Randnummer
Rs.	Rechtssache
Rspr.	Rechtsprechung
S.	Satz/Seite
SchwarzGBekG	Schwarzgeldbekämpfungsgesetz
Sept.	September
SGB	Sozialgesetzbuch
SK	Systematischer Kommentar (Kommentar)
sog.	sogenannt(e/en)
Sp.	Spalte
StA	Staatsanwaltschaft
StBW	Die Steuerberater Woche

Stbg	Die Steuerberatung (Zeitschrift)
SteuerfluchtG	Steuerfluchtgesetz
SteuerStud	Steuer und Studium (Zeitschrift)
stRspr.	ständige Rechtsprechung
StGB	Strafgesetzbuch
StPO	Strafprozessordnung
StV	Strafverteidiger (Zeitschrift)
StW	Steuer und Wirtschaft (Zeitschrift)
Tz.	Textziffer
u.	und
u.a.	unter anderem
u.U.	unter Umständen
UR	Umsatzsteuer-Rundschau (Zeitschrift)
Urt.	Urteil
UStAE	Umsatzsteuer-Anwendungserlass
UStG	Umsatzsteuergesetz
USt-JA	Umsatzsteuerjahresanmeldung
USt-VA	Umsatzsteuervoranmeldung
v.	vom/von
VAZ	Voranmeldungszeitraum
vgl.	vergleiche
VIA	Verbraucherinsolvenz aktuell (Zeitschrift)
VollstrA	Allgemeine Verwaltungsvorschrift über die Durchführung der Vollstreckung nach der Abgabenordnung – Vollstreckungsanweisung –
Vorbem.	Vorbemerkung(en)
wistra	Zeitschrift für Wirtschafts- und Steuerstrafrecht (Zeitschrift)
WM	Wertpapiermitteilungen (Zeitschrift)
z.B.	zum Beispiel
ZfZ	Zeitschrift für Zölle und Verbrauchsteuern (Zeitschrift)
ZIP	Zeitschrift für Wirtschaftsrecht (Zeitschrift)
Ziff.	Ziffer

ZInsO	Zeitschrift für das gesamte Insolvenzrecht (Zeitschrift)
ZIS	Zeitschrift für Internationale Strafrechtsdogmatik (Zeitschrift)
zit.	zitiert
ZollVG	Zollverwaltungsgesetz
ZVI	Zeitschrift für Verbraucher- und Privat-Insolvenzrecht (Zeitschrift)
ZWH	Zeitschrift für Wirtschaftsstrafrecht und Haftung im Unternehmen (Zeitschrift)
zzgl.	zuzüglich
ZZP	Zeitschrift für Zivilprozess (Zeitschrift)

Einleitung und Gang der Untersuchung

A) Ein Steuerhinterzieher lebt mit der ständigen Gefahr (und ggfs. auch Angst), dass die Finanzbehörden seine Tat aufdecken. Die Rechtsordnung stellt ihm mit der Selbstanzeige nach den §§ 371, 398a AO ein Instrument zur legalen Selbsthilfe zur Verfügung, mit dem er die Strafverfolgung rechtssicher verhindern können soll. In dem Maße, in dem seine Liquiditätsprobleme zunehmen, verliert er jedoch die privatautonome Kontrolle über seine eigenen Geschicke. Das gilt insbesondere für die Möglichkeit, sich selbst durch Selbstanzeige vor Strafverfolgung zu bewahren. Denn dafür sind grundsätzlich Zahlungen notwendig, insbesondere die Nachzahlung der hinterzogenen Steuer. Das Insolvenzrecht verstärkt den Kontrollverlust des Steuerhinterziehers noch dadurch, dass es ihm auch rechtlich die Selbstanzeige erschwert. Er verliert am Ende sogar fast gänzlich die Befugnis, sein verbliebendes Vermögen zu verwalten und darüber zu verfügen. Seine zuvor getätigten Zahlungen werden im Wege der Insolvenzanfechtung u.U. sogar rückabgewickelt. Diese Arbeit hat die Selbstanzeige unter diesen besonderen Bedingungen zum Gegenstand. Der im Titel verwendete Begriff der Insolvenz umfasst dabei die Phasen der materiellen Insolvenz vor dem Insolvenzantrag (Krise), des Insolvenzeröffnungsverfahrens und des eröffneten Insolvenzverfahrens.

B) Besondere Praxisrelevanz hat das Thema nicht nur wegen der großen Zahl an Insolvenzverfahren in Deutschland.[1] Die Kriminalitätsanfälligkeit wächst auch allgemein mit der Nähe zur Insolvenz proportional und signifikant an.[2] Der Versuch, das Unternehmen mit allen Mitteln zu retten, führt häufig dazu, dass strafrechtliche Grenzen überschritten werden. Es handelt sich dabei nicht nur um Insolvenzdelikte im engeren Sinne (§§ 283 ff. StGB) und um das Vorenthalten von Arbeitsentgelt (§ 266a StGB), sondern typischerweise auch um Steuerhinterziehungen.[3] Die Täter mögen teilweise mit dem Ziel handeln,

---

1 In Deutschland wurden in 2017 insgesamt ca. 116.000 Insolvenzfälle registriert. Davon entfielen 20.200 auf Unternehmensinsolvenzen, 72.100 auf Verbraucherinsolvenzen und 23.100 auf sonstige Insolvenzen, zu denen auch die Insolvenzen von ehemals Selbständigen zählen, *Creditreform Wirtschaftsforschung*, Insolvenzen in Deutschland (https://www.creditreform.de/fileadmin/user_upload/crefo/download_de/news_termine/wirtschaftsforschung/insolvenzen-deutschland/analyse_UE-2017.pdf) (geprüft am 30.08.2018).

2 *Beck*, Wabnitz/Janovsky, ^{4}2014, § 8 Rn. 82.

3 *Weyand/Diversy*, Insolvenzdelikte, ^{10}2016, Rn. 9.

Arbeitsplätze zu retten; andere resignieren und vernachlässigen deshalb ihre steuerlichen Pflichten.

Der Anwendungsbereich der Steuerhinterziehung ist gerade bei Anmeldesteuern weit. Schon das wissentliche Versäumen einer Anmeldefrist stellt regelmäßig eine vollendete Steuerhinterziehung dar. Zu den Anmeldesteuern zählen die Umsatz- und die Lohnsteuer, d.h. Betriebssteuern mit hohem Steueraufkommen. Dabei ist zu berücksichtigen, dass die Lohnsteueranmeldungen in der Regel monatlich, die Umsatzsteuervoranmeldungen in der Regel monatlich oder quartalsweise abzugeben sind. Wegen dieser kurzen Zeitintervalle fallen Anmeldefristen regelmäßig in den Zeitraum einer Unternehmenskrise.

C) Die Selbstanzeige einerseits und das Insolvenzrecht andererseits sind einander wesensfremd. § 371 AO gehört zum materiellen Steuerstrafrecht, § 398a AO ist eine strafverfahrensrechtliche Norm. Das Insolvenzrecht wird dagegen dem privaten Vermögens- und Haftungsrecht zugerechnet.[4] Trotz der Wesensunterschiede gibt es rechtstatsächliche Überschneidungen, wenn der selbstanzeigewillige Steuerhinterzieher insolvenzreif oder insolvent ist. Vor diesem Hintergrund ist nicht weiter verwunderlich, dass es zu Spannungen kommt, insbesondere zwischen den im Rahmen der Selbstanzeige gebotenen Zahlungen und dem insolvenzrechtlichen Gläubigergleichbehandlungsgrundsatz. Diese Spannungen haben noch zugenommen, weil der Gesetzgeber mit dem SchwarzGBekG 2011 zusätzliche Zahlungspflichten (Zinsen, Strafzuschlag) im Selbstanzeigerecht implementiert und mit dem AO-Änderungsgesetz 2015 weiter verschärft hat. Das einschlägige Normengeflecht ist komplex: Der Tatbestand der Steuerhinterziehung, aber auch die §§ 371, 398a AO knüpfen an steuerliche Pflichten an. Unter Bedingungen der Insolvenz gilt dabei das Regime des Insolvenzsteuerrechts, das angesichts lückenhafter Gesetze stark von der Rechtsprechung geprägt ist.

D) Diese Arbeit verfolgt das Ziel, dogmatisch fundierte und möglichst praxistaugliche Lösungen für Situationen zu entwickeln, in denen ein insolvenzreifer oder insolventer Steuerhinterzieher steuerehrlich werden will oder sich bereits selbst angezeigt hat. Im Wesentlichen soll das durch Auslegung der §§ 371, 398a AO nach den Grundsätzen der juristischen Methodenlehre geschehen. Die Selbstanzeigevorschriften sind in der Insolvenzsituation in ein rechtliches

---

4 Das Insolvenzrecht ordnet die Vermögens- und Haftungsbedingungen des Schuldners unter Insolvenzbedingungen. Einzelne nicht-privatrechtliche Bestimmungen sind lediglich ergänzende Bestandteile des privatrechtlich geprägten Insolvenzrechts, Schmidt, InsO/*Schmidt*, Einleitung Rn. 19.

Umfeld aus Steuerrecht, Insolvenzrecht und Insolvenzsteuerrecht eingebettet. Anliegen der Arbeit ist es ausdrücklich nicht, auch noch zu diesem Umfeld die jeweilige höchstrichterliche Rechtsprechung, die herrschende Literaturmeinung oder die Verwaltungsauffassung kritisch zu beleuchten. Vielmehr wird die in der Praxis jeweils maßgebliche Auslegung unterstellt, um die praktische Verwertbarkeit der Untersuchungsergebnisse dieser Arbeit zu gewährleisten und nicht den für eine Dissertation angemessenen Rahmen zu sprengen.

Daneben soll diese Arbeit dem Leser einen Überblick über die Selbstanzeigemöglichkeiten in den verschiedenen Insolvenzstadien vom Eintritt der materiellen Insolvenz bis zur Aufhebung des Insolvenzverfahrens verschaffen. Der Schwerpunkt liegt dabei auf der materiellen Insolvenz vor dem Insolvenzantrag (Krise). Insbesondere für das Insolvenzeröffnungsverfahren und das eröffnete Insolvenzverfahren erhebt diese Arbeit nicht den Anspruch auf eine erschöpfende Darstellung des Themas. Auch das würde den Rahmen sprengen. Es geht neben dem allgemeinen Überblick u.a. darum, Fragestellungen, die für frühere Phasen schon untersucht worden sind, auf spätere Phasen zu übertragen (z.B. Insolvenzanfechtung in der Krise und im Eröffnungsverfahren). Darüber hinaus werden auch die Auswirkungen beleuchtet, die spezifische Regelungen des Eröffnungsverfahrens und des eröffneten Insolvenzverfahrens auf die Selbstanzeige haben (z.B. Anfechtungsauschluss bei im Eröffnungsverfahren begründeten Steuermasseverbindlichkeiten). Für Selbstanzeigen, die der Steuerhinterzieher nach dem Insolvenztrag erstattet, fehlt es bislang weitgehend an Rechtsprechung und Literaturstimmen. Insofern hegt der Verfasser die Hoffnung, mit diesem ersten Aufschlag eine wissenschaftliche Diskussion anzustoßen.

Schließlich sieht der Verfasser Anlass, legislativen Handlungsbedarf zu thematisieren. Denn der Gesetzgeber fällt bislang beim Verhältnis der Selbstanzeige zum Insolvenzrecht durch eine noch größere Zurückhaltung als bei dem hybriden Insolvenzsteuerrecht auf.

E) Diese Arbeit hat die Selbstanzeige unter den besonderen Bedingungen der Insolvenz zum Gegenstand. Dieses Thema bedarf noch einer weiteren Eingrenzung, damit wegen dessen Uferlosigkeit der Überblick nicht abhandenkommt:

Die Arbeit befasst sich nur mit Selbstanzeigen, die Steuerhinterziehungen mit dem Taterfolg der Steuerverkürzung (§ 370 Abs. 4 S. 1 AO) betreffen. Steuerstraftaten im Zusammenhang mit der Nichtverwendung von Steuerzeichen und Steuerstemplern (§ 370 Abs. 1 Nr. 3 AO) bleiben ebenfalls ausgespart. Wichtig ist zudem der Hinweis, dass nur solche Steuerhinterzieher Gegenstand der Untersuchung sind, die von ihnen selbst geschuldete Steuern hinterzogen haben. Ein zentraler Themenschwerpunkt dieser Arbeit ist nämlich die Frage, ob auf die grundsätzlich gebotene Steuernachentrichtung bei insolvenzreifen/insolventen

Selbstanzeigern verzichtet werden kann. Insbesondere organschaftliche und sonstige Vertreter von Gesellschaften sind jedoch ohnehin nicht nachentrichtungspflichtig, soweit sie nicht auch selbst unmittelbar wirtschaftlichen Nutzen aus ihrer Tat gezogen haben.[5] Sind sie gleichzeitig auch an der Gesellschaft beteiligt, kommt eine solche wirtschaftliche Nutzziehung zwar in Betracht. Jedoch wird eine solvente Gesellschaft die von ihr geschuldete Steuer regelmäßig selbst zahlen, auch wenn sie hinterzogen worden war. Im Fall der Doppelinsolvenz verschafft dem insolventen Vertreter seine (wertlose) Beteiligung an der insolventen Gesellschaft wiederum keinen wirtschaftlichen Vorteil.[6] Insgesamt ist die Frage, ob die Steuernachentrichtung *wegen* der Insolvenz des Täters entbehrlich ist, für diese Gruppe von Steuerhinterziehern kaum relevant.

Die Dissertation thematisiert den strafverfahrensrechtlichen Umgang mit wirksamen Selbstanzeigen. Allerdings werden das strafgerichtliche Zwischen- und Hauptverfahren insofern nicht mehr behandelt.

Gegenstand der Untersuchung ist ausschließlich die Insolvenz natürlicher Personen. Die Besonderheiten der Verbraucherinsolvenz (außergerichtliche oder gerichtlich moderierte Schuldenbereinigung) sollen dabei keine Rolle spielen. Die Arbeit konzentriert sich vor allem auf insolvenzreife bzw. insolvente Einzelunternehmer und Selbständige, die sich selbst anzeigen.

F) Der erste Teil legt zunächst begriffliche Grundlagen für das Verständnis der Bearbeitung. Er stellt darüber hinaus die jüngeren Entwicklungen sowie in Grundzügen die Ziele und Zwecke dar, die das Insolvenzrecht und das Institut der Selbstanzeige jeweils verfolgen.

Der zweite Teil betrifft Selbstanzeigen von Steuerhinterziehern in der Krise, wenn (noch) kein Insolvenzantrag gestellt ist. Dabei wird zwischen der (insolvenzrechtlichen) Zahlungsunfähigkeit und der Mittellosigkeit/-knappheit unterschieden. Mit letzterer ist das Unvermögen des Schuldners gemeint, die fällige Forderung *eines* Gläubigers vollständig zu tilgen (bilaterale Betrachtung). Unter Anwendung der herkömmlichen Auslegungsmethoden wird im Abschnitt A beleuchtet, ob Selbstanzeigen unter solchen Bedingungen nachentrichtungslos und zuschlagsfrei wirksam sind. Der Abschnitt B geht auf steuerrechtliche und insolvenzrechtliche Pflichten sowie auf strafrechtliche Risiken ein, die der zahlungsunfähige Steuerhinterzieher beachten sollte, dessen Mittel nicht für die Tilgung seiner fälligen *Gesamt*verbindlichkeiten ausreichen. Dieser insolvenzreife Steuerhinterzieher sieht sich mit einer Situation konfrontiert, in der

5 HHSP/*Beckemper*, August 2015, § 371 AO Rn. 97.

6 Vgl. LG Kassel, Beschluss vom 02. April 2004 – 6 Qs 16/03 –, StV 2006, 697 (698).

einander wesensfremde Rechtsgebiete aufeinander treffen. U.a. geht es um die Frage, inwieweit eine bereits eingetretene Zahlungsunfähigkeit Einfluss auf die im Rahmen der Selbstanzeige nachzuentrichtende Steuer hat. Dabei spielen auch Überlegungen dazu eine Rolle, inwiefern das Schuldnervermögen in der materiellen Insolvenz bereits den Gläubigern zuzuordnen ist. Nimmt der insolvenzreife Steuerhinterzieher im Rahmen einer Selbstanzeige Zahlungen vor, wird deren mögliche insolvenzrechtliche Anfechtbarkeit virulent. Im Mittelpunkt stehen dabei die strafrechtlichen und strafverfahrensrechtlichen Folgen einer späteren Anfechtung. Eine ausdrückliche gesetzliche Regelung fehlt. Wir werden sehen, dass die Untersuchung der angefochtenen Zuschlagszahlung, die im Rahmen der Selbstanzeige nach § 398a AO geleistet wird, unter anderen Vorzeichen stattfindet, weil der Zuschlag sich in der Zweckrichtung von der gebotenen Steuernachzahlung unterscheidet. Dabei rückt auch der § 398a Abs. 3 AO in den Fokus, der die Wiederaufnahme der Strafverfolgung nach Selbstanzeige und Verfahrenseinstellung zum Gegenstand hat, freilich ohne den Problemkreis der Insolvenzanfechtung ausdrücklich aufzugreifen.

Die Insolvenzanfechtung von Zahlungen, die im Rahmen einer Selbstanzeige vorgenommen werden, bekommt noch eine weitere Dimension, wenn der Nemo-tenetur-Grundsatz berührt ist. Besondere Beachtung finden im zweiten Teil Abschnitt C Konfliktsituationen, in denen ein Steuerpflichtiger sich durch eine wahrheitsgemäße und vollständige Steuererklärung wegen vorangegangener Besteuerungszeiträume selbst steuerstrafrechtlich belasten würde. Einige Monographien[7] haben sich zwar schon mit solchen Konfliktsituationen beschäftigt. Allerdings fehlt es bislang an einer wissenschaftlichen Aufarbeitung und Fortführung dieses Themas unter den besonderen Bedingungen materieller Insolvenz und (drohender) Insolvenzanfechtung. Diese Arbeit lotet verschiedene Lösungsansätze aus. Dabei nimmt der aus dem Rechtsstaatsprinzip abgeleitete Verhältnismäßigkeitsgrundsatz breiten Raum ein.

Im eröffneten Insolvenzverfahren verliert der insolvente Steuerhinterzieher die Verwaltungs- und Verfügungsbefugnis über sein pfändbares Vermögen. Dieser nahezu vollständige Verlust an Privatautonomie erschwert es, eine wirksame Selbstanzeige zu erstatten. Die Arbeit wird im dritten Teil Abschnitt A aufzeigen, inwiefern sich die Anforderungen an eine vollständige Materiallieferung im

7 *Berthold*, Zwang zur Selbstbezichtigung aus § 370 Abs. 1 AO, 1993; *Reiter*, Nemo tenetur und Steuererklärungspflicht, 2007; *Sahan*, Gefahr strafrechtlicher Selbstbelastung, 2006; *Schaefer*, Nemo-tenetur-Grundsatz, 2007; *Wenzel*, Beweisverwertungsverbote im Steuerstrafrecht, 2003.

Insolvenzverfahren verändern und wie der entmachtete Steuerhinterzieher sie erfüllen kann. Das Insolvenzsteuerrecht bietet Anknüpfungspunkte dafür, nachentrichtungslose Selbstanzeigen im eröffneten Insolvenzverfahren zuzulassen. Zentrale Bedeutung hat dabei die Akzessorietät der Steuernachentrichtung des Selbstanzeigers zum strafbefangenen Steueranspruch.

Im Insolvenzverfahren in Eigenverwaltung verwaltet der Schuldner die Insolvenzmasse im Interesse seiner Gläubiger in ihrer Gesamtheit. Die im Rahmen der Selbstanzeige gebotenen Zahlungen nützen strafrechtlich dem Schuldner und fiskalisch dem Steuergläubiger, schmälern aber die Insolvenzmasse zu Lasten der Gläubiger. Dieses Spannungsfeld bildet den Schwerpunkt des dritten Teils Abschnitt B.

Die Selbstanzeige in der Phase vom Insolvenzantrag bis zur Eröffnung des Insolvenzverfahrens ist Gegenstand des vierten Teils. In dieser Zwischenphase sieht sich der selbstanzeigewillige Steuerhinterzieher mit Problemen konfrontiert, die den Fragestellungen aus der Zeit der Insolvenzreife und/oder aus dem späteren Insolvenzverfahren gleichen oder zumindest ähneln. Deshalb kann die Untersuchung der Selbstanzeige im Eröffnungsverfahren meistens auf die vorherigen Teile dieser Arbeit verweisen bzw. auf die dortigen Ergebnisse zurückgreifen, womit sich ihre Platzierung am Ende der Bearbeitung erklärt. Das Insolvenzgericht trifft für das Eröffnungsverfahren u.a. vorläufige Anordnungen, die die Verwaltungs- und Verfügungsbefugnis des Schuldners berühren, beschränken oder entziehen. Im Fokus des vierten Teils stehen die Auswirkungen dieser Anordnungen auf die Möglichkeit des insolventen Steuerhinterziehers, sich noch im Eröffnungsverfahren selbst anzuzeigen. Ein zentrales Thema sind dabei Anfechtungsrisiken bei Nachzahlungen auf (potentielle) Steuermasseverbindlichkeiten, die der Schuldner im Rahmen einer Selbstanzeige im Eröffnungsverfahren vornimmt. Breiteren Raum nimmt auch die Masseerhaltungspflicht ein, die in der vorläufigen Eigenverwaltung dem insolventen Steuerhinterzieher Zahlungen an den Steuergläubiger bzw. die Staatskasse verbietet.

Erster Teil: Grundlagen

A. Begriffsbestimmungen

I. Arten der Mittelinsuffizienz

1. Zahlungsunfähigkeit

Der 9. Zivilsenat und der 1. Strafsenat des BGH verwenden den Begriff der *Zahlungsunfähigkeit* auf den Gebieten des Insolvenzrechts und des Insolvenzstrafrechts. Insolvenzrechtlich ist ein Schuldner gem. § 17 Abs. 2 S. 1 InsO zahlungsunfähig, wenn er nicht in der Lage ist, die fälligen Zahlungspflichten zu erfüllen. Es handelt sich also um das auf einem Mangel an Zahlungsmitteln beruhende Unvermögen des Schuldners, seine fälligen Verbindlichkeiten zu bedienen. Die Zahlungsunfähigkeit wird widerleglich vermutet, wenn der Schuldner seine Zahlungen eingestellt hat (§ 17 Abs. 2 S. 2 InsO). Der für Insolvenzsachen zuständige 9. Zivilsenat[8] hat den Begriff weiter konkretisiert. Es ist demnach regelmäßig von einer Zahlungsfähigkeit auszugehen, wenn eine innerhalb von drei Wochen nicht zu beseitigende Liquiditätslücke des Schuldners weniger als 10 % seiner fälligen Gesamtverbindlichkeiten beträgt, es sei denn, es ist bereits absehbar, dass die Lücke demnächst mehr als 10 % erreichen wird. Beträgt die Liquiditätslücke des Schuldners 10 % oder mehr, ist regelmäßig von Zahlungsunfähigkeit auszugehen, sofern nicht ausnahmsweise mit an Sicherheit grenzender Wahrscheinlichkeit zu erwarten ist, dass die Liquiditätslücke demnächst vollständig oder fast vollständig beseitigt werden wird und den Gläubigern ein Zuwarten nach den besonderen Umständen des Einzelfalls zuzumuten ist.

Maßstab für den insolvenzrechtlichen Begriff ist demnach die sog. insolvenzrechtliche Liquiditätskennzahl. Diese ist auf der Basis einer sog. Liquiditätsbilanz zu ermitteln, die alle innerhalb eines Zeitraums von drei Wochen fälligen und eingeforderten Verbindlichkeiten den in diesem Zeitraum mobilisierbaren, d.h. flüssigen oder flüssig zu machenden Mitteln gegenüberstellt.[9]

---

8 BGH, Urteil vom 24. Mai 2005 – IX ZR 123/04 –, BGHZ 163, 134 (139 ff.); BGH, Urteil vom 12. Oktober 2006 – IX ZR 228/03 –, DB 2006, 2683 (2685).

9 BGH, Beschluss vom 19. Juli 2007 – IX ZB 36/07 –, BGHZ 173, 286 (296) Rn. 29; MünchKommInsO, Band 1/*Eilenberger*, § 17 InsO Rn. 19 f. Die insolvenzrechtliche Liquiditätskennzahl entspricht im Wesentlichen der sog. Liquidität 2. Grades (*Acid Test Ratio* oder auch *Quick Ratio*), siehe hierzu *Mensch*, Finanz-Controlling, [2]2008 S. 181.

Die Zahlungsfähigkeit/ -unfähigkeit lässt sich demnach nach der folgenden Formel ermitteln:

$$\frac{\text{Kasse + Bank + binnen drei Wochen verfügbare Zahlungsmittel}}{\text{Fällige + binnen drei Wochen fällig werdende Verbindlichkeiten}}$$ [10]

Unterschreitet der Quotient den Wert von 0,9 liegt grundsätzlich Zahlungsunfähigkeit vor.

Der 9. Zivilsenat des BGH[11] hat zudem entschieden, dass die Fälligkeit im Sinne des § 17 Abs. 2 S. 1 InsO auch dann – abweichend von § 271 BGB und auch § 220 AO – entfällt, wenn der Gläubiger die Forderung nicht ernstlich einfordert. Dabei muss es sich nicht um eine Stundung im Rechtssinne handeln. Die nicht ernstlich eingeforderte Forderung ist nicht als Verbindlichkeit in die Liquiditätsbilanz einzustellen.[12] Eine Forderung ist ernstlich eingefordert und demzufolge als fällig im Sinne von § 17 Abs. 2 Satz 1 InsO anzusehen, wenn eine Gläubigerhandlung feststeht, aus der sich der Wille ergibt, vom Schuldner Erfüllung zu verlangen.[13] Nicht notwendig ist dagegen, dass ein Gläubiger ein Zahlungsverlangen wiederholt, um sicherzustellen, dass seine Forderung bei der Prüfung der Zahlungsunfähigkeit berücksichtigt wird.[14]

Im Konkursrecht und Konkursstrafrecht war der Begriff der Zahlungsunfähigkeit weiter. Unter Zahlungsfähigkeit war das nach außen in Erscheinung tretende, auf dem Mangel an Zahlungsmitteln beruhende, voraussichtlich dauernde Unvermögen des Schuldners zu verstehen, seine sofort zu erfüllenden Geldschulden noch im Wesentlichen zu befriedigen.[15] Von entscheidender Bedeutung war demnach die Dauerhaftigkeit und Wesentlichkeit der Zahlungsunfähigkeit. Daran anknüpfend nahm die Rechtsprechung im Konkursstrafrecht Zahlungsunfähigkeit erst an, wenn 25 % der Forderungen nicht durch liquide Mittel gedeckt waren.[16] Der 1. Strafsenat des BGH hat sich nunmehr dem Begriff der Zahlungsunfähigkeit, wie

---

10 Fälligkeit im Sinne von § 17 Abs. 2 InsO.

11 BGH, Beschluss vom 19. Juli 2007 – IX ZB 36/07 –, BGHZ 173, 286 (289) Rn. 12 ff.; BGH, Urteil vom 20. Dezember 2007 – IX ZR 93/06 –, WM 2008, 452 (454) Rn. 25 f.

12 BGH, Urteil vom 20. Dezember 2007 – IX ZR 93/06 –, WM 2008, 452 (454) Rn. 26.

13 BGH, Beschluss vom 19. Juli 2007 – IX ZB 36/07 –, BGHZ 173, 286 (292) Rn. 18.

14 BGH, Beschluss vom 19. Juli 2007 – IX ZB 36/07 –, BGHZ 173, 286 (292) Rn. 18.

15 BGH, Urteil vom 30. April 1992 – IX ZR 176/91 – NJW 1992, 1960; BGH, Urteil vom 22. Februar 2001 – 4 StR 421/00 –, NJW 2001, 1874 (1875).

16 OLG Düsseldorf, Urteil vom 18. April 1997 – 22 U 226/96 –, NJW-RR 1998, 1256; BayOLG, Beschluss vom 14. April 1987 – RReg 4 St 34/87 –, BB 1988, 1840.

ihn die Zivilrechtsprechung entwickelt hat, angeschlossen.[17] Damit tritt Zahlungsunfähigkeit auch insolvenzstrafrechtlich grundsätzlich bei einer Liquiditätslücke von 10 % ein. Die Grenze der Insolvenzstrafbarkeit ist deshalb für den Schuldner sehr viel früher überschritten. Die insolvenzrechtliche Neufassung des Begriffs der Zahlungsunfähigkeit und dessen Auslegung durch die Rechtsprechung haben im Ergebnis zu einer Strafausweitung gegenüber dem Konkursstrafrecht geführt. Ein Unterschied zwischen der zivilrechtlichen und insolvenzstrafrechtlichen Rechtsprechung ist allerdings geblieben: Entscheidend für die Einstellung einer Forderung in die Liquiditätsbilanz ist nach Auffassung des 1. Strafsenats[18] allein der Zeitpunkt der Fälligkeit, der nur durch eine Stundungsvereinbarung hinausgeschoben werden kann. Nicht maßgebend ist dagegen, ob der Gläubiger seine Forderung ernstlich eingefordert hat. Diese Rechtsprechung ist jedoch nur für Insolvenzstraftaten maßgeblich. Bei dem hier in Rede stehenden zahlungsunfähigen Selbstanzeiger bleibt § 17 Abs. 2 InsO und die Auslegung des dortigen Fälligkeitsbegriffs durch den 9. Zivilsenat maßgeblich.

Für die weitere Bearbeitung ist es wichtig, folgendes festzuhalten: Ein Steuerhinterzieher ist auch dann zahlungsunfähig, wenn er über genügend Liquidität verfügt, um die strafbefangenen Steuern zzgl. Zinsen nachzuzahlen, die Liquidität aber nicht für sämtliche fällige Verbindlichkeiten auskömmlich ist.

2. *Mittellosigkeit, Mittelknappheit, Zuschlagsmittelknappheit*

Im Schrifttum[19] wird der Begriff der Zahlungsunfähigkeit oft nicht im Sinne des § 17 Abs. 2 InsO verwendet. Vielmehr ist die Unfähigkeit gemeint, die (eine) strafbefangene Steuerschuld zu erfüllen. Diese wird in dieser Arbeit mit dem Begriff der *Mittellosigkeit* bezeichnet. Es geht dabei (nur) um das bilaterale Verhältnis zwischen dem Schuldner und dem Steuergläubiger, während bei § 17 Abs. 2 InsO sämtliche fälligen Verbindlichkeiten in den Blick zu nehmen sind.

Verfügt der Schuldner zwar über Mittel, reichen diese aber nicht aus, um die eine strafbefangene Steuerschuld in vollem Umfang zu erfüllen, handelt es sich um eine *teilweise Mittellosigkeit*. Synonym wird der Begriff der *Mittelknappheit* verwendet.

---

17 BGH, Beschluss vom 23. Mai 2007 – 1 StR 88/07 –, NStZ 2007, 643 (644); wohl auch BGH, Urteil vom 19. April 2007 – 5 StR 505/06 –, NStZ 2008, 415; *a.A. Wegner*, wistra 2007, 386 (387) der mit den unterschiedlichen Zielen von Strafrecht und Insolvenzverfahren argumentiert.

18 BGH, Beschluss vom 23. Mai 2007 – 1 StR 88/07 –, NStZ 2007, 643 (644).

19 Siehe z.B. JJR/*Joecks*, § 371 AO Rn. 149; *Samson*, Festgabe 50 Jahre BGH, 2000, S. 675 (692).

Der Begriff der Mittellosigkeit kann in zeitlicher Hinsicht weiter differenziert werden: Maßgeblich für die Differenzierung ist der Zeitpunkt, zu dem die Steuer bei steuerehrlichem Verhalten spätestens fällig gewesen wäre (fiktive Fälligkeit). Die Sachverhaltskonstellation, in der der Steuerhinterzieher bereits im Zeitpunkt der fiktiven Fälligkeit mittellos gewesen ist, wird im Folgenden als *anfängliche Mittellosigkeit* bezeichnet. Ist er dagegen erst nach der fiktiven Fälligkeit mittellos geworden, wird hierfür der Begriff der *nachträglichen Mittellosigkeit* verwendet.

Der mittellose Schuldner ist notwendigerweise auch zahlungsunfähig, weil ihm erst recht die liquiden Zahlungsmittel fehlen, um sämtliche fälligen Verbindlichkeiten zu tilgen. Weil andererseits nicht jeder Zahlungsunfähige auch mittellos ist, ist der Begriff der *Mittellosigkeit* insofern enger als der der Zahlungsunfähigkeit i.S.d. § 17 Abs. 2 InsO.

Der Begriff der *Mittel* ist wiederum weiter als der für die § 17 Abs. 2 InsO maßgebliche Zahlungsmittel- bzw. Liquiditätsbegriff. Denn er umfasst neben liquiden und kurzfristig liquidierbaren auch mittel- und langfristig liquidierbare Wirtschaftsgüter.

Mit dem Begriff der *Zuschlagsmittelknappheit* wird im Folgenden die Sachverhaltskonstellation bezeichnet, in der die Mittel des Steuerhinterziehers zwar für die verzinste Steuernachentrichtung, aber nicht vollständig für den nach § 398a Abs. 1 Nr. 2 AO gebotenen Zuschlag ausreichen.

II. Verkürzte Steuer, Steuerschuld und wirtschaftlicher Fiskalschaden

Eine *verkürzte Steuer* liegt gemäß § 370 Abs. 1, Abs. 4 AO bereits dann vor, wenn die Steuer nicht, nicht rechtzeitig oder zu niedrig festgesetzt wird. Die tatsächlich festgesetzte Steuer bleibt hinter der materiell-rechtlich entstandenen Steuer zurück. Der tatbestandliche Umfang der Steuerverkürzung bemisst sich nach dem verkürzten Nominalbetrag. Das Kompensationsverbot des § 370 Abs. 4 S. 3 AO ist dabei zu beachten. Steuerabzugsbeträge und Vorauszahlungen werden nicht im Festsetzungs-, sondern im Erhebungsverfahren an- bzw. abgerechnet. Die An- und Abrechnungsverfügung stellen dabei jeweils selbständige, von der Steuerfestsetzung zu unterscheidende Verwaltungsakte dar.[20] Sie haben keine Auswirkung auf den Umfang der Steuerverkürzung.[21]

---

20 BFH, Urteil vom 29. April 2008 – VIII R 28/07 –, BStBl. II 2009, 842 (845).

21 FG München, Urteil vom 10. November 2005 – 15 K 3231/05 –, wistra 2006, 470 (471); *a.A.* Rolletschke/Kemper, Steuerstrafrecht/*Rolletschke*, Oktober 2017, § 370 AO

Bei dem Begriff der *Steuerschuld* handelt es sich um den vom Steuerschuldner oder Entrichtungspflichtigen zu zahlenden Geldbetrag. Die Steuerschuld entspricht regelmäßig dem Betrag gemäß Leistungsgebot bzw. der Abschlusszahlung. Von der materiell-rechtlich entstandenen Steuer sind ggfs. Steuerabzugsbeträge und Steuervorauszahlungen abzuziehen. Das Kompensationsverbot findet dabei keine Anwendung.

Dem Begriff des *wirtschaftlichen Fiskalschadens* liegt eine wirtschaftliche Betrachtungsweise zu Grunde. Der wirtschaftliche Schaden besteht in einem geminderten Steueraufkommen. Synonym wird der Begriff des *materiellen Steuerschadens* verwendet.

III. Pflichten und Obliegenheiten

Eine Obliegenheit bezeichnet eine Pflicht minderen Grades, für die es keinen Gläubiger gibt, der sie einklagen bzw. der sie auf der Grundlage eines Titels zwangsweise durchsetzen könnte. Verletzt der Schuldner eine ihm zur Last fallende Obliegenheit, muss er jedoch die daraus entstehenden Nachteile hinnehmen. Ein solcher Nachteil kann darin bestehen, dass er entweder eine für ihn vorteilhafte Rechtsposition verliert oder eine vorteilhafte Rechtsposition nicht erhält, die er bei Wahrnehmung der Obliegenheit erlangen würde.[22]

Wie wir noch im Einzelnen sehen werden, sind die verzinste Steuernachentrichtung und ggfs. auch die Zuschlagszahlung nach §§ 371, 398a AO Voraussetzung dafür, dass der Steuerhinterzieher einen Vorteil (Strafbefreiung bzw. Absehen von Strafe) erlangt. Es handelt sich bei der Zahlung im Rahmen der Selbstanzeige so gesehen um eine Art strafrechtliche bzw. strafverfahrensrechtliche Obliegenheit.[23] Soll in einem Kontext besonders betont werden, dass die Zahlung dazu dient, den straf- bzw. strafverfahrensrechtlichen Vorteil zu erlangen, verwende ich die Begriffe der *Nachentrichtungsobliegenheit* (oder auch *Nachzahlungsobliegenheit*) bzw. der *Zuschlagszahlungsobliegenheit.* Ansonsten verwende ich die Worte *Nachentrichtungspflicht* (oder auch *Nachzahlungspflicht*) bzw. *Zuschlagszahlungspflicht.* Bedeutungsunterschiede gibt es nicht.

Rn. 230 ff.; offengelassen von BFH, Urteil vom 29. April 2008 - VIII R 28/07 -, BStBl. II 2009, 842 (845).

22 Vgl. Palandt/*Grüneberg*, Einl. v. § 241 BGB Rn. 13, der den Begriff der Obliegenheit im privatrechtlichen Bereich darlegt.

23 Vgl. auch Schwarz/Pahlke/*Webel*, November 2015, § 371 AO Rn. 309, der die Nachentrichtung nach § 371 Abs. 3 AO ausdrücklich als strafrechtliche Obliegenheit bezeichnet.

B. Die Selbstanzeige

I. Jüngere Gesetzeshistorie

Mit dem SchwarzGBekG 2011[24] hat der Gesetzgeber u.a. die Berichtigungspflicht nach § 371 Abs. 1 AO verschärft. Straffreiheit durch Selbstanzeige tritt demnach nur noch dann ein, wenn die Besteuerungsgrundlagen aller Taten derselben Steuerart vollständig und zutreffend nacherklärt werden. Sogenannte Teilselbstanzeigen waren seitdem nicht mehr möglich. Darüber hinaus wurden die Sperrgründe des § 371 Abs. 2 AO erweitert und verschärft. Insbesondere war seitdem die Strafbefreiung ausgeschlossen, wenn die verkürzte Steuer einen Betrag von 50.000 € überstieg. In solchen Fällen wurde aber nach § 398a AO, der mit dem SchwarzGBekG 2011 eingeführt worden ist, von der Strafverfolgung abgesehen, wenn der Selbstanzeiger die zu seinen Gunsten hinterzogene Steuer entrichtet und zusätzlich einen Zuschlag in Höhe von 5 % auf die hinterzogene Steuer zahlt.

Mit dem AO-Änderungsgesetz 2015[25] sind die straf- und strafverfahrensrechtlichen Regelungen zur Selbstanzeige noch komplexer und zudem weiter verschärft worden. In zeitlicher Hinsicht muss die Nacherklärung nach § 371 Abs. 1 AO zu allen unverjährten Steuerstraftaten einer Steuerart, mindestens aber zu allen Steuerstraftaten einer Steuerart innerhalb der letzten zehn Kalenderjahre erfolgen. Zusätzlich zu der hinterzogenen Steuer sind Hinterziehungszinsen nach § 235 AO und ggfs. nicht angerechnete Nachzahlungszinsen nach § 233a AO zu entrichten, um Straffreiheit zu erlangen. Bei Umsatzsteuervoranmeldungen und Lohnsteueranmeldungen gelten zu Gunsten des Selbstanzeigers Besonderheiten. Insbesondere ist die Teilselbstanzeige in diesem Bereich seitdem wieder möglich. Des Weiteren sind die Sperrgründe nach § 371 Abs. 2 AO erweitert worden. Insbesondere ist nunmehr eine Strafaufhebung ausgeschlossen, wenn ein besonders schwerer Fall vorliegt oder die verkürzte Steuer einen Betrag von 25.000 € je Tat übersteigt. Der Steuerhinterzieher kann in solchen Fällen aber erreichen, dass von der Strafverfolgung nach § 398a AO abgesehen wird. Voraussetzung hierfür ist, dass er nicht nur die hinterzogenen Steuern nacherklärt und die zu seinen Gunsten hinterzogenen Steuern ggfs. nebst Zinsen nachentrichtet; zusätzlich hat er – gestaffelt nach der Höhe der hinterzogenen Steuer – noch einen Zuschlag von 5 bis 20 % der hinterzogenen Steuern zu zahlen.

---

24 BGBl. I 2011, S. 676.

25 Gesetz zur Änderung der Abgabenordnung und des Einführungsgesetzes zur Abgabenordnung vom 22.12.2014, BGBl. I 2014, S. 2415.

II. Zwecke und Rechtfertigung

Die Ratio des § 371 AO ist von einer Vielzahl von Aspekten geprägt, die in ihrem Zusammenspiel die Sonderstellung der Selbstanzeige im Strafrechtssystem rechtfertigen.[26] Die verschiedenen Ansätze beanspruchen jeweils einen Teil an Richtigkeit, vermögen für sich allein jedoch nicht, das Rechtsinstitut der Selbstanzeige umfassend zu erklären.[27]

1. Fiskalzweck und begrenzte Ermittlungsmöglichkeiten

Der BGH[28] sieht den Sinn der Selbstanzeige u.a. darin, dem Fiskus bislang unbekannte und verschwiegene Steuerquellen zu erschließen. Er weist jedoch darauf hin, dass der Fiskalzweck angesichts der heute bestehenden Ermittlungsmöglichkeiten und der verbesserten internationalen Zusammenarbeit zunehmend an Bedeutung verloren hat.

Der Fiskalzweck wird auch in der Literatur[29] weitgehend anerkannt. Sie begründet ihn u.a. mit Aufbau und Inhalt des § 371 AO. Die Vorschrift setzt in Absatz 1 die Nacherklärung und in Absatz 3 grundsätzlich die Nachentrichtung der hinterzogenen Steuer voraus. Die Strafbefreiung wird damit grundsätzlich nur gewährt, wenn „im Gegenzug" die steuerlichen Pflichten nachträglich erfüllt werden und das Steueraufkommen gesteigert wird. Sobald der Fiskus auf die Mitwirkung des Täters nicht mehr angewiesen ist, ist die Strafbefreiung ausgeschlossen, was in § 371 Abs. 2 AO seinen Niederschlag findet. Zudem macht die Formulierung des § 371 Abs. 2 AO als Ausnahmevorschrift die fiskalische Zielrichtung deutlich. Dem Steuerhinterzieher wird ein Anreiz zur Selbstanzeige gegeben. § 371 AO strebt diesen psychologischen Effekt beim Täter an. Die Wirksamkeit der Strafbefreiung ist dabei an objektive und nicht an subjektive Voraussetzungen geknüpft, um für den Täter Rechtssicherheit und Kalkulierbarkeit zu gewährleisten und damit den Anreiz zur Selbstanzeige nicht zu beeinträchtigen. Deshalb setzt die Straffreiheit durch Selbstanzeige, anders als der Rücktritt vom Versuch nach § 24 StGB, auch

26 Kohlmann/*Schauf*, Mai 2018, § 371 AO Rn. 43; *Helml*, Reform der Selbstanzeige, 2014, S. 47.

27 *Helml*, Reform der Selbstanzeige, 2014, S. 47.

28 BGH, Beschluss vom 20. Mai 2010 – 1 StR 577/09 –, BGHSt 55, 180 (181 ff.) Rn. 7, 10.

29 HHSP/*Beckemper*, August 2015, § 371 AO Rn. 15; Kohlmann/*Schauf*, Mai 2018, § 371 AO Rn. 30 mwN.

nicht das unbestimmte und damit aus Sicht des Täters schwer zu kalkulierende Merkmal der Freiwilligkeit voraus.

2. Rückkehr in die Steuerehrlichkeit

Die Rückkehr in die Steuerehrlichkeit ist als weiterer Zweck der Selbstanzeige weitgehend anerkannt. Zwei Gesichtspunkte sind dabei zu unterscheiden, nämlich der Honorierungsgedanke und die Erleichterung für den Steuerhinterzieher.[30]

Vor allem der BGH[31] misst dem Honorierungsaspekt große Bedeutung zu. Die Strafbefreiung und die im Verzicht auf den staatlichen Strafanspruch liegende Privilegierung des Steuerstraftäters gegenüber anderen Straftätern bedürfen demnach einer doppelten Rechtfertigung. Neben dem Fiskalzweck soll dem Steuerhinterzieher ein Anreiz gegeben werden, zur Steuerehrlichkeit zurückzukehren. Allein fiskalische Interessen an der Entrichtung hinterzogener Steuern können mithin auch im Hinblick auf die heute bestehenden Ermittlungsmöglichkeiten und die verbesserte internationale Zusammenarbeit diese Privilegierung schwerlich rechtfertigen. Die Rückkehr zur Steuerehrlichkeit muss hinzukommen und soll honoriert werden. Erst mit der Wiedergutmachung des Erfolgsunrechts i.S.d. § 371 Abs. 3 AO ist die Rückkehr ins Recht vollkommen.[32]

Dem Steuerunehrlichen ermöglicht das Institut der Selbstanzeige eine erleichterte Rückkehr in die Steuerehrlichkeit.[33] Dem entsprechend wird die Selbstanzeige auch als „goldene Brücke in die Steuerehrlichkeit" bezeichnet.[34] Die Legitimation liegt darin, die Möglichkeit zu eröffnen, den Steuerhinterzieher wieder in die Steuerehrlichkeit einzugliedern.[35] Zwischen dem Staat und dem Steuerpflichtigen besteht bei periodischen Veranlagungs- und Fälligkeitssteuern ein Dauerrechtsverhältnis. Die Brückenfunktion der Selbstanzeige ist

---

30 *Müller*, Selbstanzeige im Steuerstrafrecht, 2015, S. 65.

31 BGH, Beschluss vom 20. Mai 2010 – 1 StR 577/09 –, BGHSt 55, 180 (182) Rn. 7.

32 JJR/*Joecks*, § 371 AO Rn. 140; *Müller*, Selbstanzeige im Steuerstrafrecht, 2015 S. 65 f., der in der Rückkehr in die Steuerehrlichkeit eine fiskalpolitische Komponente erkennt; vgl. auch *Löffler*, Grund der Selbstanzeige, 1992, S. 188.

33 BGH, Urteil vom 13. November 1952 – 3 StR 398/52 –, BGHSt 3, 373 (375).

34 Kohlmann/*Schauf*, Mai 2018, § 371 AO Rn. 40.

35 Kohlmann/*ders.*, Mai 2018, § 371 AO Rn. 40; JJR/*Joecks*, § 371 AO Rn. 31; *Breyer*, Inhalt der Selbstanzeige, 1999, S. 62; Rolletschke/Kemper, Steuerstrafrecht/*Kemper*, Oktober 2017, § 371 AO Rn. 11 mwN.

vor allem vor dem Hintergrund dieser Dauerrechtsverhältnisse zu verstehen.[36] Den Steuerpflichtigen treffen gerade in Dauerrechtsverhältnissen umfangreiche – und strafbewehrte – Mitwirkungspflichten. Die Schwelle zur Strafbarkeit ist im Vergleich zum Betrug und anderen Vermögensdelikten niedrig. Das hat u.a. damit zu tun, dass es sich bei der Steuerhinterziehung um ein (konkretes) Gefährdungsdelikt handelt.[37] Hinzu kommt, dass die Abgrenzung zwischen strafbarem bedingtem Vorsatz und Fahrlässigkeit schwierig und unkalkulierbar ist. Steuerpflichtige müssen ständig befürchten, dass die Finanzbehörde steuerliche Nachlässigkeiten als vorsätzlich einstuft und damit kriminalisiert. Zudem gerät ein Steuerpflichtiger schon in den Bereich der Strafbarkeit, wenn er die Frist zur Abgabe einer Steueranmeldung um einen Tag versäumt (§ 370 Abs. 4 AO beispielsweise i.V.m. § 18 Abs. 1, Abs. 3 UStG, § 41a EStG). Für viele Steuerpflichtige, insbesondere Unternehmer und Arbeitgeber, bestehen wiederkehrende Anmeldepflichten mit kurzen Zeitintervallen (monatlich, quartalsweise). Selbst einem redlich bemühten Steuerpflichtigen droht angesichts dieser hohen Anforderungen und Risiken eine Kriminalisierung. Das Rechtsinstitut der Selbstanzeige mildert dieses erhebliche Kriminalisierungsrisiko ab[38] und hält so neben dem Steuerrechtsverhältnis auch die ansonsten schnell an ihre Kapazitätsgrenze stoßende Strafrechtspflege funktionsfähig.[39]

Die erleichterte Rückkehr in die Steuerlegalität hat auch eine verfassungsrechtliche Dimension[40]: Der periodisch erklärungspflichtige Steuerbürger, der sich im Hinblick auf einen vorherigen Besteuerungszeitraum strafbar gemacht hat und nunmehr steuerehrlich werden will, läuft Gefahr, sich selbst mittelbar

36 HHSP/*Beckemper*, August 2015, § 371 AO Rn. 21; Tipke/Kruse/*Seer*, Oktober 2016, § 371 AO Rn. 5; *Müller*, Selbstanzeige im Steuerstrafrecht, 2015, S. 79 f.; *Breyer*, Inhalt der Selbstanzeige, 1999, S. 64 ff.; *Stahl*, Selbstanzeige, [4]2016 Rn. 18; *Schuster*, JZ 2015, 27 (31 ff.).

37 BGH, Beschluss vom 10. Dezember 2008 – 1 StR 322/08 –, BGHSt 53, 99 (106) Rn. 22; JJR/*Joecks*, § 370 AO Rn. 27; Rolletschke/Kemper, Steuerstrafrecht/*Rolletschke*, Oktober 2017, § 370 AO Rn. 35 mwN.

38 Tipke/Kruse/*Seer*, Oktober 2016, § 371 AO Rn. 5.

39 Das gilt immer noch, auch wenn die Anforderungen an eine wirksame Selbstanzeige gestiegen sind, vgl. hierzu HHSP/*Beckemper*, August 2015, § 371 AO Rn. 22; *Seer*, DB 2016, 2192 f.

40 HHSP/*Beckemper*, August 2015, § 371 AO Rn. 21; Tipke/Kruse/*Seer*, Oktober 2016, § 371 AO Rn. 5; *Müller*, Selbstanzeige im Steuerstrafrecht, 2015, S. 79 f.; *Breyer*, Inhalt der Selbstanzeige, 1999, S. 64 ff.; *Stahl*, Selbstanzeige, [4]2016 Rn. 23 f.; *Schuster*, JZ 2015, 27 (31 ff.), so jetzt auch die Begründung zum SchwarzGBekG in BT-Drucks. 17/4182, S. 4.

zu belasten. Die Selbstanzeige eröffnet ihm einen Ausweg aus der Konfliktlage, indem er vorangegangene Steuerhinterziehungen anzeigen kann. Das Dauerrechtsverhältnis zwischen dem Steuerpflichtigen und dem Staat wird so funktionsfähig gehalten.[41] Das verfassungsrechtlich verankerte Verbot, Selbstbelastungen zu erzwingen, erfordert mit Blick auf diese Zusammenhänge die Beibehaltung des Rechtsinstituts der Selbstanzeige.[42]

3. *Wiedergutmachung und Tatausgleich*

Ein weiterer Zweck wird darin gesehen, dass der Täter mit der Selbstanzeige Wiedergutmachung betreibt und das Unrecht seiner Tat wieder ausgleicht.[43] Das Handlungsunrecht des § 370 Abs. 1 AO wird durch die Berichtigungserklärung nach § 371 Abs. 1 AO und das Erfolgsunrecht des § 370 Abs. 1, Abs. 4 AO durch die verzinste Steuernachzahlung nach § 371 Abs. 3 AO wieder kompensiert (strafzwecktheoretische Rechtfertigung).[44]

Der Wiedergutmachungszweck spielt für das Verständnis des § 371 Abs. 3 AO eine zentrale Rolle. Die Nachentrichtungspflicht wirft dabei besondere Fragen auf, insbesondere auch in dem Fall, dass der Steuerhinterzieher wirtschaftliche Schwierigkeiten hat. Die Eignung des Wiedergutmachungszwecks, die Nachentrichtungspflicht des § 371 Abs. 3 AO widerspruchsfrei zu erklären, ist dabei unter zwei Gesichtspunkten fraglich:

- Zum einen verlangt § 371 Abs. 3 AO nicht von allen, sondern nur von demjenigen Steuerhinterzieher die Steuernachentrichtung, der „zu seinen Gunsten“ hinterzogen hat. Der Wiedergutmachungsgedanke scheint auf den ersten Blick als Erklärung und Legitimation des § 371 Abs. 3 AO dann zu versagen, wenn der Täter nicht zu seinen eigenen Gunsten, also uneigennützig hinterzogen hat und deswegen von der Nachentrichtungspflicht entbunden ist. Ein uneigennütziger Täter fügt dem Fiskus adäquat-kausal Nachteile genauso wie ein eigennütziger Täter zu. Warum muss er diese Nachteile dann nicht auch wiedergutmachen?

---

41 HHSP/*Beckemper*, August 2015, § 371 AO Rn. 21, Tipke/Kruse/*Seer*, Oktober 2016, § 371 AO Rn. 5; *Breyer*, Inhalt der Selbstanzeige, 1999, S. 64 ff.; *Stahl*, Selbstanzeige, [4]2016, Rn. 18; *Schuster*, JZ 2015, 27 (31 ff.).

42 *Breyer*, Inhalt der Selbstanzeige, 1999, S. 64.; *Stahl*, Selbstanzeige, [4]2016 Rn. 18 ff.

43 Rolletschke/Kemper, Steuerstrafrecht/*Kemper*, Oktober 2017, § 371 AO Rn. 11; JJR/*Joecks*, § 371 AO Rn. 29; *Breyer*, Inhalt der Selbstanzeige, 1999, S. 23 ff. Der Wiedergutmachungsgedanke ist mit dem § 46a StGB auch im Allgemeinen Strafrecht verankert.

44 JJR/*Joecks*, § 371 AO Rn. 30; Tipke/Kruse/*Seer*, Oktober 2016, § 371 AO Rn. 4.

- Zum anderen setzt die vollendete Steuerhinterziehung tatbestandlich gar keinen Schaden voraus. Der Taterfolg des § 370 Abs. 1, Abs. 4 AO ist bei einer unzulänglichen Steuerfestsetzung (nicht, zu niedrig, nicht rechtzeitig festgesetzt) eingetreten. Die Steuerhinterziehung ist damit zwar ein Erfolgs-, aber nicht notwendig ein Verletzungsdelikt.[45] Es handelt sich um ein konkretes Gefährdungsdelikt.[46] Eine zu geringe Steuervereinnahmung, d.h. der Eintritt eines wirtschaftlichen Fiskalschadens, steht mit einer unzureichenden Steuerfestsetzung noch nicht fest. Der steuerunehrliche Steuerschuldner kann die Steuern nämlich immer noch im Rahmen der üblichen Zeiträume in zutreffender Höhe zahlen. Die Vollendung der Steuerhinterziehung kann er damit aber nicht mehr verhindern.[47] Eine tatbestandliche Steuerverkürzung kann also schon dann vorliegen, wenn das Vermögen des Staates (noch) nicht geschädigt, sondern lediglich gefährdet ist. Die Vermögensgefährdung kann sogar gering oder rein theoretisch sein, wenn z.B. die Finanzbehörde die Steuer wegen Zweifeln an den Angaben des Steuerpflichtigen unter dem Vorbehalt der Nachprüfung oder mit einem Vorläufigkeitsvermerk festsetzt. Ähnlich ist es, wenn eine Steueranmeldung des Steuerpflichtigen gemäß § 168 S. 1 AO ohne Zutun der Finanzbehörde zu einer Steuerfestsetzung unter dem Vorbehalt der Nachprüfung führt, die Finanzbehörde aber von Anfang an Zweifel an der Richtigkeit hegt oder gar die Unrichtigkeit erkennt.[48] Schließlich mangelt es eben auch an einem wirtschaftlicher Fiskalschaden, wenn der Steuerhinterzieher schon bei Tatvollendung mittellos gewesen ist. Wie kann die Wiedergutmachung Zweck des § 371 AO sein, wenn § 370 AO als Komplementärvorschrift gar keinen wirtschaftlichen Fiskalschaden voraussetzt, sondern eine bloße Gefährdung für die Tatvollendung genügen lässt?

Zimmermann[49] erklärt die Entbindung des uneigennützigen Steuerhinterziehers von der Nachentrichtungspflicht damit, dass ansonsten eine Überkompensation drohe. Wenn der uneigennützige Steuerhinterzieher strafrechtlich zur Nachentrichtung verpflichtet wäre, müsste er die Steuerschuld genauso wie der

---

45 BGH, Beschluss vom 10. Dezember 2008 – 1 StR 322/08 –, BGHSt 53, 99 (106) Rn. 22; Kohlmann/*Ransiek*, Mai 2018, § 370 AO Rn. 57.

46 BGH, Beschluss vom 10. Dezember 2008 – 1 StR 322/08 –, BGHSt 53, 99 (106) Rn. 22; JJR/*Joecks*, § 370 AO Rn. 53; Rolletschke/Kemper, Steuerstrafrecht/*Rolletschke*, Oktober 2017, § 370 AO Rn. 35 mwN.

47 JJR/*Joecks*, § 370 AO Rn. 53.

48 Beispiel nach JJR/*ders.*, § 370 AO Rn. 53.

49 *Zimmermann*, Nachzahlung bei Selbstanzeige, 2001, S. 11 f.

Steuerschuldner zahlen. Es entspreche aber dem Wiedergutmachungsgedanken, primär den durch die Tat erlangten Vorteil, die Beute, zum Schadensausgleich einzusetzen. Ansonsten würde neben dem Steuergläubiger auch der Steuerschuldner davon profitieren, dass auch ein anderer – zumal unter strafrechtlichem Druck – die Steuer nachzuzahlen hätte. Es könne aber nicht richtig sein, dass der Steuerschuldner durch die Steuerhinterziehung profitiere. Es sei keine Besserstellung des Steuerschuldners bezweckt, sondern nur, dass der Steuerhinterzieher die von ihm erlangten Vorteile herausgebe. Wenn der Steuerhinterzieher keinen Vorteil erlangt habe, reiche folgerichtig die Berichtigung aus, um dem Tatausgleich Genüge zu tun.

Für *Löffler*[50] ist die Nachentrichtung der hinterzogenen Steuer Teil eines normanerkennenden Nachtatverhaltens. Mit der Berichtigungshandlung werde das Handlungsunrecht, mit der Nachentrichtung der Deliktserfolg kompensiert. Der Täter, der nicht normkonform gehandelt habe, begebe sich mit der Selbstanzeige wieder unter die Herrschaft des Rechts, so dass das Bedürfnis nach Ahndung seiner Tat entfalle. Die Nachentrichtungspflicht beruhe im Wesentlichen darauf, dass dem Täter nicht die „Beute" verbleiben dürfe. Vielmehr sei es geboten, dass er die „Beute" abliefere. Ansonsten würde das allgemeine Vertrauen in die Durchsetzungskraft und Einhaltung der steuerlichen Normen und damit der Strafzweck der positiven Generalprävention schwer erschüttert. Mit einem in diesem Sinne verstandenen normanerkennenden Nachtatverhalten erledigten sich sowohl das durch die Straftat ausgelöste Sühnebedürfnis als auch die anderen Strafzwecke.

Breyer[51] hebt den Charakter der Steuerhinterziehung als konkretes Gefährdungsdelikt hervor. Das Erfolgsunrecht bestehe nur in der Gefährdung des Steueraufkommens, das durch die falsche Steuerfestsetzung hervorgerufen sei. Der Steuerhinterzieher könne die Tat wiedergutmachen, indem er die Gefährdung des Steueraufkommens beseitige. Schon mit der Berichtigung seiner Angaben mache er den Taterfolg rückgängig und führe die Wiedergutmachung herbei. Denn die Finanzbehörde sei dann in der Lage, die Steuerfestsetzung zu ändern und damit die Gefährdung des Steueraufkommens zu beseitigen. Den Tatausgleich könne der Täter schon bewirken, wenn er die Voraussetzungen des § 371 Abs. 1 AO erfülle. Die Nachentrichtung diene dagegen nicht dem Tatausgleich, sondern der Vorteilsabschöpfung. § 371 Abs. 3 AO ähnele insofern dem Verfall gemäß den §§ 73 ff. StGB a.F. Ist eine Vermögensabschöpfung nicht

50 *Löffler*, Grund der Selbstanzeige, 1992, S. 188 ff.
51 *Breyer*, Inhalt der Selbstanzeige, 1999, S. 120 f.

möglich, weil der Steuerhinterzieher mittellos geworden ist, hält *Breyer* diesen trotzdem für nachentrichtungspflichtig. Der Wortlaut der Norm bilde hier insofern eine Auslegungsgrenze, die nicht überschritten werden könne.

Die Ansätze von *Zimmermann* und *Löffler* ähneln einander. Sie haben insbesondere den tragenden Beutegedanken gemeinsam. Sie können beide widerspruchfrei erklären, dass der uneigennützige Selbstanzeiger nachentrichtungslos straffrei wird. Der Ansatz von der Vermeidung der Überkompensation ist jedoch allein auf die Konstellation ausgerichtet, dass Steuerschuldner und Steuerhinterzieher personenverschieden sind. Auf die Frage, wie der Wiedergutmachungszweck damit zu vereinbaren ist, dass mit der Steuerhinterziehung eine bloße Vermögensgefährdung sanktioniert wird, gibt *Zimmermann* keine Antwort. Der Ansatz von der Vermeidung der Überkompensation liefert insofern keine umfassende Erklärung für die Ausgestaltung der Nachentrichtungspflicht in § 371 Abs. 3 AO und greift damit zu kurz.

Der Vermögensabschöpfungsansatz von *Breyer* bietet keine rechtsdogmatisch überzeugende Begründung für die Nachentrichtungspflicht für den Fall, dass es an einer Bereicherung des Täters fehlt. Der Hinweis auf den Wortlaut vermag eine dogmatische Begründung nicht zu ersetzen. Der Vermögensabschöpfungsansatz knüpft zudem eindimensional an die Bereicherung des Täters an, blendet einen dem Fiskus entstandenen wirtschaftlichen Fiskalschaden aber aus. So koppelt er im Ergebnis die Nachentrichtungspflicht von dem Wiedergutmachungszweck der Selbstanzeige ab. Der Vermögensabschöpfungsansatz ist im Ergebnis abzulehnen.

M.E. vermag der Ansatz des normanerkennenden Nachtatverhaltens von *Löffler* dogmatisch am überzeugendsten, die Besonderheiten des § 371 Abs. 3 AO mit dem Wiedergutmachungszweck in Einklang zu bringen:

- Die Entbindung des uneigennützigen Steuerhinterziehers von der Nachentrichtungspflicht lässt sich widerspruchsfrei damit erklären, dass die Wiedergutmachung nur dann auf die Steuerentrichtung auszudehnen ist, wenn der Steuerhinterzieher selbst die Beute aus seiner Tat in Besitz genommen hat. Der Ausdehnung liegt der Strafzweck der positiven Generalprävention zu Grunde. Das Vertrauen in die Durchsetzungskraft der Rechtsordnung würde erschüttert, wenn der Täter straffrei werden könnte, ohne seine Beute wieder herauszugeben.
- Der Wiedergutmachungszweck lässt sich so auch mit dem Charakter der Steuerhinterziehung als Gefährdungsdelikt in Einklang bringen. Der Steuerhinterzieher macht seine Tat bereits wieder gut, indem er durch Berichtigung seiner Angaben das Handlungsunrecht beseitigt. Dadurch bewirkt er auch,

dass das FA die Steuerfestsetzung korrigiert und so das Erfolgsunrecht beseitigt wird. Darin erschöpft sich die Wiedergutmachung, es sei denn, es ist ein wirtschaftlicher Fiskalschaden eingetreten. Dann ist die Wiedergutmachung auf diesen wirtschaftlichen Schaden auszudehnen, allerdings nur dann, wenn der Täter selbst die Beute vereinnahmt hat.

4. *Besonderheiten der Selbstanzeige nach § 398a AO*

Die Zwecke der Selbstanzeige nach § 398a AO und nach § 371 AO decken sich im Wesentlichen.[52] Insbesondere der Fiskalzweck spielt auch bei § 398a AO eine gewichtige Rolle. Dem Steuerhinterzieher soll auch bei höheren Verkürzungsbeträgen ein Anreiz geboten werden, eine Selbstanzeige abzugeben und bislang verborgene Steuerquellen aufzudecken.[53]

§ 398a AO ist indes im Hinblick auf den strafzwecktheoretischen Rechtfertigungsansatz der Selbstanzeige modifiziert. Der Steuerhinterzieher soll bei gewichtigen Steuerhinterziehungen einer strafrechtlichen Sanktionierung nur noch unter erschwerten Voraussetzungen entgehen können.[54] Der Gesetzgeber hat dadurch, dass er in diesen Fällen keine Strafaufhebung mehr gewährt, eine Wertentscheidung getroffen: Der Steuerhinterzieher kann durch die Selbstanzeige das Unrecht der Tat nicht mehr beseitigen.[55] Der Staat sieht lediglich von der Strafverfolgung des begangenen Unrechts ab.

Der Zuschlag nach § 398a Abs. 1 Nr. 2, Abs. 2 AO führt noch weitere Zweckrichtungen bei Selbstanzeigen von größerem Gewicht ein. Der Zuschlag soll gewährleisten, dass der Steuerhinterzieher stärker als der säumige Steuerpflichtige belastet wird.[56] Mit der Anhebung des Zuschlags im AO-Änderungsgesetz 2015 hat der Gesetzgeber einen weiteren Schritt in diese Richtung unternommen. Der Zweck des Zuschlags erschöpft sich jedoch nicht darin, lediglich eine Unwucht im Vergleich des Steuerhinterziehers mit dem säumigen Steuerpflichtigen zu beseitigen. Er soll auch Hinterziehungsstrategien, die die Möglichkeit der Selbstanzeige miteinbeziehen, unattraktiv machen.[57] § 398a AO ist insofern

---

52 Tipke/Kruse/*Seer*, Oktober 2016, § 398a AO Rn. 4.

53 BT-Drucks. 17/5067 (neu), S. 22; siehe auch Klein (13. Aufl.)/*Jäger*, § 398a AO Rn. 1.

54 HHSP/*Rüping*, März 2012, § 398a AO Rn. 2.

55 *Seer*, SteuerStud 2016, 35 (41); *ders.*, Festschrift für Wessing, 2015, S. 353 f.

56 BT-Drucks. 17/5067 (neu), S. 19 f.

57 Tipke/Kruse/*Seer*, Oktober 2016, § 398a AO Rn. 4; *Wenzler/Rübenstahl*, Die Selbstanzeige, ^{2}2015, S. 112.

auch ein generalpräventives „Abschreckungsinstrument“, das dazu beitragen soll, dass Steuerstraftaten gar nicht erst begangen werden.

Die progressive Staffelung des Zuschlagsatzes findet laut Gesetzesbegründung ihre Verankerung im Schuldprinzip.[58] Die Anforderungen, die erfüllt werden müssen, um einer Strafverfolgung zu entgehen, werden deshalb an der Höhe des Hinterziehungsbetrages orientiert.[59] Nach h.M.[60] handelt es sich bei dem Zuschlag zwar nicht um eine Kriminalstrafe, aber doch um eine Sanktion. Er hat damit gleichsam einen repressiven Zweck. Eine Kriminalstrafe scheidet trotz der Verankerung im Schuldprinzip aus, weil der Zuschlag nicht von einem Gericht verhängt wird und auch nicht erzwingbar ist. Ein Teil des Schrifttums präzisiert die Art der Sanktionierung dahingehend, dass sie den Zuschlag entweder als strafähnlich[61] oder als Strafersatz[62] beschreibt. Begründet wird dies mit der Zwangslage, in der sich der Steuerhinterzieher befindet, bzw. damit, dass die Zahlung des Zuschlags eine Kriminalstrafe abwendet und seine Höhe sich an der Intensität der Rechtsgutverletzung orientiert.

Festzuhalten ist, dass § 398a AO einerseits von Wiedergutmachung, Tatausgleich, Rückkehr in die Steuerehrlichkeit und Konfliktlösung geprägt ist. Insofern dominieren interessenausgleichende und befriedende Elemente. Der Zuschlag hat andererseits eine generalpräventive Zielrichtung und ist als Sanktion auch repressiv.[63] Der Zweck der Steuernachentrichtung und der Zuschlagszweck schlagen damit unterschiedliche Richtungen ein. Innerhalb der Normstruktur des § 398a AO sind deshalb Spannungen erkennbar.

---

58 BT-Drucks. 18/3018, S. 14.

59 BT-Drucks. 18/3018, S. 14.

60 Kohlmann/*Schauf*, November 2016, § 398a AO Rn. 4; HHSP/*Rüping*, März 2012, § 398a AO Rn. 13; Flore/Tsambikakis, Steuerstrafrecht/*Quadenfeld*, § 398a AO Rn. 15; *Müller*, Selbstanzeige im Steuerstrafrecht, 2015, S. 151 ff.; *Beckemper/Schmitz/Wegner u.a.*, wistra 2011, 281 (285 Fn. 36); *Füllsack/Bürger* 2011, 1239 (1241); *Kuhlen*, Grundfragen der strafbaren Steuerhinterziehung, 2012, S. 160; *Seer*, Festschrift für Wessing, 2015, S. 353 f.; *Beyer*, AO-StB 2013, 129 (131); *Bülte*, NZWiSt 2014, 321 (324); *a.A.* Rolletschke/Kemper, Steuerstrafrecht/*Rolletschke*, Oktober 2017, § 398a AO Rn. 4 und *Hunsmann*, BB 2011, 2519 (2520) [Verwaltungszuschlag]; *Heuel/Beyer*, AO-StB 2015, 129 (320) [Abgabe sui generis]; *Stahl*, KÖSDI 2015, 19167 (19173) [Schadenersatz für zusätzlichen Verwaltungsaufwand].

61 *Kuhlen*, Grundfragen der strafbaren Steuerhinterziehung, 2012, S. 160; *Beyer*, AO-StB 2013, 129 (131).

62 *Seer*, Festschrift für Wessing, 2015, S. 353 (359); ähnlich *Bülte*, NZWiSt 2014, 321 (324).

63 Deswegen wird er nachfolgend auch als „Strafzuschlag“ bezeichnet.

C. Die Insolvenzordnung

I. Jüngere Gesetzeshistorie

Die Insolvenzordnung vom 05.10.1994 trat am 01.01.1999 in Kraft.[64] Sie ersetzt die Konkurs- und die Vergleichsordnung sowie die in den neuen Bundesländern bis dato geltende Gesamtvollstreckungsordnung. Das in § 61 Abs. 1 Nr. 2 KO verankerte Fiskusprivileg hat die Insolvenzordnung abgeschafft.[65] Der Fiskus ist seitdem grundsätzlich ein nicht bevorrechtigter – und in der Regel ungesicherter – Gläubiger. Die Insolvenzordnung sieht zudem vor, dass die Gläubigerbefriedigung anstelle der Verwertung und Verteilung des Schuldnervermögens auch durch Regelungen zum Unternehmenserhalt durchgeführt werden kann. Die Sanierung ist anders als im Vorläufergesetz ein Ziel der Insolvenzordnung.[66] Des Weiteren hat die Insolvenzordnung die Anfechtungsmöglichkeiten erheblich ausgeweitet.[67]

Mit dem HBeglG 2011 vom 09.12.2010[68] wurde der § 55 Abs. 4 in die Insolvenzordnung eingefügt. Demnach gelten Verbindlichkeiten des Insolvenzschuldners aus dem Steuerschuldverhältnis, die von einem vorläufigen Insolvenzverwalter oder vom Schuldner mit Zustimmung eines vorläufigen Insolvenzverwalters begründet worden sind, nach Eröffnung des Insolvenzverfahrens als Masseverbindlichkeiten. Die Literatur[69] sieht darin überwiegend die Wiedereinführung eines Fiskusprivilegs.

Durch das Gesetz zur Verkürzung des Restschuldbefreiungsverfahrens und zur Stärkung der Gläubigerrechte vom 15.07.2013[70] wurde der § 302 Nr. 1 InsO neu gefasst. Demnach werden von der Erteilung der Restschuldbefreiung Verbindlichkeiten des Schuldners aus einem Steuerschuldverhältnis nicht berührt, sofern der Schuldner im Zusammenhang damit wegen einer Steuerstraftat nach den §§ 370, 373 oder § 374 der Abgabenordnung rechtskräftig verurteilt worden ist.

Das Gesetz zur weiteren Erleichterung der Sanierung von Unternehmen (ESUG) vom 07.12.2011[71] soll die wirtschaftlichen Rahmenbedingungen für

---

64 BGBl. I 1994, S. 2866.
65 BT-Drucks. 12/2443, S. 90.
66 BT-Drucks. 12/2443, S. 77 f.
67 BT-Drucks. 12/2443, S. 156.
68 BGBl. I 2010, S. 1885; in Kraft getreten am 01.01.2011.
69 Uhlenbruck/*Sinz*, § 55 InsO Rn. 105 mwN.
70 BGBl. I 2013, S. 2379; in Kraft getreten am 01.07.2014.
71 BGBl. I 2011, S. 2582; in Kraft getreten am 01.03.2012.

Unternehmenssanierungen im Rahmen der Insolvenzordnung verbessern. Neben der Stärkung der Gläubigerautonomie und des Insolvenzplanverfahrens sieht das ESUG u.a. einen einfacheren Zugang zur Eigenverwaltung vor. Kernstück des ESUG ist das sog. Schutzschirmverfahren (§ 270b InsO), das die Sanierung von Unternehmen erleichtern soll. Dem Schuldner soll in dieser Variante des eigenverwalteten Eröffnungsverfahrens die Möglichkeit gegeben werden, schon vor Insolvenzeröffnung unter Aufrechterhaltung seiner Verfügungsmacht ein Sanierungskonzept zu erarbeiten. Auf Antrag des Schuldners ist das Insolvenzgericht verpflichtet, Maßnahmen der Zwangsvollstreckung zu untersagen oder einstweilen einzustellen. Bei gerichtlicher Anordnung kann der Schuldner zudem Masseverbindlichkeiten begründen (§ 270b Abs. 3 InsO).

Das Gesetz zur Verbesserung der Rechtssicherheit bei Anfechtungen vom 29.3.2017[72] sieht u.a. eine gewisse Einschränkung von Insolvenzanfechtungstatbeständen vor. Zahlungsempfängern soll mehr Rechtssicherheit gewährleistet werden, wenn über das Vermögen des Schuldners später das Insolvenzverfahren eröffnet wird.[73] So wird z.B. die Anfechtungsfrist der Vorsatzanfechtung bei kongruenter Deckung auf vier Jahre verkürzt. § 133 Abs. 3 S. 2 InsO n.F. enthält zudem eine wichtige „Klarstellung" für die Behandlung von Zahlungserleichterungen: Hatte der Anfechtungsgegner mit dem Schuldner eine Zahlungsvereinbarung getroffen oder diesem in sonstiger Weise eine Zahlungserleichterung gewährt, wird vermutet, dass er zur Zeit der Handlung die Zahlungsunfähigkeit des Schuldners nicht kannte. Damit soll der „Erosion" bewährter und effizienter Verkehrsübungen begegnet werden, auf deren Grundlage Unternehmen vorübergehende Liquiditätsengpässe überbrücken können und die funktional der Gewährung von Überbrückungsfinanzierungen entsprechen können. Darüber hinaus soll denjenigen Gläubigern Rechtssicherheit verschafft werden, die mit dem Schuldner Zahlungsvereinbarungen abschließen oder diesem in anderer Weise Zahlungserleichterungen gewähren.[74]

Am 21. April 2018 trat noch das Gesetz zur Erleichterung der Bewältigung von Konzerninsolvenzen vom 13. April 2017[75] in Kraft, das die Insolvenzordnung ändert und um eine Reihe von Vorschriften ergänzt. Regelungsgegenstand sind Insolvenzen mehrerer Unternehmen innerhalb eines Unternehmensverbunds. Es geht dabei vornehmlich um die bessere Koordination und Verzahnung

---

72 BGBl. I 2017, S. 654; in Kraft getreten am 30.03.2017.

73 Gesetzesentwurf der Bundesregierung, BT-Drucks. 18/7054, S. 1 ff.

74 BT-Drucks. 18/7054, S. 13.

75 BGBl. I 2017, S. 866.

der (weiter getrennten) Insolvenzverfahren. Wesentliche Auswirkungen auf den hiesigen Untersuchungsgegenstand hat das Gesetz nicht.

II. Ziele

1. Der Grundsatz der Gläubigergleichbehandlung

a. Inhalt

Ein Gläubiger verfolgt das Ziel, seine Forderungen gegen seinen Schuldner zu realisieren. Leistet der Schuldner nicht freiwillig, steht ihm hierfür vor dem Beginn des insolvenzrechtlichen Regimes noch die Einzelzwangsvollstreckung zur Verfügung, in der das Prioritätsprinzip gilt. Derjenige Gläubiger, der zuerst einen beweglichen Gegenstand aus dem pfändbaren Schuldnervermögen pfändet, hat ein vorrangiges Pfändungspfandrecht. Bei der Verwertung werden seine Forderungen zuerst berücksichtigt, nachrangige Vollstreckungsgläubiger müssen sich damit begnügen, Befriedigung aus den dann ggfs. noch verbleibenden Vermögensanteilen zu erlangen. Das Prioritätsprinzip gilt auch bei der Einzelzwangsvollstreckung in das unbewegliche Schuldnervermögen. Derjenige Gläubiger mit dem früher eingetragenen Grundpfandrecht bzw. derjenige – ungesicherte – Gläubiger, der die Beschlagnahme des zu versteigernden Grundstücks früher erwirkt hat, hat den besseren Rang und damit die besseren Befriedigungsaussichten. Seine Forderungen werden bei der Erlösverteilung zuerst berücksichtigt.[76] Bei der Vollstreckung von Steueransprüchen und steuerlichen Haftungsanprüchen findet das Prioritätsprinzip ebenfalls Anwendung (vgl. § 282 Abs. 3 AO, § 322 Abs. 1 S. 2 AO i.V.m. ZVG).

Solange das Prioritätsprinzip gilt, laufen nachrangige Gläubiger Gefahr, leer auszugehen oder zumindest teilweise mit ihrer Forderung auszufallen. Es ist deshalb aus Gläubigersicht wichtig, schneller als andere Gläubiger zu sein, um eine gute Rangposition zu erlangen und damit seine Interessen zu wahren. Das Prioritätsprinzip führt deshalb im Ergebnis zu einer Konkurrenzsituation unter den Gläubigern, die ihre jeweiligen Einzelinteressen verfolgen.[77] Um einen Wettlauf der Gläubiger um die beste Rangposition zu unterbinden, löst die Gesamtvollstreckung mit Beginn des insolvenzrechtlichen Regimes die Einzelzwangsvollstreckung ab. Damit endet auch die Geltung des Prioritätsprinzips. An dessen

---

76 Zum Prioritätsprinzip vgl. auch *Foerste*, Insolvenzrecht, [7]2018, Rn. 6.

77 *Häsemeyer*, Insolvenzrecht, [4]2007, 2.01.

Stelle tritt der Grundsatz der Gläubigergleichbehandlung (par conditio creditorum).[78]

Zentraler Bestandteil des Gläubigergleichbehandlungsgrundsatzes ist die gleichmäßige und bestmögliche Befriedigung der Gläubiger.[79] Darunter ist vor allem die anteilige Befriedigung aller Insolvenzgläubiger aus dem haftenden Vermögen des Schuldners zu verstehen.[80] Den Gläubigern in ihrer Gesamtheit wird die Insolvenzmasse zur Verwertung und Befriedigung zugewiesen. Bei der Verteilung des Schuldnervermögens erhält jeder Gläubiger so viel, wie es dem Verhältnis seiner Forderung zu den Gesamtverbindlichkeiten des Schuldners entspricht (sog. quotale Befriedigung).[81] Diese Aufgabe nimmt der vom Insolvenzgericht bestellte Insolvenzverwalter wahr. Es werden dabei neben den titulierten auch die bei der Insolvenzeröffnung noch nicht titulierten Insolvenzforderungen berücksichtigt, soweit sie zur Insolvenztabelle angemeldet sind.

Freilich kommt der Grundsatz der gleichmäßigen Befriedigung erst nach der Berichtigung der Verfahrenskosten nach § 54 InsO und nur innerhalb der jeweiligen Gläubigergruppe zur Anwendung: Zunächst werden die Massegläubiger, dann die Insolvenzgläubiger – zu denen auch der Steuerfiskus mit den hier in Rede stehenden Steueransprüchen zählt – und zuletzt die nachrangigen Insolvenzgläubiger bedacht. Innerhalb der jeweiligen Gläubigergruppe werden die Gläubiger bei der Verteilung der Insolvenzmasse oder der dann noch vorhandenen Reste derselben gleichmäßig befriedigt.[82]

Der Gläubigergleichbehandlungsgrundsatz betrifft nicht nur die Verteilung, sondern auch die Chancengleichheit der Gläubiger.[83] Hierzu gehört, dass nicht nur alle Gläubiger grundsätzlich am Insolvenzverfahren zu beteiligen sind. Dieser Grundsatz ist inhaltlich so ausgestaltet, dass für das Stimmgewicht des jeweiligen Insolvenzgläubigers in der Gläubigerversammlung gemäß § 76 Abs. 2 InsO der Anteil seiner Forderungen an dem Gesamtbestand der Insolvenzforderungen maßgeblich ist. Wenn ausnahmsweise ein Insolvenzplanverfahren durchgeführt

78 *Knospe*, ZInsO 2014, 861 (865).

79 Vgl. BT-Drucks. 12/2443, S. 108.

80 HambKomm/*Schmidt*, § 1 InsO Rn. 17 mwN.

81 *Foerste*, Insolvenzrecht, [7]2018, Rn. 8.

82 Innerhalb der Massegläubiger und der nachrangigen Insolvenzgläubiger werden wiederum weitere Untergruppen bzw. Rangklassen gebildet. Aus der Insolvenzmasse werden gemäß § 209 Abs. 1 Nr. 2 u. 3 InsO die Neumassegläubiger vor den Altmassegläubigern befriedigt. Die nachrangigen Insolvenzgläubiger werden nach der in § 39 Abs. 1 InsO vorgegebenen Reihenfolge bedacht.

83 *Häsemeyer*, Insolvenzrecht, [4]2007, Rn. 2.14; *Nachtmann*, Fiskusvorrecht, 2014, S. 41 ff.

wird, sind gem. § 222 InsO Gläubigergruppen zu bilden. In diesem speziellen Verfahren findet sich mit § 226 InsO eine weitere Ausprägung des Gläubigergleichbehandlungsgrundsatzes. Nach dieser Vorschrift sind allen Beteiligten innerhalb jeder Gruppe gleiche Rechte anzubieten. Außerdem kann wegen des Obstruktionsverbots nach § 245 Abs. 2 Nr. 3 InsO eine Zustimmung zum Insolvenzplan trotz fehlender Mehrheit in einer Abstimmungsgruppe – vorbehaltlich der weiteren Voraussetzungen des § 245 Abs. 2 Nr. 3 InsO – nur dann als erteilt gelten, wenn kein ohne Plan gleichrangiger Gläubiger besser gestellt wird als andere Gläubiger.

b. Zweck und Rechtfertigung

Nach ganz überwiegender Auffassung in Rechtsprechung[84] und Schrifttum[85] ist die Gläubigergleichbehandlung der beherrschende Grundsatz des früheren Konkurs- und des jetzigen Insolvenzrechts. *Hölzle* bezeichnet sie gar prägnant, aber zutreffend als den „das Regelungsgerüst der InsO überspannenden Grundsatz" und als „das allgegenwärtige Petitum".[86] Nach h.M.[87] hat die Ablösung des Prioritätsprinzips durch den Gläubigergleichbehandlungsgrundsatz die Funktion, Konflikte zwischen Schuldner und Gläubigern sowie zwischen den Gläubigern untereinander zu befrieden. Schon mit der materiellen Insolvenz versagt die

84 BGH, Urteil vom 29. Januar 1964 – Ib ZR 197/62 –, BGHZ 41, 98 (101); BVerfG, Beschluss vom 19. Oktober 1983 – 2 BvR 485/80 –, NJW 1984, 475; BGH, Urteil vom 30. April 1992 – IX ZR 233/90 –, BGHZ 118, 151 (160); BAG, Urteil vom 17. Januar 1980 – 3 AZR 160/79 –, BAGE 32, 326 (334).

85 *Häsemeyer*, Insolvenzrecht, [4]2007 Rn. 2.17 ff.; *Hölzle*, BB 2012, 1571; *Bauer*, ZInsO 2008, 119, 123 mwN; *a.A. Knospe*, ZInsO 2014, 861 ff., der die par conditio creditorum lediglich als eine schlichte und subsidiäre Verteilungsregelung auffasst.

86 *Hölzle*, BB 2012, 1571.

87 *Häsemeyer*, Insolvenzrecht, [4]2007, Rn. 2.01 ff.; *ders.*, KTS 1982, 507 (515 ff.); *Smid*, BB 1992, 501; *Windel*, Jura 2002, 230; *Bauer*, ZInsO 2008, 119 (124); *ders.*, Ungleichbehandlung der Gläubiger, S. 66 ff., der den Ansatz noch um den Aspekt ergänzt, dass allen Gläubigern gleichzeitig auch Schutz ihres Eigentums und effektiver Rechtsschutz zu gewähren sei; *Nachtmann*, Fiskusvorrecht, 2014, S. 59 ff., die diesen Ansatz mit dem Gleichheitsgrundsatz nach Art. 3 Abs. 1 GG ergänzend verbindet; *a.A. Foerste*, Insolvenzrecht, [7]2018, Rn. 11, der in der gesetzgeberischen Entscheidung zu Gunsten der Gleichbehandlung lediglich eine Zielpiorisierung sieht, die keiner besonderen Rechtfertigung bedürfe. Der Gesetzgeber hätte stattdessen auch die Vorteile der Einzelzwangsvollstreckung und des Prioritätsprinzips favorisieren können; ähnlich *Weidmüller*, Die Rückschlagsperre als Instrument zur gemeinschaftlichen Haftungsverwirklichung, 2012, S. 47 ff.

eigenverantwortliche Vermögens- und Haftungssteuerung durch den Schuldner. Deshalb wird die zweiseitige Haftungsabwicklung, die nur bei Fortbestehen der privatautonomen Steuerungsfähigkeit zu rechtfertigen ist, durch die mehrseitige Haftungsabwicklung ersetzt. Die Gläubiger nehmen zwangsläufig Einfluss auf das Schuldnervermögen und damit auch auf das Eintreten der Insolvenz, wenn die Steuerungsfähigkeit des Schuldners in der Krisenzeit ausfällt. Jede Forderung ist mitursächlich für die Insolvenz des Schuldners. Mit der Insolvenz entsteht eine Gläubigergemeinschaft im Sinne einer Haftungs- und Verlustgemeinschaft. Es wird eine allseitige gesetzliche Haftungsordnung etabliert. Diese Haftung hat zur Folge, dass die Gläubiger wechselseitig im Innenverhältnis auf ihre Forderungen in gewisser Höhe verzichten müssen, damit alle Gläubiger aus der Insolvenzmasse befriedigt werden könnten. Es besteht eine Ausgleichshaftung in dem Sinne, dass jeder Gläubiger mit seiner Forderung für einen Ausgleich der anderen Forderungen haftet. Die Gläubigergleichbehandlung erscheint dabei als tragendes Verteilungsprinzip, als allgemeines Prinzip eines haftungsrechtlichen Ausgleichs zwischen den Gläubigern. Die Insolvenzanfechtung ist Ausdruck dieses Prinzips. Da die Insolvenzforderungen vorinsolvenzlich regelmäßig keinen sozialen, wirtschaftspolitischen oder sonstigen Zielen der Allgemeinheit gedient haben, gehen auch im Insolvenzverfahren Vorrechte öffentlich-rechtlicher Gläubiger nicht an. Das Insolvenzrecht darf insbesondere kein Nothelfer fiskalpolitischer Defizite sein.

c. Rechtliche Grundlagen und verfassungsrechtliche Bezüge

Der Wortlaut des § 1 S. 1 InsO bringt den Gläubigergleichbehandlungsgrundsatz nicht explizit zum Ausdruck, sondern deutet ihn an. Dort ist von einer *gemeinschaftlichen,* aber nicht ausdrücklich von einer *gleichmäßigen* Befriedigung der Gläubiger die Rede. § 1 S. 1 InsO ist weiter zu entnehmen, dass der Erlös aus der Verwertung des Schuldnervermögens zu verteilen ist. Wie die Gläubigerbefriedigung und die Erlösverteilung zu erfolgen hat, wird durch den systematischen Blick auf andere Normen der InsO deutlich, die jeweils für einen Teilbereich die Gleichheit unter den Gläubigern aufgreifen. Dass die Verteilung nach Maßgabe gleicher Quoten zu erfolgen hat, lässt sich am deutlichsten § 39 InsO („nach dem Verhältnis ihrer Beträge"), der die nachrangigen Insolvenzforderungen betrifft, entnehmen. Aber auch in den Verteilungsvorschriften der § 191 Abs. 1 S. 2 InsO („Der auf die Forderung entfallende Anteil") und § 195 InsO („den zu zahlenden Bruchteil") ist der Grundsatz par conditio creditorum im Sinne einer gleichmäßigen Gläubigerbefriedigung verankert. Der Einfluss des Gläubigergleichbehandlungsgrundsatzes auf die Mitwirkungs- und Stimmrechte im

Insolvenzverfahren spiegelt sich in den o.g. §§ 76 Abs. 2, 226, 245 Abs. 2 Nr. 3 InsO wider.

Die Eigentumsgarantie nach Art. 14 GG umfasst auch privatrechtliche Forderungen.[88] Der Grundsatz der gleichmäßigen Gläubigerbefriedigung berührt deshalb auch die Eigentumsrechte von Gläubigern.[89] Das Insolvenzverfahren ist ein Verfahren der kollektiven Gesamtvollstreckung, mit dem die Eigentumsrechte der Insolvenzgläubiger – im Sinne der Schaffung praktischer Konkordanz – gewahrt werden und der Staat seine verfassungsrechtliche Schutzgewährleistungsfunktion erfüllt.[90] Im Rahmen der Verteilung sind die Eigentumsrechte gleichsam und gleichzeitig zu gewährleisten.[91]

Mit der h.L.[92] ist dagegen eine Herleitung des Grundsatzes der Gläubigergleichbehandlung aus Art. 3 Abs. 1 GG abzulehnen. Die par conditio creditorum weist strukturell keine Ähnlichkeit mit dem verfassungsrechtlichen Gleichheitsgebot auf. Während Art. 3 Abs. 1 GG verlangt, dass wesentlich Gleiches gleich und wesentlich Ungleiches ungleich behandelt wird[93], geht es beim Gleichbehandlungsgrundsatz um die Befriedung unter den Gläubigern. Mit der Gleichbehandlung der Gläubiger ist ein Verteilungsprinzip gefunden, das auch die Chance darauf hat, Akzeptanz zu finden und so seiner Befriedungsfunktion gerecht zu werden. Der Ausgleich unter den Gläubigern setzt dieses Prinzip um.

d. Spannungsverhältnis zur gesetzmäßigen und gleichmäßigen Besteuerung

Die Finanzbehörde ist gemäß Art. 3 Abs. 1 und Art. 20 Abs. 3 GG verpflichtet, die Steuern nach den Steuergesetzen gleichmäßig festzusetzen und auch zu erheben.[94] Einfachgesetzlich ist diese Verpflichtung in § 85 AO normiert.[95] Der Auftrag der gesetz- und gleichmäßigen Besteuerung bleibt auch während des insolvenzrechtlichen Regimes bestehen. Die Finanzbehörde bleibt „Treuhänderin der Solidargemeinschaft der Steuerzahler".[96] Wie oben ausgeführt[97], schützt

---

88 BVerfG, Beschluss vom 09. Januar 1991 – 1 BvR 929/89 –, BVerfGE 83, 201 (208).

89 *Smid*, BB 1992, 501 (503); *Bauer*, Ungleichbehandlung der Gläubiger, S. 81; *ders.*, ZInsO 2008, 119 (124); vgl. auch *Häsemeyer*, Insolvenzrecht, [4]2007, Rn. 2.19.

90 *Seer*, DStR 2016, 1289 (1291); vgl. auch *Bauer*, ZInsO 2008, 119 (124).

91 *Bauer*, Ungleichbehandlung der Gläubiger, S. 81; *ders.*, ZInsO 2008, 119 (124).

92 *Bauer*, ZInsO 2008, 119 (123); *Knospe*, ZInsO 2014, 861 (862 f.); *Seer*, DStR 2016, 1289 (1290); *a.A. Nachtmann*, Fiskusvorrecht, 2014, S. 59 ff., 184.

93 BVerfG, Beschluss vom 09. August 1978 – 2 BvR 831/76 –, BVerfGE 49, 148 (165).

94 BFH, Urteil vom 18. Januar 2012 – II R 49/10 –, BStBl. II 2012, 168 (174) Rn. 47.

95 HHSP/*Söhn*, August 2016, § 85 AO Rn. 12.

96 *Seer*, DStR 2016, 1289 (1290).

97 Siehe unter erster Teil C. II. 1. c.

der in der Insolvenz geltende Gläubigergleichbehandlungsgrundsatz eine andere Gruppe und deren Eigentumsrechte, nämlich die Gläubiger in ihrer Gesamtheit. Dieser in der Insolvenz auftretende Widerspruch[98] wird dadurch aufgelöst, dass der Steuergläubiger in das Insolvenzverfahren als ein System kollektiver Disziplinierung eingebunden wird. Damit wird ein verhältnismäßiger Ausgleich zwischen dem verfassungsrechtlichen Gebot effektiven Steuervollzugs einerseits und dem Eigentumsschutz der Privatgläubiger andererseits hergestellt.[99]

Fazit: Der Gläubigergleichbehandlungsgrundsatz schafft einen verhältnismäßigen Ausgleich zwischen Verfassungsgütern (Schutz des Eigentums mehrerer Gläubiger, effektiver Steuervollzug), die in der Insolvenz kollidieren. Er selbst hat jedoch keinen Verfassungsrang.

e. Geltungsbeginn

Mit Eröffnung des Insolvenzverfahrens tritt die sog. formelle Insolvenz ein, in der der Gläubigergleichbehandlungsgrundsatz gilt. Insolvenzforderungen dürfen nach Verfahrenseröffnung nur nach Maßgabe der insolvenzrechtlichen Vorschriften verfolgt werden, d.h. durch Anmeldung zur Insolvenztabelle. Der Erlass eines Steuerbescheides ist nach Verfahrenseröffnung insofern unzulässig. Die Einzelzwangsvollstreckung von Insolvenzforderungen ist nach Eröffnung des Insolvenzverfahrens auch für den Steuergläubiger nicht zulässig (§ 251 Abs. 2 AO i.V.m. § 89 InsO).

Durch das Insolvenzanfechtungsrecht (§§ 129 ff. InsO) wird die Wirkung des Gläubigergleichbehandlungsgrundsatzes vorverlagert. Er wirkt auch in die Zeit vor Eröffnung des Insolvenzverfahrens, nämlich in den Zeitraum der Insolvenzreife hinein.[100] Es soll das allen Gläubigern haftende Schuldnervermögen durch Rückholung von Vermögenswerten wiederhergestellt werden, die in der Krise in gläubigerbenachteiligender Weise aufgegeben worden sind.[101] Darüber hinaus beseitigt die sog. Rückschlagsperre mit Verfahrenseröffnung Vorrechte einzelner Insolvenzgläubiger an Massegegenständen, die diese in der Einzelzwangsvollstreckung erlangt haben. § 88 InsO ordnet die Unwirksamkeit sämtlicher Sicherungen an, die in dem Monat vor Insolvenzantragstellung oder danach

---

98 Vgl. *Krumm*, Steuervollzug und formelle Insolvenz, 2009, S. 67.

99 *ders.*, Steuervollzug und formelle Insolvenz, 2009, S. 55, 116 ff.

100 Andres/Leithaus/*Leithaus*, § 129 InsO Rn. 2; *Foerste*, Insolvenzrecht, [7]2018, Rn. 9; *Knospe*, ZInsO 2014, 861 (868).

101 BGH, Urteil vom 15. Dezember 1994 – IX ZR 153/93 –, BGHZ 128, 184 (194); HambKomm/*Rogge/Leptien*, Vorbem. zu §§ 129 ff. InsO Rn. 1.

bis Verfahrenseröffnung erlangt worden sind.[102] Besonders deutlich wird die Geltung der par conditio creditorum ab Eintritt der materiellen Insolvenz an der Beurteilung der Einzelzwangsvollstreckung in diesem Zeitraum. Nach der Rechtsprechung[103] sind Vollstreckungsmaßnahmen im Drei-Monats-Zeitraum vor dem Insolvenzantrag nämlich deshalb inkongruent, weil der Gläubigergleichbehandlungsgrundsatz und die damit verbundene Gesamtvollstreckung das Prioritätsprinzip verdrängen.

2. *Unternehmenserhalt*

Als Alternative zur gemeinschaftlichen Befriedigung der Gläubiger durch Verwertung und Erlösverteilung besteht nach § 1 InsO während des insolvenzrechtlichen Regimes auch die Möglichkeit einer abweichenden Regelung zum Erhalt des Unternehmens. In Betracht kommt insbesondere eine Sanierung im Rahmen eines Insolvenzplanverfahrens. Eine andere Möglichkeit ist die Liquidation des insolventen Rechtsträgers im Wege einer übertragenden Sanierung. Einen eher theoretischen Weg zur Unternehmenserhaltung kann der Insolvenzverwalter beschreiten, indem er die Insolvenzmasse durch Maßnahmen zur Masseanreicherung (Insolvenzanfechtungen und Prozesse nach §§ 92, 93 InsO) so auffüllt, dass der Insolvenzgrund beseitigt wird.[104] Die Sanierungsfunktion soll durch das Gesetz zur weiteren Erleichterung der Sanierung von Unternehmen (ESUG) vom 7. Dezember 2011 gestärkt werden.[105]

3. *Sonstige Ziele*

Das Insolvenzverfahren erfüllt eine Ordnungsfunktion, die aus § 208 Abs. 3 InsO abgeleitet wird.[106] Auch wenn die Insolvenzgläubiger keine Quote erwarten können, soll das Schuldnervermögen ordnungsgemäß abgewickelt werden.[107] In diesem Zusammenhang ist beispielsweise die geordnete Herausgabe von Eigentumsvorbehaltsware, gemieteten Gewerberäumen, die abschließende Erledigung der Buchführungsarbeiten und auch die Abgabe ausstehender

---

102 Ab Insolvenzeröffnung sind Maßnahmen der Einzelzwangsvollstreckung ohnehin nach § 89 InsO unzulässig.

103 BGH, Urteil vom 10. Februar 2005 – IX ZR 211/02 –, BGHZ 162, 143 (149); BGH, Urteil vom 26. Juni 2008 – IX ZR 87/07 –, ZIP 2008, 1488 Rn. 8.

104 Vgl. Schmidt, InsO/*Schmidt*, § 1 InsO Rn. 6.

105 BT-Drucks. 17/5712, S. 1 f.

106 BGH, Beschluss vom 18. September 2003 – IX ZB 460/02 –, ZIP 2003, 2036.

107 HambKomm/*Schmidt*, § 1 InsO Rn. 18.

Steuererklärungen/ -anmeldungen zu nennen. Die Ordnungsfunktion des Insolvenzverfahrens kann ohne Verfahrenseröffnung nicht zur Entfaltung kommen. Denn Ordnung wird im Rahmen des Insolvenzverfahrens geschaffen. Damit es möglichst oft zur Eröffnung des Insolvenzverfahrens kommt und dieses Ziel so in der Rechtswirklichkeit zur Entfaltung kommen kann, hat der Gesetzgeber verschiedene Maßnahmen gegen Massearmut ergriffen. Sie sollen gewährleisten, dass noch genügend Masse vorhanden ist, um die Verfahrenskosten zu decken.[108] Insbesondere das Insolvenzanfechtungsrecht soll die häufig anzutreffende Massearmut überwinden und dadurch im Ergebnis auch die Ordnungsfunktion des Insolvenzverfahrens durchsetzen.[109]

Nach § 1 S. 2 InsO hat der redliche Schuldner die Möglichkeit, die Restschuldbefreiung zu erlangen. Das vorgeschaltete Insolvenzverfahren ist bei natürlichen Personen ein Zwischenschritt, um dieses Verfahrensziel zu erreichen.[110]

Das Insolvenzverfahren ist ein Gesamtvollstreckungsverfahren, in dem Forderungen durchgesetzt werden. Damit dient das Insolvenzverfahren auch der Verwirklichung des Justizgewährungsanspruchs als einem wesentlichen Bestandteil des Rechtsstaatsprinzips.[111] Für den Fall, dass eine freiwillige Erfüllung in einem Erkenntnisverfahren festgestellter Ansprüche unterbleibt, ist ein wirkungsvolles Verfahren zu ihrer zwangsweisen Durchsetzung vorzuhalten. Ohne wirkungsvolle Zwangsvollstreckung wäre eine effektive Justizgewähr nicht verwirklicht. Ein funktionierendes Insolvenzverfahren liegt dabei nicht nur im subjektiven Interesse der einzelnen Gläubiger, sondern auch im öffentlichen Interesse an der Wahrung einer am Rechtsfrieden orientierten, rechtsstaatlichen Ordnung.[112]

D. Verhältnis von Selbstanzeige und Insolvenzordnung

Die Insolvenzordnung und das Rechtsinstitut der Selbstanzeige sind einander wesensfremd. Das Insolvenzrecht ist Gesamtvollstreckungsrecht, während § 371 AO zum materiellen (Steuer-) Strafrecht[113] und § 398a AO zum

---

108 BT-Drucks. 12/2443, S. 84.

109 HambKomm/*Schmidt*, § 1 InsO Rn. 21.

110 HambKomm/*ders.*, § 1 InsO Rn. 35.

111 BVerfG, Beschluss vom 12. Januar 2016 – 1 BvR 3102/13 –, BVerfGE 141, 121 (134) Rn. 44.

112 BVerfG, Beschluss vom 12. Januar 2016 – 1 BvR 3102/13 –, BVerfGE 141, 121 (135) Rn. 44; vgl. auch *Bauer*, ZInsO 2008, 119 (124).

113 Kohlmann/*Schauf*, Mai 2018, § 371 AO Rn. 52.

Strafverfahrensrecht[114] gehören. Sie bilden kein konsistentes gemeinsames Regelungsgefüge. Diese Arbeit wird deutlich machen, dass die Selbstanzeige zahlreiche Überschneidungen mit dem Insolvenzrecht hat. Damit stellt sich zwangsläufig die Frage des Verhältnisses der Rechtsgebiete zueinander.

Rechtsprechung[115] und Literatur[116] haben im Laufe der Zeit – getrieben durch die Bedürfnisse der Rechtspraxis – auf einer dünnen gesetzlichen Basis[117] mit dem Insolvenzsteuerrecht quasi ein neues Rechtsgebiet entwickelt und damit zum Teil das Verhältnis des Insolvenzrechts zum Steuerrecht geklärt. Vergleichbares fehlt noch für das Verhältnis des Insolvenzrechts zum Steuerstrafrecht.

Das Steuerstrafrecht ist von der Klärung steuerrechtlicher Vorfragen abhängig: Ohne die jeweils einschlägigen Steuergesetze lässt sich nicht unter das Blankettgesetz des § 370 AO subsumieren.[118] Auch die Voraussetzungen der §§ 371, 398a AO liegen mit der Berichtigung unzulänglicher Steuererklärungen und der Nachzahlung von Steuern im Bereich steuerlicher Verpflichtungen.[119] In einer Insolvenzsituation bilden daher Insolvenz-, Steuer- und Strafrecht ein Geflecht, in dem auch insolvenzsteuerrechtliche Grundsätze für das Steuerstrafrecht relevant werden.

Es gibt keinen generellen und klaren Vorrang, der das Verhältnis zwischen Selbstanzeige und Insolvenzrecht sortieren würde. Aus der Normenhierarchie ergibt sich jedenfalls kein Vorrang der Selbstanzeige zum Insolvenzrecht. Beide stehen auf derselben – einfachgesetzlichen – Stufe. Das Insolvenzrecht kann seinerseits auch nicht per se einen Vorrang beanspruchen. Das BVerfG[120] hat die Bedeutung einer wirksamen Strafrechtspflege betont, die auch nicht während des Insolvenzverfahrens in den Hintergrund tritt.

---

114 Klein (13. Aufl.)/*Jäger*, § 398a AO Rn. 35; Rolletschke/Kemper, Steuerstrafrecht/*Rolletschke*, Oktober 2017, § 398a AO Rn. 10; Kohlmann/*Schauf*, November 2016, § 398a AO Rn. 32 mwN.

115 Siehe hierzu die regelmäßigen Zusammenfassungen von *Krüger*, zuletzt *Krüger*, ZInsO 2017, 405.

116 Siehe hierzu z.B. die Fachbücher *Frotscher*, Besteuerung bei Insolvenz, [8]2014, *Roth*, Insolvenz-Steuerrecht, [2]2016 und *Waza/Schmittmann/Uhländer* (Hrsg.), Insolvenzen und Steuern, 2015.

117 § 251 Abs. 2 und 3 AO, § 55 Abs. 4 InsO.

118 Kohlmann/*Ransiek*, Mai 2018, § 370 AO Rn. 20.

119 HHSP/*Beckemper*, August 2015, § 371 AO Rn. 99.

120 BVerfG, Nichtannahmebeschluss vom 24. August 2006 – 2 BvR 1552/06 –, NJW 2006, 3626 (3627).

Zweiter Teil: Die Selbstanzeige in der Krise

Der Selbstanzeiger agiert bereits in der Krise in einem besonderen Umfeld, das er berücksichtigen sollte, wenn eine wirksame Selbstanzeige gelingen soll. Unter Krise sind dabei nicht die unterschiedlichen betriebswirtschaftlichen Begriffe der Unternehmenskrise zu verstehen.[121] Vielmehr ist der Zeitraum gemeint, in dem (noch) kein Insolvenzantrag gestellt ist und der Selbstanzeiger bereits mittellos oder zahlungsunfähig ist oder seine Zahlungsunfähigkeit droht.

A. Selbstanzeigen mittelloser Steuerhinterzieher

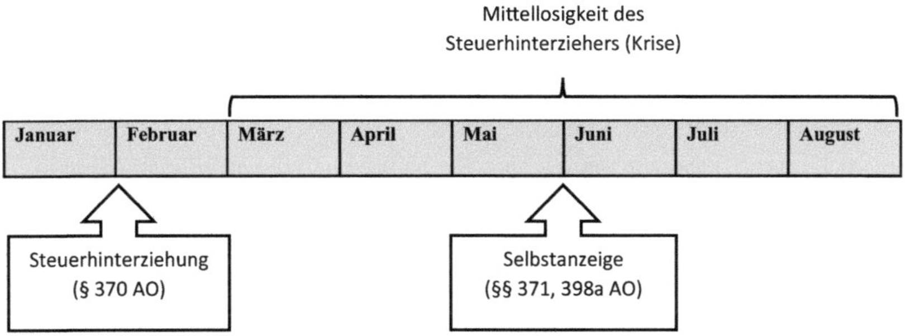

Abb. 1: Selbstanzeige bei nachträglicher Mittellosigkeit

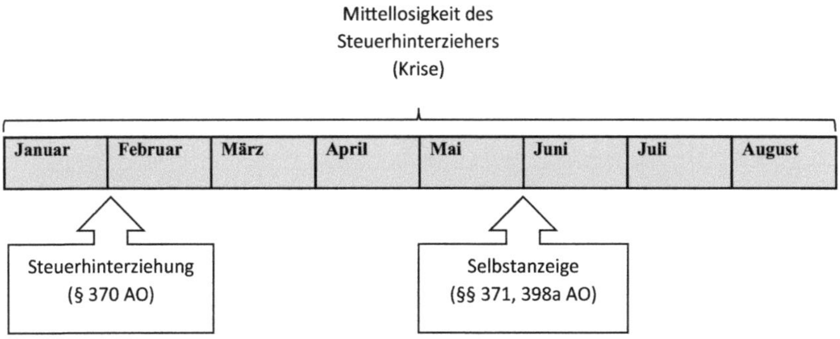

Abb. 2: Selbstanzeige bei anfänglicher Mittellosigkeit

121 *Hutzschenreuter*, Krisenmanagement, 2006, S. 21 ff.

I. Die Selbstanzeige nach § 371 AO bei Mittellosigkeit

1. Problemaufriss

Untersuchungsgegenstand ist an dieser Stelle die Selbstanzeige des mittellosen Steuerhinterziehers. Insbesondere geht es um die Frage, ob der sich selbstanzeigende mittellose Steuerhinterzieher Straffreiheit erlangen kann, ohne eine verzinste Steuernachzahlung zu leisten. Unter Mittellosigkeit ist die Unfähigkeit zu verstehen, die (eine) strafbefangene Steuerschuld vollständig zu erfüllen. Es geht dabei ausschließlich um die Zahlungsfähigkeit im Verhältnis des Steuerhinterziehers zum Steuergläubiger. Verfügt der Steuerhinterzieher zwar über pfändbare Mittel, reichen diese aber nicht aus, um die eine strafbefangene Steuerschuld in vollem Umfang zu erfüllen, handelt es sich um Mittelknappheit (teilweise Mittellosigkeit).[122]

2. Meinungsstand

Vor allem im Hinblick auf die anfängliche Mittellosigkeit (Abb. 2) ist umstritten, ob der Umfang der nachzuentrichtenden Steuer nach der strafbefangenen nominalen Steuerschuld oder nach dem wirtschaftlichen Fiskalschaden zu bestimmen ist. Da ein Steueranspruch gegen einen mittellosen Steuerschuldner wirtschaftlich wertlos ist, könnte eine wirtschaftliche Betrachtungsweise im Rahmen des § 371 Abs. 3 AO zu einer nachentrichtungslos wirksamen Selbstanzeige führen.

a. Rechtsprechung

Die Rechtsprechung lehnt eine wirtschaftliche Betrachtungsweise bislang ab. Sie besteht unter Hinweis auf die Natur der Selbstanzeige als persönlichem Strafaufhebungsgrund auf der Nachentrichtung des hinterzogenen Nominalbetrages.[123] Bei der Nachentrichtung handele es sich um eine objektive Bedingung der Strafbefreiung. Das Unvermögen zur Zahlung – gleich aus welchem Grund – gehe zu

---

122 Zu den Begriffen Mittellosigkeit, teilweise Mittellosigkeit und Mittelknappheit im Einzelnen siehe unter erster Teil A. I. 2.

123 BGH, Beschluss vom 20. Mai 2010 – 1 StR 577/09 –, BGHSt 55, 180 (183) Rn. 13 (Der BGH erkennt darin eine Unfähigkeit des Selbstanzeigers, die gesamte hinterzogene Steuer nachzuzahlen, nicht als Rechtfertigung für die Zulässigkeit sog. Teilselbstanzeigen an.); OLG Karlsruhe, Beschluss vom 22. Dezember 2006 – 3 Ss 129/06 –, StV 2007, 469; BayOLG, Beschluss vom 03. November 1989 – RReg 4 St 135/89 –, BayObLGSt 1989, 145 (154).

Lasten des Täters. Ob den Täter ein Verschulden an seinem Unvermögen treffe, sei unerheblich.

Eine Entscheidung des BGH befasst sich mit einem Fall nachträglicher Mittellosigkeit (Abb. 1). Darin führt er aus, dass eine strafbefreiende Selbstanzeige eines mittellosen Steuerhinterziehers jedenfalls dann nicht möglich sei, wenn der Steuerhinterzieher bei pflichtgemäßer und rechtzeitiger Erfüllung seiner steuerlichen Erklärungspflichten noch zur Nachentrichtung in der Lage gewesen wäre.[124] Der BGH setzt damit voraus, dass jedenfalls bei nachträglich eintretender Mittellosigkeit auf die verzinste Steuernachentrichtung nicht verzichtet werden kann. Was in dem Fall gelten soll, in dem der Steuerhinterzieher selbst bei steuerehrlichem Verhalten die Steuern nicht hätte zahlen können, hat der BGH noch nicht ausdrücklich thematisiert.

b. Schrifttum

aa. Wirtschaftliche Betrachtungsweise

Ein Teil der Verfechter einer wirtschaftlichen Betrachtungsweise macht diese Diskussion an der in § 371 Abs. 3 AO verlangten Eigennützigkeit („zu seinen Gunsten"), ein anderer Teil an dem Begriff der „hinterzogenen Steuern" fest. Eine dritte Gruppe zieht einen systematischen Vergleich mit dem steuerlichen Haftungsrecht.

(1) Samson u.a.

Der Steuerhinterzieher muss gemäß § 371 Abs. 3 AO die Steuer nur nachentrichten, um Straffreiheit zu erlangen, wenn er die Steuer zu seinen eigenen Gunsten hinterzogen hat. Hinterzieht er zu Gunsten eines anderen, wird er – vorbehaltlich der Sperrgründe in § 371 Abs. 2 AO – allein dadurch straffrei, dass er die hinterzogene Steuer nacherklärt. Bislang lag der Schwerpunkt des Meinungsstreits über eine wirtschaftliche Auslegung des Tatbestandsmerkmals „zu seinen Gunsten" nicht auf dem Aspekt der Mittellosigkeit, sondern auf jener Fallkonstellation, bei der Täterschaft und Steuerschuldnerschaft auseinander fallen. Der ganz überwiegende Teil der Literatur[125], die Finanzverwaltung[126] und auch die Rechtsprechung[127] nehmen dabei eine eigennützige Hinterziehung nur dann an, wenn der Täter einen unmittelbaren Vorteil aus der Steuerhinterziehung

---

124 BGH, Beschluss vom 17. März 2009 – 1 StR 479/08 –, BGHSt 53, 210 (219) Rn. 29.

125 JJR/*Joecks*, § 371 AO Rn. 143; Kohlmann/*Schauf*, Mai 2018, § 371 AO Rn. 306; *Franzen*, DStR 1983, 323 (325 f.); *Zimmermann*, Nachzahlung bei Selbstanzeige, 2001, S. 71–78.

126 BMF-Schreiben vom 21.09.1981, IV A 8-S 0700-16/81, BStBl. I 1981, 625.

127 BGH, Urteil vom 04. Juli 1979 – 3 StR 130/79 –, BGHSt 29, 37 (40 f.); BGH, Urteil vom 22. Juli 1987 – 3 StR 224/87 –, StV 1988, 19.

zieht. Er muss dann genauso wie der hinterziehende Steuerschuldner die hinterzogene Steuer nachentrichten, um Straffreiheit zu erlangen. Der unmittelbare Vorteil muss dabei nicht in einem Steuervorteil bestehen, sondern kann auch rein wirtschaftlicher Art sein. Einige Literaturstimmen übertragen nun diesen wirtschaftlichen Ansatz der herrschenden Meinung auf den mittellosen Steuerhinterzieher:

Samson[128], *Simon*[129] und *Hoyer*[130] sind der Auffassung, dass auch derjenige Täter, der gleichzeitig auch Steuerschuldner ist, wirtschaftlich von der Tat profitiert haben müsse. Der Täter habe dementsprechend nur so viel nachzuentrichten, wie zum Tatzeitpunkt an Zahlungsmitteln vorhanden gewesen sei. Die Nachentrichtungspflicht beschränke sich auf den Steuerausfall, der bei pflichtgemäßem Verhalten im Festsetzungsverfahren vermieden worden wäre. Nur in diesem Umfang sei dem Fiskus ein Schaden entstanden. Und nur insoweit habe der Täter auf der anderen Seite auch einen wirtschaftlichen – und nicht „nur" einen steuerlichen – Vorteil erlangt. Der bei Tatvollendung mittellose Steuerhinterzieher verhindere mangels vorhandener Liquidität keinen Liquiditätsabfluss aus seinem Vermögen. Gebe es keine Steuerzahlungen, die dem Fiskus entgangen seien, fehle es auch an einem Wiedergutmachungsbedürfnis. Der mittellose Steuerhinterzieher habe keine „Beute" gemacht, die er wieder „abliefern" könne. *Hoyer*[131] und *Samson*[132] halten es zudem für inkonsequent, den wirtschaftlichen Ansatz auf Täter, die nicht Steuerschuldner sind, zu deren Lasten anzuwenden, auf der anderen Seite aber Tätern, die Steuerschuldner sind, die Anwendung dieses Ansatzes zu deren Gunsten zu verweigern.

Auch *Zimmermann*[133] beschäftigt sich mit der Auslegung des Tatbestandsmerkmals „zu seinen Gunsten" in § 371 Abs. 3 AO für den Fall, dass Tatbeteiligung und Steuerschuldnerschaft auseinanderfallen. Er kommt zu dem Ergebnis, dass solche wirtschaftlichen Vorteile als relevant anzusehen seien, die ganz oder teilweise den Gegenwert des steuerlichen Vorteils verkörpern. Er geht in diesem Zusammenhang am Rande auch auf den „zahlungsunfähigen"[134] Täter ein. Er vertritt dabei die Auffassung, die Nachentrichtungspflicht des bei Tatbegehung

128 *Samson*, Festgabe 50 Jahre BGH, 2000, S. 675 (688).
129 *Simon*, Simon/Vogelberg, Steuerstrafrecht, 2015, S. 205 f.
130 Beermann/Gosch/*Hoyer*, Oktober 2017, § 371 AO Rn. 90.
131 Beermann/Gosch/*ders.*, Oktober 2017, § 371 AO Rn. 90.
132 *Samson*, Festgabe 50 Jahre BGH, 2000, S. 675 (688).
133 *Zimmermann*, Nachzahlung bei Selbstanzeige, 2001, S. 71–78.
134 *ders.*, Nachzahlung bei Selbstanzeige, 2001, S. 26. Der Sache nach beschäftigt er sich mit dem Steuerhinterzieher, der nach der hier gewählten Begrifflichkeit mittellos ist.

„zahlungsunfähigen" Steuerhinterziehers entfalle, da diesem kein wirtschaftlicher Vorteil und dem Fiskus kein wirtschaftlicher Nachteil entstanden sei. Auch er überträgt seine wirtschaftliche Betrachtungsweise damit auf den Fall der Mittellosigkeit des hinterziehenden Steuerschuldners.

(2) Stahl

Stahl[135] legt aus dem Tatbestand des § 371 Abs. 3 AO den Begriff der „hinterzogenen Steuern" aus, zu denen er insbesondere die verkürzten Steuern zählt. Stehe dem Täter zum Tatzeitpunkt der verkürzte Nominalbetrag nur zum Teil liquide zur Verfügung, beschränke sich die Nachentrichtungspflicht auf diesen Teilbetrag. Bei einer ordnungsgemäßen Steuererklärung könne der Fiskus auch nicht mehr erhalten.

(3) Joecks u.a.

Joecks[136], *Hüls/Reichling*[137] und *Wessing*[138] vertreten ebenfalls die wirtschaftliche Betrachtungsweise, begründen ihre Auffassung aber mit dem Ansatz, den der BFH[139] bei der Haftungsnorm des § 71 AO anwendet. Eine Haftung komme nicht in Betracht, wenn es auch bei steuerehrlichem Verhalten des Steuerhinterziehers zu dem Steuerausfall gekommen wäre. Dies sei dann der Fall, wenn der Steuerhinterzieher schon in dem Zeitpunkt mittellos gewesen sei, in dem bei rechtzeitiger und vollständiger Erfüllung der Erklärungspflicht die festgesetzte Steuer fällig geworden wäre. Das Entstehen eines weitergehenden Haftungsanspruchs würde zu einer nicht gerechtfertigten Privilegierung des Steuerfiskus führen. Diese Wertungen seien auf § 371 Abs. 3 AO übertragbar.

bb. Nennbetrag der hinterzogenen Steuer

Ein anderer Teil der Literatur[140] stellt bei der Bestimmung des Nachentrichtungsbetrags nicht auf den wirtschaftlichen Fiskalschaden, sondern auf den Nennbetrag der hinterzogenen Steuer ab:

---

135 *Stahl*, Selbstanzeige, ^{4}2016, Rn. 236.

136 JJR/*Joecks*, § 371 AO Rn. 149 f.

137 HK, Steuerstrafrecht/*Hüls/Reichling*, § 371 AO Rn. 215.

138 Flore/Tsambikakis, Steuerstrafrecht/*Wessing/Biesgen*, § 371 AO Rn. 153.

139 Vgl. insb. BFH, Urteil vom 26. August 1992 – VII R 50/91 –, BStBl II 1993, 8 (9 f.).

140 Kühn/von Wedelstedt/*Blesinger*, § 371 AO Rn. 31; Kohlmann/*Schauf*, Mai 2018, § 371 AO Rn. 113; Rolletschke/Kemper, Steuerstrafrecht/*Rolletschke*, Oktober 2017, § 370 AO Rn. 1152; *ders.*, Steuerstrafrecht, ^{4}2012, Rn. 642; *Hüls/Reichling*, wistra 2010, 327 (328); *Vogelberg*, Wannemacher, ^{6}2013, Rn. 2393.

Schauf[141], *Rolletschke*[142], *Blesinger*[143] begründen ihre Auffassung damit, dass das Unvermögen der rechtzeitigen Zahlung unbeachtlich sei, selbst wenn dieses schon bei Tatbegehung vorgelegen habe. Auf ein Verschulden komme es bei § 371 Abs. 3 AO als objektiver Straffreiheitsbedingung nicht an. *Rolletschke*[144] plädiert dafür, die Wertlosigkeit des Steueranspruchs auf der Ebene der Strafzumessung zu berücksichtigen.

Hüls/Reichling[145] sprachen sich in einer früheren Veröffentlichung auch für den Fall der Mittellosigkeit dafür aus, dass die Strafbefreiung eine Nachentrichtung der hinterzogenen Steuerschuld erfordert. Sie begründeten ihre Auffassung mit dem Zweck der Selbstanzeige, bisher verheimlichte Steuerquellen zu erschließen. Außerdem würde bei einem Verzicht auf die Nachentrichtung der Steuerhinterzieher gegenüber anderen Straftätern in nicht legitimierbarer Weise besser gestellt.

Breyer[146] vertritt den Ansatz, dass die Nachzahlung nach § 371 Abs. 3 AO nicht eigentlicher Bestandteil der Wiedergutmachung sei. Die Zahlung stelle vielmehr eine Art Vermögensabschöpfung dar, die versage, wenn abzuschöpfende Vorteile nicht mehr vorhanden seien. Bei Mittellosigkeit gebe es daher keine dogmatische Grundlage für die Steuernachzahlung. Aufgrund des ersichtlich auf Zahlung gerichteten Wortlauts stelle es aber eine zu weitgehende Entfernung vom Gesetz dar, in Fällen der Mittellosigkeit auf die Zahlung zu verzichten.

3. *Stellungnahme*

Im Wege der Auslegung des § 371 Abs. 3 AO ist der Frage nachzugehen, ob der sich selbstanzeigende mittellose Steuerhinterzieher Straffreiheit erlangen kann, ohne eine verzinste Steuernachzahlung zu leisten.

---

141 Kohlmann/*Schauf*, Mai 2018, § 371 AO Rn. 54, 403.

142 *Rolletschke*, Steuerstrafrecht, [4]2012, Rn. 642.

143 Kühn/von Wedelstedt/*Blesinger*, § 371 AO Rn. 31.

144 Rolletschke/Kemper, Steuerstrafrecht/*Rolletschke*, Oktober 2017, § 370 AO Rn. 1177.

145 *Hüls/Reichling*, wistra 2010, 327 (328).

146 *Breyer*, Inhalt der Selbstanzeige, 1999, S. 125.

a. Grammatische und systematische Auslegung

aa. „hinterzogene Steuern"

Eine wirksame Selbstanzeige setzt voraus, dass der Tatbeteiligte die „hinterzogenen Steuern" nachentrichtet. Dieses Tatbestandsmerkmal könnte Anknüpfungspunkt für eine wirtschaftliche Betrachtungsweise sein.

Der Wortlaut der „hinterzogenen Steuern" in § 371 Abs. 3 AO ist insoweit offen, als er eine Beschränkung auf werthaltige Steueransprüche zumindest nicht ausschließt. Im allgemeinen Sprachgebrauch hat das Verb „hinterziehen" die Bedeutung von „unter Missachtung geltender Gesetze nicht bezahlen".[147] Das Verb „unterschlagen" wird außerhalb der juristischen Fachsprache als Synonym verwendet.[148] Naheliegend ist damit ein Verständnis, wonach der Hinterzieher die Finanzbehörde hintergeht oder täuscht und dadurch eine Zahlung vermeidet. Das Verb „hinterziehen" kann dabei durchaus so verstanden werden, dass *vorhandene* Zahlungsmittel der Finanzbehörde vorenthalten werden. Eine solche Auslegung bewegt sich im Rahmen des möglichen Wortsinns.

Der Wortlaut der „hinterzogenen Steuern" bietet Anlass, den § 371 Abs. 3 AO im Wege der systematischen Auslegung mit Vorschriften aus der AO und der InsO zu vergleichen, die das gleiche oder ein ähnliches Tatbestandsmerkmal aufweisen:

§ 371 AO ist eng mit § 370 AO verflochten. Die Selbstanzeige bezieht sich auf den Straftatbestand der Steuerhinterziehung, und zwar ausschließlich. Die Rechtsfolge einer wirksamen Selbstanzeige besteht allein darin, dass der Selbstanzeiger im Hinblick auf die Steuerhinterziehung straffrei wird. Andere Steuervergehen oder außersteuerliche Delikte (z.B. Urkundenfälschung) können weiter strafrechtlich verfolgt werden, selbst wenn sie im Verhältnis der Tateinheit zur Steuerhinterziehung stehen.[149] Ohne den Straftatbestand der Steuerhinterziehung wäre die Selbstanzeige gegenstandslos. § 371 AO stellt eine Komplementärvorschrift zur Steuerhinterziehung dar. Deshalb hat der systematische Blick auf § 370 AO bei der Auslegung des § 371 AO eine hervorgehobene Bedeutung. Auch die Auslegung des § 371 Abs. 3 AO kann nicht vollständig gelingen, ohne die in § 370 AO verwendeten Termini und Wertungen mit in den Blick zu nehmen.

§ 371 Abs. 3 AO verwendet den Begriff der „hinterzogenen Steuern" und nimmt damit Bezug auf beide Taterfolge des § 370 Abs. 1 AO: die Steuerverkürzung und

---

147 *Kunkel-Razum/Konopka*, Duden – Das Bedeutungswörterbuch, ^{4}2010, S. 498.

148 *dies.*, Duden – Das Bedeutungswörterbuch, ^{4}2010, S. 498.

149 Kohlmann/*Schauf*, Mai 2018, § 371 AO Rn. 70.

den nicht gerechtfertigten Steuervorteil.[150] Gegenstand der Untersuchung ist die Steuerhinterziehung im Festsetzungsverfahren, die mit dem Taterfolg der Steuerverkürzung vollendet wird. Bei der Steuerhinterziehung handelt es sich um ein konkretes Gefährdungsdelikt.[151] Eine Steuerverkürzung liegt gemäß § 370 Abs. 1, Abs. 4 AO bereits dann vor, wenn der Täter einer Behörde unrichtige oder unvollständige Angaben über steuerlich erhebliche Tatsachen macht oder die Finanzbehörde über solche Tatsachen pflichtwidrig in Unkenntnis lässt und dadurch die Steuer nicht, nicht rechtzeitig oder zu niedrig festgesetzt wird. Der Taterfolg im Festsetzungsverfahren ist somit immer dann gegeben, wenn sich aus dem Vergleich der tatsächlich festgesetzten Steuer mit dem materiellen Steueranspruch (festzusetzende Steuer) ein Minus der Ist- gegenüber der Soll-Steuer ergibt.[152] Der tatbestandliche Umfang der verkürzten Steuern bemisst sich dabei nach dem nicht festgesetzten Nominalbetrag und nicht etwa nach dem materiellen Steuerschaden.[153] In der Konsequenz ist der Straftatbestand der Steuerhinterziehung mit dem Taterfolg der Steuerverkürzung auch dann erfüllt, wenn der Steuerschuldner mittellos, der Steueranspruch also wirtschaftlich wertlos ist.[154]

Im Beitreibungsverfahren nach den §§ 249 ff. AO geht es anders als bei der Festsetzung um die tatsächliche Vereinnahmung einer Steuer und aus Sicht des Schuldners um den tatsächlichen Abfluss von Vermögenswerten.[155] Deswegen begründet z.B. eine Stundung gemäß § 222 AO, die einem Mittellosen gewährt wird, für diesen keinen ungerechtfertigten Steuervorteil i.S.d. § 370 Abs. 1 AO.[156] Eine vollendete Steuerhinterziehung liegt im Beitreibungsverfahren nur dann vor, wenn die vereitelten Vollstreckungsmaßnahmen konkret Aussicht auf Erfolg

150 *Samson*, Festgabe 50 Jahre BGH, 2000, S. 675 (686).

151 BGH, Beschluss vom 10. Dezember 2008 – 1 StR 322/08 –, BGHSt 53, 99 (106 f.) Rn. 22.

152 HHSP/*Hellmann*, September 2017, § 370 AO Rn. 138; Kohlmann/*Ransiek*, Mai 2018, § 370 AO Rn. 475.

153 *H.M.:* JJR/*Joecks*, § 370 AO Rn. 27; Rolletschke/Kemper, Steuerstrafrecht/*Rolletschke*, Oktober 2017, § 370 AO Rn. 117; *ders.*, Steuerstrafrecht, ^{4}2012, Rn. 10 mwN; entsprechend bezogen auf den Taterfolg der Erlangung eines ungerechtfertigten Steuervorteils BGH, Urteil vom 17. März 2009 – 1 StR 627/08 –, BGHSt 53, 221 (229) Rn. 35 f.; *a.A. Suhr*, Rechtsgut der Steuerhinterziehung, 1989, S. 148.

154 BGH vom 16.01.1962 – 1 StR 480/61 zu § 396 AO a.F. (unveröffentlicht), zitiert nach: *Herlan*, GA 1963, 67; HHSP/*Hellmann*, Mai 2017, § 370 AO Rn. 144; Kohlmann/*Ransiek*, Mai 2018, § 370 AO Rn. 394; *Rolletschke*, Steuerstrafrecht, ^{4}2012, Rn. 10; wohl auch JJR/*Joecks*, § 370 AO Rn. 61.

155 Kohlmann/*Ransiek*, Mai 2018, § 370 AO Rn. 433.

156 Kohlmann/*ders.*, Mai 2018, § 370 AO Rn. 433.

gehabt hätten.[157] Außerhalb des Festsetzungsverfahrens findet damit die Werthaltigkeit des Steueranspruchs durchaus Berücksichtigung.[158]

Die enge Bezogenheit der Selbstanzeige auf die Steuerhinterziehung in Form der Steuerverkürzung spricht jedoch dafür, den in § 370 Abs. 1, Abs. 4 und § 371 Abs. 3 AO verwendeten Begriffen denselben Bedeutungsinhalt zuzuweisen. Es handelt sich um ein gewichtiges Argument dafür, die Straffreiheit auch bei Mittellosigkeit von der Nachentrichtung des nominal hinterzogenen (verkürzten) Betrages abhängig zu machen. Die Begriffsverwendung ist ein Anhaltspunkt für eine gesetzgeberische Entscheidung des Inhalts, dass jedenfalls der Täter im Festsetzungsverfahren „Geld zu haben hat", wenn er die Strafbefreiung erlangen will.

Auf der anderen Seite reduziert die h.M.[159] – wenn auch in anderer Hinsicht – den Begriff der hinterzogenen Steuer in § 371 Abs. 3 AO teleologisch und weicht damit ohnehin schon vom Bedeutungsinhalt des § 370 AO ab. So gilt das Kompensationsverbot aus § 370 Abs. 4 S. 3 AO nicht bei der Bestimmung des Nachentrichtungsbetrags. Auch die An- und Abrechnung von Steuerabzugsbeträgen und Vorauszahlungen sind im Rahmen des § 371 Abs. 3 AO mindernd zu berücksichtigen, obwohl sie nicht im Festsetzungs-, sondern im Erhebungsverfahren an- bzw. abzurechnen sind. Diese einschränkende Auslegung dient dem Ziel, den Nachentrichtungsbetrag auf die Steuerschuld zu beschränken, damit der Fiskus gezahlte Beträge nach § 37 Abs. 2 AO nicht umgehend wieder erstatten muss.[160] Diese teleologische Reduktion zeigt, dass § 371 Abs. 3 AO trotz seiner Bezogenheit auf § 370 AO Raum für eine eigenständige Auslegung bietet.

Nach § 371 Abs. 2 Nr. 3 AO tritt Straffreiheit nicht ein, wenn die nach § 370 Abs. 1 AO verkürzte Steuer oder der für sich oder für einen anderen erlangte nicht gerechtfertigte Steuervorteil einen Schwellenwert von 25.000 € übersteigt. Es handelt sich um einen Sperrgrund, der im inneren Zusammenhang mit § 398a AO steht, also auch mit dem Strafzuschlag und § 398a Abs. 2 AO, der seinerseits auf § 370 Abs. 4 AO[161] verweist. Wegen dieses Zusammenhangs ist für die Bestimmung des Schwellenwertes auf den Nominalbetrag abzustellen.[162]

---

157 Vgl. BGH, Urteil vom 19. Dezember 1997 – 5 StR 569/96 –, BGHSt 43, 381 (392).

158 *Samson*, Festgabe 50 Jahre BGH, 2000, S. 675 (692).

159 Klein (13. Aufl.)/*Jäger*, § 371 AO Rn. 85 JJR/*Joecks*, § 371 AO Rn. 150; Tipke/Kruse/*Seer*, Oktober 2016, § 371 AO Rn. 47.

160 Klein (13. Aufl.)/*Jäger*, § 371 AO Rn. 85; Tipke/Kruse/*Seer*, Oktober 2016, § 371 AO Rn. 47.

161 Also auch auf das Kompensationsverbot des § 370 Abs. 4 S. 3 AO.

162 JJR/*Joecks*, § 371 AO Rn. 346; Tipke/Kruse/*Seer*, Oktober 2016, § 371 AO Rn. 107.

Eine wirtschaftliche Betrachtung findet nicht statt. Allerdings unterscheiden sich die Zwecke des Strafzuschlags (insb. generalpräventive Verteuerung der Steuerhinterziehung, Sanktionierung) deutlich von den Zwecken der Nachentrichtungspflicht, insbesondere vom Wiedergutmachungsgedanken.

Nach § 235 Abs. 1 Satz 1 AO sind hinterzogene Steuern zu verzinsen. Es handelt sich nicht um eine steuerstrafrechtliche, sondern um eine steuerliche Norm. Grundsätzlich ergibt sich die Höhe der hinterzogenen Steuer bei § 235 AO aus dem Unterschied zwischen der Steuerfestsetzung aufgrund einer vorsätzlich unrichtigen Steuererklärung und der Steuerfestsetzung nach Maßgabe des verwirklichten gesetzlichen Steuertatbestandes.[163] Der zu verzinsende Verkürzungsbetrag ist damit im Ausgangspunkt nach § 370 Abs. 1 und 4 AO zu bestimmen[164], also nach dem Nominalbetrag und nicht etwa nach der Höhe des wirtschaftlichen Vorteils, den der Steuerhinterzieher erzielt hat.[165] Der zu verzinsende Betrag ist zu vermindern, soweit sich die durch die Aufdeckung der Steuerhinterziehung erhöhende Steuer aus anderen Gründen tatsächlich wieder ermäßigt.[166] Im Ergebnis ist der Betrag in Höhe der Abschlusszahlung, d.h. der nominalen Steuerschuld, zu verzinsen.[167] Die Hinterziehungszinsen entstehen nach diesen Grundsätzen ungeachtet und trotz einer etwaigen Mittellosigkeit des Zinsschuldners.[168] Die Werthaltigkeit des Steueranspruchs ist unerheblich. § 235 AO hat keinen Sanktionscharakter.[169] Die Vorschrift dient dazu, den erlangten Zinsvorteil, den der Nutznießer der Steuerhinterziehung erlangt hat, abzuschöpfen.[170] Die Zwecke der Nachentrichtungspflicht sind jedoch andere (Wiedergutmachung etc.).[171]

---

163 FG Köln, Urteil vom 25. Mai 1988 – 6 K 289/83 –, wistra 1988, 316.

164 Beermann/Gosch/*Kögel*, Mai 2003, § 235 AO Rn. 9; AEAO zu § 235, Nr. 1.2.

165 Beermann/Gosch/*dies.*, Mai 2003, § 235 AO Rn. 23.

166 FG Köln, Urteil vom 25. Mai 1988 – 6 K 289/83 –, wistra 1988, 316; AEAO zu § 235, Nr. 2.4. Insbesondere gilt das strafrechtliche Kompensationsverbot des § 370 Abs. 4 Satz 3 AO nicht.

167 FG Köln, Urteil vom 25. Mai 1988 – 6 K 289/83 –, wistra 1988, 316.

168 FG Hamburg, Urteil vom 18. Januar 2005 – IV 296/02 –, juris Tz. 20.

169 Tipke/Kruse/*Loose*, Januar 2016, § 235 AO Rn. 1; Lippross, Steuerrecht/*Niewerth*, Juni 2016, § 235 AO Rn. 1.

170 BFH, Urteil vom 12. Oktober 1993 – VII R 44/93 –, BStBl. II 1994, 438 (439); Tipke/Kruse/*Loose*, Januar 2016, § 235 AO Rn. 1; Lippross, Steuerrecht/*Niewerth*, Juni 2016, § 235 AO Rn. 1.

171 Den Abschöpfungsgedanken vertritt zwar auch *Breyer*. Diese Auffassung ist indes mit der h.M. abzulehnen. Siehe zum Ganzen unter erster Teil B. II. 3.

§ 169 Abs. 2 S. 2 AO ist eine steuerrechtliche Vorschrift. Nach ihr beträgt die Festsetzungsfrist zehn Jahre, soweit „eine Steuer hinterzogen" worden ist. Die Vorschrift wird so verstanden, dass sie einen hinterzogenen Betrag im Sinne eines Anspruchs des Fiskus auf eine Abschlusszahlung voraussetzt, der wegen einer vollendeten Steuerhinterziehung bislang nicht realisiert werden konnte.[172] Demnach bestimmt sich die hinterzogene Steuer im Ausgangspunkt nach § 370 Abs. 1 und 4 AO, wobei das Kompensationsverbot nicht zur Anwendung kommt. Steuerabzugsbeträge sind anzurechnen, Vorauszahlungen ggfs. abzurechnen und steuermindernde Korrekturen (§§ 172 ff., 129 AO) vorzunehmen.[173] Maßgeblich ist also auch hier die nominale Steuerschuld. Die Mittellosigkeit des Steuerhinterziehers ändert demnach nichts an der Möglichkeit, die Steuer innerhalb der verlängerten Frist festzusetzen. Die Fristverlängerung hat einen doppelten – steuerrechtlichen – Zweck: Wird eine Steuer vorsätzlich verkürzt, so wird die Festsetzung der richtigen Steuer erschwert. In diesen Fällen ist es den Finanzbehörden regelmäßig nicht möglich, die entsprechenden Steueransprüche innerhalb der regulären Festsetzungsfrist geltend zu machen. Mit der verlängerten Festsetzungsfrist erhält der Steuergläubiger die Möglichkeit, die ihm vorenthaltenen Steuerbeträge auch noch nach Ablauf von vier Jahren festzusetzen.[174] Die Reglung soll darüber hinaus den Steuerhinterzieher im Verhältnis zum steuerehrlichen Bürger verfahrensrechtlich schlechter stellen. Rechtsfrieden nach Ablauf der regulären Festsetzungsfrist soll nur dem Steuerehrlichen zu Gute kommen.[175] Mit den Zwecken der Selbstanzeige hat das wenig gemein.

Wer eine Steuerhinterziehung begeht oder daran teilnimmt, haftet nach § 71 AO für die verkürzten Steuern. § 71 AO hat Schadenersatzcharakter.[176] Der Tatbeteiligte als Haftungsschuldner darf deshalb nur für solche Beträge in Anspruch genommen werden, die dem Steuergläubiger bei steuerehrlichem Verhalten zugeflossen wären. Wäre es auch bei steuerehrlichem Verhalten zu dem Steuerausfall gekommen, weil keine Zahlungsmittel und auch keine Vollstreckungsmöglichkeiten mehr vorhanden gewesen sind, scheidet nach der bei § 71 AO angewendeten wirtschaftlichen Betrachtungsweise eine Haftung

172 BFH, Urteil vom 26. Februar 2008 – VIII R 1/07 –, BStBl. II 2008, 659 (660).

173 BFH, Urteil vom 26. Februar 2008 – VIII R 1/07 –, BStBl. II 2008, 659 (662).

174 HHSP/*Banniza*, Februar 2018, § 169 AO Rn. 35.

175 HHSP/*dies.*, Februar 2018, § 169 AO Rn. 35.

176 BFH, Urteil vom 26. August 1992 – VII R 50/91 –, BStBl. II 1993, 8 (9); HHSP/*Boeker*, Juni 2015, § 71 AO Rn. 27.

des Tatbeteiligten aus. Der Tatbeteiligte haftet nur für den eingetreten Vermögensschaden.[177] Dieser Auslegung steht nach Auffassung des BFH auch nicht entgegen, dass nach dem Wortlaut des § 71 AO „für die verkürzten Steuern" gehaftet wird. Der Wortlaut der Vorschrift gestattet demnach auch eine Beschränkung der Haftung auf den durch die Steuerhinterziehung verursachten Schaden entsprechend dem Normzweck, der nur darauf ausgerichtet ist, den Schaden auszugleichen, der durch das strafbare Verhalten verursacht worden ist.[178] Die Haftung nach § 71 AO soll den u.a. durch Steuerhinterziehung verursachten Vermögensschaden des Fiskus ausgleichen.[179] Wie in § 371 Abs. 3 AO spiegelt sich damit im Schadenersatzcharakter des § 71 AO der Wiedergutmachungsgedanke wider. Der § 71 AO kommt deshalb für ein systematisches Argument in Betracht.

Nach § 302 Nr. 1 InsO sind Verbindlichkeiten aus einem Steuerschuldverhältnis, sofern der Schuldner im Zusammenhang damit wegen einer Steuerstraftat nach § 370 AO rechtskräftig verurteilt worden ist, von der Restschuldbefreiung ausgenommen.[180] Es geht dabei um Insolvenzforderungen, die zur Insolvenztabelle angemeldet werden, also um Steueransprüche in der formellen Insolvenz. Diese sind naturgemäß regelmäßig wertgemindert. Ihre Ausklammerung aus der Restschuldbefreiung hat nur dann einen Sinn, wenn sie mit dem nominalen Hinterziehungsbetrag und nicht mit ihrem wirtschaftlichen Wert angesetzt werden. Nach der Gesetzesbegründung[181] rechtfertigt der besondere Unrechtsgehalt der Steuerhinterziehung es, die in diesem Zusammenhang bestehenden Verbindlichkeiten des Schuldners dem unbegrenzten Nachforderungsrecht des Fiskus zu unterwerfen. Dieses Nachforderungsrecht liefe ins Leere, wenn der Steueranspruch mit seinem wirtschaftlichen Wert während der formellen Insolvenz anzusetzen wäre. Die Vorschrift unterstützt daher eine Lesart der „Verbindlichkeiten aus einem Steuerschuldverhältnis", bei der die wirtschaftliche Situation des Selbstanzeigers/Insolvenzschuldners unerheblich ist.

177 BFH, Urteil vom 26. August 1992 – VII R 50/91 –, BStBl. II 1993, 8 (9 f.); HHSP/*Boeker*, Juni 2015, § 71 AO Rn. 30.

178 BFH, Urteil vom 26. August 1992 – VII R 50/91 –, BStBl. II 1993, 8 (10).

179 Tipke/Kruse/*Loose*, Januar 2017, § 71 AO Rn. 1.

180 Zum Verfahren siehe §§ 174 Abs. 2, 175 Abs. 2 InsO.

181 BR-Drucks. 467/12, S. 49.

bb. „zu seinen Gunsten"

Eine Nachentrichtung ist nach § 371 Abs. 3 AO nur dann erforderlich, wenn der mittellose Steuerhinterzieher eigennützig („zu seinen Gunsten") gehandelt hat. Die Formulierung „zu seinen Gunsten" ist offen. Der Gesetzeswortlaut teilt nicht näher mit, welche Art der vom Täter erzielte Vorteil sein muss, damit für ihn eine Nachentrichtungspflicht ausgelöst wird. Vom Wortsinn gedeckt sind sowohl der steuerliche als auch der wirtschaftliche Vorteil. Unterstellt man den wirtschaftlichen Vorteil, handelt derjenige anfänglich mittellose Steuerhinterzieher nicht zu seinen Gunsten, der mit seiner Tat eine Steuerfestsetzung mit Abschlusszahlung verhindert. Denn er vermeidet keinen Mittelabfluss aus seinem ohnehin erschöpften Vermögen.

Was unter Eigennützigkeit nach § 371 Abs. 3 AO zu verstehen ist, ist auch in der Gesamtschau mit anderen Vorschriften der AO zu beurteilen:

Der Taterfolg tritt nach § 370 Abs. 1 AO u.a. dann ein, wenn der Tatbeteiligte für sich oder einen anderen nicht gerechtfertigte *Steuer*vorteile erlangt. Beim Taterfolg der Steuerverkürzung ist der nominale Steuerverkürzungsbetrag, d.h. die Differenz zwischen dem materiellen Steueranspruch und der tatsächlich festgesetzten Steuer maßgeblich.[182] Die Werthaltigkeit des Steueranspruchs spielt beim Taterfolg der Steuerverkürzung keine Rolle. § 371 AO ist auf den Steuerhinterziehungstatbestand bezogen.[183] Deswegen ist der steuerliche Vorteilsbegriff in § 370 AO ein Argument dafür, dass ein Selbstanzeiger immer schon dann nachentrichtungspflichtig ist, wenn er einen rein steuerlichen Vorteil erlangt hat.[184] Andererseits gilt auch der rein steuerliche Vorteilsbegriff in § 370 AO nicht ausnahmslos. Im Beitreibungsverfahren stellt die unterlassene Vollstreckungsmaßnahme nur dann einen nicht gerechtfertigten Steuervorteil dar, wenn der Steueranspruch auch werthaltig war.[185] Untersuchungsgegenstand ist vorliegend indes die Steuerverkürzung.

Bei der Haftung nach § 71 AO wird zwischen der anfänglichen und der nachträglichen Mittellosigkeit des Steuerschuldners unterschieden. Nur bei letzterer kommt eine Haftung des – vom Steuerschuldner personenverschiedenen – Steuerhinterziehers in Betracht. Das Tatbestandsmerkmal „zu seinen Gunsten" kann als Anknüpfungspunkt dafür dienen, diese wirtschaftliche

182 HHSP/*Hellmann*, September 2017, § 370 AO Rn. 138; Kohlmann/*Ransiek*, Mai 2018, § 370 AO Rn. 475; siehe unter zweiter Teil A. I. 3. a. aa.

183 Siehe unter zweiter Teil A. I. 3. a. aa.

184 So auch *Bringewat*, JZ 1980, 347; *Dumke*, BB 1981, 117 (118).

185 Siehe unter zweiter Teil A. I. 3. a. aa.

Differenzierung auch bei der Bestimmung der Nachentrichtungspflicht zu übernehmen: Ein Steuerhinterzieher profitiert dann wirtschaftlich von seiner Tat, wenn er durch sie einen Mittelabfluss aus seinem Vermögen verhindert. Das ist nur bei demjenigen der Fall, der zu dem Zeitpunkt, zu dem die Steuer bei steuerehrlichem Verhalten spätestens fällig gewesen wäre (fiktive Fälligkeit), noch über Mittel verfügt hat.

cc. Zwischenergebnis zur grammatischen und systematischen Auslegung

Der Wortlaut des Begriffs der „hinterzogenen Steuer" ist offen. Der systematische Vergleich mit der Komplementärvorschrift des § 370 AO spricht indes überwiegend dafür, dass der mittellose Steuerhinterzieher die nominal hinterzogene (verkürzte) Steuerschuld nachentrichten muss, um Straffreiheit zu erlangen. Die erörterten steuerrechtlichen Vorschriften der § 235 AO, § 169 Abs. 2 S. 2 AO und die insolvenzrechtliche Norm des § 302 Nr. 1 InsO stützen diese Lesart.

Der Wortlaut der Wendung „zu seinen Gunsten" ist ebenfalls offen. Die erwähnte Bezogenheit der Selbstanzeige auf § 370 AO liefert insoweit Argumente für die Lesart, dass der Steuerhinterzieher die Tat auch dann eigennützig begangen hat, wenn er rein steuerliche Vorteile erlangt hat, ohne wirtschaftlichen Nutzen daraus zu ziehen.

§ 71 AO erscheint grundsätzlich geeignet, im Rahmen der systematischen Auslegung eine besondere Rolle zu spielen. Denn die Vorschrift zielt wegen ihres Schadenersatzcharakters auf Wiedergutmachung ab und scheint insofern § 371 Abs. 3 AO zu ähneln. Allerdings ist § 71 AO als Haftungstatbestand nicht so eng auf § 370 AO bezogen wie die strafrechtliche Norm des § 371 Abs. 3 AO. Deswegen fällt es bei § 71 AO leichter, von dem nominalen Verkürzungs- und Hinterziehungsbegriff in § 370 Abs. 1 und 4 AO abzuweichen und auf den wirtschaftlichen Fiskalschaden abzustellen. Die Wertung des § 71 AO könnte trotzdem über den Begriff der „hinterzogenen Steuern" oder – noch besser vertretbar– über das Tatbestandsmerkmal „zu seinen Gunsten" in den § 371 Abs. 3 AO miteinfließen und eine wirtschaftliche Betrachtungsweise ermöglichen. So würde eine differenzierte Auslegung möglich, die für den anfänglich mittellosen Selbstanzeiger die Nachentrichtungspflicht entfallen lassen könnte.

b. Historische Auslegung

aa. Vorläufervorschriften der Reichsabgabenordnung

Von den in verschiedenen deutschen Ländern um das Jahr 1900 existierenden Selbstanzeigevorschriften machten damals nur Regelungen in wenigen

Landesgesetzen[186] die Straffreiheit zusätzlich von der Entrichtung der vorenthaltenen Steuer innerhalb einer gesetzten Frist abhängig. Was die nach dem Jahrhundertwechsel in Kraft getretenen Selbstanzeigevorschriften in den verschiedenen Einzelsteuergesetzen des Reiches anbelangt, verzichtete der Reichsgesetzgeber teilweise auf eine Nachentrichtungspflicht, teilweise machte er die Straffreiheit von einer solchen abhängig.[187] Beispiele für die letztgenannte Kategorie sind § 25 S. 1 SteuerfluchtG[188] und § 79 BesitzStG[189]. Bedeutsam ist, dass § 79 BesitzStG die Steuernachentrichtung ausdrücklich schon bei einer Steuergefährdung verlangte; der Eintritt eines Steuerschadens war demnach nicht erforderlich. Sonderregelungen zu mittellosen Selbstanzeigern gab es in den Vorläufervorschriften zur RAO nicht.

bb. Reichsabgabenordnung

Nachdem § 374 RAO 1919[190] als erste Vorschrift das Rechtsinstitut der strafbefreienden Selbstanzeige in das Steuerstrafrecht allgemein eingeführt hatte, wurde die Teilregelung zur Nachentrichtungspflicht als § 410 Abs. 1 S. 2 RAO 1931[191] sachlich unverändert in der folgenden Fassung neu bekanntgemacht:

> „*Sind in den Fällen der §§ 396, 407 Steuerverkürzungen bereits eingetreten oder Steuervorteile gewährt oder belassen, so tritt die Straffreiheit nur ein, wenn der Täter die* ***Summe, die er schuldet*** (Hervorhebung durch Verf.), *nach ihrer Festsetzung innerhalb der ihm bestimmten Frist entrichtet.*“[192]

Der Umfang der Nachentrichtungspflicht bestimmte sich demzufolge nach der hinterzogenen nominalen Steuerschuld. Die damalige Fassung rief Bedenken für den Fall hervor, dass der Steuerschuldner Liquiditätsprobleme hat. *Nieberl*[193] kommentierte die Vorschrift wie folgt:

> „*Die Bestimmung des Satzes 2 erscheint auf den ersten Blick etwas bedenklich, weil hierdurch die Straffreiheit bis zu einem gewissen Grade abhängig gemacht ist von der Zahlungsfähigkeit. Man wird also, um der Bestimmung Geschmack abgewinnen zu können,*

186 Eingehend hierzu JJR/*Joecks*, § 371 AO Rn. 1.

187 Näheres hierzu Kohlmann/*Schauf*, Mai 2018, § 371 AO Rn. 3-5; JJR/*Joecks*, § 371 AO Rn. 2.

188 SteuerfluchtG vom 26.07.1918 (RGBl. 1918, S. 951).

189 BesitzStG vom 03.07.1913 (RGBl. 1913, S. 524).

190 RGBl. 1919, S. 1993.

191 RGBl. I 1931, S. 161.

192 Bei § 396 RAO 1931 handelt es sich um den damaligen Tatbestand der Steuerhinterziehung.

193 Nieberl, RAO 1931/*Nieberl*, § 410 RAO 1931 S. 513 f.

verlangen müssen, dass die Steuerbehörde bei Setzung der Frist oder der Teilzahlungsfristen eingehend die persönlichen Verhältnisse des Pflichtigen berücksichtigt – zu dessen Gunsten wie zu dessen Ungunsten! Dies darf andererseits freilich nicht zur Begünstigung dessen führen, der vielleicht gerade deshalb, weil er in schlechte wirtschaftliche Verhältnisse geraten ist, sich zu der Selbstanzeige entschlossen hat, in der Erwartung, dies nunmehr gefahrlos tun zu können."

Nieberl sah demnach die einzelfallabhängige Anpassung der Nachentrichtungsfrist als (einzige) Möglichkeit an, die wirtschaftlichen Verhältnisse des Selbstanzeigers zu berücksichtigen. Das vollständige Entfallen der Nachentrichtungspflicht zog *Nieberl* nicht in Erwägung. Er lehnt ein Entgegenkommen gegenüber taktisch vorgehenden Steuerhinterziehern ab, die eine Selbstanzeige erst abgeben, nachdem sie (nachträglich) Liquiditätsprobleme bekommen haben.

Nachdem die Regelung zur Steuernachentrichtung mit Gesetz vom 7.12.1951[194] unverändert in den § 410 Abs. 3 RAO verschoben worden war, kam es mit dem Gesetz vom 14.5.1965 zu einer Änderung der Nachentrichtungspflicht, indem der Gesetzgeber die Passage „Summe, die er schuldet" durch die Formulierung „die verkürzten Steuern" ersetzte.[195] Es ging dabei jedoch nach der Gesetzesbegründung nicht um eine inhaltliche Änderung, sondern um die Klarstellung, dass die Strafbefreiung nicht zusätzlich die Zahlung der – neu eingeführten – Hinterziehungszinsen voraussetzt.[196]

Nach Inkrafttreten des 2. AO StrafÄndG vom 12.8.1968 hatte die Nachentrichtungsregelung in § 395 Abs. 3 RAO 1968 den folgenden Wortlaut:

„*Sind Steuerverkürzungen bereits eingetreten oder Steuervorteile bereits gewährt oder belassen, so tritt die Straffreiheit nur ein, wenn der Täter die* ***verkürzten Steuern, die er schuldet,*** (Hervorhebung durch Verf.) *nach ihrer Festsetzung innerhalb der ihm bestimmten Frist entrichtet.*"[197]

Laut der Gesetzesbegründung hatten die Änderungen im Vergleich zum bisherigen § 410 AO nahezu ausschließlich redaktionelle Bedeutung. Es sollte zudem klargestellt werden, dass die Straffreiheit für denjenigen Täter, der die Steuerverkürzung zum Vorteil eines anderen bewirkt hat, nicht von der

194 BGBl. I 1951, S. 941.
195 BGBl. I 1965, S. 377.
196 Bericht des Finanzausschusses in BT-Drucks. IV/3189, S. 12.
197 BGBl. I 1968, S. 954.

Steuernachentrichtung abhängen sollte.[198] Weiterhin gibt es keine besondere Regelung für den mittellosen Selbstanzeiger. Nach dem Wortlaut war für den Umfang der Nachentrichtungspflicht ein Nominalbetrag und nicht ein wirtschaftlich zu bestimmender Fiskalschaden maßgeblich. Allerdings war nach der damaligen Rechtsprechung vorstellbar, dass die Mittellosigkeit eines nichtsteuerschuldenden Steuerhinterziehers mittelbar doch dessen Nachentrichtungspflicht beeinflussen konnte. Nach einer Entscheidung des BayOLG[199] trifft denjenigen Tatbeteiligten, der nicht Steuerschuldner ist, eine Nachzahlungspflicht nur dann, wenn er die Steuern aufgrund eines gegen ihn ergangenen Haftungsbescheides schuldet. Es macht diese Nachentrichtungspflicht jedoch davon abhängig, dass der Tatbeteiligte von der Finanzbehörde tatsächlich durch Haftungsbescheid in Anspruch genommen wird. Die Solvenz des Haftungsschuldners war im Rahmen der Ermessensausübung für die Entscheidung darüber, ob ein Haftungsbescheid erlassen wird (Auswahlermessen), ein Gesichtspunkt. Denn die Finanzbehörde darf denjenigen Haftungsschuldner vorrangig in Anspruch nehmen, bei dem sich der Anspruch am leichtesten und sichersten durchsetzen lässt.[200] Ein Haftungsschuldner darf insbesondere dann in Anspruch genommen werden, wenn der andere in Betracht kommende Haftungsschuldner „zahlungsunfähig" ist.[201]

Nach der damals herrschenden Auffassung[202] zu § 395 RAO 1968 war bei der Bemessung der Zahlungsfrist den wirtschaftlichen Verhältnissen des Selbstanzeigers Rechnung zu tragen. Andernfalls erführe die „Rechtswohltat des § 395 AO eine unbillige Einschränkung".[203] Die damalige Gegenauffassung lehnte eine Ausrichtung der Fristsetzung an Einkommen und Vermögen für den Fall ab, dass Steuerhinterzieher ihr „ungerechtes Gut verpraßt haben".[204]

---

198 Begründung in BT-Drucks. V/1812, S. 24.

199 BayOLG, Urteil vom 27. April 1972 – RReg 4 St 26/72 –, DStZ/B 1972, 287 (288).

200 Beermann/Gosch/*Jatzke*, Juni 2009, § 191 AO Rn. 22.

201 Vgl. BFH, Beschluss vom 04. Februar 1986 – VII B 87/83 –, BFH/NV 1986, 380 (381).

202 BayOLG, Urteil vom 27. April 1972 – RReg 4 St 26/72 –, DStZ/B 1972, 287 (288); *Kühn/Kutter*, AO/FGO, [11]1974 § 395 AO, S. 506.

203 *dies.*, AO/FGO, [11]1974 § 395 AO, S. 506.

204 *Terstegen*, StW 1954, Sp. 382 (384).

cc. Abgabenordnung

Der Gesetzgeber hat in § 371 Abs. 3 AO 1977 die Nachentrichtungspflicht dadurch angepasst, dass er die Formulierung „Steuern, die er schuldet“ durch die Worte „die zu seinen Gunsten hinterzogenen Steuern“ ersetzt hat.[205] Nach der Gesetzesbegründung[206] soll durch den Einschub „zu seinen Gunsten“ die Nachentrichtungspflicht auf nichtsteuerschuldende Tatbeteiligte *ausgedehnt* werden, soweit sie zu ihrem eigenen Vorteil hinterzogen und den vollen finanziellen Vorteil gezogen haben.

Des Weiteren muss die dem Selbstanzeiger zu setzende Nachentrichtungsfrist nunmehr auch nach dem Wortlaut der Selbstanzeigevorschrift „angemessen“ sein.[207] Der Finanzausschuss des Bundestages begründet diese Ergänzung schlicht mit einer Klarstellung der Rechtslage.[208] Was genau unter Angemessenheit zu verstehen ist, erläutern die Gesetzesmaterialien zwar nicht ausdrücklich. Da es dem Gesetzgeber um eine Klarstellung ging, liegt die Annahme nahe, dass er die zuvor schon herrschende Auffassung zu § 395 RAO 1968 ausdrücklich in das Gesetz aufnehmen wollte, die die Berücksichtigung der wirtschaftlichen Verhältnisse des Selbstanzeigers bei der Fristbestimmung für geboten hielt.

Dem SchwarzGBekG 2011 ging der Beschluss des BGH vom 20.5.2010 voraus. Darin verweigerte der BGH der Unfähigkeit, die gesamte hinterzogene Steuer nachzuzahlen (teilweise Mittellosigkeit), die Anerkennung als Rechtfertigung für sog. Teilselbstanzeigen. Die Gründe, wegen derer der Selbstanzeiger nicht zur Nachzahlung in der Lage ist, sind demnach für § 371 Abs. 3 AO grundsätzlich bedeutungslos.[209] Dem muss man auch die Wertung entnehmen, dass Mittellosigkeit allein nicht von der Nachentrichtungspflicht entbindet.

Dieser Beschluss war Anlass für den Gesetzgeber, die Teilselbstanzeige in der Fassung des § 371 Abs. 1 AO 2011 ausdrücklich als unzulässig zu normieren.[210] Die CDU/CSU- und die FDP-Fraktion des Bundestages haben ihren gemeinsamen Gesetzesentwurf ähnlich wie der BGH insoweit mit der Notwendigkeit einer vollständigen Rückkehr zur Steuerehrlichkeit begründet.[211] Der Gesetzgeber hat sich somit dem BGH im Hinblick auf die Unzulässigkeit der

---

205 BGBl. I 1976, S. 689 (690).

206 Begründung zu § 354 EAO BT-Drucks. VI/1982, S. 195.

207 BGBl. I 1976, S. 689 (690).

208 Begründung zu § 371 AO in BT-Drucks. 7/4292, S. 44.

209 BGH, Beschluss vom 20. Mai 2010 – 1 StR 577 /09 –, BGHSt 55, 180 (183) Rn. 13.

210 Stellungnahme des Bundesrates in BT-Drucks. 17/4802, S. 7.

211 Begründung in BT-Drucks. 17/4182, S. 4.

Teilselbstanzeige angeschlossen,[212] soweit man davon im Verhältnis Legislative zu Judikative sprechen kann. Er hat sich damit auch stillschweigend die Prämisse des BGH, wonach die Gründe für die (teilweise) Mittellosigkeit bedeutungslos sind, zu Eigen gemacht.

Zum 1.1.2015 ist die Selbstanzeige nach § 371 AO im Zuge des AO-Änderungsgesetzes 2015 abermals mehreren Änderungen unterworfen gewesen. Für den mittellosen Selbstanzeiger ist insbesondere Folgendes von Bedeutung:

Der Gesetzgeber hat die Unzulässigkeit von Teilselbstanzeigen für Umsatzsteuervoranmeldungen und Lohnsteueranmeldungen dadurch in § 371 Abs. 2a AO wieder aufgehoben, dass er den Berichtigungsverbund insoweit wieder aufgelöst hat. Laut den Gesetzesmaterialien[213] hatte sich die generelle Unzulässigkeit der Teilselbstanzeige in der Praxis als zu weitreichend erwiesen. Dies wird mit dem AO-Änderungsgesetz 2015 korrigiert, damit Unternehmen nicht rechtlichen Risiken ausgesetzt bleiben. Bei der vorgesehenen Regelung handelt es sich demnach um eine Ausnahme vom Vollständigkeitsgebot, die nur durch die spezifische verwaltungstechnische Ausgestaltung der genannten beiden Anmeldeverfahren gerechtfertigt werden kann. Diese Begründung stellt keine Abkehr von den Grundsätzen der o.g. Entscheidung des BGH vom 20.5.2010 dar. Sie betrifft einen Ausnahmebereich, der durch eine besonders hohe Anzahl und Frequenz von Anmeldepflichten geprägt ist. Es bleibt deswegen im Grundsatz bei der Wertung, dass die Gründe einer unterbliebenen Steuernachzahlung bedeutungslos sind.

Die Koalitionsfraktionen der CDU/CSU und SPD betonten, dass bei bereits eingetretenen Steuerverkürzungen oder erlangten Steuervorteilen Straffreiheit im Rahmen einer Selbstanzeige nach § 371 AO nur eintritt, wenn der an der Tat Beteiligte die aus der Tat zu seinen Gunsten hinterzogenen Steuern und Hinterziehungszinsen innerhalb der ihm bestimmten angemessenen Frist entrichtet. Die Bestimmung der angemessenen Frist hat die zuständige Finanzbehörde demnach nach pflichtgemäßem Ermessen vorzunehmen. Bei der Festsetzung der Nachzahlungsfrist müssen die persönlichen und finanziellen Verhältnisse des Steuerpflichtigen Berücksichtigung finden, damit ihm die Möglichkeit gegeben wird, für entsprechende Liquidität zu sorgen.[214] Die Fraktionen der Großen Koalition stellten sich demnach vor, dass dem Selbstanzeiger mit Zahlungsschwierigkeiten eine Art strafrechtlicher Zahlungsaufschub zu gewähren ist. Ein

212 Vgl. BT-Drucks. 17/4802, S. 7.

213 Stellungnahme der Regierungskoalitionsfraktionen, BT-Drucks. 18/3439, S. 5 f.

214 Stellungnahme der Regierungskoalitionsfraktionen, BT-Drucks. 18/3439, S. 6.

möglicher Wegfall der Nachentrichtungspflicht im Fall der Mittellosigkeit wird in den Gesetzesmaterialien nicht thematisiert.

dd. Zwischenergebnis zur historischen Auslegung

Der Wendung „hinterzogene Steuern", die seit § 371 Abs. 3 AO 1977 den Nachzahlungsbetrag umschreibt, gingen in Vorgängervorschriften Formulierungen wie „Summe, die er schuldet" und „verkürzte Steuern, die er schuldet" voraus. Da sie jeweils an einen geschuldeten Nominalbetrag anknüpften, boten sie keinen Raum für eine Lesart, die den Nachzahlungsbetrag nach dem wirtschaftlichen Fiskalschaden bestimmt.

Allerdings haben die wirtschaftlichen Verhältnisse des Selbstanzeigers an einer anderen Stelle eine Rolle für die Selbstanzeige gespielt, soweit man die damalige Kommentierung zu den Vorgängervorschriften des § 371 AO und ältere Rechtsprechung heranzieht: Mindestens seit den 1930er Jahren sind die wirtschaftlichen Verhältnisse ein Gesichtspunkt, der bei der Setzung der Nachentrichtungsfrist eine Rolle spielte. Dies hat seit der AO 1977 mit der Einfügung des Wortes „angemessen" in den Gesetzeswortlaut einen deutlicheren Niederschlag und Anknüpfungspunkt gefunden. Durchgängig lässt sich eine gewisse Nachsicht mit liquiditätsschwachen Selbstanzeigern, aber auch das Festhalten an fiskalischen Interessen erkennen. An der vorübergehenden Unfähigkeit, die Mittel aufzubringen, sollte nach Möglichkeit die Strafbefreiung nicht scheitern. Allerdings ging diese Nachsicht nicht über die Bereitschaft hinaus, einen Zahlungsaufschub zu gewähren.

Seit Inkrafttreten des § 371 Abs. 3 AO 1977 und der Einfügung der Worte „zu seinen Gunsten" gibt es einen für wirtschaftliche Überlegungen grundsätzlich geeigneten Anknüpfungspunkt im Gesetz. Allerdings zielte die Gesetzesänderung laut den Gesetzesmaterialien darauf ab, den Kreis der nachentrichtungspflichtigen Selbstanzeiger auf Tatbeteiligte zu *erweitern*, die nicht Steuerschuldner sind, aber finanziell von der Tat profitiert haben. Eine Begrenzung der Nachentrichtungspflichten aus wirtschaftlichen Gründen wird in den Gesetzesmaterialien nicht erwähnt.

Seit der Entscheidung des BGH vom 20. Mai 2010 – 1 StR 577/09 – bzw. seit Inkrafttreten des SchwarzGBekG 2011 ist die Teilselbstanzeige grundsätzlich unzulässig. Seitdem können teilzahlungsfähige Steuerhinterzieher der Bestrafung nicht mehr teilweise durch eine „bezahlbare" Teilselbstanzeige entgehen. Die Begründung, die hierfür vom BGH gegeben und stillschweigend vom Gesetzgeber übernommen wurde, nämlich dass die Gründe für die Unfähigkeit der Vollzahlung unerheblich sind, verfestigt das Ergebnis der historischen

Auslegung: Die wirtschaftlichen Verhältnisse des Selbstanzeigers im Zeitpunkt der Selbstanzeige beeinflussen den Umfang der Nachentrichtungspflicht nicht. Insbesondere führen knappe oder fehlende Mittel zu diesem Zeitpunkt nicht zu einer Begrenzung des nachzuentrichtenden Betrags.

c. *Sinn und Zweck*

Da die anderen Auslegungsmethoden kein eindeutiges Ergebnis hervorbringen, sind die Zwecke der Selbstanzeige und der Steuernachentrichtung für die rechtliche Beurteilung des mittellosen Steuerhinterziehers von besonderer Bedeutung.

aa. Fiskalzweck

Nach dem fiskalpolitischen Ansatz besteht der Zweck des Rechtsinstituts darin, das Steueraufkommen zu mehren und verborgene Steuerquellen zu erschließen. Die Strafbefreiung wird „im Gegenzug" für die nachträgliche Erfüllung der steuerlichen Pflichten und die Steigerung des Steueraufkommens gewährt.[215]

Für das Fiskalinteresse ist es offensichtlich abträglich, wenn der Selbstanzeiger die hinterzogenen Steuern nicht nachzahlt bzw. nachzahlen kann. Ohne Nachzahlung wird das Steueraufkommen nicht kassenwirksam gesteigert. Die Materiallieferung gemäß § 371 Abs. 1 AO allein reicht jedenfalls bei mittellosen Selbstanzeigern regelmäßig auch nicht aus, die Finanzbehörde selbst in die Lage zu versetzen, für die Steigerung des Steueraufkommens zu sorgen. Mit einer nachentrichtungslosen Selbstanzeige erlangt die Finanzbehörde zwar Kenntnis von einer bislang verborgenen Steuerquelle; sie kann die Steuer auch entsprechend korrekt festsetzen. Die Beitreibung ist bei einem mittellosen Steuerschuldner jedoch aussichtslos. Das Steueraufkommen kann nur dann ausnahmsweise kassenwirksam gesteigert werden, wenn die Finanzbehörde erfolgreich einen Haftungsschuldner in Anspruch nehmen kann.

Dem mittellosen Steuerhinterzieher wird zwar jeder Anreiz zur Selbstanzeige genommen, wenn man auch von ihm eine verzinste Steuernachzahlung verlangt. Ein solcher Einwand vermag jedoch nicht den Befund zu relativieren, dass der Fiskalzweck der Selbstanzeige bei einem Verzicht auf die Nachentrichtung verfehlt wird. Der Anreiz der Strafbefreiung ist in diesem Kontext nur das Mittel zur Aufkommenssteigerung.

---

215 Siehe unter erster Teil B. II. 1.

bb. Rückkehr in die Steuerehrlichkeit

Die Rückkehr in die Steuerehrlichkeit ist kein tat-, sondern ein täterbezogener Ansatz. Zwei Gesichtspunkte machen diesen Selbstanzeigezweck aus: die Honorierung einer vollständigen Rückkehr in die Steuerlegalität und die Erleichterung der Rückkehrmöglichkeit.[216]

Mit der Materiallieferung erfüllt der Steuerhinterzieher nachträglich seine Pflichten im Festsetzungsverfahren. Er hat jedoch im Erhebungsverfahren weitere steuerrechtliche Pflichten, nämlich Zahlungspflichten. Seine Rückkehr in die Steuerlegalität bleibt unvollkommen, wenn seine Pflichten im Erhebungsverfahren unerfüllt bleiben. Da die Steuernachentrichtung eine objektive Straffreiheitsbedingung ist[217], kann es dabei auch keine Rolle spielen, ob den mittellosen Steuerhinterzieher ein Verschulden an seiner Unfähigkeit trifft, die verzinste Steuernachzahlung zu leisten.[218]

Ein Verzicht auf die verzinste Steuernachzahlung würde dem Steuerhinterzieher die Rückkehr weiter erleichtern, für die Strafbefreiung würden bloße Berichtigungserklärungen ausreichen. Ohne einen solchen Verzicht ist die Rückkehr für den mittellosen Steuerhinterzieher sogar verbaut. Allerdings darf der Erleichterungszweck nicht losgelöst von dem Honorierungsgedanken gesehen werden. Es handelt sich um zwei Seiten einer Medaille. Eine Erleichterung kann nur in Betracht kommen, wenn das Nachtatverhalten des Steuerhinterziehers auch honorierungswürdig ist.

cc. Wiedergutmachung und der Strafzweck der positiven Generalprävention

(1) Maßgeblichkeit der Leistungsfähigkeit bei Begründung der Steuerschuld

(a) Mittellosigkeit bei fiktiver Fälligkeit als untaugliches Abgrenzungskriterium

Wie oben ausgeführt[219], stellt ein Teil des Schrifttums bei der Abgrenzung der nachentrichtungspflichtigen von der nachentrichtungslosen Selbstanzeige darauf ab, ob der Selbstanzeiger bei steuerehrlichem Verhalten den Steuerausfall

---

216 Siehe unter erster Teil B. II. 2.

217 BGH, Beschluss vom 20. Mai 2010 – 1 StR 577/09 –, BGHSt 55, 180 (183) Rn. 13; BayOLG, Beschluss vom 03. November 1989 – RReg 4 St 135/89 –, BayObLGSt 1989, 145 (154).

218 *Helml*, Reform der Selbstanzeige, 2014, S. 152.

219 Siehe unter zweiter Teil A I. 2. b. aa.

vermieden hätte. Die Nachentrichtungsobliegenheit müsste demnach konsequenterweise bei dem Selbstanzeiger entfallen, bei dem die Mittellosigkeit in dem Zeitpunkt vorgelegen hat, zu dem die Steuer fällig geworden wäre, wenn er sich steuerehrlich verhalten hätte (fiktive Fälligkeit). Dies gilt insbesondere für den Ansatz von *Joecks* u.a., der die Nachentrichtungsobliegenheit an die Grundsätze des § 71 AO anlehnt.[220] Denn dieser fiktive Fälligkeitszeitpunkt ist auch maßgeblich für die Beurteilung, ob ein kausaler Schaden im Sinne der haftungsrechtlichen Schadenersatznorm des § 71 AO eingetreten ist.[221] Diesen Ansätzen aus dem Schrifttum ist entgegenzuhalten, dass es aus strafrechtlicher Sicht verfehlt erscheint, die Nachentrichtungsobliegenheit entfallen zu lassen, wenn der Selbstanzeiger in der Phase zwischen Tatbegehung und fiktiver Fälligkeit mittellos geworden ist, bei einer nach Fälligkeit eintretenden Mittellosigkeit aber auf die Steuernachentrichtung zu bestehen. Mit dem Wiedergutmachungszweck und insbesondere mit dem Strafzweck der positiven Generalprävention ist es nicht vereinbar, sogar denjenigen Steuerhinterzieher noch in den Genuss einer nachentrichtungslosen Selbstanzeige kommen zu lassen, der sich in der kurzen Phase zwischen Tatbegehung und fiktiver Fälligkeit noch seiner Mittel begeben hat, mit denen er die Steuer hätte zahlen können. Denn der ganz überwiegende Teil der Steuerpflichtigen hält Mittel für die Steuerfälligkeit bereit. Ihr Vertrauen in die Einhaltung der Steuerrechtsordnung würde Schaden nehmen.

Abgesehen davon ist § 371 Abs. 3 AO anders als § 71 AO keine Schadenersatzvorschrift. Der Wiedergutmachungszweck des § 371 Abs. 3 AO ist vielmehr als normanerkennendes Nachtatverhalten zu verstehen.[222] Die Ausdehnung der Wiedergutmachung auf die Steuerzahlung beruht dabei auf dem Strafzweck der positiven Generalprävention. Die Nachentrichtungsobliegenheit des § 371 Abs. 3 AO kann deshalb schon aus dogmatischen Gründen nicht blindlings mit einer Schadenersatzverpflichtung nach § 71 AO gleichgesetzt werden.

Die Zeitpunkte der Tathandlung, -vollendung oder -beendigung sind aus strafrechtlicher Sicht allesamt keine tauglichen Kriterien für eine Abgrenzung zwischen nachentrichtungspflichtiger und nachentrichtungsloser Selbstanzeige. Ansonsten wäre es möglich, dass der Täter nachentrichtungslos straffrei werden könnte, obwohl er sich vor einem dieser Zeitpunkte – ggfs. sogar unmittelbar davor – seiner vorhandenen Mittel begeben und dadurch zumindest objektiv eine ursprünglich mögliche Wiedergutmachung vereitelt hat.

220 Siehe unter zweiter Teil A I. 2. b. aa. (3).
221 BFH, Urteil vom 05. August 2010 – V R 13/09 –, BFH/NV 2011, 81 (85) Rn. 57.
222 Siehe erster Teil B. II. 3.

(b) Faktisch kreditierte Steuerzahlung
Das deutsche Steuersystem soll die Lasten gerecht verteilen. Demnach soll jeder nach seiner wirtschaftlichen Leistungsfähigkeit zu den öffentlichen Lasten beitragen.[223] Dieses Leistungsfähigkeitsprinzip fordert, dass eine Steuer nur einer Person auferlegt werden darf, die die Steuer aus ihrem disponiblen Einkommen erbringen kann.[224] Es ist auf keine Steuerart beschränkt, sondern gilt für die gesamte Steuerrechtsordnung.[225] Es kann unterstellt werden, dass es im deutschen Steuerrecht – jedenfalls weitgehend – berücksichtigt ist. Denn das deutsche Steuersystem unterwirft drei Gruppen von Sachverhalten der Besteuerung – Vermögenszugänge, Vermögensbestände und Konsum[226] –, die jeweils die wirtschaftliche Leistungsfähigkeit desjenigen indizieren, der die Steuer zu tragen hat.[227] Der Steuerträger ist demnach regelmäßig in dem Zeitpunkt leistungsfähig, in dem der Steueranspruch *begründet* wird, d.h. der Rechtsgrund für die Besteuerung gelegt wird.[228] Es findet jedoch keine Echtzeit-Besteuerung statt. Der jeweils steuerbare Vorgang oder Zustand führt nicht zu einer sofortigen Steuererhebung. Das Realisationsprinzip, das Prinzip der Abschnittsbesteuerung, die nachgelagerten Steuererklärungs-/ -anmeldepflichten und die nachgelagerte Steuerfälligkeit führen de facto zu einer Steuerkreditierung.

Um das Bestehen einer Nachentrichtungsobliegenheit von Steuerhinterziehern, die auch Steuerträger sind, zu beurteilen, ist es aus strafrechtlicher Sicht sachgerecht, auf den oben erwähnten Zeitpunkt abzustellen, in dem der Steueranspruch begründet wird. Da Steuerhinterzieher zu diesem Zeitpunkt – indiziell und in der Regel auch tatsächlich – leistungsfähig gewesen sind, muss eine nachentrichtungslose Selbstanzeige ausscheiden. Der Strafzweck der positiven Generalprävention gebietet, dass der Selbstanzeiger die

---

223 *Birk/Desens/Tappe*, Steuerrecht, [20]2017, Rn. 61.

224 Klein (13. Aufl.)/*Gersch*, § 3 AO Rn. 14. Die Besteuerung nach dem Leistungsfähigkeitsprinzip muss sich im Rahmen der verfassungsrechtlichen Grenzen halten. Dies bedeutet insbesondere, dass die Gesamtsteuerbelastung nicht zu einer Übermaßbesteuerung führen darf, Klein (13. Aufl.)/*dies.*, § 3 AO Rn. 16, und – bei der Einkommensteuer – das objektive und subjektive Nettoprinzip einzuhalten sind, Klein (13. Aufl.)/*dies.*, Rn. 18.

225 BVerfG, Beschluss vom 22. Juni 1995 – 2 BvL 37/91 –, BStBl. 95, 655 (660).

226 *Hey*, Tipke/Lang, Steuerrecht, [23]2018, § 3 Rn. 55.

227 *dies.*, Tipke/Lang, Steuerrecht, [23]2018, § 3 Rn. 55.

228 Vgl. zum vergleichbaren Begriff des Begründetseins, mit dem bloße Insolvenzforderungen i.S.d. § 38 InsO und Masseverbindlichkeiten voneinander abgegrenzt werden, BFH, Urteil vom 05. April 2017 – II R 30/15 – , BStBl II 2017, 971 Rn. 14.

von ihm gemachte Beute abliefert, um straffrei zu werden. Ansonsten würde das Vertrauen der Allgemeinheit in die Einhaltung und die Durchsetzungskraft der Rechtsordnung erschüttert.[229] Dieses Vertrauen kann jedoch auch dann erschüttert werden, wenn ein Steuerhinterzieher nachentrichtungslos mit dem Hinweis auf seine zwischenzeitlich eingetretene Mittellosigkeit straffrei werden könnte, obwohl er bei Begründung seiner Steuerschuld noch wirtschaftlich leistungsfähig gewesen ist. Wer eine Verbindlichkeit eingeht, sie später aber nicht mehr erfüllen kann, hat nach den Alltagserfahrungen der Bürger rechtliche Konsequenzen zu tragen. Wenn ein Steuerhinterzieher die ihm drohenden Konsequenzen durch eine bloße Berichtigungserklärung vermeiden könnte, würde das Vertrauen insbesondere derjenigen Steuerzahler erschüttert, die sich von Anfang an gesetzeskonform verhalten, indem sie die für die Erfüllung der absehbaren Steuerschuld notwendigen Mittel zurücklegen. Der Strafzweck der positiven Generalprävention gebietet im Ergebnis ein vorausschauendes Verhalten schon bei Begründung der Steuerschuld, das eine spätere Steuerentrichtung gewährleistet.

Die Verzinsung der Steuernachentrichtungsobliegenheit des mittellosen Steuerhinterziehers verstößt auch nicht deswegen gegen das Übermaßverbot, weil im Zeitpunkt der Tatbegehung bzw. der fiktiven Steuerfälligkeit kein wirtschaftlicher Fiskalschaden entstanden sein mag. Denn im maßgeblichen Zeitpunkt der Steuerschuldbegründung ist der später Mittellose noch leistungsfähig gewesen. Der Steuerausfall ist auf das erst danach folgende Geschehen zurückzuführen. Zinsen sind die laufzeitabhängige Gegenleistung für die mögliche Nutzung des vorenthaltenen Kapitals.[230] Zumindest potentiell hätte der ursprünglich leistungsfähige und später mittellose Steuerhinterzieher Nutzungsvorteile ziehen können.

(c) Vermeidung von Wertungswidersprüchen

Der Rechtsgedanke vorgelagerter Obliegenheiten und Pflichten ist im Steuerrechts- und im Strafrechtssystem vielfach anzutreffen. Wenn man das Vorgeschehen bei der Beurteilung der Nachentrichtungsobliegenheit ausblenden würde, käme es insofern zu Wertungswidersprüchen innerhalb der Rechtsordnung:

---

229 *Löffler*, Grund der Selbstanzeige, 1992, S. 188; siehe im Einzelnen unter erster Teil B. II. 3.

230 HHSP/*Heuermann*, § 233 AO Rn. 4.

Eine Stundung nach § 222 AO ist ausgeschlossen, wenn sich ein vorübergehend leistungsunfähiger Steuerpflichtiger nicht auf die absehbare Steuerzahlungspflicht eingerichtet hatte. Nur dann, wenn ein Antragsteller sein Möglichstes zur Abtragung von Steuerrückständen getan hat, ist im Hinblick auf die Steuerzahler, die mit den gebotenen Anstrengungen und unter Einsatz aller Mittel ihren steuerlichen Verpflichtungen pünktlich nachkommen, eine Stundung zu rechtfertigen.[231] Ob die begehrte Vergünstigung, die Steuerstundung, auf Akzeptanz bei den pflichtbewussten Steuerzahlern stoßen würde, ist damit auch hier entscheidungserheblich. Im Kern geht es dabei darum, dass das Vertrauen der Allgemeinheit in die Durchsetzungskraft der Steuerrechtsordnung erschüttert würde, wenn ein ursprünglich leistungsfähiger Steuerpflichtiger keine Mittel für die Erfüllung der vorhersehbaren Steuerschuld zurückgelegt hat und dennoch – anders als die pflichtbewussten Steuerpflichtigen – einen Zahlungsaufschub erhält. Ein Steuerpflichtiger ist demnach grundsätzlich stundungsunwürdig, wenn er sich nicht rechtzeitig darauf eingestellt hat, vorhersehbare Steuern zum Fälligkeitstag zu entrichten und die dafür erforderlichen Geldmittel bereitzuhalten.[232] Es wäre wertungswidersprüchlich, wenn nach diesen Grundsätzen u.U. in demselben Steuerfall (!) eine Stundung zu versagen wäre, eine Selbstanzeige aber nachentrichtungslos möglich bliebe.

Im steuerlichen Haftungsrecht sind Mittelvorsorgepflichten von der h.M.[233] anerkannt. Demnach hat der gesetzliche Vertreter eines Unternehmens dessen Finanzen vorausschauend zu planen und in der Krise finanzielle Mittel zur Entrichtung der geschuldeten Steuern bereitzuhalten. Dabei kann ein bestimmtes Verhalten sogar schon vor der absehbaren Entstehung der Steuerforderung geboten sein.[234] Das muss auch für den Steuerhinterzieher gelten, der sich später

231 BFH, Urteil vom 02. August 1962 – IV 152/59–, HFR 1963, 86; BFH, Urteil vom 02. Juli 1986 – I R 39/83 –, BFH/NV 1987, 696 (697).

232 BFH, Urteil vom 21. August 1973 – VIII R 8/68 –, BStBl II 1974, 307 (308); an diesen Grundsätzen kann sich zu Gunsten des Steuerpflichtigen auch dann nichts ändern, wenn er die Steuern hinterzogen hat. Im Gegenteil, mit einer Steuerhinterziehung verstößt ein Steuerschuldner vorsätzlich gegen die Interessen der Allgemeinheit und beeinträchtigt dadurch bereits seine Stundungswürdigkeit.

233 BFH, Beschluss vom 11. November 2015 – VII B 74/15 –, ZInsO 2016, 270 (271); BFH, Urteil vom 20. Mai 2014 – VII R 12/12 –, BB 2014, 2470 (2471) Rn. 11; BFH, Urteil vom 9. Januar 1997 – VII R 51/96 –, UR 1998, 108 (109); HHSP/*Boeker*, April 2015, § 69 AO Rn. 14a zu den Mittelvorsorgepflichten von Vertretern (§§ 34, 35 AO) im Zusammenhang mit der Haftung nach § 69 AO.

234 BFH, Urteil vom 20. Mai 2014 – VII R 12/12 –, BB 2014, 2470 (2471) Rn. 11.

selbst anzeigt. Es wäre wertungswidersprüchlich, wenn man den Steuerhinterzieher insofern weniger Obliegenheiten als dem Haftungsschuldner auferlegen würde. Die haftungsrechtlichen Mittelvorsorgepflichten machen zudem deutlich, dass der von *Joecks* u.a. vertretene Ansatz[235] inkonsequent ist, die Grundsätze des § 71 AO – und damit gleichsam des Haftungsrechts – auf § 371 Abs. 3 AO zu übertragen und bei Mittellosigkeit im fiktiven Fälligkeitszeitpunkt eine nachentrichtungslose Selbstanzeige zuzulassen. Bei konsequenter Übertragung auch der haftungsrechtlichen Grundsätze der Mittelvorsorge müsste man häufig auch zu einer fortbestehenden Nachentrichtungsobliegenheit desjenigen Selbstanzeigers gelangen, der im Zeitpunkt der fiktiven Fälligkeit bereits mittellos war.

Bei der Prüfung von Straftatbeständen kann u.U. das Verhalten des Täters im Vorfeld in die Betrachtung miteinbezogen werden. Bei Unterlassungstatbeständen kommt hierfür die Rechtsfigur der omissio libera in causa in Betracht[236], und zwar auch bei strafbewehrten Nichtzahlungen.[237] Auch wenn diese Rechtsfigur auf die Selbstanzeige nicht unmittelbar anwendbar ist, kommt in ihr doch die allgemeine Wertung zum Ausdruck, dass Fehlverhalten und Versäumnisse des Täters im Vorfeld der Tat diesem nicht zum Vorteil gereichen sollen. Versäumt ein Steuerhinterzieher, für die Steuernachzahlung vorzusorgen, obwohl er bei Steuerschuldbegründung leistungsfähig gewesen ist, und könnte er *deswegen* nachentrichtungslos straffrei werden, läge darin ein deutlicher Widerspruch zu dieser Wertung.

(2) Steuerrechtliches Fremdgeld

Das deutsche Steuerrecht kennt eine Reihe von Entrichtungspflichten, nämlich z.B. § 43 Abs. 1 EStG (Kapitalertragsteuer), § 48 EStG (Bauabzugsteuer), § 50a Abs. 1 EStG (beschränkte Steuerpflicht). Die praktisch wichtigste ist die Entrichtungspflicht des Arbeitgebers (§ 38 Abs. 1 S. 1 EStG). Er hat als Entrichtungspflichtiger die Lohnsteuer einzubehalten und an den Fiskus abzuführen.[238] Der BGH[239] billigt in der Insolvenz des Arbeitgebers dem Fiskus zwar

---

235 Siehe zweiter Teil A. I. 2. b. aa. (3).

236 HK, StGB/*Gercke*, § 13 StGB Rn. 5; *Seelmann*, JuS-Lernbogen 1987, 33 (35).

237 BGH, Beschluss vom 28. Mai 2002 – 5 StR 16/02 –, BGHSt 47, 318 (320, 322 f.) zum Tatbestandsmerkmal der Vorenthaltung von Arbeitnehmerbeiträgen zur Sozialversicherung in § 266a Abs. 1 StGB.

238 Raupach/Herrmann/Heuer/*Reuss*, Mai 2017, § 41a EStG Rn. 9; Tipke/Kruse/*Seer*, April 2016, § 167 AO Rn. 5.

239 BGH, Urteil vom 22. Januar 2004 – IX ZR 39/03 –, BGHZ 157, 350 (358 f.); vgl. zuletzt noch BGH, Beschluss vom 22. Oktober 2015 – IX ZR 74/15 –, ZInsO 2016, 341. Diese Auffassung der Rechtsprechung hat der Gesetzgeber indirekt bestätigt und bekräftigt. In den Motiven zum Gesetz zur Verbesserung der Rechtssicherheit bei Anfechtungen

kein *insolvenzrechtliches* Aussonderungsrecht gemäß § 47 InsO an einbehaltenen Lohnsteuerbeträgen zu. Er lehnt es ab, das Verhältnis zwischen Finanzbehörde und Arbeitgeber als uneigennütziges Treuhandverhältnis einzustufen, das unter § 47 InsO subsumierbar wäre.[240] Aus *steuerrechtlicher* Sicht ist die Situation jedoch anders zu beurteilen: Schuldner der Lohnsteuer ist gemäß § 38 Abs. 2 EStG der Arbeitnehmer. Der Arbeitgeber hat gemäß § 38 Abs. 3 S. 1 AO die Lohnsteuer für Rechnung des Arbeitnehmers bei jeder Lohnzahlung vom Arbeitslohn einzubehalten und gemäß § 41a Abs. 1 EStG an das Finanzamt abzuführen. Als Entrichtungspflichtiger ist der Arbeitgeber im Interesse des Fiskus verpflichtet, die einbehaltenen Lohnsteuerbeträge abzuführen.[241] Der Arbeitgeber hat dadurch die Stellung eines Treuhänders in einem steuerrechtlichen Treuhandverhältnis; die einbehaltenen Steuerabzugsbeträge sind für ihn aus steuerrechtlicher Sicht Fremdgelder.[242] Der Arbeitgeber ist zudem gemäß § 41a EStG verpflichtet, die Lohnsteuer richtig, vollständig und fristgerecht durch Steueranmeldung zu erklären. Kommt er dieser Anmeldepflicht nicht ordnungsgemäß nach, verkürzt er die Lohnsteuer und macht sich bei Vorsatz strafbar. Die Haftung des

---

nach der Insolvenzordnung und nach dem Anfechtungsgesetz, BT-Drucks. 18/7054, S. 10, heißt es, dass die Lohnsteuerabführung weiter nicht vom Bargeschäftsprivileg des § 142 InsO erfasst sein soll. Damit wird klargestellt, dass auch Lohnsteuerzahlungen grundsätzlich anfechtbar bleiben. Der Gesetzgeber setzt dabei voraus, dass einbehaltene Lohnsteuerbeträge kein dem Fiskus zustehendes Aussonderungsgut sind. Denn Aussonderungsgüter gehören nicht zur Soll-Insolvenzmasse. Auskehrungen an Aussonderungsberechtigte unterfallen deshalb mangels Gläubigerbenachteiligung allgemein nicht der Insolvenzanfechtung.

240 Die Leistung der Lohnanteile an das Finanzamt erfolgt demnach aus dem Vermögen des Arbeitgebers. Die steuerrechtliche Verpflichtung zur Führung von Lohnkonten (§ 41 Abs. 1 EStG, § 4 LStDV) dient nach Auffassung des BGH allein dem Zweck, die Erfüllung der Einbehaltungs- und Abführungspflicht zu belegen und dadurch die Nachprüfung zu erleichtern.

241 BFH, Urteil vom 20. April 1982 – VII R 96/79 –, BStBl. II 1982, 521 (522); BFH, Urteil vom 14. Mai 1982 – VI R 130/81 –, juris Tz. 16 (nicht amtlich veröffentlicht); BFH, Urteil vom 30. Mai 1990 – I R 115/86–, BFH/NV 1990, 757 (758); HHSP/*von Groll*, August 2016, § 222 AO Rn. 195; *Lammerding/Scheel/Brehm*, AO/FGO, [16]2012, S. 536.

242 BFH, Urteil vom 20. April 1982 – VII R 96/79 –, BStBl. II 1982, 521 (522); BFH, Urteil vom 14. Mai 1982 – VI R 130/81 –, juris Tz. 16 (nicht amtlich veröffentlicht); BFH, Urteil vom 30. Mai 1990 – I R 115/86 – , BFH/NV 1990, 757 (758); HHSP/*von Groll*, August 2016, § 222 AO Rn. 195; *Lammerding/Scheel/Brehm*, AO/FGO, [16]2012, S. 536. Die pauschalierte Lohnsteuer gem. § 40 Abs. 2 EStG ist hier nicht von Belang, weil der Arbeitgeber insofern Steuerschuldner ist und damit die Steuer nicht „einbehält", sondern aus seinem eigenen Vermögen zu zahlen hat.

Arbeitgebers gemäß § 42d EStG für die Lohnsteueranmeldung und -abführung rundet sein enges steuerliches Pflichtenkorsett ab.[243] Das Steuerstrafrecht ist verwaltungsakzessorisch.[244] Sowohl die Voraussetzungen des § 370 als auch des § 371 AO knüpfen an steuerrechtliche Pflichten an. Im Steuerstrafrecht ist demnach die steuerrechtliche Sichtweise maßgeblich. Das muss auch für die Beurteilung gelten, ob ein Treuhandverhältnis vorliegt. Der Arbeitgeber hat demnach auch für *steuerstrafrechtliche* Zwecke eine Treuhänderstellung.

Weitere bedeutsame Fälle treuhänderisch verwalteter Steuern findet man im Bereich der indirekten Steuern. Das bedeutendste Beispiel ist die vereinnahmte Umsatzsteuer.[245] Der leistende Unternehmer ist regelmäßig der Schuldner der Umsatzsteuer (§ 13a Abs. 1 Nr. 1 UStG). Er verwaltet die Umsatzsteuer für den Steuerfiskus.[246] Für den Unternehmer ist die Umsatzsteuer ein durchlaufender Posten. Wirtschaftlich belastet wird der Steuerträger (Leistungsempfänger, Endverbraucher).[247] Der in der Gegenleistung enthaltene Umsatzsteuerbetrag ist aus steuerrechtlicher Sicht nicht Vermögen des Unternehmers, sondern stellt insofern Fremdgeld dar, als es von vornherein zur Weiterleitung an das Finanzamt bestimmt ist.[248] Dies auch deswegen, weil der Leistungsempfänger die in der Rechnung ausgewiesene Umsatzsteuer bei Vorliegen der Voraussetzungen gem. §§ 15, 16 Abs. 2 UStG im Wege des Vorsteuerabzugs geltend machen wird.[249] Die Rechtsprechung des BGH erkennt in Bezug auf vereinnahmte Umsatzsteuerbeträge zwar auch kein insolvenzrechtliches Aussonderungsrecht des

---

243 Für andere Entrichtungspflichtige, z.B. für die Anmeldepflichtigen der Kapitalertragsteuer, der Abzugsteuer nach § 50a EStG und der Bauabzugsteuer sind Pflichten und steuerliche Haftung vergleichbar geregelt. Zur Treuhänderstellung der Entrichtungspflichtigen insofern auch *Lammerding/Scheel/Brehm*, AO/FGO, [16]2012 S. 536.

244 HHSP/*Beckemper*, August 2015, § 371 AO Rn. 86.

245 Der Unternehmer vereinnahmt die Umsatzsteuer nicht nur in den Fälle der sog. Ist-Versteuerung (§ 20 und § 13 Abs. 1 Nr. 1a) S. 4 UStG), sondern regelmäßig auch bei der Soll-Versteuerung (§ 16 UStG). Die Unterscheidung zwischen den beiden Besteuerungsarten ist insbesondere für den Zeitpunkt der Steuerentstehung relevant. Dagegen ist für die hier in Rede stehende steuerstrafrechtliche Fragestellung unabhängig von der Besteuerungsart von Bedeutung, ob der Steuerhinterzieher die Umsatzsteuerbeträge schon vereinnahmt hatte.

246 BGH, Urteil vom 17. März 2009, 1 StR 479/08, NStZ 2009, 512 (513).

247 Bunjes, UStG/*Robisch*, Vor § 1 UStG Rn. 18.

248 BGH, Urteil vom 08. Mai 2008 – IX ZR 229/06 –, ZIP 2008, 1127 f. Rn. 9; Stadie/*Stadie*, § 13 UStG Rn. 57.

249 BGH, Urteil vom 08. Mai 2008 – IX ZR 229/06 –, ZIP 2008, 1127 f. Rn. 9; Stadie/*ders.*, § 13 UStG Rn. 57.

Steuergläubigers in Form eines uneigennützigen Treuhandverhältnisses an.[250] Dies hindert jedoch genauso wenig wie bei der einbehaltenen Lohnsteuer daran, steuerrechtlich und auch für steuerstrafrechtliche Zwecke von Fremdgeld auszugehen. Das Steuerstrafrecht knüpft insofern an das Umsatzsteuerrecht und nicht an das Insolvenzrecht an.

Damit beruhen die steuerlichen Pflichten von Entrichtungspflichtigen und Unternehmern nicht auf deren eigener Leistungsfähigkeit, sie betreffen vielmehr Fremdgelder, die z.B. von den – leistungsfähigen[251] – Arbeitnehmern bzw. Steuerträgern vereinnahmt bzw. einbehalten und für den Fiskus treuhänderisch verwaltet werden. Dieser Befund hat Auswirkungen auf die Nachentrichtungsobliegenheit des § 371 Abs. 3 AO: Nach den Grundsätzen des normanerkennenden Nachtatverhaltens beruht die Ausdehnung der Wiedergutmachung auf die Steuerzahlung auf dem Strafzweck der positiven Generalprävention. Der Selbstanzeiger soll nur straffrei werden, wenn er auch die von ihm gemachte Beute abliefert.[252] Der spätere Steuerhinterzieher, der die von ihm treuhänderisch verwalteten Steuergelder für sich zweckentfremdet hat, hat seine Beute schon gemacht. Wenn er sich selbst außer Stand setzt, dieses Treugut herauszugeben, kann ihn das mit Blick auf diesen Strafzweck nicht entlasten. Das Vertrauen in die Durchsetzungskraft der Rechtsordnung ist nicht schon dann wiederhergestellt, wenn die Steuer nachträglich zutreffend festgesetzt wird. Das ist erst der Fall, wenn der Selbstanzeiger das Treugut bzw. ein gleichwertiges Substitut wiederbeschafft und an den Fiskus (Treugeber) herausgibt. Im Ergebnis beruht die Nachentrichtungsobliegenheit auf der steuerlichen Zweckgebundenheit der vereinnahmten bzw. einbehaltenen Gelder.

Darüber hinaus gebietet auch der Grundsatz der Einheit der Rechtsordnung, bei einem mittellosen Umsatz- bzw. Lohnsteuerhinterzieher die Strafbefreiung von der Steuernachentrichtung abhängig zu machen. Umsatz- und Lohnsteuerhinterzieher werden nämlich wegen des Fremdgeldcharakters dieser Steuerarten auch im Rahmen der Strafzumessung (§ 46 StGB) streng behandelt. So ist eine Strafmilderung wegen unzureichender Zahlungsmittel bei denjenigen hinterzogenen Steuern, die der Steuerschuldner wie ein Treuhänder für den Fiskus verwaltet, nicht nur ausgeschlossen.[253] Die Hinterziehung fremder Steuern oder

250 Vgl. BGH, Beschluss vom 22. Oktober 2015 – IX ZR 74/15 –, ZInsO 2016, 341.

251 Vgl. zu den indirekten Steuern *Hey*, Tipke/Lang, Steuerrecht, [23]2018, § 3 Rn. 43.

252 *Löffler*, Grund der Selbstanzeige, 1992, S. 188; siehe im Einzelnen unter erster Teil B. II. 3.

253 BGH, Urteil vom 17. März 2009 – 1 StR 479/08 –, NStZ 2009, 512 (513).

solcher Steuern, für die der Täter treuhänderisch verantwortlich ist, kann sogar strafschärfend ins Gewicht fallen.[254] Steht die Treuhänderstellung des mittellosen Steuerhinterziehers einer Strafmilderung im besonderen Maße entgegen, ist es folgerichtig, auch keine Erleichterung in Form einer nachentrichtungslosen Selbstanzeige zu gewähren. Nur eine einheitlich strenge Behandlung des hinterziehenden Treuhänders sowohl bei der Selbstanzeige als auch bei der Strafzumessung ist widerspruchsfrei und in sich stimmig.

Im Steuererhebungsverfahren wird Umsatz- und Lohnsteuerhinterziehern ebenfalls eine strenge Behandlung zuteil: Gemäß § 222 S. 4 AO darf die Finanzbehörde den Haftungsanspruch gegen den Entrichtungspflichtigen auf Abführung einbehaltener Steuerabzugsbeträge per se nicht stunden. Auch wenn das Schrifttum die Verfassungsmäßigkeit dieser Vorschrift in Frage stellt[255], ist doch ihre Wertung deutlich erkennbar: Einbehaltene Steuergelder sind umgehend abzuführen. Kein Grund kann einen Zahlungsaufschub rechtfertigen. Eine anderweitige Verwendung der Gelder, die die Steuerabführung verhindert, ist erst recht unzulässig. Hält sich der Entrichtungspflichtige nicht daran, kann er mit keinerlei Entgegenkommen im Erhebungsverfahren rechnen. Dies betrifft auch und insbesondere den Arbeitgeber, der die Lohnsteuerbeträge vom Gehalt des Arbeitnehmers einbehalten hat. Die Stundungsmöglichkeiten sind auch bei vereinnahmten Umsatzsteuerbeträgen eingeschränkt[256], freilich ohne dass man § 222 S. 4 AO bemühen kann. Das Treuhandverhältnis rechtfertigt auch insofern eine strenge Behandlung des Unternehmers. Dem Grundsatz der Einheit der Rechtsordnung ist nur dann Genüge getan, wenn der hinterziehende Treuhänder sowohl bei der Selbstanzeige als auch im Erhebungsverfahren einheitlich streng behandelt wird. Es wäre nicht in sich stimmig, wenn ihm einerseits eine nachentrichtungslose Selbstanzeige zugestanden würde, die Finanzbehörde andererseits eine Stundung unter Hinweis auf den Fremdgeldcharakter der hinterzogenen Steuer ablehnen könnte.

(3) Wegfall der materiellen Steuerschuld

Nach § 17 Abs. 2 S. 1 i.V.m. Abs. 1 S. 1 UStG hat der sollversteuernde Unternehmer, der einen Umsatz ausgeführt hat, den geschuldeten Umsatzsteuerbetrag zu berichtigen, wenn das vereinbarte Entgelt für die entsprechende steuerpflichtige Leistung uneinbringlich geworden ist (z.B. weil der Leistungsempfänger

---

254 Nr. 77 Ziff. 2b) AStBV (St) 2017; Klein (13. Aufl.)/*Jäger*, § 370 AO Rn. 335; Kohlmann/*Schauf*, Mai 2018, § 370 AO Rn. 1032.

255 *Seer*, Tipke/Lang, Steuerrecht, [23]2018, § 21 Rn. 316.

256 *Lammerding/Scheel/Brehm*, AO/FGO, [16]2012, S. 538.

mittellos wird). Es stellt sich die Frage, ob eine wirksame Selbstanzeige in solch einem Fall mit Blick auf den Wiedergutmachungszweck des § 371 Abs. 3 AO und den Strafzweck der positiven Generalprävention noch eine Steuernachentrichtung voraussetzen kann. Für die Beantwortung der Frage sind Rechtsnatur und Wirkung der Berichtigung nach § 17 UStG von zentraler Bedeutung.

Nach Auffassung des VII. Senats des BFH[257] handelt es sich bei der Berichtigung nach § 17 Abs. 1 S. 1, Abs. 2 Nr. 1 UStG um einen steuerverfahrensrechtlich selbständigen Anspruch, der gleichsam kompensatorischen Charakter habe, indem er die ursprünglich vorgenommene Besteuerung ausgleiche und die damals für ein bestimmtes Ereignis erhobene Steuer aufgrund eines späteren, entgegengesetzten Ereignisses zurückführe. Das die Berichtigung auslösende Ereignis i.S.d. § 17 UStG wirke auf den materiellen Gehalt der ursprünglichen Steuerfestsetzung zurück.

Der V. Senat des BFH[258] fasst § 17 UStG als materiell-rechtlichen Berichtigungstatbestand auf. Er sieht die Ereignisse i.S.d. § 17 UStG als unselbständige Besteuerungsgrundlagen, die in der Umsatzsteuerfestsetzung für den maßgeblichen Besteuerungszeitraum des Ereigniseintritts – also ex nunc – zu berücksichtigen seien.

Ein Teil der Literatur[259] begreift § 17 UStG als rein materiell-rechtliche Norm. Die Ereignisse i.S.d. § 17 UStG führten zu einem Erlöschen der Steuer ex nunc.

Den o.g. Auffassungen ist bei allen Unterschieden hinsichtlich des Zeitpunkts und der Wirkungsweise gemein, dass sie dem Uneinbringlichwerden des Entgelts als auslösendem Ereignis eine materiell-rechtliche Wirkung beimessen, die die Steuerbelastung des Unternehmers senkt. Dem Fiskus steht bei Uneinbringlichkeit des Entgelts der Umsatzsteueranspruch materiell-rechtlich nicht (mehr) zu. Soweit die Forderung einmal uneinbringlich geworden ist, gilt das Ist-Prinzip.[260] Der unbezahlte Umsatz gehört nicht mehr zur Bemessungsgrundlage. § 17 UStG ist lediglich der gesetzliche Weg, eine Zuvielbelastung verfahrensökonomisch in dem VAZ, in dem die Uneinbringlichkeit eingetreten ist, wieder zu beseitigen. Da die Uneinbringlichkeit den Steueranspruch materiell-rechtlich zu Fall bringt, muss grundsätzlich auch die Steuernachentrichtungspflicht entfallen. Denn die

257 BFH, Urteil vom 27. Oktober 2009 – VII R 4/08 –, BStBl. II 2010, 257 (258 f.) Rn. 17 f.

258 BFH, Beschluss vom 13. Juli 2006 – V B 70/06 –, BStBl. II 2007, 415 (416); BFH, Urteil vom 22. Oktober 2009 – V R 14/08 –, BStBl II 2011, 988 (989) Rn. 26; siehe auch die zusammenfassende Rechtsprechungsübersicht bei *Kahlert/Rühland*, Sanierungs- und Insolvenzsteuerrecht, ^{2}2011, Rn. 9.277 ff.

259 Rau/Dürrwächter/*Stadie*, März 2018, § 17 UStG Rn. 42; Stadie/*ders.*, § 17 UStG Rn. 5.

260 Rau/Dürrwächter/*Stadie*, März 2018, § 17 UStG Rn. 417.

Nachentrichtungspflicht ist – als ungeschriebenes Tatbestandsmerkmal – akzessorisch zum Bestehen des strafbefangenen Steueranspruchs.[261] Mit dessen Wegfall gibt es grundsätzlich kein Bedürfnis und keine Rechtfertigung mehr für eine Steuernachentrichtung. Der Steuergläubiger hätte keinen Rechtsgrund für ein Behaltendürfen. Einen gezahlten Steuerbetrag müsste er nach § 37 Abs. 2 AO zurückerstatten.[262] Die Steuernachentrichtungspflicht ist keine zusätzliche strafrechtliche Sanktion; sie bezweckt lediglich die Wiedergutmachung des Steuerausfalls, jedoch keine Mehrbelastung des Selbstanzeigers.[263]

Die Eigentümlichkeiten der Soll-Besteuerung untermauern diesen Befund: Die Sollbesteuerung soll der Sicherung des Steueraufkommens dienen. Sie hat indes einen vorläufigen Charakter. Sie läuft darauf hinaus, dass der als Steuereinsammler für Rechnung des Staates fungierende Unternehmer die abzuführenden Umsatzsteuerbeträge *vorfinanziert.* § 17 Abs. 1 S. 1 UStG passt die Sollbesteuerung an das „Ist" an, wenn der Leistungsempfänger tatsächlich weniger als vereinbart aufwendet.[264] Die Vorschrift ist notwendig, um die Vorfinanzierung wieder auszugleichen, wenn der Unternehmer außerstande ist, das Entgelt zzgl. des Umsatzsteuerbetrages einzusammeln.[265] Die Berichtigung entspricht auch dem Verbrauchsteuercharakter der Umsatzsteuer, wonach die Besteuerung nach der Belastungswirkung beim Endverbraucher zu erfolgen hat.[266] Gleichzeitig wird durch die Berichtigung eine Ungleichbehandlung von Soll- und Ist-Versteuerer im Sinne des Neutralitätsprinzips und der Wettbewerbsgleichheit vermieden.[267] § 17 Abs. 2 Nr. 1 UStG soll die mit der Sollbesteuerung verbundene Vorfinanzierung durch den Unternehmer zu Gunsten der Ist-Besteuerung beenden, wenn das Entgelt uneinbringlich ist, da der Unternehmer als Steuereinsammler für Rechnung des Staates im Ergebnis wirtschaftlich nicht belastet werden soll.[268] Vor diesem Hintergrund gebietet der Wiedergutmachungszweck

---

261 HHSP/*Beckemper*, August 2015, § 371 AO Rn. 92; Kohlmann/*Schauf*, Mai 2018, § 371 AO Rn. 401; Schwarz/Pahlke/*Webel*, November 2015, § 371 AO Rn. 333 f.; vgl. auch RG, Urteil vom 04. Januar 1927 – I 612/26 –, RGSt. 61, 115 (118); Rolletschke/Kemper, Steuerstrafrecht/*Kemper*, Oktober 2017, § 371 AO Rn. 400.

262 RG, Urteil vom 04. Januar 1927 – I 612/26 –, RGSt. 61, 115 (118); HHSP/*Beckemper*, August 2015, § 371 AO Rn. 92.

263 Schwarz/Pahlke/*Webel*, November 2015, § 371 AO Rn. 333.

264 *Lippross*, Umsatzsteuer, [24]2017, S. 58.

265 *Seer*, DStR 2016, 1289 (1294).

266 *Lippross*, Umsatzsteuer, [24]2017, S. 58.

267 BFH, Urteil vom 24. Oktober 2013 – V R 31/12 –, BStBl. II 2015, 674 (675) Rn. 13, 20.

268 BFH, Urteil vom 24. Oktober 2013 – V R 31/12 –, BStBl. II 2015, 674, (675) Rn. 13, 20; Rau/Dürrwächter/*Stadie*, März 2018, § 17 UStG Rn. 398.

des § 371 Abs. 3 AO in dem Fall, dass das Entgelt uneinbringlich wird, keine Steuernachentrichtung. Im Gegenteil, ein Beharren darauf würde dem Fiskus einen Vermögenszufluss ohne steuerrechtlichen Rechtsgrund verschaffen. Aus strafrechtlichen Gründen würde eine rechtsgrundlose Vorfinanzierung verlangt.[269] Dies wäre keine Wiedergutmachung, sondern ein überkompensatorischer Sondervorteil zu Gunsten des Steuergläubigers.

Auch der tragende Beutegedanke stützt den Befund: Hat der Steuerhinterzieher Beute gemacht, soll er nur dann straffrei werden können, wenn er diese an den Fiskus abliefert.[270] Ein Beuteablieferungsgebot kann ohne vereinnahmte Umsatzsteuerbeträge nicht verfangen. Es fehlt an einem steuerrechtlichen Treugut (Fremdgeld) und damit auch an einer Beute, die der Steuerhinterzieher gemacht haben müsste. Unter dem Beuteaspekt muss man sogar noch einen Schritt weiter gehen und eine Nachentrichtung im Rahmen der Selbstanzeige schon für entbehrlich erklären, solange der Unternehmer das Entgelt zzgl. Umsatzsteuerbetrag noch nicht vereinnahmt hat, ohne dass bereits Uneinbringlichkeit festgestellt sein müsste. Vereinnahmt er das Entgelt später dann doch, lässt das nach einer zwischenzeitlich erfolgten Berichtigung gemäß § 17 Abs. 1 S. 1 UStG die Nachentrichtungsobliegenheit nicht wiederaufleben. Die Umsatzsteuer entsteht nämlich in dem VAZ der Vereinnahmung gemäß § 17 Abs. 2 Nr. 1 S. 2 UStG *neu*, sie ist nicht mit der ursprünglichen und hinterzogenen Steuer identisch. Hat zwischenzeitlich keine Berichtigung nach § 17 Abs. 1 S. 1 UStG stattgefunden, hat der Unternehmer durch die spätere Vereinnahmung seine Beute gemacht und er wird im Rahmen der Selbstanzeige nachentrichtungspflichtig.

dd. Zwischenergebnis zur teleologischen Auslegung

Der Fiskalzweck der Selbstanzeige spricht für eine fortbestehende Nachentrichtungsobliegenheit, auch wenn der Selbstanzeiger mittellos ist. Der Zweck, die Rückkehr in die Steuerehrlichkeit zu erleichtern und zu honorieren, unterstützt diesen Befund. Denn die Rückkehr in die Legalität gelingt auf der Ebene der Steuererhebung nicht.

Der Zeitpunkt, zu dem die Fälligkeit der hinterzogenen Steuer bei steuerehrlichem Verhalten eingetreten wäre (fiktive Fälligkeit), ist kein taugliches

---

269 Der „Schaden" des Fiskus besteht im Fall eines hinterziehenden Soll-Versteuerers allgemein in einer entgangenen Vorfinanzierung. Rechtspolitisch erscheint es zweifelhaft, ob das Verhindern einer Vorfinanzierung überhaupt strafwürdig ist.

270 Siehe unter erster Teil B. II. 3.

Kriterium, um zwischen nachentrichtungspflichtigen und nachentrichtungslosen Selbstanzeigen zu differenzieren. Die Grundsätze des § 71 AO sind aus dogmatischen Gründen nicht übertragbar. Denn § 371 Abs. 3 AO ist keine Schadenersatzvorschrift, sondern verlangt die Steuernachentrichtung wegen des Strafzwecks der positiven Generalprävention.

Der Steuerhinterzieher, der auch Steuerträger ist, ist regelmäßig noch in dem Zeitpunkt wirtschaftlich leistungsfähig gewesen, in dem der Steueranspruch begründet worden ist. Das Vertrauen der Allgemeinheit in die Einhaltung und die Durchsetzungskraft der Rechtsordnung würde Schaden nehmen, wenn er keine Mittel für die Erfüllung der absehbaren Steuerschuld zurückgelegt hat und dennoch nachentrichtungslos straffrei werden könnte. Mit Blick auf vergleichbare vorgelagerte Obliegenheiten und Pflichten im Steuer- und Strafrecht wäre eine nachentrichtungslose Selbstanzeige zudem wertungswidersprüchlich. Sie würde dem Grundsatz der Einheit der Rechtsordnung nicht gerecht.

Die steuerlichen Pflichten von Entrichtungspflichtigen und Unternehmern i.S.d. UStG beruhen nicht auf deren eigener Leistungsfähigkeit, sondern auf der steuerlichen Zweckgebundenheit der von ihnen vereinnahmten bzw. einbehaltenen Gelder. Der daraus resultierende Fremdgeldcharakter gebietet es, dass sie hinterzogene Steuern im Rahmen einer Selbstanzeige nachentrichten. Eine andere Lesart wäre mit dem Strafzweck der positiven Generalprävention unvereinbar.

Hat der sollversteuernde Unternehmer Umsatzsteuer hinterzogen, weil er vorsätzlich einen Ausgangsumsatz nicht vollständig angemeldet hat, und wird das vereinbarte Entgelt für diesen Umsatz uneinbringlich, kann er nach Sinn und Zweck des § 371 AO nachentrichtungslos straffrei werden. Das gilt selbst dann, wenn er später nach einer zwischenzeitlichen Berichtigung gemäß § 17 Abs. 1 S. 1 UStG das Entgelt doch noch vereinnahmen kann.

d. Rechtspraktische Schwierigkeiten

Wäre – neben der hinterzogenen Steuer – der Umfang der vorhandenen Restmittel für die Höhe des nachzuentrichtenden Steuerbetrags maßgeblich, wäre eine präzise Bestimmung der Restmittel notwendig. Mittellosigkeit bzw. Mittelknappheit des Selbstanzeigers sind in der Praxis jedoch nicht hinreichend konkret feststellbar.

Wer noch in der Lage ist, ein Darlehen aufzunehmen, ist nicht mittellos. Damit der Steuerpflichtige die geschuldete Steuer tilgen kann, ist ihm auch die Darlehensaufnahme grundsätzlich zumutbar. Das gilt auch und erst recht für die Steuernachentrichtung im Rahmen der Selbstanzeige. Beleg dafür ist der

Umstand, dass nach einhelliger Auffassung[271] die Frist des § 371 Abs. 3 AO zur Steuernachentrichtung an der Möglichkeit für den Selbstanzeiger auszurichten ist, sich um eine Darlehensaufnahme zu bemühen. Dass ein Selbstanzeiger, der ein Darlehen aufnehmen könnte, nachentrichtungslos straffrei würde, wäre zudem mit dem Strafzweck der positiven Generalprävention nicht vereinbar. Ein solches Ergebnis stieße bei den steuerpflichtbewussten Bürgern, die für ihre Steuernachzahlungen ggfs. auch die ihnen eingeräumten Kreditlinien ausschöpfen müssen, auf Unverständnis. Zudem kann selbst derjenige, der nach den zuweilen strengen Kriterien der Kreditinstitute als kreditunwürdig gilt, u.U. noch am grauen Kreditmarkt ein Darlehen erlangen. Auch wenn die Option besteht, ein Privatdarlehen im familiären Bereich oder im Freundeskreis aufzunehmen, kann man den Selbstanzeiger schwerlich als mittellos bezeichnen. Eine sachlich fundierte Grenze, ab der eine Darlehensaufnahme zum Zwecke einer Selbstanzeige unzumutbar wäre, lässt sich kaum ziehen. Es würde die Strafverfolgungsbehörden faktisch überfordern, sämtliche Kreditoptionen zu prüfen, um sie mit hinreichender Wahrscheinlichkeit ausschließen zu können.

Mittellose natürliche Personen können zudem irgendwann – z.B. durch Erbschaft – wieder zu Geld kommen. Es ist für die Strafverfolgungsbehörden jedoch schwierig, eine zukünftige wirtschaftliche Erholung mit hinreichender Sicherheit zu prognostizieren oder auszuschließen. Eine nachentrichtungslose Strafbefreiung wäre mit dem Strafzweck der positiven Generalprävention[272] nicht vereinbar, wenn dem Selbstanzeiger – vielleicht sogar kurzfristig – wieder Vermögen zur Verfügung steht und er es trotzdem nicht zur Tilgung der noch offenen strafbefangenen Steuerschuld einsetzen müsste.[273] Das Vertrauen in die Einhaltung und Durchsetzungskraft der Rechtsordnung würde dadurch in ähnlicher Weise erschüttert, wie das bei einer nachentrichtungslosen Strafbefreiung für einen von Anfang an solventen Steuerhinterzieher der Fall wäre.

Bei der Beitreibung von Steuer- oder Haftungsansprüchen gegen eine natürliche Person sind unpfändbare Gegenstände zu verschonen. Pfändungsfreigrenzen und Pfändungsverbote haben vor allem sozialstaatliche Ziele: Der Schuldner soll befähigt werden, sein Existenzminimum selbst zu verdienen und zu sichern, ohne Sozialhilfe in Anspruch nehmen zu müssen.[274] Das Rechtsinstitut der

271 BFH, Urteil vom 17. Dezember 1981 – IV R 94/77 –, BStBl. II 1982, 352 (354); BayOLG, Beschluss vom 03. November 1989 – RReg 4 St 135/89 –, BayObLGSt 1989, 145 (154); Klein (13. Aufl.)/*Jäger*, § 371 AO Rn. 90; JJR/*Joecks*, § 371 AO Rn. 156.

272 Vgl. hierzu erster Teil B. II. 3.

273 Ähnlich *Samson*, Festgabe 50 Jahre BGH, 2000, S. 675 (692 f.).

274 Zöller/*Herget*, § 811 ZPO Rn. 1; Zöller/*ders.*, § 850 ZPO Rn. 1.

Selbstanzeige kennt dagegen keine sozialen Zwecke, die den Schutz des Selbstanzeigers zum Gegenstand hätten und es gebieten würden, diesem ein Schonvermögen zuzugestehen und ihm so eine nachentrichtungslose Selbstanzeige zu ermöglichen. Der Strafzweck der positiven Generalprävention spricht auch gegen ein derartiges Schonvermögen: Die Allgemeinheit kann erwarten, dass ein Selbstanzeiger zur Wiederherstellung der Rechtsordnung auch mehr als sein pfändbares Vermögen einsetzt, um das Privileg der Strafbefreiung zu erlangen. Außerdem können die Vollstreckungs- bzw. Erhebungsstellen der Finanzämter bestimmte Gegenstände, die grundsätzlich pfändbar sind, im Vollstreckungsverfahren auf Antrag – teilweise in freier Würdigung – für unpfändbar erklären (z.B. §§ 850i 851b, 765a ZPO). Es ist demzufolge nicht nur schwerlich mit den Zwecken des § 371 AO vereinbar, bei der Prüfung der Mittellosigkeit nur pfändungsfreies Vermögen zu berücksichtigen. Es würde zudem die – insoweit auch gar nicht fachkundigen – Strafverfolgungsbehörden vor große praktische Probleme stellen, in einer Art Schattenprüfung den Umfang des pfändungsfreien Vermögens zu bestimmen.

Reichen die vorhandenen Restmittel des Steuerhinterziehers nicht aus, um die hinterzogene Steuer vollständig zu zahlen, liegt Mittelknappheit vor.[275] Ein Teilverzicht auf die Steuernachentrichtung in dem Umfang, in dem die hinterzogene Steuer über die vorhandenen Mittel hinausgeht, würde zu nahezu unüberwindlichen praktischen Problemen führen: Die Strafverfolgungsbehörden müssten die vorhandenen Mittel präzise ermitteln, um den Nachentrichtungsbetrag konkret festlegen zu können. Das würde eine Art strafrechtliche Liquiditäts- und Vermögensaußenprüfung notwendig machen, die dadurch erschwert würde, dass das Vermögen des Selbstanzeigers bedingt durch Einnahmen, Ausgaben, Wertveränderungen etc. ständigen Schwankungen unterliegt. Hinzu kommt, dass der Steuerhinterzieher mit knappen Mitteln jedenfalls bei einer Liquiditätslücke ab 10 % auch zahlungsunfähig i.S.d. § 17 Abs. 2 InsO ist. Setzt der Selbstanzeiger seine Mittel vollständig für die Steuernachzahlung gemäß § 371 Abs. 3 AO ein, benachteiligt er seine anderen Gläubiger. Wird später das Insolvenzverfahren eröffnet, kann es deshalb zu einer erfolgreichen Insolvenzanfechtung kommen. Die Nachzahlung ist dann nicht nachhaltig, die Steuer nicht entrichtet und die Selbstanzeige demzufolge unwirksam.[276]

275 Näheres zum Begriff der Mittelknappheit siehe unter erster Teil A. I. 2.

276 Vgl. unter zweiter Teil B. III.

e. Missbrauchsanfälligkeit einer nachentrichtungslosen Selbstanzeige bei Mittellosigkeit

Ein Verzicht auf die Steuernachentrichtung wegen Mittellosigkeit birgt zudem ein erhebliches Missbrauchsrisiko. Selbstanzeiger könnten sich in ähnlicher Weise „gesetzlich einrichten", wie es bisweilen Vollstreckungsschuldner tun. Sie könnten beispielsweise ihr Vermögen vor dem maßgeblichen Zeitpunkt auf den Ehepartner oder Angehörige übertragen. Der Strafzweck der positiven Generalprävention verbietet es, einen vermögensverschiebenden Selbstanzeiger nachentrichtungslos die Strafbefreiung zu gewähren. Ob Anfechtungen nach dem AnfG erfolgreich wären, ist schwer zu prognostizieren, zumal langwierige Gerichtsverfahren drohen würden. BuStra und StA als Strafverfolgungsbehörden könnten dieses Instrument ohnehin nicht selbst einsetzen, sondern nur das (steuerverwaltende) Finanzamt.

f. Mittellosigkeit im Rahmen der Strafzumessung

Nach § 46 Abs. 1 S. 1 StGB ist die Schuld des Täters Grundlage für die Zumessung der Strafe. Dabei sind nach § 46 Abs. 2 S. 2 StGB die *verschuldeten* Auswirkungen der Tat zu berücksichtigen.

Wie bereits oben ausgeführt[277], ist eine Strafmilderung wegen unzureichender Zahlungsmittel bei denjenigen hinterzogenen Steuern, die der Steuerschuldner wie ein Treuhänder für den Fiskus verwaltet, nicht nur ausgeschlossen, die Hinterziehung solcher Steuern kann sogar strafschärfend ins Gewicht fallen. Bei den übrigen Steuerarten kann jedoch eine Strafmilderung für mittellose Steuerhinterzieher in Betracht kommen, aber nur dann, wenn die Tat selber keinen steuerlichen Fiskalschaden verursacht hat. Das ist nur bei anfänglicher Mittellosigkeit der Fall, also wenn der Steuerhinterzieher auch bei steuerehrlichem Verhalten die Steuer nicht zum Fälligkeitszeitpunkt hätte zahlen können. Insofern ist auf der Strafzumessungsebene eine Übertragung der Grundsätze angebracht, die bei der Schadenersatzvorschrift des § 71 AO angewendet werden. Das bedeutet aber auch, dass die Strafmilderung einzuschränken ist, wenn sich der Steuerhinterzieher schuldhaft in der Phase zwischen Tatbegehung und (fiktiver) Fälligkeit oder schon davor außer Stand gesetzt hat, die Steuer zu entrichten. Dies entspricht nicht nur dem Rechtsgedanken der haftungsrechtlichen Mittelvorsorgepflicht, sondern auch dem der omissio libera in causa. Hat der Steuerhinterzieher sich bewusst der Fähigkeit zur Steuernachentrichtung begeben, scheidet eine Strafmilderung vollständig aus.

---

277 Siehe zweiter Teil A. I. 3. c. cc. (2).

Die Mittellosigkeit / Mittelknappheit des Selbstanzeigers kann bei der Strafzumessung auch dann Berücksichtigung finden, wenn das Strafgericht sie nicht mit letzter Gewissheit positiv feststellen kann. Denn der Zweifelsgrundsatz gilt uneingeschränkt auch für Strafzumessungstatsachen.[278] Einem aufgrund des Zweifelsgrundsatzes angenommenen Strafmilderungsgrund kommt auch nicht deswegen ein geringeres Gewicht zu, weil er nicht positiv festgestellt ist.[279]

Die Mittellosigkeit des Steuerhinterziehers kann im Rahmen der Strafzumessung neben den verschuldeten Auswirkungen der Tat auch noch unter einem anderen Gesichtspunkt eine Rolle spielen: Bei der Würdigung der Täterpersönlichkeit sind seine wirtschaftlichen Verhältnisse in die Abwägung einzubeziehen. Strafmildernd ist dabei ggfs. zu berücksichtigen, wenn die schlechte wirtschaftliche Lage des Täters der Auslöser für die Begehung des Steuerdelikts gewesen ist.[280]

4. *Zwischenergebnis zu I.*

Der Wortlaut des Begriffs der „hinterzogenen Steuer" und der Wendung „zu seinen Gunsten" ist jeweils offen. In systematischer Hinsicht spricht die Bezogenheit des § 371 Abs. 3 AO auf § 370 Abs. 4 AO überwiegend dafür, auch bei mittellosen Selbstanzeigern nicht von der Obliegenheit abzusehen, die nominal hinterzogene Steuerschuld nachzuentrichten. Insbesondere liefert sie Argumente für die Lesart, dass der Steuerhinterzieher die Tat auch dann eigennützig begangen hat, wenn er rein steuerliche Vorteile erlangt hat, ohne wirtschaftlich Nutzen daraus zu ziehen.

Die Vorgängervorschriften des § 371 Abs. 3 AO knüpften die Nachentrichtungsobliegenheit jeweils an den geschuldeten Nominalbetrag und nicht an einen wirtschaftlichen Fiskalschaden an. In der Gesetzeshistorie war eine an die wirtschaftlichen Verhältnisse angepasste Nachentrichtungsfrist der gebotene und einzige Weg, um auf Zahlungsschwierigkeiten des Selbstanzeigers zu reagieren. Die Einfügung der Wendung „zu seinen Gunsten" zielte laut den Gesetzesmaterialien zu § 371 Abs. 3 AO 1977 nicht darauf ab, bei Mittellosigkeit die Nachentrichtungsobliegenheit zu beschränken; im Gegenteil, der Kreis der nachentrichtungspflichtigen Selbstanzeiger sollte auf bestimmte Tatbeteiligte *erweitert* werden.

---

278 BGH, Beschluss vom 12. September 2000 – 4 StR 305/00 –, StV 2000, 656.

279 BGH, Beschluss vom 12. Februar 2014 – 1 StR 10/14 –, NStZ 2014, 510 (511).

280 Kohlmann/*Schauf*, Mai 2018, § 370 AO Rn. 1056.

Der Fiskalzweck der Selbstanzeige wird bei einem Verzicht auf die Nachentrichtung verfehlt. Die Rückkehr in die Steuerehrlichkeit bleibt unvollkommen, wenn die Pflichten im Erhebungsverfahren unerfüllt bleiben. Weil die Steuerschuld von einem damals leistungsfähigen Steuerschuldner begründet worden ist, verlangt der als rechtsanerkennendes Nachtatverhalten verstandene Wiedergutmachungszweck des § 371 Abs. 3 AO bzw. der Strafzweck der positiven Generalprävention auch bei mittellosen Selbstanzeigern eine Steuernachentrichtung. Hatte ein mittelloser Steuerhinterzieher zweckgebundene steuerliche Fremdgelder vereinnahmt bzw. einbehalten, würde eine nachentrichtungslos mögliche Selbstanzeige das Vertrauen der Allgemeinheit in die Durchsetzungskraft und Einhaltung der Rechtsordnung ebenfalls beschädigen. Diese teleologisch begründete Strenge mit dem mittellosen Selbstanzeiger findet ihren Ausdruck in der Ausgestaltung der Nachentrichtungsobliegenheit des § 371 Abs. 3 AO als objektive Straffreiheitsbedingung. Die Nachentrichtungsobliegenheit entfällt jedoch ausnahmsweise bei einer späteren Berichtigung nach § 17 UStG, weil sie vom (Fort-) Bestand des strafbefangenen Umsatzsteueranspruchs abhängig ist. Zudem würde eine Steuernachentrichtung dem Steuergläubiger einen überkompensatorischen Sondervorteil verschaffen, ohne dass der unternehmerische Selbstanzeiger überhaupt eine „Beute" gemacht hätte.

Im Ergebnis bestätigen die historische und die teleologische Auslegung das schon nach der grammatikalisch-systematischen Interpretation naheliegende Ergebnis: Auch der mittellose Steuerhinterzieher hat grundsätzlich die hinterzogene Steuer nachzuentrichten, um die Strafbefreiung nach § 371 AO zu erlangen. Der schwierige Nachweis und die Missbrauchsanfälligkeit des Mittellosigkeitsbegriffs untermauern diesen Befund. Dem mittellosen Steuerhinterzieher ist damit in der Regel der Weg über die strafbefreiende Selbstanzeige verbaut. In Betracht kommt indes eine strafmildernde Berücksichtigung anfänglicher Mittellosigkeit im Rahmen der Strafzumessung, soweit der Steuerhinterzieher die hinterzogenen Steuerbeträge nicht treuhänderisch für den Fiskus zu verwalten hatte.

II. Die Selbstanzeige nach § 398a AO bei Mittellosigkeit und Zuschlagsmittelknappheit

1. Steuernachentrichtungs- und Zuschlagszahlungsobliegenheit

Wenn die Straffreiheit nur wegen § 371 Abs. 2 S. 1 Nr. 3 oder Nr. 4 AO nicht eintritt, sieht die Strafverfolgungsbehörde von der Strafverfolgung gemäß § 398a AO nur dann ab, wenn der Selbstanzeiger nicht nur die Steuer verzinst nachentrichtet (§ 398a Abs. 1 Nr. 1 AO), sondern zusätzlich einen Zuschlag zahlt (§ 398a

Abs. 1 Nr. 2 AO). Diese Anforderungen gelten auch, wenn der Selbstanzeiger mittellos ist:

§ 398a Abs. 1 Nr. 1 AO 2015 weist eine nahezu wortgleiche Formulierung wie § 371 Abs. 3 AO auf. Schon nach § 398a Nr. 1 AO 2011 war der nachzuentrichtende Steuerbetrag nach denselben Grundsätzen wie bei § 371 Abs. 3 AO zu bestimmen.[281] Daran hat sich auch mit Inkrafttreten des § 398a Abs. 1 Nr. 1 AO 2015 zum 01.01.2015 nichts geändert. Mit Ausnahme der zusätzlichen Zinszahlungspflicht ist § 371 Abs. 3 AO inhaltlich unverändert geblieben.[282] Die diesbezüglich herausgearbeiteten Grundsätze[283] sind deshalb auf § 398a Abs. 1 Nr. 1 AO 2015 übertragbar.

Der Wortlaut des § 398a Abs. 1 Nr. 2 AO gibt eine Beschränkung auf solvente Tatbeteiligte schon nicht her. Darüber hinaus sind der repressive Charakter des Strafzuschlags und seine Funktion als Strafersatz zu beachten: Er ist Surrogat für eine ohne Selbstanzeige zu erwartende Kriminalstrafe.[284] Das Fehlverhalten des Steuerhinterziehers und das damit verbundene Unrecht sind nicht hinfällig, wenn der Steuerhinterzieher den Zuschlag nicht zahlen kann. Denn selbst bei einer wirksamen Selbstanzeige nach § 398a AO würde lediglich von der Strafverfolgung abgesehen, aber nicht der Strafanspruch aufgehoben.

Der Zuschlagszweck, Hinterziehungsstrategien, die die Möglichkeit der Selbstanzeige miteinbeziehen, unattraktiv zu machen[285], erledigt sich auch bei mittellosen Steuerpflichtigen nicht. Gerade die Aussicht auf eine nicht nur nachentrichtunglose, sondern auch zuschlagsfreie Selbstanzeige könnte mittellose Steuerpflichtige wegen des reduzierten Strafverfolgungsrisikos zur Begehung von Steuerstraftaten im Rahmen eines taktischen Vorgehens motivieren.

Schließlich spricht m.E. auch der Vergleich mit dem säumigen Steuerpflichtigen[286] dafür, den Strafzuschlag auch vom mittellosen Steuerhinterzieher zu verlangen. Denn auch der steuerehrliche mittellose Steuerpflichtige muss hinnehmen, dass nach Eintritt der Fälligkeit Säumniszuschläge nach § 240 AO entstehen. Die bezweckte *Mehr*belastung des Steuerhinterziehers gegenüber dem bloß säumigen Steuerpflichtigen ist nur erreichbar, wenn man am Strafzuschlag festhält.[287]

---

281 Klein (12.Aufl.)/*Jäger*, § 398a AO Rn. 20; *Stahl*, Selbstanzeige, [3]2011 Rn. 410.

282 Vgl. *Stahl*, KÖSDI 2015, 19167 (19170).

283 Siehe unter zweiter Teil A. I.

284 Siehe unter erster Teil B. II. 4.

285 Siehe unter erster Teil B. II. 4.

286 Vgl. unter erster Teil B. II. 4.

287 Bei Mittellosigkeit kann regelmäßig nur die Hälfte der verwirkten Säumniszuschläge (12 % p.a. bezogen auf die Steuerschuld) erlassen werden, BFH, Urteil

2. *Nachtatverhalten im Rahmen der Strafzumessung im engeren Sinne*

Das Verhalten des Täters nach der Tat kann Einfluss auf die Strafzumessung haben (§ 46 Abs. 2 S. 2 AO). Nimmt der Steuerhinterzieher eine Materiallieferung nach § 398a AO vor, kann er dann aber die verzinsten Steuern und / oder den Zuschlag nicht aufbringen, stellt sich die Frage nach der Berücksichtigung der verunglückten Selbstanzeige als strafmilderndes Nachtatverhalten.

Die Frage ist besonders virulent, wenn der Selbstanzeiger zwar die verzinste Steuer nachentrichtet, seine Mittel aber für den Zuschlag nicht mehr ausreichen (Zuschlagsmittelknappheit). Die Nachzahlung der verkürzten Steuern ist ein bestimmender Strafmilderungsgrund.[288] Strafmildernd wird dabei berücksichtigt, dass die Verkürzung von Steuern beim Fiskus nicht zu einem dauerhaften Steuerausfall geführt hat.[289] Bringt der Selbstanzeiger nur die nachzuentrichtende Steuer auf, kommt ihm dies also zumindest im Rahmen der Strafzumessung zu Gute.

Im Wege der Strafmilderung wird eine verunglückte Selbstanzeige dann honoriert, wenn der Fall ohne sie nicht bzw. nicht so effizient hätte aufgeklärt werden können.[290] Sie kann zu einer deutlichen Strafmilderung führen, wenn sie erkennbar vom Willen zur Rückkehr in die Steuerehrlichkeit getragen war.[291] Scheitert die Selbstanzeige nur am unbezahlten Zuschlag, ist eine deutliche Strafmilderung auch deshalb geboten. Der Selbstanzeiger ist in diesem Fall vollkommen in die Steuerlegalität zurückgekehrt, sowohl was die Steuerfestsetzung als auch was die Steuererhebung angeht. Mangelt es auch an der vollständigen Steuernachzahlung zzgl. Zinsen, kann ein Strafgericht zumindest – wenn auch nicht so stark – den Beitrag zur Tataufklärung berücksichtigen.

---

vom 16. Juli 1997 – XI R 32/96 –, BStBl. II 1998, 7 (8). Damit könnte allenfalls eine *Gleich*belastung im Verhältnis zum Steuerhinterzieher (Zinssatz 6 % p.a.) erreicht werden.

288 BGH, Urteil vom 02. Dezember 2008 – 1 StR 416/08 –, BGHSt 53, 71 (80) Rn. 21; zur Frage, ob es sich auch um einen *besonders gewichtigen* Milderungsgrund handelt, vgl. BGH, Urteil vom 07. Februar 2012 – 1 StR 525/11 –, BGHSt 57, 123 (132) Rn. 36.

289 Kohlmann/*Schauf*, Mai 2018, § 370 AO Rn. 1058.

290 Tipke/Kruse/*Krumm*, Oktober 2017, § 370 AO Rn. 217.

291 LG München II, Urteil vom 13. März 2014 – W 5 KLs 68 Js 3284/13 –, wistra 2015, 77 (79), Klein (13. Aufl.)/*Jäger*, § 371 AO Rn. 11; Nr. 77 Ziff. 3 a) AStBV (St) 2017.

3. *Schadenswiedergutmachung gemäß § 46a Nr. 2 StGB*

Im Anwendungsbereich des – gegenüber § 46 Abs. 2 StGB als lex specialis vorrangigen[292] – § 46a StGB kann das Strafgericht in seinem Urteil die Strafe mildern oder u.U. sogar von Strafe absehen. Liegen die Voraussetzungen für das Absehen von Strafe vor, ist vor einem Urteil auch eine Einstellung des Strafverfahrens nach § 153b StPO möglich. Das Absehen ist nur dann zulässig, wenn keine höhere Strafe als Freiheitsstrafe bis zu einem Jahr oder Geldstrafe bis zu dreihundertsechzig Tagessätzen verwirkt ist. Damit kommt das Absehen von Strafe nach § 46a StGB allenfalls für den Bereich unterer und mittlerer Kriminalität in Betracht.[293] Der Anwendungsbereich des § 398a AO ist erst ab einem nicht unerheblichen Mindesthinterziehungsbetrag (§ 371 Abs. 2 Nr. 3 AO) bzw. bei besonders schweren Fällen der Steuerhinterziehung (§ 371 Abs. 2 Nr. 3, § 370 Abs. 3 AO) eröffnet. Der Selbstanzeiger nach § 398a AO kann also im Einzelfall den Bereich mittlerer Kriminalität und damit den Bereich, in dem ein Absehen von Strafe überhaupt möglich ist, bereits verlassen haben.

Der Ausgleich mit dem Verletzten nach § 46a Nr. 1 StGB ist auf Steuerstraftaten nicht anwendbar, weil sich die Norm in erster Linie auf den Ausgleich immaterieller Folgen bezieht und es an einem „kommunikativen Prozess“ zwischen dem Hinterzieher und dem Fiskus als Opfer der Steuerstraftat fehlt.[294] Dagegen kann eine Anwendung des § 46a Nr. 2 StGB nach herrschender Auffassung[295] in besonders gelagerten Ausnahmefällen auch bei Steuerstraftaten mit dem Fiskus als „Opfer“ in Betracht kommen. § 46a Nr. 2 StGB enthält einen vertypten Milderungsgrund[296] und setzt voraus, dass der Täter das Opfer nicht nur ganz oder zum überwiegenden Teil entschädigt, sondern dass der Täter auch erhebliche persönliche Leistungen oder persönlichen Verzicht erbringt. Die Bestrebungen des Täters müssen dabei Ausdruck der Übernahme von Verantwortung sein. Verlangt wird, damit die Schadenswiedergutmachung ihre friedensstiftende Wirkung entfalten kann, dass der Täter einen über die rein rechnerische

292 Fischer/*Fischer*, § 46a StGB Rn. 4, 6.

293 Fischer/*ders.*, § 46a StGB Rn. 2.

294 BGH, Beschluss vom 25. Oktober 2000 – 5 StR 399/00 –, NStZ 2001, 200 (201); Rolletschke/Kemper, Steuerstrafrecht/*Kemper*, Oktober 2017, § 371 AO Rn. 637; *a.A. Brauns*, wistra 1996, 214 (219).

295 BGH, Beschluss vom 20. Januar 2010 – 1 StR 634/09 –, wistra 2010, 152; Kohlmann/*Schauf*, Mai 2018, § 370 AO Rn. 1059.2; Klein (13. Aufl.)/*Jäger*, § 371 AO Rn. 102; *Brauns*, wistra 1996, 214 (216, 219); *a.A. Blesinger*, wistra 1996, 90 f.

296 Fischer/*Fischer*, § 46a StGB Rn. 4.

Kompensation hinausgehenden Beitrag erbringt.[297] Die bloße Bereitschaft, die hinterzogenen Steuern nachzuzahlen, sowie die Zahlung der ohnehin geschuldeten Steuern reicht für die Anwendung des § 46a Nr. 2 StGB nicht aus. Vielmehr muss der Täter einen darüber hinausgehenden Beitrag erbringen und durch die Zahlung einen persönlichen Verzicht erleiden oder sogar in Not geraten.[298] Die Übernahme von Verantwortung kommt insbesondere dadurch zum Ausdruck, dass der Täter erhebliche Einschränkungen im finanziellen Bereich in Kauf nimmt, durch die er die materielle Entschädigung überhaupt erst ermöglicht.[299]

Entrichtet der Steuerhinterzieher die hinterzogenen Steuern verzinst nach, reicht eine solche Schadenskompensation demnach allein noch nicht für die Anwendung des § 46a Nr. 2 AO aus, und zwar auch dann nicht, wenn diese im Rahmen einer am Strafzuschlag scheiternden Selbstanzeige geschieht. Bei einer den Anforderungen des §§ 398a Abs. 1, 371 Abs. 1 AO genügenden Materiallieferung hat der am Zuschlag scheiternde Selbstanzeiger zwar seine Mitwirkungsbereitschaft manifestiert. Es fehlt aber am darüber hinausgehenden persönlichen Verzicht bzw. an einer Notlage. Hat der Selbstanzeiger jedoch erhebliche Darlehensverbindlichkeiten unter Ausschöpfung der Beleihungsgrenzen aufgenommen[300] oder auf andere Weise, insbesondere durch Veräußerung, sein gesamtes Vermögen eingesetzt, um die hinterzogene Steuer verzinst und vollständig nachentrichten zu können, sind die Voraussetzungen des § 46a Nr. 2 StGB erfüllt. Denn der Selbstanzeiger hat sich im Zuge der verunglückten Selbstanzeige gleichsam mittellos gemacht und in wirtschaftliche Not gebracht.

Nur wenn der Steuerhinterzieher zum Ausdruck bringt, dass er für seine Tat und die Tatauswirkungen Verantwortung übernimmt, kann er in den Genuss des § 46a Nr. 2 StGB gelangen. Vor diesem Hintergrund genügt eine erzwungene Wiedergutmachung nicht.[301] Selbstanzeigen – auch die gescheiterten – finden im Grunde stets unter dem Druck einer drohenden Strafverfolgung statt. Straftäter, die die Vorteile des § 46a StGB anstreben, bemühen sich um Wiedergutmachung typischerweise sogar erst während des strafrechtlichen Ermittlungsverfahrens, also in einer Phase, in der der Druck drohender Strafverfolgung sehr konkret ist

---

297 BGH, Beschluss vom 20. Januar 2010 – 1 StR 634/09 –, wistra 2010, 152 Rn. 6 (stRspr.); vgl. auch BT-Drucks. 12/6853, S. 21.

298 BayOLG, Urteil vom 29. April 1997 – 4St RR 35/97 –, wistra 1997, 313 f.; Kohlmann/*Schauf*, Mai 2018, § 370 AO Rn. 1059.2.

299 Fischer/*Fischer*, § 46a StGB Rn. 11.

300 LG Hildesheim, Urteil vom 6.8.2009 – 25 KLs 4222 Js 21594/08 –, NdsRpfl 2009, 432 (435).

301 Schönke/Schröder/*Stree/Kinzig*, § 46a StGB Rn. 1.

bzw. sich bereits realisiert hat. Eine drohende Strafverfolgung kann die Wiedergutmachung damit nicht zu einer erzwungenen machen. Ansonsten würde § 46a Nr. 2 StGB weitgehend leerlaufen. Das Motiv, der staatlichen Strafverfolgung zu entgehen, kann dem Straftäter insoweit nicht zum Nachteil gereichen.[302] Die vor Selbstanzeigen latent drohende Strafverfolgung steht damit der Anwendung des § 46a StGB nicht entgegen.

4. *Zwischenergebnis zu II.*

Die Steuernachentrichtungs- und auch die Zuschlagszahlungsobliegenheit des § 398a AO treffen auch den mittellosen Selbstanzeiger. Wenn die Anwendung des § 398a AO daran scheitert, dass der Selbstanzeiger den Strafzuschlag nicht aufbringt, er aber die hinterzogene Steuer verzinst nachentrichtet, kann dieses Nachtatverhalten strafmildernd im Rahmen der Strafzumessung Berücksichtigung finden. Kommt ein an der Zuschlagszahlung scheiternder Selbstanzeiger dadurch in Not, dass er sein gesamtes Restvermögen für die verzinste Steuernachentrichtung eingesetzt hat, kommt eine Strafmilderung bzw. sogar ein Absehen von Strafe gemäß § 46a Nr. 2 StGB in Betracht. Der § 46a Nr. 2 StGB und – nachrangig – die Strafzumessung nach § 46 Abs. 2 StGB bieten damit jenseits des starren Alles-oder-Nichts-Prinzips in § 398a AO flexible verhältnismäßige Lösungen für verunglückte Selbstanzeigen.

III. Insolvenzantrag des mittellosen Steuerhinterziehers

Bei Mittellosigkeit sind die Kosten des Insolvenzverfahrens vom Schuldnervermögen sicher nicht gedeckt. Reichen die gesamten Mittel des Schuldners nicht für die Nachzahlung der hinterzogenen Steuern aus (Mittelknappheit), ist Massearmut zumindest wahrscheinlich. Es droht eine Abweisung des Insolvenzantrags nach § 26 Abs. 1 InsO. Bei natürlichen Personen besteht jedoch die Möglichkeit der Verfahrenskostenstundung nach §§ 4a ff. InsO. Ein Insolvenzantrag bleibt deshalb für den Steuerhinterzieher in dieser Situation sinnvoll. Ein Eröffnungsverfahren und selbst ein später eröffnetes Insolvenzverfahren sind also denkbar, auch wenn der Schuldner mittellos ist oder über knappe Mittel verfügt. Fälle der Mittellosigkeit bzw. Mittelknappheit im Eröffnungsverfahren und aus der Zeit davor unterscheiden sich nicht wesentlich, was die Anforderungen an eine wirksame Selbstanzeige angeht. Das gilt insbesondere für die nach den §§ 371 Abs. 3, 398a AO gebotenen Zahlungen, die der Selbstanzeiger in der Krise oder

302 Vgl. Schönke/Schröder/*dies.*, § 46a StGB Rn. 1.

im Eröffnungsverfahren aus seinen knappen Mitteln vornimmt. Auf die entsprechenden Ausführungen zur Selbstanzeige in der Krise und im Eröffnungsverfahren wird verwiesen.[303]

B. Selbstanzeigen insolvenzreifer Steuerhinterzieher

I. Insolvenzrechtliche und steuerliche Pflichten in der Krise

1. Das Steuerschuldverhältnis und § 251 Abs. 2 AO

§ 251 Abs. 2 AO betrifft die Steuerfestsetzung und -erhebung sowie die Vollstreckung von Steueransprüchen nach Eröffnung des Insolvenzverfahrens. Gemäß dieser Kollisionsnorm bleiben die Vorschriften der Insolvenzordnung „unberührt". Es wird ein verfahrensrechtlicher Vorrang des Insolvenzrechts vor dem Abgabenrecht im eröffneten Insolvenzverfahren begründet: Insolvenzforderungen dürfen *nach* Verfahrenseröffnung nur nach Maßgabe der insolvenzrechtlichen Vorschriften verfolgt werden, d.h. durch Anmeldung zur Insolvenztabelle.[304] Der Erlass eines Steuerbescheides ist nach Verfahrenseröffnung insofern unzulässig.[305] Die Einzelzwangsvollstreckung von Insolvenzforderungen ist nach Eröffnung des Insolvenzverfahrens auch für den Steuergläubiger nicht zulässig (§ 251 Abs. 2 AO i.V.m. § 89 InsO).

Für die Steuererhebung *vor* Insolvenzeröffnung begründet § 251 Abs. 2 AO dagegen keinen verfahrensrechtlichen Vorrang zu Gunsten des Insolvenzrechts. Die Steueransprüche werden vor diesem Zeitpunkt – abgesehen von der Rückschlagsperre des § 88 InsO – trotz einer schon eingetretenen Krise des Steuerschuldners nach den Regeln des Steuerverfahrensrechts erhoben und vollstreckt. Die Steuererklärungspflichten des Steuerpflichtigen bestehen bis zur Eröffnung des Insolvenzverfahrens weiter.[306] Die Kollisionsnorm des § 251 Abs. 2 AO beeinflusst das materielle Steuerrecht, d.h. Bestand und Höhe der entstandenen Steueransprüche, nicht.[307]

---

303 Zweiter Teil B. und C. und dritter Teil.

304 Pape/Uhländer, Insolvenzrecht/*Waza*, § 155 InsO Rn. 27.

305 Pape/Uhländer, Insolvenzrecht/*ders.*, § 155 InsO Rn. 27; *Frotscher*, Besteuerung bei Insolvenz, ^{8}2014, S. 301 f.

306 *Frotscher*, Besteuerung bei Insolvenz, ^{8}2014, S. 40.

307 Die Besonderheiten des Restschuldbefreiungsverfahrens und des Insolvenzplanverfahrens sind an dieser Stelle nicht von Belang.

2. *Kein insolvenzrechtliches Pflichtenprogramm des insolvenzreifen Schuldners*

Mit Eröffnung des Insolvenzverfahrens tritt die formelle Insolvenz ein, in der der Gläubigergleichbehandlungsgrundsatz gilt. Der Insolvenzverwalter hat ihn bei seiner Tätigkeit zu beachten.[308] Wie oben ausgeführt[309], strahlt die par conditio creditorum auf den Krisenzeitraum vor Insolvenzeröffnung aus. Das Insolvenzanfechtungsrecht (§§ 129 ff. InsO) verlagert die Wirkung des Gläubigergleichbehandlungsgrundsatzes vor. Schon in der materiellen Insolvenz verdrängt der Gläubigergleichbehandlungsgrundsatz das Prioritätsprinzip. Es handelt sich um eine Vorverlagerung für Zwecke des Insolvenzanfechtungsrechts, die ihre Wirkung entfaltet, falls und ggfs. sobald das Insolvenzverfahren eröffnet wird. Eine spezifische insolvenzrechtliche Pflichtenbindung des Schuldners gibt es dagegen nicht, solange die Entscheidung über die Eröffnung des Insolvenzverfahrens noch nicht erfolgt ist. Diese Wirkung tritt erst mit Verfahrenseröffnung ein.[310] Insolvenzrechtliche Pflichten können nicht generell auf die Zeit vor Verfahrenseröffnung in den Krisenzeitraum ausgedehnt werden.[311]

Eine Ausnahme bildet das Verbot nach § 64 GmbHG, § 92 Abs. 2 AktG § 99 GenG und § 130a Abs. 1 HGB, nach Eintritt der materiellen Insolvenz Zahlungen aus dem Gesellschaftsvermögen zu leisten. Sein Zweck besteht darin, das vorhandene Gesellschaftsvermögen für die gleichmäßige Gläubigerbefriedigung zu erhalten.[312] Ein Verstoß gegen dieses Zahlungsverbot begründet einen Ersatzanspruch eigener Art der Gesellschaft.[313] Das Verbot richtet sich nur an die Leitungsorgane von Kapitalgesellschaften bzw. von Personengesellschaften, bei denen kein Gesellschafter eine natürliche Person ist. In der materiellen Insolvenz einer natürlichen Person, die Untersuchungsgegenstand dieser Arbeit ist, gibt es dagegen kein vergleichbares Zahlungsverbot.

---

308 *Foerste*, Insolvenzrecht, [7]2018, Rn. 161 mwN.

309 Siehe erster Teil C. II. 1. e.

310 *Buchalik/Kraus*, ZInsO 2014, 2354 (2356); vgl. auch *Frind*, GmbHR 2015, 128 (130).

311 BGH, Urteil vom 09.08.2005 – 5 StR 67/05 –, ZIP 2005, 1678, 1679; BFH, Urteil vom 27. Februar 2007 – VII R 67/05 –, BStBl. II 2009, 348 (350).

312 BGH, Urteil vom 26. März 2007 – II ZR 310/05 –, ZIP 2007, 1006 (1007) Rn. 8; BGH, Urteil vom 25. Januar 2010 – II ZR 258/08 –, ZIP 2010, 470 (471) Rn. 10; Scholz, GmbH-Gesetz/*Schmidt*, § 64 GmbHG Rn. 6; *Krumm*, WM 2010, 296 (297) mwN.

313 Lutter/Hommelhoff, GmbH-Gesetz/*Kleindiek*, § 64 GmbHG Rn. 5.

II. Dispens der steuerstrafrechtlichen Nachentrichtungsobliegenheit in der Krise?

1. Hinterziehung zu Gunsten der Gläubigergesamtheit?

a. Problemaufriss

Ein Steuerhinterzieher, der nach § 371 AO straffrei werden will, hat die verzinste Steuer nur dann nachzuentrichten, wenn er die Steuer zu seinen (eigenen) Gunsten hinterzogen hat. Er muss demnach einen eigenen Vorteil aus seiner Tat gezogen haben.

Das bei Eintritt der materiellen Insolvenz vorhandene Restvermögen des Schuldners soll als Haftungsmasse seinen Gläubigern zur Verfügung stehen.[314] Verhindert ein Schuldner durch steuerunehrliches Verhalten, dass die von ihm materiell-rechtlich geschuldete Steuer in voller Höhe festgesetzt und anschließend erhoben wird, wird diese Haftungsmasse geschont. Bei unberechtigten Steuererstattungen führt das steuerunehrliche Verhalten sogar zu einer Mehrung der Haftungsmasse. Es stellt sich mit Blick auf § 371 AO die Frage, ob von der Steuerhinterziehung weniger der insolvenzreife Täter als vielmehr seine Gläubiger profitieren, weil deren Haftungsmasse geschont bzw. gemehrt worden ist.

b. Haftungsrechtliche Zurechnung und Selbstanzeige

Der Schuldner bleibt in der materiellen Insolvenz *sachenrechtlich* Inhaber seines Vermögens.[315] Die im Vordringen befindliche sog. haftungsrechtliche Theorie[316] weist indes – anders als die sog. schuldrechtliche Theorie[317] – das

314 Um dieses Ziel zu realisieren, gibt es das Rechtsinstitut der Insolvenzanfechtung, vgl. Uhlenbruck/*Hirte/Ede*, § 129 InsO Rn. 1 mwN.

315 BGH, Urteil vom 30. Oktober 1967 – VIII ZR 176/65 –, BGHZ 49, 11 (16 f.); Graf-Schlicker, InsO/*Scherer*, § 80 InsO Rn. 7; *Frotscher*, Besteuerung bei Insolvenz, [8]2014, S. 23, 54.

316 Uhlenbruck/*Hirte/Ede*, § 129 InsO Rn. 8 f.; Jaeger, InsO/*Henckel*, § 143 InsO Rn. 10; KPB/*Jacoby*, November 2011, § 143 InsO Rn. 33; einschränkend Nerlich/Römermann, InsO/*Nerlich*, April 2017, § 129 InsO Rn. 10.

317 BGH, Urteil vom 21. September 2006 – IX ZR 235/04 –, ZIP 2006, 2176 (2177) Rn. 14 ff.; FK, InsO/*Dauernheim*, § 129 InsO Rn. 9; HambKomm/*Rogge/Leptien*, Vorbem. zu §§ 129 ff. InsO Rn. 2 f.; modifizierend MünchKommInsO, Band 2/*Kirchhof*, Vorbem. §§ 129-147 Rn. 37 (Insolvenzanfechtung als Rechtsinstitut eigener Art); sich der haftungsrechtlichen Theorie annähernd BGH, Urteil vom 23. Oktober 2003 – IX ZR 252/01 –, BGHZ 156, 350 (361).

Schuldnervermögen *haftungsrechtlich* bereits in der materiellen Insolvenz den Gläubigern in ihrer Gesamtheit zu. Sie spricht der Gläubigergesamtheit ein quasi-dingliches Recht[318] an allen pfändbaren Gegenständen aus dem Schuldnervermögen zu.[319] Im haftungsrechtlichen Sinne würde es sich demnach um Gläubigervermögen handeln.

Im Zusammenhang mit dem Tatbestandsmerkmal „zu seinen Gunsten" in §§ 371 Abs. 3, 398a Abs. 1 Nr. 1 AO ist ausschlaggebend, dass der Steuerhinterzieher selbst – und nicht andere (seine Gläubiger) – einen steuerlichen oder einen unmittelbaren wirtschaftlichen Vorteil erzielt hat.[320] Die haftungsrechtliche Zuordnung ist insofern keine steuerstrafrechtliche Kategorie. Ungeachtet dessen ist es fraglich, ob die in der materiellen Insolvenz herrschenden besonderen Verhältnisse es rechtfertigen, den insolvenzreifen Steuerhinterzieher steuerlich bzw. wirtschaftlich noch als Profiteur seiner Tat i.S.d. §§ 371 Abs. 3, 398a Abs. 1 Nr. 1 AO anzusehen. Diese besonderen Verhältnisse sind von dem vorverlagerten Gläubigergleichbehandlungsgrundsatz geprägt, der vor allem über die Insolvenzanfechtung in die Phase der materiellen Insolvenz hineinstrahlt.[321]

Ein steuerlicher Vorteil besteht u.a. darin, dass bei einer Steuerhinterziehung im Festsetzungsverfahren die Steuer nicht, nicht rechtzeitig oder zu niedrig festgesetzt wird. Der insolvenzreife Schuldner ist in der Krise weiter Träger seines Vermögens. Der pfändbare Teil des Schuldnervermögens bildet in der Krise noch kein Sondervermögen, sondern erst nach Eröffnung des Insolvenzverfahrens (Insolvenzmasse). Der insolvenzreife Schuldner bleibt Steuersubjekt und ist Steuerschuldner im Besteuerungsverfahren. Er ist deshalb nicht nur Bekanntgabe-, sondern Inhaltsadressat bekanntzugebender Steuerbescheide. Er selbst erzielt damit auch den steuerlichen Vorteil einer zu niedrigen oder unterbliebenen Steuerfestsetzung.

Für die wirtschaftliche Zurechnung ist maßgeblich, wer die hinterzogenen Beträge für eigene Zwecke verwenden kann.[322] Mit seiner Tat verhindert der

---

318 Zu dem in diesem Zusammenhang bisweilen auch verwendeten Begriff des Konkurspfandrechts und dessen historischer Entwicklung siehe Jaeger, InsO/*Henckel*, § 38 InsO Rn. 4.

319 Dadurch erreichen die Vertreter der haftungsrechtlichen Theorie, dass dem späteren Insolvenzverwalter ggfs. ein die Veräußerung hinderndes Recht gemäß § 771 ZPO, § 262 AO oder ein Aussonderungsrecht nach § 47 InsO zusteht.

320 Vgl. BGH, Urteil vom 04. Juli 1979 – 3 StR 130/79 –, BGHSt 29, 37 (41); BGH, Urteil vom 22. Juli 1987 – 3 StR 224/87 –, wistra 1987, 343 (344).

321 Siehe unter erster Teil C. II. 1. e.

322 BGH, Urteil vom 04. Juli 1979 – 3 StR 130/79 –, BGHSt 29, 37 (41).

Steuerhinterzieher einen Abfluss von Liquidität aus seinem Vermögen; im Fall einer unberechtigten Steuererstattung bewirkt er einen Liquiditätszufluss in selbiges. Von diesen Liquiditätsvorteilen profitiert der Steuerhinterzieher in der materiellen Insolvenz auch noch selbst. Er kann weiter über seine liquiden Mittel verfügen und sie auch faktisch weitgehend nach seinen Wünschen, also auch für Konsumzwecke, einsetzen. Die Verwaltungs- und Verfügungsbefugnis geht erst mit Eröffnung des Insolvenzverfahrens auf den Insolvenzverwalter über (§§ 80, 81 InsO). Deshalb reicht der Hinweis auf eine mögliche spätere Insolvenzanfechtung für den Fall, dass der Schuldner über Gegenstände seines Vermögen in der materiellen Insolvenz verfügt, nicht aus, um das Schuldnervermögen schon in der Krise wirtschaftlich zu Gläubigervermögen zu erklären.

Abgesehen davon unterliegen bei weitem nicht alle Geschäfte in der materiellen Insolvenz später der Insolvenzanfechtung. Der Gläubigergleichbehandlungsgrundsatz kann nicht auf die materielle Insolvenz ausstrahlen, soweit es um solche insolvenzfesten Geschäfte geht. So sind Bargeschäfte im Sinne des § 142 InsO insolvenzfest, Geschäftspartner können auf deren Bestand vertrauen.[323] Damit soll gerade erreicht werden, dass der Schuldner trotz materieller Insolvenz wirtschaftlich handlungsfähig bleibt.[324] Zudem lassen sich Geschäftspartner, die die Insolvenzreife des Schuldners nicht kennen, regelmäßig weiter auf Geschäfte mit ihm ein. Kongruente Deckungsgeschäfte mit solchen Geschäftspartnern sind regelmäßig insolvenzfest.

Selbst wenn der insolvenzreife Steuerpflichtige mit durch Steuerhinterziehung „ersparten“ Mitteln anfechtbare Zahlungen vornimmt, verbleiben oft ihm und nicht seinen Gläubigern die im Gegenzug erlangten wirtschaftlichen Vorteile. Insbesondere Gegenleistungen, die der insolvenzreife Schuldner von anderen in Form von Dienstleistungen und Verbrauchsgütern empfangen hat, kann er rein faktisch selbst verkonsumieren.

c. Zwischenergebnis zu 1.

Die Steuernachentrichtungspflicht nach § 371 Abs. 3 AO entfällt selbst dann nicht, wenn man das Vermögen des insolvenzreifen Steuerhinterziehers haftungsrechtlich schon seinen Gläubigern in ihrer Gesamtheit zuweist. Er hat aus seiner Tat sowohl einen steuerlichen als auch einen unmittelbaren wirtschaftlichen Vorteil gezogen und damit zu seinen (eigenen) Gunsten hinterzogen.

---

323 *Foerste*, Insolvenzrecht, [7]2018, Rn. 296.

324 Andres/Leithaus/*Leithaus*, § 142 InsO Rn. 2.

2. *Quotale Teilzahlungen in der Krise?*

a. *Problemaufriss*

Einer rechtlichen Untersuchung wird derjenige Steuerhinterzieher unterzogen, dessen Liquidität nicht für sämtliche fällige Verbindlichkeiten auskömmlich ist, aber genügt, um die strafbefangenen Steuern zzgl. Zinsen nachzuzahlen. Er ist zahlungsunfähig i.S.d. § 17 Abs. 2 InsO.

Die Situation des zahlungsunfähigen Steuerhinterziehers ist in der materiellen Insolvenz von gegenläufigen rechtlichen Anforderungen geprägt: Einerseits ist Voraussetzung der Selbstanzeige, dass er die hinterzogene Steuer nachzahlt; andererseits droht in der Krise seinen Rechtshandlungen die Insolvenzanfechtung, wenn er einen seiner Gläubiger bevorzugt. Nun benachteiligt der Schuldner nicht seine Gläubiger, wenn er sie alle in der Krise gleichmäßig (quotal) befriedigt.[325] Es ist denkbar, dass der Schuldner auch seine – strafbefangenen – Steuerverbindlichkeiten in eine solche gleichmäßige Befriedigung aller Insolvenzgläubiger einbettet. Es ist der Frage nachzugehen, ob in diesem Sinne insolvenzfeste Teilzahlungen, die im Rahmen einer Selbstanzeige abgegeben werden, in entsprechendem Maße eine Strafaufhebung (§ 371 AO) bzw. ein Absehen von Strafe (§398a AO) bewirken können.

b. *Rechtsentwicklung der Teilzahlung im Rahmen der Selbstanzeige*

Vor dem Inkrafttreten des SchwarzGBekG 2011 wirkte eine teilweise Nachzahlung insoweit strafbefreiend, als die Erfüllungswirkung der Teilzahlung reichte. *Soweit* die Steuer nicht nachgezahlt wurde, blieb der Täter strafbar.[326] Teilzahlungen – auch quotale – hätten damals zu einer entsprechenden Strafbefreiung geführt. Das SchwarzGBekG 2011 hat § 371 Abs. 3 AO indes bezüglich der Steuernachzahlung geändert: Das Wort „soweit" hat der Gesetzgeber durch das konditionale „wenn" ersetzt. Außerdem wurden die Worte „aus der Tat" eingefügt. Die quotale Teilzahlung ist an dieser neuen Rechtslage zu messen.

c. *Meinungsstand zur Teilzahlung im Rahmen der §§ 371, 398a AO 2015*

Ob und ggfs. in welchem Umfang Teilzahlungen die Rechtsfolge der Selbstanzeige auslösen können, ist umstritten:

---

325 BGH, Urteil vom 28. September 2004 – IX ZR 158/03 –, juris Tz. 11.

326 BGH, Urteil vom 03. Juni 1954 – 3 StR 302/53 -, BGHSt 7, 336 (344); *Kühn/Kutter*, AO/FGO, [11]1974 § 395 RAO, S. 506; *Wassmann*, ZfZ 1990, 40 (43); zur rechtlichen Entwicklung von Teilentrichtungen Kohlmann/*Schauf*, Mai 2018, § 371 AO Rn. 404.

Ein Teil des Schrifttums[327] und nunmehr auch die Finanzverwaltung[328] vertreten die Auffassung, dass korrespondierend mit der Abschaffung der Teilselbstanzeige in § 371 Abs. 1 AO auch die teilweise Erfüllung der Nachzahlungspflicht nicht mehr strafbefreiend wirke. Straffreiheit könne der Selbstanzeiger nur noch erlangen, wenn die hinterzogenen Steuern einer Steuerart nebst Hinterziehungszinsen innerhalb der gesetzten Frist in vollem Umfang nachentrichtet würden. Hierfür spreche, dass der Wortlaut des § 371 Abs. 3 AO an die Neufassung des § 371 Abs. 1 AO angepasst und die Konjunktion „soweit" durch „wenn" ersetzt worden sei. Es entspreche der Intention des Gesetzgebers, das steuerartbezogene Vollständigkeitsgebot auch bei der Auslegung der Nachzahlungspflicht gemäß § 371 Abs. 3 AO zugrunde zu legen.

Ein anderer Teil der Literatur[329] vertritt dagegen eine tatbezogene Sichtweise. Die Pflicht zur vollständigen Nachzahlung beziehe sich auf die einzelne materielle Tat. Der Selbstanzeiger erlange die Strafaufhebung nur hinsichtlich derjenigen Taten, für die er die hinterzogenen Steuern zzgl. Zinsen vollständig entrichtet habe. Anders als in § 371 Abs. 1 AO knüpfe der Wortlaut des § 371 Abs. 3 AO (bzw. § 398a Abs. 1 Nr. 1 AO) an die einzelne „Tat" an.

Nach beiden Auffassungen kann ein insolvenzreifer Selbstanzeiger durch quotale Zahlungen keine – auch keine dem Zahlungsumfang entsprechende – Strafbefreiung nach § 371 AO (bzw. ein Absehen von Strafe nach § 398a AO) erlangen. Beide Auffassungen verlangen eine vollständige Steuernachentrichtung: Nach der strengen Auslegung muss sie sich auf alle Taten derselben Steuerart beziehen; nach der weniger strengen Lesart wird der Selbstanzeiger bezüglich einer einzelnen Tat im materiellen Sinne nur straffrei, wenn die Steuerentrichtung wenigstens insofern vollständig ist. Eine quotale Zahlung zeichnet sich aber dadurch aus, dass sie die die jeweilige Verbindlichkeit gerade nicht vollständig, sondern eben nur teilweise nach derselben Quote wie die anderen Verbindlichkeiten tilgt.

---

327 Kohlmann/*Schauf*, Mai 2018, § 371 AO Rn. 404; *Hunsmann*, NJW 2011, 1482 (1486); *ders.*, NZWiSt 2015, 130 (131) [zu § 398a Abs. 1 AO]; wohl auch MünchKommStGB, Band 7/*Kohler*, § 371 AO Rn. 166, die rechtspolitisch aber eine andere Lösung präferiert.

328 Nr. 82 Abs. 4 S. 2 AStBV (St) 2017 (zu § 398a Abs. 1 AO).

329 Rolletschke/Kemper, Steuerstrafrecht/*Kemper*, Oktober 2017, § 371 AO Rn. 404; JJR/*Joecks*, § 371 AO Rn. 173; GJW/*Rolletschke*, § 371 AO Rn. 167d; *Stahl*, Selbstanzeige, 4 2016, Rn. 243; *Rolletschke/Roth*, Stbg 2011, 200 (204); *Rolletschke*, Steuerstrafrecht, 4 2012, Rn. 643.

d. Auslegung im Lichte der Insolvenzordnung?

Zwar ist der insolvenzreife Steuerhinterzieher in der Krise nicht zur gleichmäßigen Gläubigerbefriedigung verpflichtet.[330] Die gleichmäßige Gläubigerbefriedigung ist zudem als Verfahrensziel der InsO grundsätzlich nicht justiziabel.[331] Sie fungiert jedoch schon in der Phase der materiellen Insolvenz als Leitlinie für die Normauslegung.[332] Dass die par conditio creditorum sich nicht nur im eröffneten Insolvenzverfahren auswirkt, ist an ihrem – wenn auch punktuellen – Einfluss auf andere Rechtsgebiete erkennbar: So besteht der Zweck des Zahlungsverbots nach § 64 GmbHG darin, das vorhandene Gesellschaftsvermögen für die gleichmäßige Gläubigerbefriedigung zu erhalten.[333] Im Liquidationsverfahren nach §§ 66 ff. GmbHG hat der Liquidator alle Gläubiger anteilig, d.h. gleichmäßig, zu befriedigen.[334] Ferner stellt es eine haftungsrechtliche Pflichtverletzung dar, wenn ein Leitungsorgan (§ 34 AO) einer Gesellschaft in der Krise den Gläubigergleichbehandlungsgrundsatz zu Lasten des FA nicht beachtet.[335]

§ 371 AO und die Insolvenzordnung gehören nicht zu einem konsistenten gemeinsamen Regelungsgefüge, sondern haben rechtstatsächliche Berührungspunkte. Deswegen bleibt als Option, unter dem Aspekt der Rechtsordnungseinheit eine systematische Interpretation des § 371 Abs. 3 AO zu versuchen, die den Bezugsrahmen des Steuerstrafrechts überschreitet und die Insolvenzordnung miteinbezieht. Das ist nicht ausgeschlossen. Denn der Grundsatz der Einheit der Rechtsordnung ist auch anwendbar, wenn insolvenzrechtliche Wertungen mit anderen Rechtsgebieten, in denen insolvenzrechtliche Wertungen an sich keine Rolle spielen, in Widerspruch geraten.[336] Wo es möglich erscheint, sollte

---

330 Siehe zweiter Teil B. I. 2.

331 HambKomm/*Schmidt*, § 1 InsO Rn. 55.

332 Schmidt, InsO/*Schmidt*, § 1 InsO Rn. 2; HambKomm/*Schmidt*, § 1 InsO Rn. 56; vgl. auch BGH, Urteil vom 18. April 2005 – II ZR 61/03 –, ZIP 2005, 1026 (1029) und BGH, Urteil vom 26. Juni 2008 – IX ZR 87/07 –, ZInsO 2008, 806 Rn. 8.

333 BGH, Urteil vom 26. März 2007 – II ZR 310/05 –, ZIP 2007, 1006 (1007) Rn. 8; BGH, Urteil vom 25. Januar 2010 – II ZR 258/08 –, ZIP 2010, 470 (471) Rn. 10; *Krumm*, WM 2010, 296 (297) mwN. Entsprechendes gilt für § 92 Abs. 2 AktG § 99 GenG und § 130a Abs. 1 HGB.

334 Scholz, GmbH-Gesetz/*Schmidt*, § 70 GmbHG Rn. 10.

335 Klein (13. Aufl.)/*Rüsken*, § 69 AO Rn. 58, der eine dogmatische Begründung für den Grundsatz der anteiligen Tilgung liefert, die stark der dogmatischen Grundlegung des insolvenzrechtlichen Gläubigergleichbehandlungsgrundsatzes ähnelt.

336 Vgl. BGH, Urteil vom 14. Mai 2007 – II ZR 48/06 –, NJW 2007, 2118 (2120) Rn. 12 zum Grundsatz der Gläubigergleichbehandlung und der nach § 266a StGB strafbewehrten Sozialabgabenabführungspflicht; vgl. auch FK, InsO/*Ahrens*, § 290 InsO

bei Widersprüchen die Einheit der Rechtsordnung sogar angestrebt werden.[337] Es ist deswegen der Frage nachzugehen, ob § 371 Abs. 3 AO im Lichte der Insolvenzordnung so ausgelegt werden kann, dass eine quotale Teilentrichtung zu einer teilweisen Strafbefreiung führt.

Der Gesetzgeber hat mit dem Wort „soweit" den einzigen und entscheidenden Anknüpfungspunkt für Teilentrichtungen im Rahmen der Selbstanzeige nicht nur gestrichen, sondern durch das konditionale „wenn" ersetzt. Da das SchwarzGBekG 2011 erklärtermaßen[338] das Vollständigkeitsgebot auch gesetzlich verankern sollte, wird man nicht umhin kommen, diesen Austausch von Konjunktionen als kategorische, ja apodiktische Ablehnung von Strafbefreiungen bei Teilentrichtungen zu begreifen. Davon sind auch quotale Teilentrichtungen betroffen.

Ein ähnlich kategorischer Tonfall findet sich auch in den Gesetzesmotiven. Danach kann Straffreiheit für die jeweilige einzelne Tat „nur" dann eintreten, wenn die Steuern nebst angefallenen Zinsen nachentrichtet worden sind.[339] Die Gesetzesmotive sind allenfalls ein Argument für ein tatbezogenes Vollständigkeitsgebot in §§ 371 Abs. 3, 398a Abs. 1 Nr. 1 AO. Ansonsten machen sie keinerlei Abstriche vom Vollständigkeitsgebot. Dem insolvenzreifen Steuerhinterzieher hilft ein tatbezogenes Vollständigkeitsgebot indes auch nicht.

Angesichts dessen, dass der Gesetzgeber sich klar zum Vollständigkeitsgebot auch in §§ 371 Abs. 3, 398a Abs. 1 Nr. 1 AO bekannt hat, bleibt kein Raum für Teilzahlungen, auch nicht für solche im Rahmen einer gleichmäßigen Gläubigerbefriedigung. Eine derart unmissverständliche und unverkennbar manifeste Positionierung des Gesetzgebers kann auch nicht mit dem Hinweis darauf überwunden werden, dass die Widerspruchsfreiheit zu einem anderen Rechtsgebiet – Insolvenzrecht – nicht hergestellt ist.

Die Zahlung des Strafzuschlags ist Voraussetzung einer wirksamen Selbstanzeige nach § 398a AO. Es besteht indes keine Zuschlags*verbindlichkeit* des Selbstanzeigers gegenüber der Staatskasse. Es handelt sich vielmehr lediglich um eine strafverfahrensrechtliche Obliegenheit. Die Staatskasse ist nicht Gläubiger des Zuschlags. Sie kann den Zuschlag nicht geltend machen, insbesondere

---

Rn. 77 und *Wollweber/Bertrand*, DStR 2015, 1115 (1120), die für eine teleologische Reduktion des § 290 Abs. 1 Nr. 2 InsO (Versagung der Restschuldbefreiung) im Fall einer wirksamen Selbstanzeige plädieren.

337 *Bitter/Rauhut*, JuS 2009, 289 (293).

338 Bericht des Finanzausschusses in BT-Drucks. 17/5067 (neu), S. 4, 21.

339 Bericht des Finanzausschusses in BT-Drucks. 17/5067 (neu), S. 21 f.; die Zinszahlungspflicht hatte freilich dann (noch) nicht Eingang in den Gesetzeswortlaut gefunden.

könnte sie den Zuschlag in einem später eröffneten Insolvenzverfahren nicht zur Insolvenztabelle anmelden. Der Strafzuschlag lässt sich demnach nicht in eine gleichmäßige Gläubigerbefriedigung einbetten. Eine Zuschlagszahlung in der Krise ist demzufolge – gleichgültig ob Voll- oder Teilzahlung – stets gläubigerbenachteiligend.

Die wirksame Selbstanzeige nach § 398a AO begründet ein prozessuales Strafverfolgungshindernis.[340] Zahlt der Selbstanzeiger den ihm abverlangten Nachentrichtungsbetrag nur teilweise, kann er damit kein partielles Strafverfolgungshindernis in Bezug auf eine von ihm begangene Tat erwirken. Denn die Behörden müssen nach § 398a AO von der Verfolgung „einer Steuerstraftat" absehen. Die „Tat" bezieht sich auf die jeweilige Steuerart und den jeweiligen Besteuerungszeitraum (materiell-rechtlicher Tatbegriff).[341] Sie ist im strafverfahrensrechtlichen Sinne nicht mehr teilbar.[342] Auch im Zusammenhang mit der Geldauflage nach § 153a StPO gibt es kein partielles Verfahrenshindernis für eine Tat. Erfüllt der Beschuldigte die Auflage nach § 153a StPO unvollständig, ist das Strafverfahren nicht, auch nicht teilweise eingestellt.[343] Nach der Gesetzesbegründung ist – ungeachtet struktureller Unterschiede[344] – § 398a AO dem § 153a StPO als strafverfahrensrechtliche Norm nachempfunden,[345] so dass für die Selbstanzeige nichts anderes gelten kann.

Schließlich ist eine gleichmäßige Befriedigung, die eine Gläubigerbenachteiligung und damit auch eine spätere Insolvenzanfechtung ausschließt, praktisch kaum umsetzbar. Der Selbstanzeiger müsste ähnlich einem Schuldenbereinigungsplan (vgl. § 305 Abs. 2 S. 2 InsO) sämtliche Gläubiger auflisten und dabei auch die Aus- und Absonderungsberechtigten berücksichtigen. Damit dürften bereits einige Selbstanzeiger, die keine professionelle – und kostspielige – Hilfe erhalten, überfordert sein. Gravierender und praktisch unlösbar ist jedoch das

---

340 HHSP/*Beckemper*, Februar 2018, § 398a AO Rn. 8; Tipke/Kruse/*Seer*, Oktober 2016, § 398a AO Rn. 2.

341 HK, Steuerstrafrecht/*Hüls/Reichling*, § 398a AO Rn. 20.

342 Kohlmann/*Schauf*, November 2016, § 398a AO Rn. 30; Rolletschke/Kemper, Steuerstrafrecht/*Rolletschke*, Oktober 2017, § 398a AO Rn. 194; *Rolletschke/Roth*, Die Selbstanzeige, 2015 Rn. 448.

343 Meyer-Goßner/Schmitt, StPO/*Schmitt*, § 153a StPO Rn. 45.

344 § 398a AO begründet einen Rechtsanspruch auf Einstellung, ohne dass es einer Zustimmung eines Gericht oder anderer bedürfte, Kohlmann/*Schauf*, November 2016, § 398a AO Rn. 32 f. Die Einstellung des Strafverfahrens nach § 153a StPO ist dagegen eine Ermessensentscheidung.

345 BT-Drucks. 17/5067 (neu), S. 20.

Problem zukünftiger Gläubiger, die naturgemäß noch nicht an einer gleichmäßigen Gläubigerbefriedigung partizipieren können. Denn nach der Rechtsprechung des BGH[346] kann eine Rechtshandlung auch dann anfechtbar sein, wenn sie einen Gläubiger benachteiligt, der im Zeitpunkt der Rechtshandlung noch gar nicht vorhanden war. Es können demnach auch künftige Gläubiger benachteiligt werden.[347] Die Vorgehensweise, die fälligen Verbindlichkeiten einschließlich der strafbefangenen Steuerschuld quotal zu tilgen, scheidet nach alledem für den Steuerhinterzieher wegen der mangelnden Umsetzbarkeit aus.

e. Zwischenergebnis zu 2.

Die Änderung des § 371 Abs. 3 AO durch das SchwarzGBekG 2011 hat der ohnehin unpraktikablen Option ein Ende bereitet, durch quotale – insolvenzfeste – Zahlungen eine teilweise Strafbefreiung zu erlangen. Für die Selbstanzeige nach § 398a AO scheiden quotale Zahlungen auch deswegen aus, weil der Zuschlag lediglich eine strafverfahrensrechtliche Obliegenheit darstellt, die die Staatskasse nicht zur Insolvenztabelle anmelden könnte, und deswegen nicht in eine gleichmäßige Gläubigerbefriedigung eingebunden werden kann. Außerdem setzt das Strafverfolgungshindernis Vollzahlung voraus. Ein Verfolgungshindernis, das sich am Umfang von Teilzahlungen orientieren würde, ist ausgeschlossen. Eine Auslegung im Lichte des Insolvenzrechts vermag ein anderes Verständnis der §§ 371 Abs. 3, 398a Abs. 1 Nr. 1 AO nicht herbeizuführen. Der Gesetzgeber hat sich insofern manifest und entschieden zum Vollständigkeitsgebot bekannt. Der Hinweis auf die Einheit der Rechtsordnung vermag dieses gesetzgeberische Votum nicht zu überwinden.

Eine wirksame Selbstanzeige setzt im Ergebnis auch dann eine vollumfängliche Nachzahlung zzgl. Zinsen voraus, wenn der Steuerhinterzieher zwar über genügend Liquidität für die hinterzogene Steuer verfügt, hinsichtlich seiner fälligen Gesamtverbindlichkeiten jedoch eine Liquiditätslücke besteht. Die Zahlungsunfähigkeit im Sinne des § 17 Abs. 2 InsO schränkt die Nachentrichtungspflicht gemäß §§ 371 Abs. 3, 398a AO damit nicht ein.

---

346 BGH, Urteil vom 13. August 2009 – IX ZR 159/06 –, DB 2009, 2207 (2208).

347 Zur Hinderlichkeit dieser Problematik bei der Aufstellung von Sanierungsplänen *Kayser*, ZInsO 2016, 2134 (2137).

III. Anfechtung der nach § 371 AO gebotenen Steuernachzahlung und Folgen für die Strafbefreiung

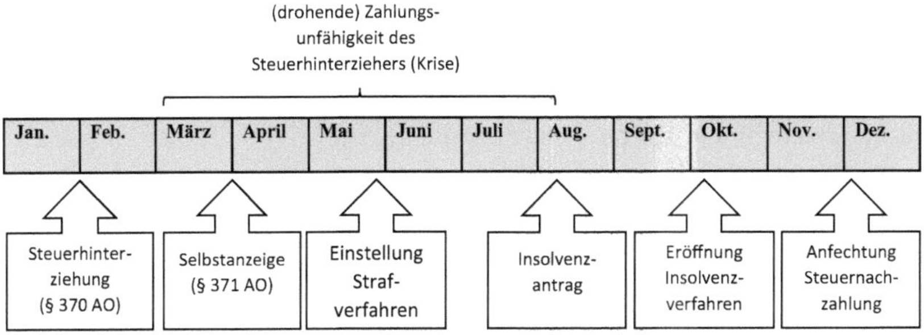

Abb. 3: Insolvenzanfechtung nach Selbstanzeige (§ 371 AO)

Zeigt sich ein insolvenzreifer Steuerhinterzieher in der Krise selbst an und nimmt er auch die nach § 371 Abs. 3 AO gebotene verzinste Steuernachzahlung vor (vgl. Abb. 3), stellt sich nach Eröffnung des Insolvenzverfahrens die Frage, ob die Zahlung anfechtbar ist (dazu nachfolgend unter III. 1. b. und c.) und – bejahendenfalls – welche Auswirkungen eine erfolgreiche Anfechtung auf die Wirksamkeit der Selbstanzeige hat (dazu nachfolgend unter III. 2.). Ein anfechtungsbedingtes Scheitern der Strafbefreiung zieht wiederum Strafzumessungs- (dazu nachfolgend unter V.) und Strafvollstreckungsfragen (nachfolgend unter VI.) nach sich.

1. Anfechtbarkeit der verzinsten Steuernachzahlung

a. Massefreundliche Rechtsprechung des IX. Zivilsenats des BGH

Die Anfechtung von Steuerzahlungen ist als zivilrechtliche Angelegenheit einzustufen, bei diesbezüglichen Streitigkeiten ist der Rechtsweg zur ordentlichen Gerichtsbarkeit eröffnet.[348] Die Rechtsprechung des für die §§ 129 ff. InsO zuständigen IX. Zivilsenats des BGH zeichnet sich durch eine massefreundliche Auslegung der §§ 129 ff. InsO aus.[349] Der par conditio creditorum weist der Senat dabei einen überragenden Stellenwert zu. Die Stärkung der Insolvenzanfechtung soll

348 BGH, Beschluss vom 24. März 2011 – IX ZB 36/09 –, NJW 2011, 1365 (1366) Rn. 5, 15; BFH, Urteil vom 12. November 2013 – VII R 15/13 –, BStBl II 2014, 359 (360) Rn. 6.

349 Vgl. etwa BGH, Urteil vom 6.10.2009 – IX ZR 191/05 –, BGHZ 182, 317 (321) Rz. 12.

zur Masseanreicherung beitragen, wodurch wiederum Massearmut vermieden und Sanierungschancen verbessert werden sollen. Mit seiner Rechtsprechung hat der IX. Zivilsenat nicht zuletzt auch die Anfechtung von Steuerzahlungen erheblich erleichtert.[350] Wie wir noch sehen werden, führt diese sehr massefreundliche Rechtsprechung zu Verwerfungen im steuerstrafrechtlichen und strafverfahrensrechtlichen Bereich. Der IX. Zivilsenat wirkt damit mittelbar in Rechtsgebiete hinein, für die er nicht zuständig ist.

Der Gesetzgeber hat zwar mit dem „Gesetz zur Verbesserung der Rechtssicherheit bei Anfechtungen" vom 16. Februar 2017[351] auf Kritik[352] an der von der BGH-Rechtsprechung bestimmten Anfechtungspraxis reagiert und gewisse Einschränkungen bei Insolvenzanfechtungstatbeständen vorgenommen.[353] In der Praxis bleibt dessen ungeachtet der sachliche Anwendungsbereich der Insolvenzanfechtung weit.

Dies wirft für den Selbstanzeiger drängende Fragen auf, die dessen Zahlungen im Zuge der Selbstanzeige betreffen. Prüfungsgegenstand dieser Arbeit sind zuvörderst die Auswirkungen erfolgreicher Anfechtungen auf die Wirksamkeit der Selbstanzeige. Inwieweit der spätere Insolvenzverwalter Zahlungen nach § 371 Abs. 3 AO anfechten und damit eine Rückgewähr an die Masse bewirken kann, ist insofern eine vorgreifliche Frage.

b. *Anfechtbarkeit von Steuerzahlungen*

Die früheren Fiskusvorrechte aus der bis 1998 geltenden KO sind mit Einführung der InsO entfallen. Vor diesem Hintergrund gelten die §§ 129 ff. InsO nunmehr grundsätzlich auch gegenüber den Finanzbehörden.[354]

---

350 Z.B. BGH, Urteil vom 30. Juni 2011 – IX ZR 134/10 –, ZIP 2011, 1416 (1418) Rn. 16 (Kenntnis des FA von der Zahlungsunfähigkeit des Schuldners bei ausbleibenden bzw. verzögerten Steueranmeldungen).

351 BGBl. I 2017, S. 654; in Kraft getreten am 30. März 2017.

352 Statt vieler *Zenker*, Bork/Hölzle, Handbuch Insolvenzrecht, 2014, Kapitel 9 Insolvenzanfechtung Rn. 9.

353 Siehe unter erster Teil C. I.

354 BFH, Urteil vom 27. Februar 2007 – VII R 67/05 –, BStBl II 2009, 348 (350); BFH, Urteil vom 24. November 2011 – V R 13/11 –, BStBl. II 2012, 298 (301) Rn. 30; BFH, Urteil vom 12. November 2013 – VII R 15/13 –, BStBl. II 2014, 359 (360) Rn. 6; BGH, Urteil vom 29.09.2011 – IX ZR 202/10 –,WM 2012, 85 (86); *Wollmann*, ZInsO 2011, 1521 (1522); *Hüls/Reichling*, wistra 2010, 327 (329).

c. *Anfechtbarkeit trotz strafrechtlicher Funktion?*

Verzinste Steuerzahlungen, die dazu dienen, die Voraussetzungen einer wirksamen Selbstanzeige zu erfüllen, haben nicht nur eine steuerliche, sondern auch eine strafrechtliche Wirkung, nämlich die Strafbefreiung nach § 371 AO.

aa. Anwendbarkeit der §§ 129 ff. InsO

(1) Meinungsstand

Die Rechtsprechung hat sich – soweit ersichtlich – zur Anfechtbarkeit von Steuernachentrichtungen nach § 371 Abs. 3 AO bislang nicht ausdrücklich geäußert. Der BGH hat jedoch bei strafverfahrensrechtlich veranlassten Zahlungen ausdrücklich die Zulässigkeit der Insolvenzanfechtung anerkannt. So hat der BGH mit Urteil vom 05. Juni 2008[355] entschieden, dass die an den Justizfiskus gezahlten Geldauflagen nach § 153a StPO angefochten werden können. Die Insolvenzanfechtung werde nicht dadurch ausgeschlossen, dass es dem Schuldner ausschließlich darauf ankommen mag, mit der Erfüllung der Einstellungsauflage einer Bestrafung zu entgehen. Für die Einstellungsauflage und ihre anfechtungsrechtliche Rückgewähr gelte die gleiche Wertung, die auch § 39 Abs. 1 Nr. 3 InsO zugrunde liege: Die Folgen strafbarer Handlungen des Schuldners dürften nicht den Insolvenzgläubigern aufgebürdet werden. Wenn deshalb Geldstrafen, Geldbußen, Ordnungsgelder und ähnliche Sanktionen in der Insolvenz des Schuldners nur nachrangige Insolvenzverbindlichkeiten seien, so sei es widersprüchlich, zur Einstellung eines Strafverfahrens gezahlte Geldauflagen zum Nachteil der Masse vor einer anfechtungsrechtlichen Rückforderung besonders zu schützen.

Der BGH hat in weiteren Entscheidungen auch die Zahlung von Geldstrafen als anfechtbar angesehen.[356] Der Strafcharakter rechtfertige demnach keine Sonderbehandlung. Anfechtbar erlangte Strafzahlungen habe der Justizfiskus an die Insolvenzmasse zurückzugewähren. Der Strafdruck als Motiv gläubigerbenachteiligender Rechtshandlungen stehe einer bedingt vorsätzlichen Gläubigerbenachteiligung nicht entgegen.

Aus der Literatur haben sich *Klaproth*[357] und *Wollmann*[358] ausdrücklich zur Anfechtbarkeit von Steuernachzahlungen im Rahmen einer Selbstanzeige

355 BGH, Urteil vom 05. Juni 2008 – IX ZR 17/07 –, ZIP 2008, 1291 (1293) Rn. 19.

356 BGH, Urteil vom 10.07.2014 – IX ZR 280/13 –, ZIP 2014, 1887 (1888) Rn. 10; BGH, Urteil vom 14.10.2010 – IX ZR 16/10 –, ZIP 2010, 2358 Rn. 6 f.

357 *Klaproth*, wistra 2008, 174 (175).

358 *Wollmann*, ZInsO 2011, 1521 (1522).

geäußert. Sie sind der Auffassung, dass die strafrechtliche Funktion der Steuernachzahlung der Anfechtung nicht entgegenstehe.

(2) Stellungnahme

Die Steuernachentrichtung gemäß § 371 Abs. 3 AO ist keine Sanktion und auch nicht sanktionsähnlich wie die Geldauflage nach § 153a StPO. Vielmehr ist die Nachentrichtung eine objektive Straffreiheitsbedingung und dient der Wiedergutmachung. Der Selbstanzeiger zahlt die ohnehin von ihm geschuldete Abgabenschuld. Die Wertung des § 39 Abs. 1 Nr. 3 InsO hilft deshalb insofern nicht weiter. Allenfalls lässt sich an Relevantem aus der Rechtsprechung entnehmen, dass der BGH – wie das zitierte Schrifttum – straf- und strafverfahrensrechtliche Bezüge erkennbar generell für ungeeignet hält, die Anwendbarkeit der Anfechtungstatbestände auszuschließen. Man darf deshalb wohl davon ausgehen, dass die Rechtsprechung die Anfechtbarkeit einer Steuernachzahlung nach § 371 Abs. 3 AO ungeachtet ihrer strafrechtlichen Bedeutung bejahen würde. Insolvenzreife Selbstanzeiger und die Strafverfolgungsbehörden müssen damit in der Praxis umgehen.

Ungeachtet dieser praktischen Gegebenheit spricht für die Anfechtbarkeit der Umstand, dass eine Steuernachzahlung die übrigen Gläubiger des Selbstanzeigers benachteiligt. Motiv oder Zweck der gläubigerbenachteiligenden Rechtshandlung sind dabei irrelevant. Würde man unter Strafdruck geleistete Steuerzahlungen von der Anfechtung ausnehmen, liefe das auf die Wiedereinführung eines Fiskusprivilegs durch die Hintertür hinaus.

Man mag noch in Erwägung ziehen, ob ein Vorrang des § 371 Abs. 3 AO besteht, der das Recht zur späteren Insolvenzanfechtung ausschließen würde. Die Normenhierarchie gibt einen solchen Vorrang des Steuerstraf- oder des Insolvenzrechts nicht vor. Die Insolvenzordnung und § 371 AO stehen auf derselben – einfachgesetzlichen – Stufe.[359]

Der 5. Strafsenat des BGH[360] hat aus der Strafbewehrung einer anderen Zahlungspflicht (§ 266a StGB) einen Vorrang vor einer anderen einfachgesetzlichen Norm, nämlich vor § 64 GmbHG hergeleitet. Es handelt sich um das Zahlungsverbot des GmbH-Geschäftsführers, das eine gleichmäßige Befriedigung aller Gläubiger mitbezweckt. In dieser Entscheidung kollidiert die strafbewehrte Zahlungspflicht mit dem insolvenzrechtlichen Ziel

359 § 251 Abs. 2 AO regelt lediglich das Verhältnis zwischen (formellem) Steuerrecht und Insolvenzrecht.

360 BGH, Urteil vom 09.08.2005 – 5 StR 67/05 –, ZIP 2005, 1678 (1679), strafbewehrt ist die Pflicht zur Abführung der Arbeitnehmeranteile zur Sozialversicherung.

der Gläubigergleichbehandlung.[361] Insofern lohnt ein Blick darauf, ob die Übertragung dieser Rechtsprechungsgrundsätze auf das Verhältnis zwischen Selbstanzeige und Insolvenzanfechtung möglich ist. Immerhin hat die Steuernachentrichtung strafrechtlichen Charakter und dienen die §§ 129 ff. InsO der Gleichbehandlung der Gläubiger.

Mit guten Gründen bestreitet ein Teil des Schrifttums die Annahme des 5. Strafsenats, dass sich aus der Strafbewehrung einer Handlungspflicht im Kollisionsfall deren Vorrangigkeit herleiten lässt.[362] Unabhängig davon ist es nicht strafbewehrt, Steuern nicht zu zahlen. Strafbewehrt (§ 370 AO) ist vielmehr, auf steuerunehrliche Weise eine unrichtige/unvollständige Steuerfestsetzung herbeizuführen. Die Steuerzahlung ist im Zusammenhang mit der Selbstanzeige objektive Straffreiheitsbedingung.[363] Strafrechtlich gesehen ist sie damit die Erfüllung einer Obliegenheit, steuerrechtlich jedoch eine „normale", nicht privilegierte Zahlungspflicht. Der Gedanke eines Vorrangs kraft Strafbewehrung, der das Recht zur späteren Insolvenzanfechtung ausschließen würde, kann daher nicht verfangen.

Sollte die Anfechtung der Steuernachzahlung die Strafbefreiung vereiteln, wird der gescheiterte Selbstanzeiger strafrechtlich verfolgt, ggfs. zu einer Geldstrafe verurteilt, die er aber schon wegen des Verlusts der Verwaltungs- und Verfügungsbefugnis über sein pfändbares Vermögen (§§ 80, 81 InsO) regelmäßig nicht bezahlen kann. Ihm droht gemäß § 43 StGB eine Ersatzfreiheitsstrafe. Dieses Szenario der Umwandlung einer Geld- in eine Haftstrafe berührt das Schuldprinzip und das Übermaßverbot.

Dass Zahlungsunfähige von Ersatzfreiheitsstrafe bedroht sind, ist kein spezifisches Szenario der Selbstanzeige. Ersatzfreiheitsstrafen kommen immer dann vor, wenn Verurteilte Geldstrafen nicht bezahlen können. Ein spezifischer Bezug zur Selbstanzeige besteht nur dann, falls die Insolvenzanfechtung – deren Zulässigkeit unterstellt – überhaupt zur Folge hätte, dass die Strafbefreiung vereitelt

361 Nach der Rspr. handelt es sich deswegen bei § 64 GmbHG um eine insolvenzrechtliche Norm, BGH, EuGH-Vorlage vom 02. Dezember 2014 – II ZR 119/14 –, GmbHR 2015, 79 f. Rn 8; BGH, Urteil vom 15.03.2016 – II ZR 119/14 –, ZIP 2016, 821 (822); Lutter/Hommelhoff, GmbH-Gesetz/*Kleindiek*, § 64 GmbHG Rn. 5 mit Einzelnachweisen zum Meinungsstand.

362 Siehe z.B. Fischer/*Fischer*, § 266a StGB Rn. 16, der auf die Zirkelschlüssigkeit dieses Ansatzes hinweist.

363 BGH, Beschluss vom 20. Mai 2010 – 1 StR 577/09 –, BGHSt 55, 180 (183) Rn. 13; BayOLG, Beschluss vom 03. November 1989 – RReg 4 St 135/89 –, BayObLGSt 1989, 145 (154).

würde und der Strafanspruch fortbestünde (siehe dazu unter III. 2.). Selbst wenn das der Fall ist, kann nicht die Konsequenz sein, wegen der in einigen Fällen drohenden Ersatzfreiheitsstrafen die Insolvenzanfechtung von selbstanzeigebedingten Steuernachzahlungen generell für unzulässig zu erklären. Dies würde im Ergebnis auf ein Fiskusprivileg für strafbefangene Steueransprüche hinauslaufen und damit den Gläubigergleichbehandlungsgrundsatz durchbrechen. Der richtige Weg ist, unter Wahrung der par conditio creditorum im Strafvollstreckungsverfahren verhältnismäßige Lösungen zu finden (siehe dazu unter VI.).

bb. Erhöhte Anfechtungsrisiken bei Selbstanzeigen

Die Selbstanzeige in der Krise birgt besondere Anfechtungsrisiken:

Kenntnis von Zahlungsunfähigkeit des Selbstanzeigers bei Antrag auf verlängerte Nachentrichtungsfrist

- Die Finanzbehörde hat nach der Berichtigungserklärung nach § 371 Abs. 1 AO grundsätzlich nicht nur die Steuer in voller Höhe festzusetzen und ein Leistungsgebot zu erlassen. Dem Selbstanzeiger ist gemäß § 371 Abs. 3 AO auch eine angemessene Frist zur Nachentrichtung der hinterzogenen Steuern einzuräumen. Es handelt sich um eine strafrechtliche Frist, die von den steuerlichen Zahlungsfristen abweichen kann.[364] Die sachlich zuständige Bußgeld- und Strafsachenstelle (Nr. 11 Abs. 4 Satz 1 AStBV (St) 2017) bzw. Staatsanwaltschaft hat die Frist nach pflichtgemäßem Ermessen, d.h. insbesondere nach strafrechtlichen Gesichtspunkten zu bestimmen.[365] Je nach den Umständen des Einzelfalls kann eine Frist von bis zu sechs Monaten gesetzt werden.[366] Der Selbstanzeiger hat einen Rechtsanspruch auf eine angemessene Fristsetzung.[367] Auch dann, wenn er offensichtlich zahlungsunfähig ist, ist ihm eine Frist zu setzen, damit er sich um Fremdmittel bemühen kann.[368] Dabei sind seine persönlichen und finanziellen Verhältnisse zu berücksichtigen.[369] Ihm muss ggfs. auch Gelegenheit

---

364 HHSP/*Beckemper*, August 2015, § 371 AO Rn. 102.

365 BFH, Urteil vom 17. Dezember 1981 - IV R 94/77 -, BStBl. II 1982, 352 (354); Klein (13. Aufl.)/*Jäger*, § 371 AO Rn. 90 mwN.

366 Klein (13. Aufl.)/*ders.*, § 371 AO Rn. 90; *Rolletschke*, Steuerstrafrecht, ⁴2012, Rn. 629.

367 JJR/*Joecks*, § 371 AO Rn. 154; BayOLG, Beschluss vom 03. November 1989 - RReg 4 St 135/89 -, BayObLGSt 1989, 145 (154).

368 BFH, Urteil vom 17. Dezember 1981 - IV R 94/77 -, BStBl. II 1982, 352 (354); BayOLG, Beschluss vom 03. November 1989 - RReg 4 St 135/89 -, BayObLGSt 1989, 145 (154); Klein (13. Aufl.)/*Jäger*, § 371 AO Rn. 90; JJR/*Joecks*, § 371 AO Rn. 156.

369 Klein (13. Aufl.)/*Jäger*, § 371 AO Rn. 90.

gegeben werden, sich durch Veräußerung von Anlagevermögen die notwendigen liquiden Mittel zu verschaffen.[370]

Diese steuerstrafrechtlichen Vorgaben bergen ein hohes Insolvenzanfechtungsrisiko in sich, wenn es dem Steuerhinterzieher tatsächlich gelingt, den hinterzogenen Betrag zzgl. Zinsen zu beschaffen und an den Fiskus vor Insolvenzantragstellung zu entrichten. Hat der Selbstanzeiger eine längere Nachentrichtungsfrist dadurch erwirkt, dass er der Behörde seine Liquiditätslücke mitgeteilt hat, wird regelmäßig ein Anfechtungstatbestand erfüllt sein. In Betracht kommen insbesondere die §§ 130 Abs. 1 Nr. 1, 131 Abs. 1 Nr. 3 und 133 Abs. 1 InsO. Denn nach diesen Vorschriften sind Rechtshandlungen, insbesondere Steuerzahlungen unter erleichterten Voraussetzungen anfechtbar, wenn der Insolvenzgläubiger die Zahlungsunfähigkeit des Schuldners kannte.

Beträgt die Liquiditätslücke des Schuldners 10 % oder mehr, ist nach der Rechtsprechung des BGH regelmäßig von Zahlungsunfähigkeit auszugehen, sofern nicht ausnahmsweise mit an Sicherheit grenzender Wahrscheinlichkeit zu erwarten ist, dass die Liquiditätslücke *demnächst* vollständig oder fast vollständig beseitigt werden wird und den Gläubigern ein Zuwarten nach den besonderen Umständen des Einzelfalls zuzumuten ist.[371] In Abgrenzung der Zahlungsunfähigkeit zur bloßen Zahlungsstockung ist auf den Zeitraum abzustellen, den eine kreditwürdige Person benötigt, um sich die erforderlichen Mittel zu beschaffen, d.h. drei Wochen.[372] Bittet nun der klamme Selbstanzeiger die Finanzbehörde wegen einer Liquiditätslücke um eine mehr als dreiwöchige Nachentrichtungsfrist, liegt regelmäßig eine dem Steuergläubiger bekannte Zahlungsunfähigkeit im insolvenzrechtlichen Sinne vor. Vorhandenes Anlagevermögen vermag die insolvenzrechtliche Zahlungsunfähigkeit regelmäßig nicht zu beseitigen. Denn in die Liquiditätsbilanz sind nur Kasse, Bank und die binnen drei Wochen verfügbaren Mittel, also in erster Linie eigene fällige Forderungen einzubeziehen[373]

---

370 LG Koblenz, Urteil vom 13. Dezember 1985 – 105 Js (Wi) 17301/83 – 10 KLs –, wistra 1986, 79; Klein (13. Aufl.)/*ders.*, § 371 AO Rn. 90.

371 BGH, Urteil vom 24. Mai 2005 – IX ZR 123/04 –, BGHZ 163, 134 (142); BGH, Urteil vom 12. Oktober 2006 – IX ZR 228/03 –, ZIP 2006, 2222 (2224) Rn. 27; siehe auch erster Teil A. I. 1.

372 BGH, Urteil vom 12. Oktober 2006 – IX ZR 228/03 –, ZIP 2006, 2222 (2224) Rn. 27; Uhlenbruck/*Mock*, § 17 InsO Rn. 26.

373 MünchKommInsO, Band 1/*Eilenberger*, § 17 InsO Rn. 91; vgl. auch BGH, Beschluss vom 19. Juli 2007 – IX ZB 36/07 –, BGHZ 173, 286 (296) Rn. 30. Zahlungsaufschübe als solche bildeten zudem nach der Rechtsprechung des BGH ein gewichtiges – und für den Gläubiger offenkundiges – Beweisanzeichen, das auf eine Zahlungseinstellung des Insolvenzschuldners (§ 17 Abs. 2 S. 2 InsO) schließen ließ. Diese Rechtsprechung

Ausbleibende/verzögerte Steueranmeldungen und -zahlungen als Beweisanzeichen für Kenntnis des FA von Zahlungsunfähigkeit des Selbstanzeigers

- Mit der bewusst verspäteten Abgabe von Steueranmeldungen, insbesondere von Umsatzsteuervoranmeldungen und Lohnsteueranmeldungen bewirkt der Steuerpflichtige faktische (Selbst-) Stundungen. Es handelt sich zugleich um Steuerhinterziehungen auf Zeit gemäß § 370 Abs. 1 Nr. 2, Abs. 4 AO. Denn der Täter lässt die Finanzbehörde in Unkenntnis über steuererhebliche Tatsachen, z.B. über steuerpflichtige Umsätze und Löhne. Gleichzeitig ist die Zahlung der später dann doch angemeldeten Steuern einem erhöhten Anfechtungsrisiko ausgesetzt. Die Finanzbehörde kennt die genaue Höhe der Steueransprüche nicht, weil der Schuldner keine Lohnsteueranmeldungen und Umsatzsteuervoranmeldungen einreicht. Das Ausbleiben dieser Steueranmeldungen über mehrere Monate zusammen mit dem Ausbleiben der entsprechenden Steuerzahlungen sind Umstände, aus denen die Unfähigkeit des Schuldners, die anzumeldenden Steueransprüche bei Fälligkeit zu entrichten, und damit die Zahlungsunfähigkeit geschlossen werden kann.[374] Bei der Nichtanmeldung von Steueransprüchen im Vorfeld eines Insolvenzverfahrens kennt die Finanzbehörde daher Umstände, aus denen sich die Zahlungsunfähigkeit – u.U. auch aus der Zusammenschau mit anderen Umständen – ergeben kann.[375] In dieser Situation sind Steuerzahlungen, die im gesetzlich typisierten Krisenzeitraum von drei Monaten vor dem Insolvenzantrag geleistet werden, dann regelmäßig nach § 130 Abs. 1 Nr. 1 InsO anfechtbar. Aber auch solche „selbst gestundeten" Steuerzahlungen, die außerhalb dieses Zeitraums liegen, sind einem erhöhten Anfechtungsrisiko nach § 133 Abs. 1 InsO ausgesetzt.

---

ist jedoch nunmehr für Insolvenzverfahren hinfällig, die nach Inkrafttreten des Gesetzes zur Verbesserung der Rechtssicherheit bei Anfechtungen nach der Insolvenzordnung und nach dem Anfechtungsgesetz eröffnet worden sind. Denn nach § 133 Abs. 3 S. 2 InsO n.F. wird vermutet, dass der Anfechtungsgegner zur Zeit der Handlung die Zahlungsunfähigkeit des Schuldners nicht kannte, wenn er mit dem Schuldner eine Zahlungsvereinbarung getroffen oder diesem in sonstiger Weise eine Zahlungserleichterung gewährt hatte. Das Anfechtungsrisiko ist durch diese Änderung des Vorsatzanfechtungstatbestands zwar gemindert. Lässt sich die Kenntnis von der Zahlungsunfähigkeit aus der Begründung des Selbstanzeigers für seinen Fristverlängerungsantrag oder aus anderen Umständen herleiten, ist dennoch mit einer späteren Anfechtung zu rechnen.

374 *Frotscher*, BB 2006, 351 (352); vgl. auch BGH, Urteil vom 30. Juni 2011 – IX ZR 134/10 –, ZIP 2011, 1416 (1418) Rn. 16.

375 *ders.*, BB 2006, 351 (353); vgl. auch BFH, Beschluss vom 11. August 2005 – VII B 244/04 –, BStBl. II 2006, 201 (203).

Inkongruente Akontozahlungen des Selbstanzeigers
- Des Weiteren warten Selbstanzeiger nicht immer ab, bis die Finanzbehörde die Berichtigungserklärung ausgewertet und eine Korrekturfestsetzung vorgenommen hat. Vielmehr leisten sie die Nachzahlung oft zeitgleich mit der Selbstanzeige. Bei solchen sog. Akontozahlungen, die vor dem Erlass der korrigierten Steuerbescheide erfolgen, steht für den Fall einer späteren Verfahrenseröffnung eine Insolvenzanfechtung u.a. unter dem Gesichtspunkt der inkongruenten Deckung im Raum. Eine Befriedigung oder Sicherung ist inkongruent, wenn sie bei objektiver Betrachtung von dem abweicht, was der Gläubiger nach Maßgabe des Schuldverhältnisses im Zeitpunkt der Leistung oder der Vornahme der Rechtshandlung zu beanspruchen hatte.[376] Gemäß § 131 Abs. 1 InsO ist von Inkongruenz auszugehen, wenn eine Rechtshandlung einem Insolvenzgläubiger eine Sicherung oder Befriedigung gewährt oder ermöglicht, die er nicht, nicht in der Art oder nicht zu der Zeit zu beanspruchen hatte. Inkongruente Deckungen sind aus insolvenzanfechtungsrechtlicher Sicht verdächtig. Denn der Anfechtungsgegner erhält eine Leistung oder Sicherung, die ihm nicht bzw. so nicht zustand, weshalb er nicht schutzwürdig erscheint.[377] Die Anfechtung wird unter erleichterten Voraussetzungen ermöglicht. Im Falle einer inkongruenten Rechtshandlung werden in § 131 Abs. 1 Nr. 1 und 2 InsO subjektive Anfechtungsvoraussetzungen – Kenntnis von der Krise bzw. der Zahlungsunfähigkeit des Insolvenzschuldners – unwiderlegbar vermutet.[378]

Eine Befriedigung „nicht zu der Zeit" liegt u.a. vor, wenn ein nicht fälliger Anspruch erfüllt wird.[379] Die Fälligkeit einiger Steueransprüche ist von der Steuerfestsetzung bzw. von der Bekanntgabe des Steuerbescheids abhängig (z.B. § 36 Abs. 4 EStG, § 18 Abs. 4 UStG). Solange die aufgedeckten und strafbefangenen Steuernachforderungen noch nicht festgesetzt sind, können sie in diesen Fällen auch nicht fällig (§ 220 AO) werden. Der Umstand, dass diese Steueransprüche möglicherweise schon seit langem entstanden sind, ändert nichts an deren fehlender Fälligkeit. Vorfällige Akontozahlungen innerhalb des Drei-Monatszeitraums vor Insolvenzantragstellung sind deshalb inkongruent und damit regelmäßig anfechtbar.

Vorfällige und damit inkongruente Steuerzahlungen erhöhen aus Sicht des Steuergläubigers das Anfechtungsrisiko auch außerhalb des

376 BGH, Versäumnisurteil vom 11. März 2004 – IX ZR 160/02 –, ZInsO 2004, 616.

377 FK, InsO/*Dauernheim*, § 131 InsO, § 131 Rn. 1.

378 Pape/Uhländer, Insolvenzrecht/*Bornheimer*, § 131 InsO Rn. 3.

379 *Foerste*, Insolvenzrecht, [7]2018, Rn. 309.

Drei-Monatszeitraums und können gemäß § 133 InsO eine Insolvenzanfechtung für Steuerzahlungen ermöglichen, die in den letzten vier Jahren seit Insolvenzantragstellung geleistet worden sind. Eine inkongruente Deckung ist nach der Rechtsprechung des BGH nämlich auch ein starkes Indiz für den Benachteiligungsvorsatz des Insolvenzschuldners, aber auch für die Kenntnis des Anfechtungsgegners von diesem Vorsatz.[380] Dieses Indiz begründet zwar keine Beweislastumkehr, kann aber als Nachweis des Benachteiligungsvorsatzes bzw. der Kenntnis hiervon genügen, wenn der Anfechtungsgegner es nicht durch von ihm zu beweisende Umstände entkräften kann.[381]

Strafdruck als Beweisanzeichen für Gläubigerbenachteiligungsvorsatz des Selbstanzeigers

- Ein Beweisanzeichen für den Gläubigerbenachteiligungsvorsatz des Schuldners im Sinne des § 133 Abs. 1 InsO besteht ferner darin, dass der Schuldner seine Wahl, an welchen seiner Gläubiger er zahlt, davon abhängig macht, welcher Gläubiger ihm am gefährlichsten ist.[382] Der Selbstanzeiger entrichtet die Steuer und die Zinsen, um die Strafverfolgung abzuwenden. Durch die Materiallieferung ist die Finanzbehörde bereits über die Steuerstraftat in Kenntnis gesetzt. Ohne Nachentrichtung ist daher mit der Durchführung des Strafverfahrens zu rechnen. Dieser Strafdruck hebt den Steuergläubiger aus dem Kreis der Gläubiger heraus und macht ihn aus Sicht des Selbstanzeigers – je nach Gläubigerstruktur – ggfs. zu seinem gefährlichsten Gläubiger.

2. Auswirkung der erfolgreichen Anfechtung auf den Strafanspruch

a. Meinungsstand

Die Frage, welche Auswirkung eine (erfolgreiche) Insolvenzanfechtung der Steuernachentrichtung auf die Strafbefreiung des Selbstanzeigers hat, ist umstritten.

---

380 BGH, Urteil vom 18. Dezember 2003 – IX ZR 199/02 –, BGHZ 157, 242 (250 f.); BGH, Beschluss vom 18. Juni 2009 – IX ZR 7/07 –, BGH ZIP 2009, 1434 (stRspr.).

381 BGH, Urteil vom 13. Mai 2004 – IX ZR 128/01 –, WM 2004, 1583. Je länger die Rechtshandlung vor der Eröffnung des Insolvenzverfahrens vorgenommen worden ist, desto weniger fällt die Indizwirkung jedoch ins Gewicht, BGH, Urteil vom 18. Dezember 2003 – IX ZR 199/02 –, BGHZ 157, 242 (254).

382 Schmidt, InsO/*Ganter/Weiland*, § 133 InsO Rn. 54; vgl. auch BGH, Urteil vom 27. Mai 2003 – IX ZR 169/02 –, BGHZ 155, 75 (84).

aa. Schrifttum

In der Literatur gibt es mehrere Autoren[383], die die Rechtsnatur der Selbstanzeige als persönlichen Strafaufhebungsgrund in den Mittelpunkt stellen:

Nach der Meinung von *Hüls/Reichling*[384] spricht die Ratio des § 371 Abs. 3 AO dafür, dass die Strafbefreiung auch dann fortbesteht, wenn die Steuerschuld durch erfolgreiche Insolvenzanfechtung der Steuerzahlung nach § 144 Abs. 1 InsO wiederauflebt. Ob eine Rückabwicklung des Vermögensübergangs erfolge, finde in § 371 Abs. 3 AO keine Berücksichtigung. Die fristgemäße Zahlung wirke für den Betroffenen als persönlicher Strafaufhebungsgrund. Dadurch, dass die Finanzbehörde die gezahlten Beträge wieder an die Insolvenzmasse auskehren müsse, könne der staatliche Strafanspruch, der zuvor unbedingt und vollständig aufgehoben worden sei, nicht wieder neu entstehen.

Klaproth[385] begründet die endgültige Strafbefreiung damit, dass es sich bei der wirksamen Selbstanzeige nach fristgemäßer Nachentrichtung nicht um ein Prozesshindernis handele, das beseitigt werden könne. Der Täter könne selbst dann nicht mehr wegen Steuerhinterziehung belangt werden, wenn er in dem Wissen um die bevorstehende Insolvenz und Anfechtbarkeit gehandelt habe. Die einmal bewirkte Zahlung führe zu einem dauerhaften Untergang des Strafanspruchs wegen Steuerhinterziehung nach § 370 AO.

Webel[386] teilt die Argumente und grundsätzlich auch die Position von *Klaproth*, lehnt eine Strafbefreiung jedoch in dem Fall ab, dass der Selbstanzeiger den strafbefangenen Steueranspruch im Wege einer SEPA-Lastschrift erfüllt, die der Insolvenzverwalter dann binnen acht Wochen widerruft. Insoweit habe die Finanzbehörde nämlich noch keine endgültig gesicherte Rechtsposition erlangt.

Auch für *Wollweber/Bertrand*[387] spricht die Ausgestaltung des § 371 AO als Strafaufhebungsgrund gegen ein Wiederaufleben der Strafbarkeit.

---

383 Schwarz/Pahlke/*Webel*, November 2015, § 371 AO Rn. 382 f.; *Hüls/Reichling*, wistra 2010, 327 (330); *Klaproth*, wistra 2008, 174 (175); *Durst*, KÖSDI 2004, 14261 (14271); *Skok/Vogelberg*, PStR 1998, 170 (173); *Schmittmann*, VIA 2012, 1 (3), *Wollweber/Bertrand*, DStR 2015, 1115 (1120).

384 *Hüls/Reichling*, wistra 2010, 327 (330).

385 *Klaproth*, wistra 2008, 174 (175).

386 Schwarz/Pahlke/*Webel*, November 2015, § 371 AO Rn. 382 f.; zum Scheitern der Strafbefreiung bei widerrufenen SEPA-Lastschriften vgl. auch *Stahl*, Selbstanzeige, [4]2016, Rn. 238.

387 *Wollweber/Bertrand*, DStR 2015, 1115 (1120).

Nach Auffassung von *Schmittmann*[388] dürfe die Anfechtung nicht zum Wiederaufleben des Strafanspruchs führen, weil es nicht vom Verhalten des Insolvenzverwalters, von der Beauftragung des Treuhänders durch die Gläubigerversammlung oder anderen Zufälligkeiten abhängen dürfe, ob es in gleichgelagerten Sachverhalten zu einer möglicherweise langjährigen Freiheitsstrafe komme oder nicht.

Skok/Vogelberg[389] führen aus, der nachträgliche Wegfall der Voraussetzungen strafrechtlicher Normen führe nicht dazu, dass auch die Erfüllung der strafrechtlichen Norm nachträglich wegfalle. Die strafbefreiende Wirkung der Selbstanzeige stehe nicht unter der auflösenden Bedingung der späteren Rückzahlung des Finanzamts an die Insolvenzmasse. Vergleichbar sei die Anfechtung der Nachentrichtung mit einer natürlichen Person, die ein Fahrzeug mit einer vorläufigen Haftpflichtdeckungszusage führe. Wenn die Deckungszusage der Versicherung rückwirkend entfalle, trete auch nicht rückwirkend eine Strafbarkeit ein.

Durst[390] weist ergänzend darauf hin, dass ein persönlicher Strafaufhebungsgrund wie die Selbstanzeige seiner Natur nach bedingungsfeindlich sei.

Andere Autoren[391] lehnen vor allem unter Hinweis auf die ansonsten drohende Verfehlung der mit der Selbstanzeige verfolgten straf- und fiskalpolitischen Zwecke eine Fortwirkung der Strafbefreiung nach Anfechtung der Nachentrichtung ab:

Aus dieser Gruppe befasst sich *Wollmann*[392] besonders eingehend mit der Thematik, wobei sein Schwerpunkt neben der drohenden Zweckverfehlung auf dem Vergleich der verschiedenen Einstellungsvorschriften liegt. Nach seiner Auffassung besteht bei Anwendung der grammatikalischen Auslegungsmethode genügend Spielraum, den in § 371 Abs. 3 AO verwendeten Begriff „entrichtet" als endgültigen Verbleib des auf die Steuerschuld gezahlten Betrages aufzufassen. Insbesondere wegen § 153a Abs. 1 S. 5 StPO und der unterbliebenen abschließenden Ermittlung der Rechts- und Sachlage müsse eine Verfahrenseinstellung gegen Geldauflage zwar auch dann endgültig bleiben, wenn der Insolvenzverwalter die Geldauflagenzahlung anfechte. Die Überlegungen zu § 153a StPO

---

388 *Schmittmann*, VIA 2012, 1 (3).

389 *Skok/Vogelberg*, PStR 1998, 170 (173).

390 *Durst*, KÖSDI 2004, 14261 (14271).

391 *Rolletschke/Roth*, Die Selbstanzeige, 2015, Rn. 447; *Wollmann*, ZInsO 2011, 1521 (1523 f.); *Lorenz/Roth*, PStR 2011, 129 ff.; *Weinreuter*, DStZ 2000, 398 (408); *Braun*, PStR 2003, 234 (236); *Janca/Schroeder/Baron*, wistra 2015, 409 (417).

392 *Wollmann*, ZInsO 2011, 1521 (1523).

seien aber auf die Anfechtung der Nachentrichtung gemäß § 371 Abs. 3 AO nicht übertragbar. § 153a StPO bezwecke die beschleunigte, vereinfachte und die Justiz entlastende Verfahrensbeendigung. Die Sanktionierung des Beschuldigten stehe im Vordergrund. Die Verfahrenseinstellung gegen Geldauflage stehe – anders als die Strafbefreiung durch Selbstanzeige – im Ermessen der Strafverfolgungsbehörden. Deshalb sei es nicht unangemessen, dass diese das Anfechtungsrisiko trügen. Dagegen stehe, so *Wollmann*, bei der Selbstanzeige die Erschließung bisher verheimlichter Steuerquellen im Vordergrund. Steuerpolitische Zielrichtung sei es, dem Steuerhinterzieher eine „goldene Brücke zu bauen". Die strafbefreiende Wirkung der Selbstanzeige könne nur gerechtfertigt werden, wenn der verursachte Schaden wiedergutgemacht werde. Bei einer anfechtungsbedingten Rückgewähr in die Insolvenzmasse werde die „Rückkehr ins Recht" nicht vollkommen gemacht. Aus der Nichtberücksichtigung der Insolvenzanfechtung in § 371 Abs. 3 AO könnten keine Schlüsse gezogen werden, weil die InsO erst viel später als das Rechtsinstitut der Selbstanzeige in Kraft getreten sei. Ein Strafklageverbrauch trete bei einer nicht insolvenzfesten Nachentrichtung nicht ein, das Verfahren könne jederzeit wiederaufgenommen werden. Diejenigen, die die Wiederaufnahme des Ermittlungsverfahrens wegen einer vermeintlich endgültigen Strafbefreiung ablehnten, begingen einen Zirkelschluss. Nach einer wirksamen Selbstanzeige werde das Verfahren nach § 170 Abs. 2 StPO eingestellt, was – im Gegensatz zu § 153a Abs. 1 S. 5 StPO – eine jederzeitige Wiederaufnahme ermögliche. Ohnehin weise § 371 AO mehr Gemeinsamkeiten mit § 153b StPO auf, bei dem auch der Schadenswiedergutmachungsgedanke verankert sei. Diese Einstellungsvorschrift ermögliche eine Wiederaufnahme, wenn aufgrund nachträglich bekannt gewordener Tatsachen die Voraussetzungen für ein Absehen von der Strafe nicht mehr vorlägen. Der Fiskus biete dem Steuerhinterzieher mit der Selbstanzeige eine Strafbefreiung an. Es sei daher legitim, einen endgültigen Verbleib der Nachzahlung beim Fiskus zu verlangen. Auf Vertrauensschutz könne sich der Steuerhinterzieher regelmäßig nicht berufen, weil er seine eigene finanzielle Situation kenne.

Weinreuter[393] argumentiert, schon nach dem Wortlaut des § 371 Abs. 3 AO müsse für eine Strafbefreiung die Zahlung erfolgt sein, die Anfechtung führe jedoch dazu, dass die Zahlung an die Insolvenzmasse zurückzugewähren sei. Eine strafbefreiende Wirkung könne nur insoweit erfolgen, als der Fiskus aus dem zurückgewährten Betrag bei der Verteilung eine quotale Befriedigung erlange. Entscheidend sei, dass bezahlt werde. Die gegenteilige Sichtweise sei

393 *Weinreuter*, DStZ 2000, 398 (408).

mit dem fiskalischen Zweck der Selbstanzeige nicht vereinbar. Sie würde zu unerträglichen Konsequenzen führen. Jeder vor der Insolvenz stehende Steuerhinterzieher würde seine letzten Gelder „zusammenkratzen", um in den Genuss der Straffreiheit zu gelangen. Dies vertrage sich nicht mit dem Grundgedanken des § 371 Abs. 3 AO, der verhindern solle, dass eine Strafverfolgung durch Vorspiegelung der tatsächlich nicht mehr vorhandenen Zahlungsfähigkeit unterbleibe.

Braun[394] weist zusätzlich auf eine Gefahr der missbräuchlichen Verwendung der Selbstanzeige hin. In der Praxis komme es immer wieder vor, dass findige Insolvenzschuldner, die Gewinne aus Steuerhinterziehung anstrebten, eine strafbefreiende Wirkung ausnutzten. Kurz bevor das Unternehmen insolvent werde, würden sie eine Selbstanzeige in dem Bewusstsein einreichen, dass die Zahlung später angefochten werde.

Rolletschke/Roth[395] und *Lorenz/Roth*[396] begreifen die Selbstanzeige zwar auch als persönlichen Strafaufhebungsgrund, verweisen aber auf eine Ex-tunc-Wirkung, die die Insolvenzanfechtung aus ihrer Sicht entfalten soll. Die Wiederaufnahme der Strafverfolgung sei nach einer erfolgreichen Insolvenzanfechtung wieder möglich, weil die Pflicht zur Tilgung der hinterzogenen Steuern rückwirkend wieder auflebe. Diese Rückwirkung müsse auch steuerstrafrechtlich gelten. Der persönliche Strafaufhebungsgrund gelte damit als von Anfang an nicht erfüllt.

Janca/Schroeder/Baron[397] begründen ihre Ablehnung einer dauerhaften Strafbefreiung mit dem fiskalpolitischen Zweck der Selbstanzeige. Des Weiteren verweisen sie auf denjenigen Schuldner, der den Nachentrichtungsbetrag aus seinem unpfändbaren Vermögen aufbringt. Bei diesem scheide eine Anfechtbarkeit von vornherein aus. Es stelle eine ungerechtfertigte Gleichstellung dar, wenn der Schuldner ebenfalls straffrei davon komme, dessen Steuernachentrichtung angefochten werde, weil er auf pfändbares Vermögen zurückgegriffen habe.

bb. Rechtsprechung

Die Rechtsprechung hat sich zu der Frage, welche Auswirkungen eine erfolgreiche Insolvenzanfechtung der Steuernachentrichtung auf die Strafbefreiung hat, bislang nicht geäußert. Soweit ersichtlich, gibt es bislang auch keine

394 *Braun*, PStR 2003, 234 (236).
395 *Rolletschke/Roth*, Die Selbstanzeige, 2015, Rn. 447.
396 *Lorenz/Roth*, PStR 2011, 129 (132).
397 *Janca/Schroeder/Baron*, wistra 2015, 409 (417).

ausdrücklichen Äußerungen in der Rechtsprechung zu der Frage, welche Folgen die erfolgreiche Anfechtung einer Geldauflagenzahlung für die Verfahrenseinstellung nach § 153a StPO hat.

Allerdings hat sich der BGH zu den Auswirkungen einer Anfechtung von Straf- und Steuerzahlungen positioniert und § 144 Abs. 1 InsO für anwendbar erklärt. Wenn der Staat eine erhaltene Strafzahlung anfechtungsbedingt an die Insolvenzmasse zurückgewähre, lebe sein Anspruch auf Zahlung der Geldstrafe wieder auf.[398] Gleiches gelte für eine Steuerschuld, wenn eine Steuerzahlung erfolgreich angefochten werde. Nach Auffassung des BFH ist die Beendigung des Steuerschuldverhältnisses deshalb insoweit auflösend bedingt.[399]

b. Stellungnahme

Es darf nicht übersehen werden, dass die Selbstanzeige ein persönlicher Strafaufhebungsgrund ist und damit zum materiellen Strafrecht gehört.[400] Deshalb ist auf § 371 AO auch der Art. 103 Abs. 2 GG anzuwenden. Einer Auslegung zu Lasten des Selbstanzeigers sind daher Grenzen gesetzt. Der Wortlaut bildet eine Auslegungsgrenze. Insbesondere gilt auch bei der Auslegung des § 371 AO ein Analogieverbot (Art. 103 Abs. 2 GG, § 1 StGB).[401]

aa. Wiederaufleben des Strafanspruchs?

Nach § 144 Abs. 1 InsO leben die Forderungen eines Gläubigers wieder auf, wenn er empfangene Zahlungen anfechtungsbedingt an die Insolvenzmasse zurückgewährt. Es fehlt eine Regelung, die das Schicksal des Strafanspruchs im Fall einer angefochtenen Steuernachentrichtung zum Gegenstand hätte. Fraglich ist, ob der Wiederauflebensgedanke aus § 144 Abs. 1 InsO auf den Strafanspruch des Staates sinngemäß angewandt werden kann.

Ein Anspruch kann nur dann wiederaufleben, wenn er vorher erloschen war. Unterstellt, der Strafanspruch wäre nach einer Steuer- und Zinsnachentrichtung erloschen, müsste der Charakter der Selbstanzeige als Strafaufhebungsgrund beachtet werden. Die Strafaufhebung ist eine materiell-rechtliche Rechtsfolge.[402] Deshalb stünde das Analogieverbot nach Art. 103 Abs. 2 GG einer sinngemäßen

---

398 BGH, Urteil vom 14.10.2010 – IX ZR 16/10 –, ZIP 2010, 2358 Rn. 7; BGH, Versäumnisurteil vom 10. Juli 2014 – IX ZR 280/13 –, ZIP 2014, 1887 (1888) Rn. 10.

399 BFH, Urteil vom 11. November 2008 – VII R 19/08 –, BStBl. II 2009, 342 (343).

400 Kohlmann/*Schauf*, Mai 2018, § 371 AO Rn. 52.

401 Kohlmann/*ders.*, Mai 2018, § 371 AO Rn. 55.

402 HHSP/*Beckemper*, August 2015, § 371 AO Rn. 23.

Anwendung des Wiederauflebensgedankens aus § 144 Abs. 1 InsO zu Lasten des Selbstanzeigers auf den Strafaufhebungsgrund entgegen.[403] Zudem hat das Insolvenzanfechtungsrecht zivilrechtlichen Charakter,[404] was einer sinngemäßen Anwendung mangels Vergleichbarkeit entgegensteht. Schließlich dient § 144 Abs. 1 InsO dazu, dem Anfechtungsgegner zu ermöglichen, seine (wieder auflebende) Forderung zur Insolvenztabelle anzumelden.[405] Eine Tabellenanmeldung scheidet bei Strafansprüchen jedoch naturgemäß aus. Eine Vergleichbarkeit ist auch insofern nicht gegeben. Eine sinngemäße Anwendung des § 144 Abs. 1 InsO auf den Strafanspruch scheidet nach alledem aus. Ein erloschener Strafanspruch kann nicht wieder aufleben.

bb. Auslegung des Tatbestands des § 371 Abs. 3 AO

Eine Wiederaufnahme des Strafverfahrens kommt nach einer erfolgreichen Insolvenzanfechtung deshalb nur dann in Betracht, wenn der Tatbestand des § 371 Abs. 3 AO nicht erfüllt ist.

(1) Zwecke der Selbstanzeige

Ficht ein Insolvenzverwalter eine nach § 371 Abs. 3 AO nachentrichtete Steuer erfolgreich an, wird die Zielsetzung und der Zweck der Selbstanzeige verfehlt, und zwar unabhängig davon, welchen Ansatz man favorisiert.

(a) Fiskalzweck

Die Finanzbehörde muss die Steuerzahlung an die Insolvenzmasse zurückgewähren und kann allenfalls auf eine – regelmäßig geringe – quotale Befriedigung hoffen. Die Steuerquelle, kaum dass sie erschlossen ist, versiegt wieder. Das Steueraufkommen wird nicht nachhaltig gesteigert. Im Ergebnis steht der Fiskus regelmäßig mit (nahezu) leeren Händen da. Aus fiskalischer Sicht kann man also nur von einem Misserfolg sprechen.

(b) Rückkehr in die Steuerehrlichkeit

Der Steuerhinterzieher hat nachträglich seine steuerlichen Erklärungspflichten erfüllt, indem er die Materiallieferung nach § 371 Abs. 1 AO vorgenommen hat. Mit der Nachentrichtung hat er seine steuerlichen Zahlungspflichten im Erhebungsverfahren nachträglich erfüllt. Es gibt also durchaus gute Gründe, die für eine honorierungswürdige Rückkehr des Steuerhinterziehers in die

---

403 Zur Anwendbarkeit des Art. 103 Abs. 2 GG auf Strafaufhebungsründe vgl. Jarass/Pieroth, GG/*Pieroth*, Art 103 GG Rn. 64.

404 Tipke/Kruse/*Krumm*, April 2018, § 33 FGO Rn. 42.

405 Uhlenbruck/*Hirte/Ede*, § 144 InsO Rn. 3.

Steuerlegalität sprechen. Fraglich ist nur, ob diese Rückkehr auch vollkommen oder auf halber Strecke stecken geblieben ist.

An der Ehrlichkeit des Selbstanzeigers lassen sich im Einzelfall Zweifel hegen, wenn es später zu einer Insolvenzanfechtung kommt. Ein Steuerhinterzieher wird oft seine Liquiditätsprobleme bei einer Selbstanzeige in der Krise gekannt haben, zumal § 133 InsO den Gläubigerbenachteiligungsvorsatz des Schuldners tatbestandlich voraussetzt. Damit sind dem Steuerhinterzieher oft die Umstände bekannt, die es verhindern, dass der Fiskus die entrichtete Steuer dauerhaft behalten darf. Außerdem belegt eine erfolgreiche Insolvenzanfechtung, dass der Steuerhinterzieher gegen den Gläubigergleichbehandlungsgrundsatz verstoßen hat. Diesen Einwänden lässt sich mit gewissem Recht entgegenhalten, dass sie insolvenz- und nicht steuerrechtlicher Art sind, der Rückkehr in die *Steuer*ehrlichkeit mithin nicht entgegenstehen. Die Rückgewähr von Steuerzahlungen erfolgt zudem gemäß § 143 Abs. 1 InsO und damit auf zivilrechtlich-insolvenzrechtlicher und nicht auf steuerrechtlicher Grundlage.[406] Letztlich misslingt eine nachhaltige Rückkehr in die Steuerlegalität aber deshalb, weil der Steueranspruch des Steuergläubigers nach § 144 Abs. 1 InsO wiederauflebt und die Nachentrichtung deshalb auf der steuerrechtlichen Erhebungsebene keine nachhaltige Erfüllungswirkung hatte.

(c) Wiedergutmachung als Verschaffung einer endgültig gesicherten Rechtsposition

Der Steuerhinterzieher hat mit der Berichtigungserklärung das Handlungsunrecht seiner Tat kompensiert. Die Steuer kann aufgrund dieser Angaben richtig festgesetzt und damit das Erfolgsunrecht der Steuerhinterziehung ebenfalls ausgeglichen werden. Allerdings ist im Fall einer anfechtungsbedingen Rückgewähr der Steuerzahlung der eingetretene Steuerschaden nicht nachhaltig beseitigt. Zwar ist der Steuerschaden nicht Taterfolg des § 370 Abs. 1, Abs. 4 S. 1 AO. Zur Wiedergutmachung gehört aber die nachhaltige Kompensation des eingetretenen Schadens dazu.

Dass eine Strafbefreiung nur dann eintreten kann, wenn die Finanzbehörde eine endgültig gesicherte Rechtsposition an dem Nachzahlungsbetrag erlangt, gesteht auch *Webel* zu, will das aber nur für den Widerruf einer SEPA-Lastschrift durch den Insolvenzverwalter – gleichsam als Ausnahme – gelten lassen. Es gibt aber keinen durchgreifenden sachlichen Grund dafür, Insolvenzanfechtung und Lastschriftwiderruf insofern unterschiedlich zu behandeln: Mit der aufgrund

---

406 BFH, Beschluss vom 05. September 2012 – VII B 95/12 –, BStBl. II 2012, 854 (855) Rn. 11; Tipke/Kruse/*Krumm*, April 2018, § 33 FGO Rn. 42.

einer Einzugsermächtigung erfolgten Belastungsbuchung auf dem Konto des Selbstanzeigers und der Gutschrift auf dem Konto der Finanzbehörde tritt – auflösend bedingt – Erfüllung ein, der strafbefangene Steueranspruch erlischt.[407] Der Insolvenzverwalter kann einer SEPA-Basislastschrift innerhalb von acht Wochen nach Kontobelastung ohne Angabe von Gründen noch widersprechen, so dass der Belastungsbetrag wieder dem – nunmehr der Insolvenzmasse angehörenden – Konto des Selbstanzeigers gutgeschrieben werden müsste. Der strafbefangene Steueranspruch lebt mit dem fristgemäßen Widerruf wieder auf.[408] Die Finanzbehörde hat deswegen erst acht Wochen nach der Belastungsbuchung eine endgültig gesicherte Rechtsposition erlangt. Die Rechtsposition der Finanzbehörde ist bei drohender Insolvenzanfechtung ähnlich ungesichert wie vor Ablauf der Widerrufsfrist. Erst wenn endgültig feststeht, dass der Insolvenzverwalter die Steuernachzahlung nicht anficht bzw. die Anfechtung erfolglos bleibt, kann die Finanzbehörde den empfangenen Nachzahlungsbetrag sicher behalten. Der strafbefangene und zwischenzeitlich getilgte Steueranspruch lebt nach einer anfechtungsbedingten Rückgewähr des Nachzahlungsbetrags an die Insolvenzmasse gemäß § 144 Abs. 1 InsO – genauso wie nach einem fristgemäßem Widerruf – wieder auf.

Schwieriger ist die Frage zu beantworten, ob auch unter dem Gesichtspunkt der positiven Generalprävention die Strafbefreiung abzulehnen ist. Der Steuerhinterzieher muss seine „Beute" wieder abliefern. Mit der Nachentrichtung hat der Steuerhinterzieher die „Beute" zwar (vorläufig) herausgegeben. Sie gelangt wegen der Insolvenzanfechtung dann in die Insolvenzmasse. Der Steuerhinterzieher ist nach Eröffnung des Insolvenzverfahrens weiter zivilrechtlicher Inhaber der Insolvenzmasse, sie wird ihm auch steuerlich gemäß § 39 AO zugerechnet. Die Verwaltungs- und Verfügungsbefugnis liegt jedoch nicht mehr bei ihm, sondern regelmäßig bei einem Insolvenzverwalter. Haftungsrechtlich ist sein Vermögen seinen Gläubigern zugewiesen. Zivil- und steuerrechtlich gesehen ist die „Beute" also wieder zum Steuerhinterzieher zurückgelangt, haftungsrechtlich und verfügungsrechtlich nicht. Maßstab ist letztlich, ob die Rückgewähr in die Insolvenzmasse bei gleichzeitiger Strafbefreiung das Vertrauen in die Durchsetzungskraft der Rechtsordnung erschüttern würde. Eine eindeutige Einschätzung fällt insofern bei der geschilderten ambivalenten Gemengelage schwer. Für den

---

407 BGH, Urteil vom 20. Juli 2010 – XI ZR 236/07 –, BGHZ 186, 269 (280) Rn. 23; HHSP/*Boeker*, Juli 2013, § 47 AO Rn. 21.

408 BGH, Urteil vom 20. Juli 2010 – XI ZR 236/07 –, BGHZ 186, 269 (280 f.) Rn. 24; HHSP/*dies.*, Juli 2013, § 47 AO Rn. 21.

Beuteaspekt ist jedoch auch die Opferperspektive von Bedeutung. Die „Beute“ muss also auch bei der Finanzbehörde „angeliefert“ werden. Wird das Privileg der Strafbefreiung gewährt, obwohl der Steuerhinterzieher von der „Beute“ wirtschaftlich profitiert hat, sie aber der Finanzbehörde nur vorübergehend wieder überlässt, wird das Vertrauen in die Durchsetzungskraft der Rechtsordnung tangiert, tendenziell geschwächt.

In diesem Zusammenhang ist auch eine denkbare Missbrauchsgefahr virulent: Bliebe die Strafbefreiung trotz Insolvenzanfechtung aufrechterhalten, könnte dies insolvente Steuerhinterzieher zu bewussten Gläubigerbenachteiligungen geradezu anspornen. Sie könnten ihre gesamte Restliquidität hierfür einsetzen. Das Vertrauen in die Einhaltung und Durchsetzung der Gesamtrechtsordnung würde beeinträchtigt, wenn einem Straftäter zugebilligt würde, durch eine gläubigerbenachteiligende und später angefochtene Rechtshandlung die Strafbefreiung zu erreichen.

(d) Irrelevantes Verschulden

Man mag einwenden, dass der Selbstanzeiger doch alles in seiner Macht Stehende und alles ihm Mögliche tue, wenn er seine Angaben berichtige und die Nachzahlung vornehme. Weiter mag man auch darauf hinweisen, dass er auch keinen Einfluss auf die Insolvenzanfechtung habe. Den Selbstanzeiger wird also oft kein Verschuldensvorwurf zu machen sein, was die Erfüllung der Anforderungen des § 371 AO angeht. Ein fehlendes Verschulden des Selbstanzeigers kann ihm jedoch nicht zur Strafbefreiung verhelfen. Denn die Steuerentrichtung ist objektive Straffreiheitsbedingung.[409] Allgemein kommt es auf subjektive Umstände bei der Selbstanzeige nicht an. Insbesondere ist die Frage des Verschuldens irrelevant.[410]

(e) Wiedergutmachung durch Zahlungen im Verteilungsverfahren?

Der Steuergläubiger wird durch die Selbstanzeige überhaupt erst in die Lage versetzt, seinen Steueranspruch im Insolvenzverfahren geltend zu machen. Der Insolvenzverwalter kehrt an ihn im Rahmen der Verteilung (§§ 187 ff. InsO) ggfs. auch Zahlungen aus. Es taucht der Gedanke auf, ob die Selbstanzeigezwecke nicht auch im späteren Insolvenzverfahren erfüllt werden können.

---

409 BGH, Beschluss vom 20. Mai 2010 – 1 StR 577/09 –, BGHSt 55, 180 (183) Rn. 13; BayOLG, Beschluss vom 03. November 1989 – RReg 4 St 135/89 –, BayObLGSt 1989, 145 (154).

410 Kohlmann/*Schauf*, Mai 2018, § 371 AO Rn. 54.

Insolvenzforderungen dürfen nach Verfahrenseröffnung nur nach Maßgabe der insolvenzrechtlichen Vorschriften verfolgt werden.[411] Nach den insolvenzrechtlichen Grundsätzen steht dem Fiskus nur die anteilige Befriedigung in Höhe der Insolvenzquote zu. Die Nachentrichtung nach § 371 Abs. 3 AO muss der Selbstanzeiger nicht selbst vornehmen. Selbst die Zahlung durch einen Dritten ist ausreichend.[412] Wenn der Insolvenzverwalter die anteilige Zahlung auf die strafbefangene Steuerschuld vornimmt, steht dies jedenfalls der Strafbefreiung nicht entgegen.

Die Strafbefreiung durch Quotenzahlung wird jedoch regelmäßig schon an der Zeitkomponente scheitern. Denn die Verteilung dürfte in der Regel außerhalb der von der Strafverfolgungsbehörde gesetzten Nachentrichtungsfrist (maximal sechs Monate[413]) erfolgen. Selbst wenn man eine noch weiträumigere Nachentrichtungsfrist als sechs Monate als angemessen ansehen würde, reicht eine nur anteilige Zahlung für die Strafbefreiung nicht aus. Denn die strafbefangene Steuerschuld besteht im eröffneten Insolvenzverfahren ungeschmälert fort.[414] Der volle Hinterziehungsbetrag ist demnach Maßstab für die Frage, ob die Selbstanzeigezwecke erfüllt sind. Eine anteilige Zahlung an den Steuergläubiger vermag weder den Fiskalzweck noch den Wiedergutmachungszweck voll zu erreichen. Die Rückkehr in die Steuerlegalität bleibt unvollkommen, wenn auf Erhebungsebene die Steuerschuld nicht vollständig getilgt wird.

Das Vollständigkeitsgebot gilt seit dem SchwarzGBekG 2011 auch für die Nachentrichtungspflicht nach § 371 Abs. 3 AO.[415] Daran wird deutlich, dass für die Strafbefreiung auch auf Erhebungsebene eine vollkommene Erfüllung der Selbstanzeigezwecke notwendig ist. Nach einer einschränkenden Auffassung im Schrifttum ist das Vollständigkeitsgebot tatbezogen.[416] Dies hat zur Folge, dass bei vollständiger Berichtigungserklärung, aber nur teilweiser Zahlung, die

---

411 Pape/Uhländer, Insolvenzrecht/*Waza*, § 155 InsO Teil A Rn. 27.

412 Rolletschke/Kemper, Steuerstrafrecht/*Kemper*, Oktober 2017, § 371 AO Rn. 409.

413 Klein (13. Aufl.)/*Jäger*, § 371 AO Rn. 90; *Rolletschke*, Steuerstrafrecht, [4]2012 Rn. 629.

414 Die Steuerschuld besteht auch nach Aufhebung des Insolvenzverfahrens fort, soweit der Fiskus nicht quotal befriedigt worden ist (§ 201 Abs. 1 InsO). Selbst eine mögliche spätere Restschuldbefreiung führt nicht zum Erlöschen der Steuerschuld, sondern nach § 301 Abs. 3 InsO nur zur Undurchsetzbarkeit (unvollkommene Verbindlichkeit); siehe hierzu auch unter dritter Teil A. II. 2. a.

415 Siehe unter zweiter Teil B. II. 2. und HHSP/*Beckemper*, August 2015, § 371 AO Rn. 118 mwN.

416 *Stahl*, Selbstanzeige, [4]2016, Rn. 243.

Strafaufhebung nur hinsichtlich der vollständig bezahlten Taten eintritt. Hinsichtlich der nur teilweise gezahlten Taten bleibt es bei der vollen Strafbarkeit.[417]

Bei der Verteilung im Insolvenzverfahren werden alle angemeldeten Insolvenzforderungen gleichmäßig und quotal bedient. Das gilt auch für die angemeldeten Steueransprüche, seien sie strafbefangenen oder nicht.[418] Eine strafbefangene Steuerschuld wird dem entsprechend im Insolvenzverfahren nicht vollständig getilgt, selbst wenn der insgesamt an den Fiskus gezahlte Betrag den vollständigen Hinterziehungsbetrag gedeckt hätte. Die Zahlungen an den Steuergläubiger im Insolvenzverfahren sind nach alledem nicht geeignet, den Selbstanzeigezwecken Genüge zu tun.

(2) Wortlaut „entrichtet“

Eine wirksame Selbstanzeige ist ein persönlicher Strafaufhebungsgrund, der die Strafe endgültig aufhebt.[419] Ficht der Insolvenzverwalter die Steuernachentrichtung an, werden die Zwecke der Selbstanzeige jedoch – wie oben ausgeführt – verfehlt. Bliebe die Strafbefreiung trotzdem bestehen, entstünde ein Widerspruch zwischen Zweck und Rechtsnatur der Selbstanzeige. Um diesen doch aufzulösen, kann ein Ausweg darin bestehen, den Tatbestand des § 371 Abs. 3 AO restriktiv auszulegen.

Die Rechtsfolgen eines persönlichen Strafaufhebungsgrundes werden dann vermieden, wenn dessen tatbestandlichen Voraussetzungen schon gar nicht vorliegen. Dies ist der Fall, wenn die hinterzogene Steuer durch eine angefochtene Steuerzahlung schon nicht „entrichtet“ im Sinne des § 371 Abs. 3 AO ist. Der Begriff des Entrichtens ist hinreichend offen. Er lässt eine Deutung im Sinne eines bloßen Zahlungsvorgangs zu. Ohne dass die Wortlautgrenze überschritten wird, ist es jedoch auch möglich, darunter nur solche Vermögensverschiebungen zu verstehen, bei denen der Fiskus die empfangenen Gelder auf Dauer und endgültig behalten kann. Stärker als der Begriff des Zahlens drückt das Entrichten etwas Ausgleichendes und Ordnendes aus und insinuiert damit auch etwas Dauerhaftes. Außerdem wird nach einhelliger Auffassung unter das Tatbestandsmerkmal „entrichtet“ in § 371 Abs. 3 AO auch die Aufrechnung subsumiert.[420] Dieser Vorgang ist weiter von dem engeren Wortsinn des Entrichtens entfernt, als das bei der dauerhaften Vermögensverschiebung der Fall ist. Daran lässt sich erkennen, dass der Wortlaut reichlich Raum bietet, um ausgefüllt zu werden.

---

417 *ders.*, Selbstanzeige, [4]2016, Rn. 243.

418 *Waza*, Waza/Uhländer/Schmittmann, Insolvenzen und Steuern, [11]2015, Rn. 762.

419 HHSP/*Beckemper*, August 2015, § 371 AO Rn. 23 mwN.

420 *Rolletschke*, Steuerstrafrecht, [4]2012, Rn. 641 mwN.

Der Nichteintritt der Strafbefreiung im Fall der Insolvenzanfechtung ist nach alledem vom Wortsinn des Begriffs „entrichtet" gedeckt. Diese Auslegung ist auch mit Art. 103 Abs. 2 GG vereinbar. Diese Verfassungsnorm enthält zwar einen strengen Gesetzesvorbehalt, der es der vollziehenden und der rechtsprechenden Gewalt verwehrt, die normativen Voraussetzungen einer Bestrafung festzulegen.[421] Gleichwohl bleibt die Auslegung und Interpretation von Strafgesetzen zulässig[422] und auch notwendig. Schon wegen der Allgemeinheit und Abstraktheit von Strafnormen ist es unvermeidlich, dass in Grenzfällen zweifelhaft werden kann, ob ein Verhalten noch unter den gesetzlichen Tatbestand fällt oder nicht.[423] In Grenzfällen geht der Normadressat dann, für ihn erkennbar, das Risiko einer Bestrafung ein.[424] Unzulässig ist hingegen eine Analogie zu Lasten des Steuerhinterziehers. Diese Grenze ist dann überschritten, wenn die Auslegung nicht mehr vom Wortlaut der Norm gedeckt ist.[425]

Bei dem Wort „entrichtet" handelt es nicht um einen unbestimmten Rechtsbegriff, sondern um eine schon recht präzise Beschreibung der vom Selbstanzeiger erwarteten Handlung: Ihm wird klar gemacht, dass er eine der Höhe nach bestimmbare Zahlung zu leisten hat. Es handelt sich bei § 371 Abs. 3 AO insofern insbesondere nicht um ein Blankettgesetz[426]; denn die Vorschrift ist aus sich heraus auch ohne Rückgriff auf andere Vorschriften verständlich. Dass die fehlende Nachhaltigkeit der Entrichtung schädlich ist, ist auch ohne Verweis auf Rückgewährvorschriften (wie § 143 InsO) einleuchtend. Dass der Fiskus den gezahlten Betrag zurückgewährt, ist sicherlich ein Grenz- und Ausnahmefall. Ein Verständnis, wonach unter den Entrichtungsbegriff nur endgültig beim Fiskus verbleibende Zahlungen fallen, ist aber für den Steuerhinterzieher durchaus vorhersehbar und erwartbar. Dieses Verständnis entspricht sogar eher der Parallelwertung in der Laiensphäre. Wer gibt sich im Geschäfts- und Alltagsleben schon mit vorläufigen Zahlungen zufrieden?

421 BVerfG, Beschluss vom 17. Januar 1978 – 1 BvL 13/76 –, BVerfGE 47, 109, 120; BVerfG, Beschluss vom 13. Mai 2009 – 2 BvL 19/08 –, HFR 2009, 1128 (1131).

422 Jarass/Pieroth, GG/*Pieroth*, Art 103 GG Rn. 82.

423 BVerfG, Beschluss vom 17. Januar 1978 – 1 BvL 13/76 –, BVerfGE 47, 109 (121).

424 BVerfG, Beschluss vom 17. Januar 1978 – 1 BvL 13/76 –, BVerfGE 47, 109 (121).

425 BVerfG, Beschluss vom 20. Oktober 1992 – 1 BvR 698/89 –, BVerfGE 87, 209 (224).

426 Zur Blankettvorschrift des § 370 AO und den verfassungsrechtlichen Anforderungen an dessen Bestimmtheit vgl. Kohlmann/*Ransiek*, Mai 2018, § 370 AO Rn. 20 ff.

(3) Systematischer Vergleich mit §§ 153a, 153b StPO

Ein Vergleich des § 371 AO mit § 153a StPO und 153b StPO unter dem Gesichtspunkt des Strafklageverbrauchs geht am Thema vorbei und ist daher unergiebig.[427] Liegen die Voraussetzungen einer Selbstanzeige nach § 371 AO vor, führt dies nicht zum Strafklageverbrauch, sondern zu einer Strafaufhebung. Der materiell-rechtliche Strafanspruch des Staates ist dann erloschen. Ein Strafklageverbrauch begründet dagegen ein Verfahrenshindernis und wirkt damit auf prozessualer Ebene.[428] Die einschlägige Einstellungsvorschrift nach einer Selbstanzeige ist zudem § 170 Abs. 2 StPO, der gerade nicht zu einem Strafklageverbrauch führt.[429] Stellt sich später heraus, dass die Strafbefreiung materiellrechtlich nicht eingetreten war, kann die Behörde deshalb das Verfahren wieder aufnehmen.

(4) Historische Auslegung

Weder in den Gesetzesmaterialien zur AO noch zur InsO werden die Auswirkungen auch nur erwähnt, die die Anfechtung von Steuer- und Zinsnachentrichtungen auf die Strafaufhebung nach § 371 Abs. 3 AO hat. Die Thematik wird stattdessen ignoriert, und zwar selbst wenn sie sich aufdrängt. So betonten die Koalitionsfraktionen der CDU/CSU und SPD laut dem Bericht des Finanzausschusses in den Beratungen zum AO-Änderungsgesetz 2015, dass die zuständige Finanzbehörde bei der Festsetzung der Nachzahlungsfrist die persönlichen und finanziellen Verhältnisse des Steuerpflichtigen berücksichtigen muss, damit ihm die Möglichkeit gegeben wird, für entsprechende Liquidität zu sorgen.[430] In den Fällen, in denen der Selbstanzeiger um eine verlängerte Nachentrichtungsfrist nachsucht, um sich fehlende Liquidität zu beschaffen, liegt allerdings regelmäßig Zahlungsunfähigkeit i.S.d. § 17 Abs. 2 InsO und damit auch ein erhöhtes Anfechtungsrisiko vor.[431] Darauf geht der Bericht des Finanzausschusses mit keinem Wort ein. Die Entstehungsgeschichte des § 371 AO und der §§ 129 ff. InsO ist für die Thematik deshalb insgesamt unergiebig. In den Vorgängergesetzeswerken (RAO bzw. KO) findet man auch keine Normen, die das Verhältnis der

427 Abgesehen davon ist die Frage des Strafklageverbrauchs bei Anfechtung einer Geldauflagenzahlung umstritten, siehe hierzu *Lorenz/Roth*, PStR 2011, 129 (130 f.).

428 Meyer-Goßner/Schmitt, StPO/*Schmitt*, Einl. Rn. 145, 171.

429 *Lorenz/Roth*, PStR 2011, 129 (132); vgl. HK, StPO/*Zöller*, § 170 StPO Rn. 6 und Meyer-Goßner/Schmitt, StPO/*Meyer-Goßner*, § 170 StPO Rn. 9 zu den Rechtsfolgen der Verfahrenseinstellung nach § 170 Abs. 2 StPO im Allgemeinen.

430 Stellungnahme der Regierungskoalitionsfraktionen, BT-Drucks. 18/3439, S. 6.

431 Siehe unter zweiter Teil B. III. 1. c. bb.

Selbstanzeige zur Konkursanfechtung berühren würden und zu einem Erkenntnisgewinn führen könnten.

(5) Verfassungskonforme Auslegung?

Das verfassungsrechtlich verankerte Selbstbelastungsverbot verlangt den Schutz periodisch erklärungspflichtiger Steuerbürger, die sich im Hinblick auf einen vorherigen Besteuerungszeitraum strafbar gemacht haben und nunmehr steuerehrlich werden wollen, aber Gefahr laufen, sich selbst mittelbar zu belasten.[432] Als Ausweg aus solchen Konfliktsituationen hat das Rechtsinstitut der Selbstanzeige eine verfassungsrechtliche Dimension.[433] Soweit das Selbstbelastungsverbot nicht tangiert ist, beeinflusst höherrangiges Verfassungsrecht den § 371 AO jedoch nicht. Es mag noch andere rechtspolitische Gesichtspunkte geben, die für die Beibehaltung des Rechtsinstituts Selbstanzeige sprechen. Sie haben jedoch keinen Verfassungsrang. Eine verfassungskonforme Auslegung ist insofern, d.h. außerhalb der geschilderten Konfliktsituationen, nicht geboten. Deshalb ist es insofern auch nicht geboten, jedem Steuerhinterzieher, d.h. auch dem insolvenzreifen, eine für ihn auch faktisch umsetzbare Strafbefreiungsmöglichkeit zu gewährleisten. Der Gesetzgeber kann die Strafbefreiung von Voraussetzungen abhängig machen und so den Kreis der Selbstanzeigeberechtigten eingrenzen. Sofern die Voraussetzungen nicht willkürlich, sondern sachlich begründbar sind, ist eine solche Selbstanzeigeregelung verfassungsrechtlich auch unbedenklich. Es gibt kein verfassungsrechtliches Gebot, jedem Straftäter einen für ihn erfüllbaren Strafbefreiungstatbestand zur Verfügung zu stellen.

(6) Strafrechtlich unzulässige Bedingung oder Rückwirkung?

Skok und *Vogelberg* befürchten eine unzulässige strafrechtliche Rückwirkung bzw. eine unzulässige Bedingung, wenn die Insolvenzanfechtung zur Wiederaufnahme des Strafverfahrens führe, obwohl der Selbstanzeiger die Steuer und die Zinsen nachentrichtet habe.[434] Dabei verkennen sie, dass der enge Begriff des Entrichtens von vornherein die Endgültigkeit der Vermögensverschiebung voraussetzt. Die mangelnde Nachhaltigkeit der anfechtbaren Steuerzahlung ist zudem schon im Zeitpunkt der Steuernachzahlung angelegt. Es werden insbesondere keine zivilrechtlichen Folgen der Anfechtung auf das Strafrecht übertragen, sondern die *von Anfang an* geforderte Nachhaltigkeit zum Bestandteil des Entrichtungsbegriffs gemacht. Das Tatbestandsmerkmal „entrichtet“ ist daher

---

432 Siehe unter erster Teil B. II. 2.

433 Dazu erster Teil B. II. 2 und im Einzelnen zweiter Teil C.

434 Siehe unter zweiter Teil B. III. 2. a. aa.

zu keinem Zeitpunkt erfüllt, wenn eine Steuer- bzw. Zinszahlung anfechtbar ist und später angefochten wird.

(7) Gefahr willkürlicher und zufälliger Strafbefreiungen?
Die Bedenken dagegen, eine Bestrafung in gleichgelagerten Sachverhalten vom Verwalterverhalten oder anderen vermeintlichen Zufälligkeiten abhängig zu machen, greifen nicht durch. Der Insolvenzverwalter haftet für Schäden, die den Gläubigern wegen unterlassener Insolvenzanfechtungen entstehen, nach den §§ 60, 61 InsO. Abgesehen davon steigert die Masseanreicherung durch Insolvenzanfechtung auch die Vergütungsansprüche des Insolvenzverwalters. Er hat demnach auch eine hohe Eigenmotivation, Insolvenzanfechtungen durchzuführen. Gerade Steuerzahlungen sind dabei im besonderen Fokus der Insolvenzverwalter. Vor diesem Hintergrund ist die gleichmäßige Durchführung der Insolvenzanfechtung im Wesentlichen gewährleistet.

Zu konzedieren ist, dass es einen Rest von dem Grunde nach anfechtbaren Steuerzahlungen gibt, bei denen es nicht zu einer anfechtungsbedingten Rückgewähr kommt, z.B. weil das Insolvenzgericht das Insolvenzverfahren mangels Masse nicht eröffnet oder weil die Rechtshandlung außerhalb der Anfechtungsfrist erfolgt ist. Dass Unwägbarkeiten die Möglichkeit der Strafbefreiung beeinflussen, ist dem § 371 AO allerdings nicht fremd. Dem Rechtsinstitut ist sogar die Abhängigkeit von Zufällen immanent. So sind die Ausschlussgründe nach § 371 Abs. 2 AO häufig und teilweise buchstäblich vom Zufall abhängig. Die Tatendeckung, Ausschlussgrund nach § 371 Abs. 2 Nr. 2 AO, kann beispielsweise auf sog. Zufallsfunde im Rahmen von Ermittlungen wegen anderer Straftaten zurückgehen (vgl. § 108 StPO). Taten werden nicht selten durch anonyme Anzeigen, also nicht steuerbarem Drittverhalten, aufgedeckt. Die Auswahl von Steuerpflichtigen für Außenprüfungen erfolgt zum Teil über die sog. Zufallsauswahl[435], die die Bekanntgabe der Prüfungsanordnung und damit auch den Ausschluss der Selbstanzeige nach § 371 Abs. 1 Nr. 1a) AO nach sich zieht. Auch der Umstand, dass der Steuerhinterzieher seine insolvenzrechtliche Zahlungsfähigkeit verliert, kann mit schicksalhaften Geschehnissen (Scheidung, nicht versicherte Unfälle, Insolvenz eines Großkunden etc.) zu tun haben.

---

435 Vgl. Ziff. 3.1 des sog. Rationalisierungserlasses, FinMin NRW, Erlass vom 13.6.1995 – S 1502 – 4 – V C 5 –, veröffentlicht bei *Dewein* (Hrsg.), Betriebsprüfung, 1997 Gruppe 11.13; Loseblatt-Zeitschrift, Freiburg i.Br., 1984 ff.

c. Zwischenergebnis zu 2.

Ficht der Insolvenzverwalter die Steuer- und/oder Zinszahlungen des Selbstanzeigers erfolgreich an, wird dieser nicht straffrei nach § 371 AO. Ein nach § 170 Abs. 2 StPO eingestelltes Strafverfahren ist wiederaufzunehmen.

3. Der bei drohender Anfechtung bestehende Schwebezustand und der Beschleunigungsgrundsatz

Wenn der Insolvenzverwalter bereits erfolgreich angefochten hat, steht fest, dass die Steuer nicht entrichtet und die Selbstanzeige damit unwirksam ist. Die Bedingung für die Strafaufhebung fällt aus. Schwieriger ist die Beurteilung der Selbstanzeige in der Phase, in der noch ungewiss ist, ob ein Insolvenzverwalter später tatsächlich anfechten wird.

a. Die nachhaltige Nachzahlung als auflösende Bedingung des Strafanspruchs

Der Selbstanzeiger erlangt durch seine Materiallieferung lediglich eine Anwartschaft auf Strafbefreiung, die mit der Nachentrichtung zum Vollrecht erstarkt.[436] Der staatliche Strafanspruch ist auflösend bedingt durch die Nachentrichtung der Steuer innerhalb der zu setzenden angemessenen Frist.[437] Die Entrichtung ist also die auflösende Bedingung, das zukünftige ungewisse Ereignis, unter dem der Strafanspruch steht. Bis zum Bedingungseintritt, der Nachentrichtung, besteht der Strafanspruch fort. Unter dem – hier vertretenen – engen Entrichtungsbegriff ist dabei eine Zahlung zu verstehen, die nachhaltig beim Steuergläubiger verbleibt, d.h. nicht angefochten wird. Eine anfechtbare und damit eben nicht nachhaltige Vermögensverschiebung erfüllt nicht den Tatbestand des § 371 Abs. 3 AO. Die Zahlung führt in diesem Fall noch nicht dazu, dass die Anwartschaft auf Strafaufhebung zum Vollrecht erstarkt. Die Bedingung und damit die Strafaufhebung treten erst ein, sobald die Nachhaltigkeit der Zahlung feststeht, weil eine Anfechtung ausgeschlossen werden kann.[438]

---

436 Klein (13. Aufl.)/*Jäger*, § 371 AO Rn. 80; JJR/*Joecks*, § 371 AO Rn. 140; Kohlmann/*Schauf*, Mai 2018, § 371 AO Rn. 80, 294; Schwarz/Pahlke/*Webel*, November 2015, § 371 AO Rn. 48, 307.

437 BGH, Urteil vom 03. Juni 1954 – 3 StR 302/53 –, BGHSt 7, 336 (341); JJR/*Joecks*, § 371 AO Rn. 96.

438 Weil sich u.U. die Nachhaltigkeit erst später herausstellt, kann innerhalb der ihm gesetzten Nachentrichtungsfrist von dem Selbstanzeiger nur die Ausführung des Zahlungsvorgangs, jedoch noch nicht ein Nachweis über den Eintritt der Nachhaltigkeit erwartet werden.

b. Praktische Umsetzung

Die Finanzbehörde hat zu prüfen, ob die Selbstanzeige wirksam ist. Sie hat deshalb insbesondere zu untersuchen, ob die Steuer nachhaltig gezahlt ist.

Bejaht sie die Nachhaltigkeit, hat sie das Strafverfahren gemäß § 170 Abs. 2 StPO einzustellen. Stellt sich die Annahme einer nachhaltigen Steuer-/ Zinszahlung als Irrtum heraus, weil der Insolvenzverwalter später erfolgreich anficht, kann sie das Strafverfahren wieder aufnehmen. Die Einstellung nach § 170 Abs. 2 StPO führt nicht zu einem Strafklageverbrauch.[439]

Die Finanzbehörde kann die Nachhaltigkeit (noch) nicht bejahen, wenn sie weiß, dass die Zahlung gläubigerbenachteiligend ist und deshalb möglicherweise später angefochten wird. Die Steuer ist (noch) nicht entrichtet:

- Eine naheliegende Reaktion auf einen solchen Schwebezustand wäre die Aussetzung des Strafverfahrens. Nach § 396 Abs. 1 AO kann das Strafverfahren bis zum rechtskräftigen Abschluss des Besteuerungsverfahrens jedoch nur dann ausgesetzt werden, wenn die Beurteilung der Tat als Steuerhinterziehung davon abhängt, ob ein Steueranspruch besteht, ob Steuern verkürzt oder ob nicht gerechtfertigte Steuervorteile erlangt sind. Die Ungewissheit, die von der Anfechtbarkeit ausgeht, betrifft nicht das Besteuerungsverfahren und ist deshalb nicht erfasst. Mit rein prozessökonomischen Überlegungen und Zweckmäßigkeitserwägungen lässt sich eine Aussetzung nach § 396 Abs. 1 AO nicht begründen.[440]
- Die Strafverfolgungsbehörde kann das Verfahren auch nicht wegen der Selbstanzeige nach § 170 Abs. 2 StPO einstellen. Der staatliche Strafanspruch ist (noch) nicht aufgehoben.
- Die Finanzbehörde kann ggfs. einen Fremdinsolvenzantrag (§§ 13, 14 InsO) stellen, um die Beendigung des Schwebezustands voranzutreiben. Ein solches Vorgehen liegt im Interesse einer effektiven Strafrechtspflege[441] und fördert den im Strafverfahren geltenden[442] Beschleunigungsgrundsatz. Ein solcher Fremdinsolvenzantrag ist auch nicht ermessensfehlerhaft. Er widerspricht gerade nicht der par conditio creditorum.[443] Durch den Antrag wird eine

---

439 Vgl. Meyer-Goßner/Schmitt, StPO/*Meyer-Goßner*, § 170 StPO Rn. 9.

440 Kohlmann/*Schauf*, August 2017, § 396 AO Rn. 49.

441 Vgl. BVerfG, Nichtannahmebeschluss vom 24. August 2006 – 2 BvR 1552/06 –, NJW 2006, 3626 (3627).

442 Meyer-Goßner/Schmitt, StPO/*Schmitt*, Einl. Rn. 160.

443 Vgl. zu Ermessensfehlgebrauch des antragstellenden FA *Schmittmann*, Waza/Uhländer/Schmittmann, Insolvenzen und Steuern, [11]2015, Rn. 202.

gleichmäßige Befriedigung mit dem Mittel der Insolvenzanfechtung ggfs. erst ermöglicht. De lege lata kann die Finanzbehörde allerdings nur dann einen zulässigen Antrag stellen, wenn sie noch eine andere offene Steuerforderung glaubhaft machen kann.

Der Strafanspruch ist aufgehoben, wenn die Bedingung einer nachhaltigen Steuerzahlung später eintritt. Ein zunächst fortgesetztes Strafverfahren ist dann nach § 170 Abs. 2 StPO einzustellen. Die Zahlung ist nachhaltig, wenn und sobald eine Insolvenzanfechtung ausgeschlossen werden kann. Beispielsweise kann die Zahlungsunfähigkeit des Selbstanzeigers wieder beseitigt[444] oder die einschlägige Anfechtungsfrist abgelaufen sein. Die Strafverfolgungsbehörde kann zudem regelmäßig von einer endgültigen Zahlung ausgehen, wenn das Insolvenzgericht einen Insolvenzantrag als unbegründet abgelehnt hat.

Ein zu langer Schwebezustand ist nur schwer mit dem Beschleunigungsgrundsatz, einem elementaren Prozessprinzip, zu vereinbaren. Dieser Grundsatz beansprucht auch bei der Abwicklung einer Selbstanzeige Gültigkeit. Die Pflicht der Finanzbehörde, eine angemessene Nachentrichtungsfrist zu setzen, dient u.a. der Verfahrensbeschleunigung.[445] Mit einem Fremdinsolvenzantrag kann die Finanzbehörde die Anfechtung klären und damit auch das Strafverfahren vorantreiben. Weil de lege lata der Antrag ohne eigene offene Forderung unzulässig ist, besteht hier m.E. legislativer Handlungsbedarf.[446]

Hat die Strafverfolgungsbehörde das Strafverfahren gemäß § 170 Abs. 2 StPO eingestellt, scheidet eine Wiederaufnahme nach Insolvenzanfechtung aus, wenn zwischenzeitlich Verfolgungsverjährung eingetreten ist. Bei Eingang einer Selbstanzeige können die Strafverfolgungsbehörden zwar zunächst das Strafverfahren einleiten, um eine Verjährungsunterbrechung nach § 78c Abs. 1 Nr. 1, Abs. 3 StGB zu erwirken. Die Verjährung beginnt von neuem. Eine Aussetzung des Verfahrens, die die Verfolgungsverjährung zum Ruhen brächte, ist de lege lata aber nicht möglich: § 396 Abs. 1, 3 AO ist, wie oben ausgeführt, bei einer zu klärenden Insolvenzanfechtung nicht einschlägig. Auch § 78b Abs. 1 Nr. 2 StGB vermag die Verfolgungsverjährung nicht zum Ruhen zu bringen. Diese Ruhensnorm verlangt, dass *nach dem Gesetz* die Strafverfolgung nicht fortgesetzt werden darf. Damit sind Vorschriften gemeint, die während einer gewissen Zeit alle Verfolgungshandlungen ausschließen.[447] Unter § 78b Abs. 1 Nr. 2 StGB

444 Z.B. bei allgemeiner Zahlungswiederaufnahme, BGH, Urteil vom 21. Juni 2007 – IX ZR 231/04 –, NJW-RR 2007, 1419 (1421) Rn. 32.

445 Kohlmann/*Schauf*, Mai 2018, § 371 AO Rn. 349.

446 Ein Vorschlag hierzu siehe unter Abschließende Betrachtung B.

447 Schönke/Schröder/*Sternberg-Lieben/Bosch*, § 78b StGB Rn. 4.

fallen zwar auch solche Vorschriften, nach denen die Fortsetzung des Strafverfahrens von einer anderen in einem anderen Verfahren zu entscheidenden Vorfrage abhängt.[448] Voraussetzung in solchen Vorgreiflichkeitsfällen ist aber auch, dass die Verfolgung nach einer gesetzlichen Vorschrift nicht fortgesetzt werden kann.[449] Eine Vorschrift, die die Fortsetzung des Steuerstrafverfahrens bis zur rechtskräftigen Entscheidung der ordentlichen Gerichte über die Insolvenzanfechtung verbieten würde, existiert indes nicht.

Die endgültige Klärung der Frage, ob eine Rechtshandlung anfechtbar ist, kann sich über einen langjährigen Zeitraum hinziehen, z.B. wenn es zu einem Insolvenzanfechtungsprozess über mehrere Instanzen kommt. Bei einem nach § 170 Abs. 2 StPO eingestellten Strafverfahren kann dann zwischenzeitlich Verfolgungsverjährung eingetreten sein. M.E. ist der Gesetzgeber auch hier gefordert, einen eigenen Ruhenstatbestand für derartige Fallkonstellationen zu schaffen.[450]

4. *Vermeidungsstrategien*

Beispielsfall 1:
Der Angestellte AN erzielt Einkünfte aus nichtselbständiger Tätigkeit unterhalb des Pfändungsfreibetrags. Er war bis zum Jahr 01 unternehmerisch tätig und hat daraus noch fällige Lieferantenverbindlichkeiten i.H.v. 100.000 €. Die Einkommensteuer 01 ist aufgrund der bewusst unrichtigen Angaben des S zu seinen gewerblichen Einkünften um 10.000 € zu niedrig festgesetzt worden. A zeigt sich Ende Oktober 02 selbst an. Die Finanzbehörde setzt die Einkommensteuer 01 daraufhin korrekt fest und setzt ihm eine Frist für die verzinste Steuernachzahlung bis zum 01. Dezember 02. AN hat noch liquide Mittel von 15.000 €. Da einer seiner Lieferanten angekündigt hat, einen Fremdinsolvenzantrag zu stellen, befürchtet er aber, dass seine Steuernachzahlung angefochten und er dann strafrechtlich verfolgt würde. Sein Onkel O und sein Arbeitgeber AG sind bereit, ihm in dieser Not zu helfen.

Was können sie tun?

Der insolvenzreife Selbstanzeiger hat ein fundamentales Interesse daran, das Risiko einer späteren Insolvenzanfechtung auszuschließen. Die Wirksamkeit der Selbstanzeige steht für ihn auf dem Spiel:

---

448 Kohlmann/*Heerspink*, August 2017, § 376 AO Rn. 168; Lackner/Kühl/*Kühl/Heger*, § 78b StGB Rn. 4.

449 JJR/*Joecks*, § 376 AO Rn. 99.

450 Ein Vorschlag hierzu siehe unter Abschließende Betrachtung B.

Zahlung aus dem insolvenzfreien Vermögen

- Das Anfechtungsrisiko kann der Selbstanzeiger dann ausschließen, wenn er die Zahlung nicht aus der nachmaligen Insolvenzmasse, sondern aus dem insolvenzfreien Vermögen leistet.[451] Gegenstände, die nicht der Zwangsvollstreckung unterliegen, gehören nicht zur Insolvenzmasse (§ 36 Abs. 1 S. 1 InsO). Insbesondere das pfändungsfreie Arbeitseinkommen gehört nicht dazu. Denn gemäß § 36 Abs. 1 S. 2 InsO gelten die §§ 850, 850a, 850c ZPO entsprechend. Zahlungen aus dem pfändungsfreien Arbeitseinkommen sind deshalb nicht gläubigerbenachteiligend. Sie unterliegen nicht der Insolvenzanfechtung. Bei höheren Nachzahlungsbeträgen dürften jedoch die Mittel aus dem pfändungsfreien Arbeitseinkommen regelmäßig nicht ausreichen, um den gesamten – noch dazu verzinsten – Nachzahlungsbetrag aufzubringen.

Zahlung eines Dritten (Anweisung auf Kredit)

- Die Gesamtheit der Insolvenzgläubiger wird dann nicht benachteiligt, wenn ein Dritter eine Verbindlichkeit des späteren Insolvenzschuldners mit Mitteln begleicht, die nicht in dessen haftendes Vermögen gelangt sind.[452] Zahlungen aus Mitteln Dritter sind deshalb insolvenzfest, wenn es sich um einen Fall einer sog. Anweisung auf Kredit handelt.[453] Die Anweisung auf Kredit ist von der Anweisung auf Schuld zu unterscheiden. Bei einer Anweisung auf Schuld tilgt der Angewiesene mit der Zahlung an den Empfänger eine eigene, gegenüber dem Anweisenden bestehende Verbindlichkeit. Demgegenüber nimmt der Angewiesene bei einer Anweisung auf Kredit die Zahlung an den Empfänger ohne eine Verpflichtung gegenüber dem Anweisenden vor, so dass er infolge der Zahlung zum Gläubiger des Anweisenden wird.[454] Bei einer Anweisung auf Schuld führt die Zahlung durch den Angewiesenen zu einer Gläubigerbenachteiligung, weil der Schuldner mit der Zahlung an den Dritten seine Forderung gegen den Angewiesenen verliert.[455] Liegt dagegen eine Anweisung auf Kredit vor, scheidet eine Gläubigerbenachteiligung grundsätzlich aus, weil es durch die Zahlung lediglich zu einem Gläubigerwechsel in der Person des Angewiesenen kommt. Die Belastung der Insolvenzmasse mit dem Rückgriffsanspruch des Angewiesenen

---

451 So auch *Lorenz/Roth*, PStR 2011, 129 (133), freilich ohne weiter zu differenzieren.
452 BGH, Urteil vom 21. Juni 2012 – IX ZR 59/11 –, NJW-RR 2012, 1193 (1195) Rn. 12.
453 BGH, Urteil vom 21. Juni 2012 – IX ZR 59/11 –, NJW-RR 2012, 1193 (1195) Rn. 12.
454 BGH, Urteil vom 21. Juni 2012 – IX ZR 59/11 –, NJW-RR 2012, 1193 (1195) Rn. 12.
455 BGH, Urteil vom 21. Juni 2012 – IX ZR 59/11 –, NJW-RR 2012, 1193 (1195) Rn. 12.

wird hier durch die Befreiung von der Schuld des Zahlungsempfängers ausgeglichen.[456]

Entsteht das Deckungsverhältnis mit dem späteren Insolvenzschuldner erst nach der Leistung des Dritten an den Insolvenzgläubiger, liegt regelmäßig eine Anweisung auf Kredit vor.[457] Auf die Selbstanzeigesituation übertragen zählen Zahlungen Dritter zur Fallgruppe Anweisung auf Kredit, sofern der Dritte vor der Steuernachzahlung im Deckungsverhältnis mit dem Selbstanzeiger nicht zur Zahlung verpflichtet war. Ein solcher – im Deckungsverhältnis nicht verpflichteter – Dritter kann ggfs. auch ein Haftungsschuldner (z.B. ein nach § 71 AO haftender Gehilfe) sein.[458]

Innerhalb der Fallgruppe Zahlung auf Schuld vermag auch die Pfändungsschutzvorschrift des § 851 Abs. 1 ZPO (nicht übertragbare Forderungen) nicht, den vom Dritten nachgezahlten Betrag von der Insolvenzmasse auszunehmen. So gehört der Anspruch des Schuldners aus einem Darlehensvertrag mit der Zweckbindung, die Darlehensvaluta einer bestimmten Person zu gewähren, zur Insolvenzmasse,[459] obwohl zweckgebundene Ansprüche nicht übertragbar i.S.d. § 851 Abs. 1 ZPO sind.[460] Zahlt der Dritte (Darlehensgeber) die Darlehensvaluta unmittelbar – d.h. auf verkürztem Zahlungsweg – an den Begünstigten (hier: Finanzbehörde) aus, erlischt der Darlehensauszahlungsanspruch des Schuldners (hier: insolvenzreifer Selbstanzeiger). Die Insolvenzmasse wird verkürzt und die Gläubiger werden benachteiligt.[461] Nach § 851 Abs. 1 ZPO unpfändbare Schuldbefreiungsansprüche[462] gehören ebenfalls zur Insolvenzmasse.[463] Der Verpflichtete bringt demzufolge mit seiner schuldbefreienden Zahlung unmittelbar an den Drittgläubiger (hier: Finanzbehörde) nicht nur seine

---

456 BGH, Beschluss vom 16. Oktober 2008 – IX ZR 147/07 –, NZI 2009, 56 Rn. 9.

457 *Cranshaw*, Voraussetzungen der Gläubigerbenachteiligung bei Leistung eines Geschäftsführers (Bürgen) an den Insolvenzgläubiger, jurisPR-InsR 17/2012 Anm. 2 D (geprüft am 08.08.2018)

458 § 48 AO hilft bei der Abgrenzung zwischen auf Kredit und auf Schuld angewiesenen Haftungsschuldnern schon deswegen nicht weiter, weil Haftungsschuldner keine Dritten i.S. dieser Vorschrift sind, vgl. HHSP/*Boeker*, Juli 2013, § 48 AO Rn. 6.

459 BGH, Urteil vom 17. März 2011 – IX ZR 166/08 –, ZInsO 2011, 782 (783) Rn. 16.

460 Thomas/Putzo, ZPO/*Seiler*, § 851 ZPO Rn. 3.

461 BGH, Urteil vom 17. März 2011 – IX ZR 166/08 –, ZInsO 2011, 782 (783) Rn. 17.

462 Thomas/Putzo, ZPO/*Seiler*, § 851 ZPO Rn. 3.

463 Bei Eröffnung des Insolvenzverfahrens über das Vermögen des Befreiungsgläubigers wandelt sich der Befreiungsanspruch in einen in die Masse fallenden Zahlungsanspruch in Höhe der zu tilgenden Schuld um, BGH, Urteil vom 07. Juni 2001 – IX ZR 195/00 –, NJW-RR 2001, 1490 (1491).

Befreiungsverpflichtung gegenüber dem Befreiungsgläubiger (hier: insolvenzreifer Selbstanzeiger) zum Erlöschen; er verkürzt auch die Insolvenzmasse.[464]

Erwerb des Anfechtungsanspruchs durch einen Dritten ohne Geltendmachungsabsicht

- Hat der insolvenzreife Selbstanzeiger die anfechtbare Steuernachzahlung schon geleistet, kann ein Dritter die Insolvenzanfechtung dadurch verhindern, dass er im Wege eines Forderungskaufs den Anfechtungsanspruch vom Insolvenzverwalter erwirbt und sich abtreten lässt,[465] den Anspruch dann aber gegenüber dem Finanzamt nicht geltend macht. Der Insolvenzverwalter kann über den Anfechtungsanspruch frei verfügen, ihn auch erlassen.[466] Der Insolvenzverwalter kann auf diese Weise die Masse anreichern, ohne dass der Fiskus noch gemäß §§ 144 Abs. 1, 174 ff. InsO den Steueranspruch zur Insolvenztabelle anmelden kann.[467] Dieser Weg ist aus Sicht des Selbstanzeigers und des Dritten nicht sonderlich attraktiv, weil sie wirtschaftlich gesehen doppelt zahlen würden, nämlich an das Finanzamt und dann noch einmal an den Insolvenzverwalter.

Im *Beispielsfall 1* kann der S aus seinem pfändungsfreien Arbeitseinkommen auf die strafbefangene Steuerschuld insolvenzfest zahlen. Auch ist es insofern möglich, dass der AG insolvenzfest das unpfändbare Gehalt für November 02 unter Angabe der Steuernummer des AN und des Verwendungszwecks „Nachzahlung Einkommensteuer 01 zzgl. Zinsen" unmittelbar an das Finanzamt zahlt. Die unpfändbaren Mittel aus dem Arbeitseinkommen reichen jedoch für die gebotene vollständige Steuernachzahlung zzgl. Zinsen nicht aus.

O kann aus seinem Vermögen die Steuernachzahlung leisten und so die Voraussetzungen der Selbstanzeige vervollständigen. Allerdings darf er vorher keinen Darlehensvertrag o.ä. mit dem AN schließen. Wenn er das beachtet, handelt sich dann um einen – insolvenzfesten – Fall der Anweisung auf Kredit. Einen Rückgriffsanspruch gegen den AN hat O nach den §§ 677 ff. BGB (Geschäftsführung ohne Auftrag). Kommt es zur Eröffnung des Insolvenzverfahrens kann er diesen Anspruch nur zur Insolvenztabelle anmelden.

Ein mit O geschlossener Darlehensvertrag mit der Zweckbindung, den Darlehensbetrag an das Finanzamt zu zahlen, ist keine Lösung. Denn der Darlehensauszahlungsanspruch würde zum Vermögen des AG gehören, die Auszahlung

464 Vgl. BGH, Urteil vom 07. Juni 2001 – IX ZR 195/00 –, NJW-RR 2001, 1490 (1491); *a.A. Wollmann*, ZInsO 2011, 1521 (1526), der aber wohl die vorzitierte Rechtsprechung missversteht.

465 *ders.*, ZInsO 2011, 1521 (1526).

466 Uhlenbruck/*Ede/Hirte*, § 143 InsO Rn. 88.

467 Vgl. auch *Wollmann*, ZInsO 2011, 1521 (1526).

unmittelbar an das Finanzamt würde diesen Anspruch zum Erlöschen bringen (§ 362 BGB) und damit die Insolvenzmasse verkürzen. Genau so wenig zielführend wäre es, wenn O sich unentgeltlich gegenüber dem AG verpflichtet, ihn von der Steuerverbindlichkeit zu befreien. Mit Eröffnung des Insolvenzverfahrens würde sich der Befreiungsanspruch in einen Zahlungsanspruch umwandeln, der in die Insolvenzmasse fällt.

IV. Anfechtung der nach § 398a AO gebotenen Zahlungen und Folgen für die Strafverfolgung

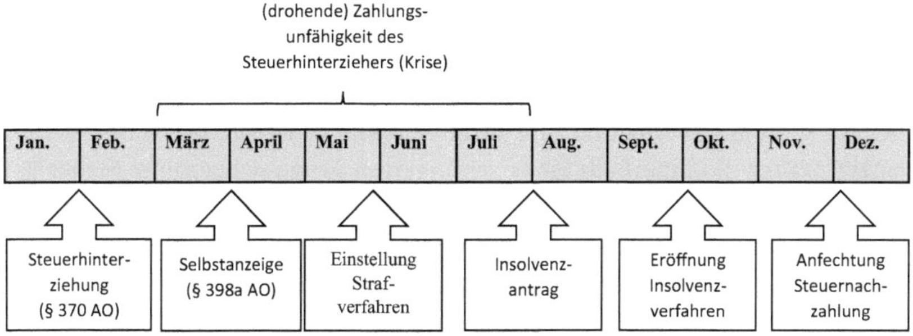

Abb. 4: Insolvenzanfechtung nach Selbstanzeige (§ 398a AO)

Zeigt sich ein insolvenzreifer Steuerhinterzieher in der Krise selbst an und nimmt er auch die nach § 398a AO gebotenen Zahlungen – verzinste Steuer- und Zuschlagszahlung – vor (vgl. Abb. 4), stellt sich nach Eröffnung des Insolvenzverfahrens die Frage, ob die Zahlungen anfechtbar sind (dazu nachfolgend unter IV. 1. bis 3.) und – bejahendenfalls – welche Auswirkungen eine erfolgreiche Anfechtung auf die Strafverfolgung (dazu nachfolgend unter IV. 4.) hat. Ein anfechtungsbedingtes Scheitern der Selbstanzeige zieht wiederum Strafzumessungs- (dazu nachfolgend unter V.) und Strafvollstreckungsfragen (nachfolgend unter VI.) nach sich.

1. Anfechtbarkeit der verzinsten Steuernachzahlung

§ 398a Abs. 1 Nr. 1 AO ist identisch mit § 371 AO. Dementsprechend unterliegt die Steuer- und Zinsentrichtung bei § 398a Abs. 1 Nr. 1 AO wie bei § 371 Abs. 3 AO grundsätzlich der Insolvenzanfechtung.[468] Auf die entsprechenden

468 Vgl. *Lorenz/Roth*, PStR 2011, 129 (132), die eine gleiche Behandlung von § 398a Abs. 1 Nr. 1 AO und § 371 Abs. 3 AO als selbstverständlich unterstellen.

Ausführungen zu § 371 Abs. 3 AO wird zur Begründung sinngemäß verwiesen.[469] Die verzinste Steuernachzahlung ist Voraussetzung für die Entstehung eines Strafverfolgungshindernisses nach § 398a AO. Ebenso wenig wie die strafrechtliche Funktion der Steuernachzahlung gemäß § 371 Abs. 3 AO kann diese strafverfahrensrechtliche Funktion der Anfechtbarkeit entgegenstehen.

Auch bei der Steuernachzahlung nach § 398a Abs. 1 Nr. 1 AO ist das Anfechtungsrisiko erhöht. Insbesondere sieht auch diese Norm vor, dass dem Selbstanzeiger eine angemessene Frist zur verzinsten Steuernachentrichtung zu bestimmen ist. Seine wirtschaftlichen und persönlichen Verhältnisse sollen auch hier Berücksichtigung finden, damit er sich die notwendige Liquidität für die hinterzogenen Steuern, die Zinsen (und den Zuschlag) beschaffen kann.[470] Der Steuerhinterzieher hat auch hier einen Rechtsanspruch auf eine angemessene Fristsetzung, und zwar selbst bei Insolvenz.[471] Dieser Rechtsanspruch steht auch hier im Spannungsverhältnis zum Insolvenzrecht mit der Folge, dass der Insolvenzverwalter die innerhalb einer verlängerten Frist nachgezahlte Steuer ggfs. anfechten kann.

2. *Anfechtbarkeit der Zuschlagszahlung*

Die Besonderheit des § 398a AO besteht in der zusätzlichen Zuschlagszahlungspflicht des Abs. 1 Nr. 2 AO.

a. *Massefreundliche Rechtsprechung zu Sanktionszahlungen*

Der BGH hat sich mit der Anfechtbarkeit der Zuschlagszahlung nicht explizit befasst. Es gibt jedoch Entscheidungen, in denen der IX. Zivilsenats die Anfechtbarkeit von Sanktions- bzw. sanktionsähnlichen Zahlungen, nämlich von Geldstrafenzahlungen und auch Geldauflagenzahlungen nach § 153a StPO bejaht. Darin liegt ein deutlicher Hinweis darauf, dass er auch die grundsätzliche Anfechtbarkeit der Zuschlagszahlung bejahen würde. Denn anders als die Steuernachentrichtung hat auch der Zuschlag Sanktionscharakter.[472]

Der IX. Zivilsenat hat sich zunächst in der Entscheidung vom 05. Juni 2008[473] mit der Geldauflagenzahlung und u.a. auch mit ihrer Anfechtbarkeit befasst.

---

469 Siehe unter zweiter Teil B. III. 1.

470 BT-Drucks. 18/3439, S. 6.

471 Kohlmann/*Schauf*, November 2016, § 398a AO Rn. 31 unter Verweis auf die entsprechenden bei § 371 Abs. 3 AO geltenden Grundsätze.

472 Siehe erster Teil B. II. 4.

473 BGH, Urteil vom 05. Juni 2008 – IX ZR 17/07 –, ZIP 2008, 1291 (1293) Rn. 18-21.

Er stuft sie als sanktionsähnlich ein. Deshalb gelte für die Einstellungsauflage und ihre anfechtungsrechtliche Rückgewähr die gleiche Wertung, die auch § 39 Abs. 1 Nr. 3 InsO zugrunde liege: Die Folgen strafbarer Handlungen des Schuldners sollten nicht den Insolvenzgläubigern aufgebürdet werden. Wenn deshalb Geldstrafen, Geldbußen, Ordnungsgelder und ähnliche Sanktionen in der Insolvenz des Schuldners nur nachrangige Insolvenzverbindlichkeiten seien, so wäre es widersprüchlich, zur Einstellung eines Strafverfahrens gezahlte Geldauflagen zum Nachteil der Masse vor einer anfechtungsrechtlichen Rückforderung besonders zu schützen.

Später hatte der IX. Zivilsenat des BGH über die Anfechtbarkeit von Geldstrafenzahlungen zu entscheiden. Nach seiner Auffassung[474] unterliegt auch die Bezahlung einer Geldstrafe der Insolvenzanfechtung, sofern deren tatbestandliche Voraussetzungen erfüllt sind. Der Strafcharakter rechtfertige insofern keine Sonderbehandlung. Er weist darauf hin, dass es sich bei der Geldstrafe – sogar ausdrücklich – um eine nachrangig zu befriedigende Insolvenzforderung i.S.d. § 39 Abs. 1 Nr. 3 InsO handele. Auch für Geldstrafen gelte daher, dass die Folgen der strafbaren Handlung des Schuldners diesen persönlich treffen und nicht den übrigen Insolvenzgläubigern aufgebürdet werden sollen. Um das zu erreichen, habe die Vorgängervorschrift des § 63 Nr. 3 KO sogar bestimmt, dass Geldstrafen und andere Sanktionen im Konkursverfahren gar nicht geltend gemacht werden konnten. Als nachrangige Insolvenzforderungen müssten Geldstrafen im Insolvenzverfahren regelmäßig nicht angemeldet werden (§ 174 Abs. 3 Satz 1 InsO). Bei der Verteilung würden sie nur bedient, wenn alle vorrangigen Insolvenzforderungen befriedigt seien. Wegen des Strafcharakters könne die Haftung des Schuldners für eine Geldstrafe allerdings weder in einem Insolvenzplan ausgeschlossen oder eingeschränkt werden (§ 225 Abs. 3 InsO) noch werde sie von der Erteilung der Restschuldbefreiung berührt (§ 302 Nr. 2 InsO). Dem liege zugrunde, dass eine Geldstrafe nicht der Disposition der Gläubiger unterliege und der Schuldner sich durch das Insolvenzverfahren der Strafe nicht entziehen können solle. Geldstrafen seien sonach in das Insolvenzverfahren einbezogen. Für sie würden die allgemeinen Regelungen der Insolvenzordnung gelten, soweit keine Sondervorschriften bestünden. Die Normen über die Insolvenzanfechtung (§§ 129 ff. InsO) enthielten keine Sonderregelung. Sie seien daher auf Geldstrafen grundsätzlich anwendbar. Anfechtbar erlangte Zahlungen seien von der Justizkasse zur Insolvenzmasse zurückzugewähren (§ 143 Abs. 1 Satz 1 InsO).

474 BGH, Urteil vom 14.10.2010 – IX ZR 16/10 –, ZIP 2010, 2358, Rn. 6 f.; bestätigt in BGH, Urteil vom 10.07.2014 – IX ZR 280/13 –, ZIP 2014, 1887 (1888) Rn. 10.

b. Schrifttum

Konkret auf die Zuschlagszahlung bezogen wird die Anwendbarkeit der §§ 129 ff. InsO in der Literatur[475] nicht in Zweifel gezogen, freilich ohne dies näher zu begründen. Bezogen auf die Insolvenzanfechtung von Sanktionszahlungen, Geldstrafen und Geldauflagen, gibt es zwar eine rege und kontroverse Diskussion im Schrifttum. Allerdings sind nur die Folgen einer erfolgreichen Anfechtung umstritten, die grundsätzliche Anfechtbarkeit von Sanktionszahlungen wird dagegen einhellig bejaht.[476]

c. Stellungnahme

aa. Kein Anfechtungsausschluss wegen sanktionsähnlichen Charakters

Die Geldstrafe ist ein vermögensrechtlicher Anspruch mit personalem Sanktionscharakter.[477] Der Fiskus hat hingegen auf die Zahlung des Zuschlags keinen Anspruch. Es handelt sich gleichsam um eine strafverfahrensrechtliche Obliegenheit mit sanktionsähnlichem[478] Charakter. Diese Doppelnatur des Zuschlags ist der Ausgangspunkt für die weiteren Überlegungen:

Bei der Erfüllung der Zuschlagsobliegenheit tritt eine Änderung der vermögensrechtlichen Zuordnung des Zuschlagsbetrags zu Lasten des Schuldnervermögens ein. Die Bestimmung des Schuldnervermögens und – als Insolvenzmasse – seine spätere gleichmäßige Verteilung an die Gläubiger ist Aufgabe bzw. Zweck des Insolvenzverfahrens. Das Rechtsinstitut der Insolvenzanfechtung dient dazu, die zu verteilende Soll-Insolvenzmasse wiederherzustellen. Jede vermögensrechtliche Veränderung im Schuldnervermögen, also auch die Zuschlagszahlung des Schuldners, verändert den Umfang der verteilungsfähigen Insolvenzmasse und berührt damit auch Aufgabe und Zweck des Insolvenzverfahrens. Aus rein insolvenzrechtlicher Sicht ist die Zuschlagszahlung dem Insolvenzrecht und damit grundsätzlich auch den §§ 129 ff. InsO zu unterwerfen. Insofern ist die Zuschlagszahlung mit anderen Obliegenheitszahlungen, auch mit der Geldauflage nach § 153a StPO vergleichbar.

---

475 *Lorenz/Roth*, PStR 2011, 129 (133); *Wollmann*, ZInsO 2011, 1521 (1524 f.).

476 *Bittmann*, wistra 2009, 15 *Cranshaw*, Erneute Vollstreckung einer Geldstrafe nach Anfechtung ihrer Zahlung durch den Insolvenzverwalter, D (geprüft am 10.08.2018); *Drees*, NStZ 2009, 522 (523) (zu § 153a StPO); *Kemperdick*, ZInsO 2010, 1307; *Pfordte*, StV 2010, 591 (592, 595); *Rinjes*, wistra 2008, 336 (§§ 337 ff.).

477 *Pfordte*, StV 2010, 591 (595).

478 Siehe unter erster Teil B. II. 4.

Der Sanktionscharakter des Zuschlags rechtfertigt keine andere Beurteilung:

- Motiv oder Zweck gläubigerbenachteiligender Rechtshandlungen sind irrelevant. So sind unter Vollstreckungsdruck geleistete Zahlungen auf zivilrechtliche oder öffentlich-rechtliche Forderungen auch grundsätzlich anfechtbar.[479] Würde man unter Strafdruck geleistete Zuschlagszahlungen von der Anfechtung ausnehmen, liefe das auf die Wiedereinführung eines Fiskusprivilegs durch die Hintertür hinaus.
- Der Rechtsgedanke des § 39 Abs. 1 Nr. 3 InsO besteht darin, dass Geldstrafen oder gleichgestellte Zahlungen nicht der Gesamtheit der nicht nachrangigen Gläubiger in Form einer geringeren Quote aufgebürdet werden dürfen.[480] Genau das würde jedoch eintreten, wenn man Sanktionszahlungen aus dem Anwendungsbereich der §§ 129 ff. InsO herausnähme. Die abgeflossene Liquidität wäre für die Insolvenzmasse dann endgültig mit quotenmindernder Wirkung verloren. Dieser Rechtsgedanke ist auch auf den Zuschlag anwendbar, auch wenn er nicht ausdrücklich in § 39 Abs. 1 Nr. 3 InsO aufgezählt wird. Es kommt auf den pönalen Charakter an[481], der bei dem Zuschlag als (strafähnlicher) Sanktion vorhanden ist.
- Man mag noch in Erwägung ziehen, ob ein Vorrang des Zuschlags besteht, der das Recht zur späteren Insolvenzanfechtung ausschließen würde. Die Normenhierarchie gibt einen solchen Vorrang des Steuerstrafverfahrens- oder des Insolvenzrechts nicht vor. Die Insolvenzordnung und § 398a AO stehen auf derselben – einfachgesetzlichen – Stufe.[482]

Wie erwähnt, hat der 5. Strafsenat des BGH[483] aus der Strafbewehrung einer anderen Zahlungspflicht (§ 266a StGB) einen Vorrang vor einer anderen einfachgesetzlichen, dem Ziel der Gläubigergleichbehandlung dienenden[484] Norm,

---

479 BGH, Urteil vom 17. Juni 2010 – IX ZR 134/09 –, ZInsO 2010, 1324 (1325).

480 BVerfG, Nichtannahmebeschluss vom 24. August 2006 – 2 BvR 1552/06 –, NJW 2006, 3626 (3627); BGH, Urteil vom 05. Juni 2008 – IX ZR 17/07 –, ZIP 2008, 1291 (1293) Rn. 21.

481 Vgl. BGH, Urteil vom 05. Juni 2008 – IX ZR 17/07 –, ZIP 2008, 1291 (1293) Rn. 21 zu der ebenfalls nicht in § 39 Abs. 1 Nr. 3 InsO aufgezählten Geldauflagenzahlung nach § 153a StPO.

482 § 251 Abs. 2 AO regelt lediglich das Verhältnis zwischen (formellem) Steuerrecht und Insolvenzrecht.

483 BGH, Urteil vom 09.08.2005 – 5 StR 67/05 –, ZIP 2005, 1678 (1679); näheres unter zweiter Teil B. III. 1. c. aa. (1).

484 Nach der Rspr. handelt es sich deswegen bei § 64 GmbHG um eine insolvenzrechtliche Norm, BGH, EuGH-Vorlage vom 02. Dezember 2014 – II ZR 119/14 –, GmbHR 2015,

§ 64 GmbHG, hergeleitet. Insofern lohnt auch ein Blick darauf, ob die Übertragung dieser Rechtsprechungsgrundsätze auf das Verhältnis zwischen dem sanktionsähnlichen Zuschlag und der Insolvenzanfechtung, die auch der Gläubigergleichbehandlung dient, möglich ist.

Wie erwähnt, bestreitet ein Teil des Schrifttums mit guten Gründen schon die Annahme des 5. Strafsenats, dass sich aus der Strafbewehrung einer Handlungspflicht im Kollisionsfall deren Vorrangigkeit herleiten lässt.[485] Unabhängig davon ist es auch nicht strafbewehrt, den Zuschlag nicht zu zahlen. Strafbewehrt ist die Steuerhinterziehung (§ 370 AO). Die Zuschlagszahlung ist im Zusammenhang mit der Selbstanzeige objektive Bedingung des angestrebten Strafverfolgungshindernisses aus § 398a AO. Strafverfahrensrechtlich gesehen ist sie damit die Erfüllung einer Obliegenheit. Der Gedanke eines Vorrangs kraft Strafbewehrung, der das Recht zur späteren Insolvenzanfechtung ausschließen würde, kann daher nicht verfangen.

bb. Kein Anfechtungsausschluss wegen drohenden Zuschlagverfalls (§ 398a Abs. 4 AO)

Liegen die Voraussetzungen der §§ 129 ff. InsO vor, muss der Anfechtungsgegner gemäß § 143 Abs. 1 S. 1 InsO die aus dem Vermögen des Schuldners erhaltene Zahlung zurückgewähren. Andererseits schließt § 398a Abs. 4 S. 1 AO Erstattungen des Zuschlags aus, wenn die Rechtsfolge des § 398a Abs. 1 AO – Absehen von der Strafverfolgung – nicht einträte, die Zuschlagszahlung also wirkungslos bliebe.[486] Der gezahlte Zuschlag würde „verfallen".

Nähme die Finanzbehörde das Strafverfahren nach Zuschlagsanfechtung wieder auf, scheint ein Paradoxon zu drohen: Die anfechtungsbedingte Rückgewähr der Zuschlagszahlung hätte die Wiederaufnahme ausgelöst, welche dann wiederum den Verfall[487] auslösen würde. Den Verfall hätte die Behörde zu diesem Zeitpunkt bereits missachtet.

Der Widerspruch besteht bei genauem Hinsehen jedoch nicht. Der Rückgewährsanspruch nach den §§ 129 ff. InsO ist ein eigenständiger Anspruch. Er

---

79 f. Rn 8; BGH, Urteil vom 15. März 2016 – II ZR 119/14 –, ZIP 2016, 821 (822); Lutter/Hommelhoff, GmbH-Gesetz/*Kleindiek*, § 64 GmbHG Rn. 5 mit Einzelnachweisen zum Meinungsstand.

485 Siehe z.B. Fischer/*Fischer*, § 266a StGB Rn. 16; näheres unter zweiter Teil B. III. 1. c. aa. (1).

486 Die Wiederaufnahme des Strafverfahrens bei einer Zuschlagsanfechtung soll hier zu Argumentationszwecken unterstellt werden.

487 Vgl. zur Einordnung als Verfallsregelung *Roth*, wistra 2015, 295 f.

verdrängt in seinem Anwendungsbereich die allgemeineren Regeln der zugrunde liegenden Rechtsverhältnisse und eröffnet dem Insolvenzverwalter eine Rückforderungsmöglichkeit, die nach dem außerhalb der Insolvenz geltenden Recht dem Verfügenden selbst verwehrt ist.[488] Der systematische Vergleich mit § 153a Abs. 1 S. 6 StPO ist hier ebenfalls hilfreich: Nach § 153a Abs. 1 S. 6 StPO werden Teilleistungen auf eine Geldauflage – ähnlich wie bei § 398a Abs. 4 AO – nicht erstattet. Ungeachtet dieses Verfalls ist die Insolvenzanfechtung der Teilleistungen auf Geldauflagen zulässig.[489] § 398a AO ist, wie schon erwähnt, dem §153a StPO nachempfunden. Deshalb ist es folgerichtig, die Insolvenzanfechtung von Zuschlagszahlungen ungeachtet des in § 398a Abs. 4 AO angeordneten Verfalls grundsätzlich zuzulassen. Im Ergebnis ist die Insolvenzanfechtung *nicht* wegen § 398a Abs. 4 AO ausgeschlossen.

cc. Verstoß gegen das Übermaßverbot wegen drohender Ersatzfreiheitsstrafe?

Dass Zahlungsunfähige von Ersatzfreiheitsstrafe bedroht sind, ist kein spezifisches Szenario der Selbstanzeige nach § 398a AO. Ersatzfreiheitsstrafen kommen immer dann vor, wenn Verurteilte Geldstrafen nicht bezahlen können. Ein spezifischer Bezug zur Selbstanzeige nach § 398a AO besteht nur dann, falls die Insolvenzanfechtung – deren Zulässigkeit unterstellt – überhaupt zur Folge hätte, dass das Strafvollstreckungshindernis vereitelt und die Vollstreckung fortgesetzt würde (siehe dazu unter IV. 4.). Selbst wenn das der Fall ist, kann nicht die Konsequenz sein, wegen der in einigen Fällen drohenden Ersatzfreiheitsstrafen die Insolvenzanfechtung von selbstanzeigebedingten Zuschlags- oder Steuernachzahlungen generell für unzulässig zu erklären. Dies würde im Ergebnis auf ein Fiskusprivileg für strafbefangene Steueransprüche hinauslaufen und damit den Gläubigergleichbehandlungsgrundsatz durchbrechen. Der richtige Weg ist, unter Wahrung der par conditio creditorum ggfs. im Rahmen der Strafzumessung (siehe dazu unter V.) oder im Strafvollstreckungsverfahren verhältnismäßige Lösungen zu finden (siehe dazu unter VI.).

3. *Zuschlag und Anfechtungstatbestände*

Zuschlagszahlungen können nicht nach den Tatbeständen der Deckungsanfechtung, §§ 130, 131 InsO, angefochten werden. Beide Tatbestände setzen voraus, dass der Anfechtungsgegner ein Insolvenzgläubiger ist. Der Fiskus hat jedoch

488 BGH, Beschluss vom 24. März 2011 – IX ZB 36/09 –, ZIP 2011, 683 (684) Rn. 6.
489 BGH, Urteil vom 05. Juni 2008 – IX ZR 17/07 –, ZIP 2008, 1291 (1293) Rn. 20.

keinen Anspruch auf die Zuschlagszahlung und ist demzufolge kein Insolvenzgläubiger.[490]

Häufig dürften bei Zuschlagszahlungen eines insolventen Selbstanzeigers die Voraussetzungen der Vorsatzanfechtung vorliegen. Anders als die Deckungsanfechtung setzt § 133 Abs. 1 InsO nicht voraus, dass der Anfechtungsgegner Insolvenzgläubiger ist. Die Zuschlagszahlung ist anfechtbar, wenn der insolvenzreife Steuerhinterzieher sie in den letzten zehn Jahren vor dem Insolvenzantrag oder nach diesem Antrag mit dem Vorsatz vorgenommen hat, seine Gläubiger zu benachteiligen. Außerdem muss das FA als Anfechtungsgegner zur Zeit der Zuschlagszahlung diesen Vorsatz des Schuldners gekannt haben. Die Anfechtungsfrist beträgt zehn Jahre, weil der Zuschlag als nicht geschuldete Zahlung dem Anfechtungsgegner keine Sicherung oder Befriedigung gewährt oder ermöglicht (arg. ex § 133 Abs. 2 InsO n.F.).

Der Gläubigerbenachteiligungsvorsatz des Schuldners ist regelmäßig zu bejahen, wenn er seine Zahlungsunfähigkeit kennt.[491] Auch wenn es sich um eine einzelfallbezogene Prüfung handelt, dürfte gerade einem Selbstanzeiger, der seine liquiden Mittel für den Zuschlag und ggfs. auch für die Steuernachentrichtung und Zinsen „zusammenkratzen" muss, bei dieser Gelegenheit häufig bewusst werden, dass die eigene Liquidität nicht für alle Gläubiger reicht und er insofern den Fiskus bevorzugt.

Die Kenntnis der Finanzbehörde vom Gläubigerbenachteiligungsvorsatz des Selbstanzeigers wird vermutet, wenn sie wusste, dass dessen Zahlungsunfähigkeit drohte oder dass die Zuschlagszahlung dessen Gläubiger benachteiligt. Nach ständiger Rechtsprechung[492] ist die Kenntnis des Anfechtungsgegners dann anzunehmen, wenn er Umstände kennt, die zwingend auf eine Zahlungsunfähigkeit hindeuten. Häufig hat die Finanzbehörde Kenntnisse über Liquiditätsprobleme und über Umstände, die auf Liquiditätsprobleme schließen lassen (Beispiele: Schleppende Zahlungen oder Rücklastschriften in der jüngeren Vergangenheit, rückständige anwachsende Betriebssteuern, Bilanzen, Feststellungen von Betriebsprüfungen, ggf. betriebswirtschaftliche Auswertungen). Außerdem muss der Fiskus als institutioneller Gläubiger jedenfalls bei unternehmerisch

490 Vgl. GJW/*Rolletschke*, § 398a AO Rn. 23.

491 BGH, Urteil vom 13. April 2006 – IX ZR 158/05 –, BGHZ 167, 190 (194 f.) Rn 14.

492 Freilich unter Anwendung der Vermutungsregel des § 133 Abs. 1 S. 2 InsO BGH, Urteil vom 01. Juli 2010 – IX ZR 70/08 –, ZInsO 2010, 1598 (1599) Rn. 9 mwN aus der Rechtsprechung.

tätigen Schuldnern immer damit rechnen, dass weitere Gläubiger vorhanden sind.[493]

In Betracht kommt auch eine Schenkungsanfechtung gemäß § 134 InsO. Eine Leistung ist dann als unentgeltlich im Sinne des § 134 InsO anzusehen, wenn ihr nach dem Inhalt des Rechtsgeschäfts keine Leistung des Empfängers gegenübersteht, die dem aufgegebenen Vermögenswert entspricht.[494] Maßgeblich ist grundsätzlich der objektive Vergleich der ausgetauschten Werte.[495] Entgeltlichkeit ist dementsprechend anzunehmen, wenn Leistung und Gegenleistung in einem *ausgewogenen Verhältnis* stehen.[496] Diese auf Austauschverträge zugeschnittene Formel hat der BGH[497] fortentwickelt. Demnach reicht für die Entgeltlichkeit auch eine nicht geschuldete Leistung aus, wenn sie die aufschiebende Rechtsbedingung – gewissermaßen die ausgewogene „Gegenleistung" – für die Einstellung eines Strafverfahrens ist.

Es sind Zweifel daran angebracht, ob nach diesen Grundsätzen Zuschlagszahlungen („Gegenleistungen") stets in einem ausgewogenen Verhältnis zu Verfahrenseinstellungen nach § 398a AO („Leistungen") stehen:

Die Einstellung des Verfahrens nach § 398a AO ist nicht das Ergebnis eines gegenseitigen Nachgebens wie beim Vergleich, sondern eine gebundene Entscheidung. Die gesetzliche Höhe des Zuschlags ist starr und unveränderlich. In einem Strafurteil können sich u.U. im Einzelfall Strafmilderungsgründe (z.B. ein geringer Strafzumessungsschaden) zu Gunsten des Hinterziehers auswirken,[498] bei der Bestimmung der Zuschlagshöhe nicht. Das heißt: Im Einzelfall kann bei einer hypothetischen Schuldbeurteilung die ohne Selbstanzeige zu erwartende (Geld-) Strafe niedriger als der nach § 398a Abs. 1 Nr. 2 AO zu zahlende Zuschlag ausfallen. Dieser Zuschlagsmehrbetrag würde die Zuschlagszahlung – gemessen

---

493 HambKomm/*Rogge/Leptien*, § 133 InsO Rn. 29 mwN.

494 BGH, Urteil vom 29. November 1990 – IX ZR 29/90 –, BGHZ 113, 98 (101); BGH, Urteil vom 04. März 1999 – IX ZR 63/98 –, BGHZ 141, 96 (99 f); BGH, Urteil vom 06. Mai 2008 – VI ZR 200/05 –, 176, 276 (279) (stRspr.).

495 BGH, Urteil vom 29. November 1990 – IX ZR 29/90 –, BGHZ 113, 98 (102).

496 Wegen der auch objektiven Unsicherheiten bei der Bewertung der ausgetauschten Werte steht den Beteiligten ein angemessener Bewertungsspielraum zu, BGH, Urteil vom 02. April 1998 – IX ZR 232/96 –, ZIP 1998, 830 (836).

497 BGH, Urteil vom 05. Juni 2008 – IX ZR 17/07 -, ZIP 2008, 1291 (1292) Rn. 13, 15.

498 Deshalb sehen einige Steuerhinterzieher in der Praxis von der Selbstanzeige ab und wählen die „Flucht ins Strafverfahren", Kohlmann/*Schauf*, November 2016, § 398a AO Rn. 5; *Herrmann*, PStR 2014, 199 (200); *Schwarz*, PStR 2015, 37 (45); *Buse*, DB 2015, 89 (93).

an der ohne Selbstanzeige zu erwartenden Geldstrafe – teilweise unentgeltlich i.S.d. § 134 InsO machen.

Das Strafgericht darf das Strafmaß nicht tarifmäßig bestimmen.[499] Nicht nur, aber auch deshalb ist das Ergebnis eines Strafprozesses nicht genau kalkulierbar. Es bleibt eine Bandbreite an möglichen Strafmaßen. Eine solch vage hypothetische Schuldbeurteilung lässt sich daher nur mit Vorsicht als Vergleichsparameter zum präzise bestimmbaren Strafzuschlag heranziehen. Die Zuschlagszahlung wird man nur dann als teilweise unentgeltlich ansehen können, wenn ohne Selbstanzeige die Geldstrafe vorhersehbar deutlich niedriger als der Zuschlag ausfallen würde. Das ist z.B. bei Steuerhinterziehungen auf Zeit vorstellbar, bei denen der Strafzumessungsschaden weit geringer als der hinterzogene Nominalbetrag ist.[500]

Ohne weiteres kann man eine Ausgewogenheit nicht mit dem Hinweis darauf unterstellen, dass der Steuerhinterzieher bei einem „zu hohen" Zuschlag in das Strafverfahren geflüchtet wäre. Denn er mag aus Motiven die „vernünftige" Flucht in das Strafverfahren meiden, die sich einer objektiven Bewertung gänzlich entziehen. Beispielsweise kann er die Prangerwirkung eines öffentlichen Strafverfahrens fürchten und zu dessen Vermeidung einen – gemessen an der Geldstrafe – „teureren" Zuschlag in Kauf nehmen. Vielleicht spielt auch der befürchtete Ansehensverlust bei einer Verurteilung oder mittelbare Auswirkungen (Eintrag im Führungszeugnis, berufliche Konsequenzen) die entscheidende Rolle. Wegen der Abhängigkeit vom Wohlwollen anderer ist das Strafverfahren für den Steuerhinterzieher zu einem Teil unkalkulierbar; § 398a AO bietet dagegen einen berechenbaren Rechtsanspruch auf Verfahrenseinstellung.[501]

Fazit: Im Einzelfall kann eine Zuschlagszahlung teilweise unentgeltlich und damit auch anfechtbar nach § 134 InsO sein. Entscheidungserheblich ist dabei, ob der Zuschlag evident und signifikant über einer im Strafverfahren zu erwartenden finanziellen Sanktionierung liegt.

4. *Folgen einer erfolgreichen Anfechtung für die Strafverfolgung*

Erfüllt der Selbstanzeiger die Voraussetzungen des § 398a AO, ist das Strafverfahren zwingend einzustellen (gebundene Entscheidung).[502] Nach der h.M. in

---

499 Zu unzulässigen sog. Strafmaßtabellen vgl. Kohlmann/*Ransiek*, Mai 2018, § 370 AO Rn. 1075.

500 Vgl. Klein (13. Aufl.)/*Jäger*, § 398a AO Rn. 29.

501 Rolletschke/Kemper, Steuerstrafrecht/*Rolletschke*, Oktober 2017, § 398a AO Rn. 188.

502 Rolletschke/Kemper, Steuerstrafrecht/*ders.*, Oktober 2017, § 398a AO Rn. 188; Kohlmann/*Schauf*, November 2016, § 398a AO Rn. 32.

der Literatur[503] erfolgt die Einstellung unmittelbar nach § 398a AO, weil es sich um eine selbständige Einstellungsvorschrift handelt.

a. *Meinungsstand zu den Folgen einer erfolgreichen Anfechtung auf ein eingestelltes Strafverfahren*

Mit den Auswirkungen einer erfolgreichen Anfechtung der Steuer-, Zins und/oder Zuschlagszahlung auf ein schon nach § 398a AO eingestelltes Strafverfahren haben sich bislang nur wenige Autoren konkret beschäftigt. Rechtsprechung zu dieser Frage gibt es – soweit ersichtlich – bislang nicht. Soweit das Schrifttum sich mit der Fragestellung befasst, bezieht es sich dabei zum Teil noch auf § 398a AO 2011.

Unter Hinweis darauf, dass der fiskalische Zweck des § 398a AO 2011 bei einer Insolvenzanfechtung ebenso wie bei § 371 AO verfehlt werde, spricht sich *Wollmann*[504] für eine Fortsetzung der Strafverfolgung aus. Der Ausnahmecharakter der §§ 371, 398a AO lege zudem eine enge Auslegung beider Vorschriften nahe. Eine Selbstanzeige nach § 371 AO bewirke eine Verfahrenseinstellung nach § 170 Abs. 2 StPO und damit eine jederzeit mögliche Wiederaufnahme des Ermittlungsverfahrens. Nichts anderes könne für § 398a AO 2011 gelten. Ansonsten stünde der Täter, der in großem Ausmaß hinterziehe, besser als derjenige da, bei dem nur kleinere Taterfolge einträten.

Lorenz/Roth[505] vertreten die Auffassung, die Zuschlagszahlung sei keine Strafe im eigentlichen Sinne. Deshalb führe eine Verfahrenseinstellung nach § 398a AO 2011 nicht zu einem Strafklageverbrauch. Durch die Rückzahlung an die Insolvenzmasse werde das Verfahrenshindernis hinfällig und die Strafverfolgung der Tat wieder möglich. Sowohl *Wollmann* als auch *Lorenz/Roth* lehnen damit übereinstimmend einen Strafklageverbrauch wegen der Einstellung des Strafverfahrens ab.

Rolletschke/Roth haben zu § 398a AO 2015 Stellung genommen. Sie sind mit Blick auf § 398a Abs. 3 AO der Auffassung, dass nach einer Insolvenzanfechtung die Wiederaufnahme des Strafverfahrens zulässig ist. Ein Strafklageverbrauch stehe dem nicht entgegen. Der Umstand, dass § 398a Abs. 3 AO eine Wiederaufnahme ausdrücklich für zulässig erachte, wenn die Finanzbehörde die Unvollständigkeit der Selbstanzeige erkenne, schließe andere Wiederaufnahmegründe

503 Rolletschke/Kemper, Steuerstrafrecht/*Rolletschke*, Oktober 2017, § 398a AO Rn. 189; Kohlmann/*Schauf*, November 2016, § 398a AO Rn. 33 mwN.

504 *Wollmann*, ZInsO 2011, 1521 (1524 f.).

505 *Lorenz/Roth*, PStR 2011, 129 (133).

nicht per se aus. § 398a Abs. 3 AO sei keine abschließende, jegliche sonstige Wiederaufnahmegründe ausschließende Regelung.[506]

b. Meinungsstand zum Strafklageverbrauch durch Verfahrenseinstellung nach § 398a AO im Allgemeinen

aa. § 398a AO 2011 und Strafklageverbrauch

Der ganz überwiegende Teil des Schrifttums[507] hat der Verfahrenseinstellung gemäß § 398a AO 2011 nicht die Wirkung eines Strafklageverbrauchs zugebilligt, insbesondere weil es an einer dem § 153a Abs. 1 S. 5 AO entsprechenden ausdrücklichen Regelung fehle und der Zuschlag keine Strafe im eigentlichen Sinne darstelle.

bb. Strafklageverbrauch nach § 398a Abs. 3 AO 2015

§ 398a Abs. 3 AO 2015 bestimmt seit seinem Inkrafttreten am 01.01.2015, dass eine Wiederaufnahme des Strafverfahrens zulässig ist, wenn die Finanzbehörde erkennt, dass die Angaben im Rahmen einer Selbstanzeige unvollständig oder unrichtig gewesen sind. Damit ist geklärt, dass jedenfalls bei unzulänglichen Materiallieferungen kein Strafklageverbrauch eintritt. Der Fall, dass eine Selbstanzeige aus anderen Gründen – z.B. wegen Insolvenzanfechtung – unwirksam geworden ist, ist indes nicht ausdrücklich geregelt.

Schauf[508] und *Hunsmann*[509] meinen, die Neuregelung des § 398a Abs. 3 AO 2015 lasse den Rückschluss darauf zu, dass eine Verfahrenseinstellung nach § 398a AO 2011 noch zu einem Strafklageverbrauch geführt habe. *Schauf*[510] zieht aus der Neuregelung weiter den Umkehrschluss, dass eine Verfahrenswiederaufnahme mit Ausnahme der beiden genannten Fälle unzulässig sei.

Der gleichen Auffassung sind im Ergebnis auch *Hüls/Reichling*[511], die der Verfahrenseinstellung nach § 398a AO einen beschränkten Strafklageverbrauch

506 *Rolletschke/Roth*, Die Selbstanzeige, 2015, Rn. 572.

507 Klein (12.Aufl.)/*Jäger*, § 398a AO Rn. 38; Kohlmann/*Schauf*, Juli 2012, § 398a AO Rn. 13; *Joecks*, DStR 2014, 2261, 2266; *Beckemper/Schmitz/Wegner u.a.*, wistra 2011, 281 (286); *Hunsmann*, PStR 2011, 288 (290); *Lorenz/Roth*, PStR 2011, 129 (133); siehe auch *Hunsmann*, NJW 2015, 113 (118); *a.A. Stahl*, Selbstanzeige, [3]2011, Rn. 416; *Erb/Schmitt*, PStR 2011, 144.

508 Kohlmann/*Schauf*, November 2016, § 398a AO Rn. 36.

509 *Hunsmann*, NJW 2015, 113 (118).

510 Kohlmann/*Schauf*, November 2016, § 398a AO Rn. 37.

511 HK, Steuerstrafrecht/*Hüls/Reichling*, § 398a AO Rn. 31.

beimessen und andere als die in § 398a Abs. 3 AO ausdrücklich genannten Wiederaufnahmegründe nicht akzeptieren.

Die Insolvenzanfechtung der Zuschlagszahlung wäre, wenn man einen solchen Numerus clausus unterstellt, kein Wiederaufnahmegrund. Die Insolvenzanfechtung beruht nämlich nicht auf unvollständigen oder unrichtigen Angaben, sondern auf den Anfechtungsgründen der §§ 129 ff. InsO.

Nach Auffassung von *Seer*[512] beschränkt § 398a Abs. 3 AO die Wiederaufnahme auf nachträglich erkannte Verstöße gegen das Vollständigkeitsgebot. Im Umkehrschluss enthalte die Norm eine sachlich begrenzte Wiederaufnahmesperre hinsichtlich der negativen Einstellungsvoraussetzungen des § 398a Abs. 1 i.V.m. § 371 Abs. 2 S. 1 Nr. 1, 2 AO. Diese Beschränkung sei inhaltlich sinnvoll. Das Übersehen eines Sperrgrundes i.S. des § 371 Abs. 2 S. 1 Nr. 1, 2 AO beruhe nicht auf einer unvollständigen oder unrichtigen Erklärung des sich selbstanzeigenden Steuerpflichtigen, sondern liege allein in der Sphärenverantwortlichkeit der Strafverfolgungsbehörde. Der Steuerpflichtige, der im Vertrauen auf die Wirksamkeit seiner Selbstanzeige nicht nur die Steuer und Hinterziehungszinsen, sondern überdies auch noch einen fühlbaren Strafzuschlag an die Staatskasse gezahlt habe, sei schutzwürdig.

Nach einer Insolvenzanfechtung käme eine Wiederaufnahme des Strafverfahrens nach dieser Auffassung nur in Betracht, wenn man die Anfechtung der Sphäre des Selbstanzeigers zurechnen könnte.

Kohler[513] und *Joecks*[514] halten die Regelung des § 398a Abs. 3 AO für rein deklaratorisch und an sich für überflüssig. Es fehle nach wie vor an der Anordnung eines Strafklageverbrauchs wie in § 153 Abs. 1 S. 5 StPO.

Ähnlich äußert sich *Roth*[515], nach dessen Ansicht eine Verfahrenswiederaufnahme gemäß § 398a Abs. 3 AO insbesondere auch dann möglich sei, wenn ein weiterer Sperrgrund neben den Sperrgründen aus § 371 Abs. 2 Satz 1 Nr. 3 bzw. 4 AO vorgelegen habe. Der Gesetzgeber habe § 398a Abs. 3 AO nur „vorbeugend" in die AO eingefügt. Schon § 398a AO a.F. habe nach h.L. keinerlei Strafklageverbrauch ausgelöst. An dieser Rechtslage habe der Gesetzgeber nichts ändern wollen. Auch lege § 398a Abs. 3 AO lediglich positiv eine Wiederaufnahme bei

---

512 Tipke/Kruse/*Seer*, Oktober 2016, § 398a AO Rn. 30.

513 MünchKommStGB, Band 7/*Kohler*, § 398a AO Rn. 19.

514 JJR/*Joecks*, § 398a AO Rn. 23.

515 *Roth*, Stbg 2015, 311 (312); siehe auch *Rolletschke/Roth*, Die Selbstanzeige, 2015, Rn. 627; ihm folgend, wenn auch ohne Begründung Klein (13. Aufl.)/*Jäger*, § 398a AO Rn. 65.

unvollständigen/unrichtigen Angaben fest, ohne damit anderweitige Wiederaufnahmen explizit als unzulässig auszuschließen.

Wenn man dieser Auffassung folgt, stünde § 398a Abs. 3 AO einer Wiederaufnahme des Strafverfahrens nach Insolvenzanfechtung nicht entgegen.

c. *Eigener Lösungsansatz*

§ 398a AO ist kein persönlicher Strafaufhebungsgrund, sondern begründet ein prozessuales Strafverfolgungshindernis.[516] Anders als bei § 371 AO geht der staatliche Strafanspruch nicht unter, wenn der Selbstanzeiger die ihm obliegenden Zahlungen leistet. Das materielle Strafrecht liefert damit keinen Grund, von einer Fortsetzung des Strafverfahrens abzusehen. Der staatliche Strafanspruch besteht weiter.

Das Strafverfolgungshindernis des § 398a AO ist von der Einstellung des Strafverfahrens zu unterscheiden.[517] Die Strafverfolgungsbehörde hat zu prüfen, ob die Selbstanzeige nach § 398a AO wirksam war und deshalb ein Strafverfolgungshindernis vorliegt. Bejahendenfalls muss sie zwingend die verfahrensabschließende Entscheidung treffen, das Strafverfahren nach § 398a AO einzustellen.[518] Eine verfahrensabschließende Entscheidung kann u.U. zusätzlich einen Strafklageverbrauch bewirken[519] und damit ein – zusätzliches – Verfahrenshindernis schaffen.

aa. (Fort-) Bestand des Strafverfolgungshindernisses?

Anlass für eine Wiederaufnahme des Strafverfahrens kann ungeachtet der nachgelagerten Frage des Strafklageverbrauchs überhaupt nur dann bestehen, wenn kein Strafverfolgungshindernis existiert, die Selbstanzeige nach § 398a AO also unwirksam ist. Dies ist der Fall, wenn wegen der Insolvenzanfechtung die verzinste Steuer als *nicht entrichtet* und/oder der Zuschlag als *nicht gezahlt* anzusehen sind.

---

516 Tipke/Kruse/*Seer*, Oktober 2016, § 398a AO Rn. 2.

517 Vgl. Rolletschke/Kemper, Steuerstrafrecht/*Rolletschke*, Oktober 2017, § 398a AO Rn. 10.

518 Rolletschke/Kemper, Steuerstrafrecht/*ders.*, Oktober 2017, § 398a AO Rn. 10.

519 Vgl. Meyer-Goßner/Schmitt, StPO/*Schmitt*, Einl. Rn. 145; Beispiele: § 153 Abs. 2, § 153a Abs. 2, § 206a StPO (gerichtliche Entscheidungen); § 153 a Abs. 1 S. 4 StPO (staatsanwaltliche Einstellungsverfügung).

(1) Bei erfolgreich angefochtener Steuer-/Zinszahlung

§ 398a Abs. 1 Nr. 1 AO ist inhaltsgleich mit § 371 Abs. 3 AO. Genauso wie bei jener Vorschrift liegen den Nachentrichtungspflichten entsprechende Ansprüche aus dem Steuerschuldverhältnis zu Grunde. § 398a Abs. 1 Nr. 1 AO ist deshalb nach denselben Grundsätzen wie § 371 Abs. 3 AO auszulegen.[520] Angefochtene Steuer- und Zinszahlungen sind demzufolge nicht entrichtet i.S.d. § 398a Abs. 1 Nr. 1 AO, die Selbstanzeige nach § 398a AO ist unwirksam. Ein Strafverfolgungshindernis liegt im Fall der Insolvenzanfechtung nicht vor.

(2) Bei (nur) erfolgreich angefochtener Zuschlagszahlung

(a) Wortlaut „zahlt"

§ 398a Abs. 1 Nr. 2 AO verwendet einen anderen Begriff als den des Entrichtens und verlangt, dass der Selbstanzeiger den Zuschlag „zahlt". Zahlen bedeutet die Hingabe eines bestimmten Geldbetrags. Eher als beim Entrichtungsbegriff erscheint ein Wortverständnis angezeigt, das auf den Zahlungsvorgang abstellt und diesen auch genügen lässt, ohne ein dauerhaftes und endgültiges Behaltendürfen des Zahlungsempfängers zu fordern. Allerdings erscheint es auch nicht ausgeschlossen, darunter einen endgültigen Vermögensübergang zu verstehen, auch wenn die Wortlautgrenze dadurch gedehnt wird. Da der Grundsatz nulla poena sine lege stricta außerhalb des materiellen Strafrechts nicht gilt[521], wäre eine solch weite Auslegung bis an die Wortlautgrenze und ggfs. auch darüber hinaus nicht ausgeschlossen.

(b) Sanktionszweck des Zuschlags

Der Zuschlag stellt eine Sanktion dar[522], soll also auch repressiv wirken. Es stellt sich die Frage, ob dieser Sanktionszweck bei Anfechtung der Zuschlagszahlung verfehlt wird.

(aa) Parallelproblematik bei angefochtenen Straf- und Auflagenzahlungen

Eine ähnliche Problematik wie bei der Zuschlagsanfechtung besteht bei der Anfechtung einer anderen Sanktionszahlung, nämlich der Geldstrafe. Die Diskussion dreht sich darum, ob trotz Insolvenzanfechtung der Strafzahlung das Vollstreckungshindernis[523] fortbesteht oder ob der Anspruch der Staatskasse

520 HK, Steuerstrafrecht/*Hüls/Reichling*, § 398a AO Rn. 17.

521 Vgl. BVerfG, Beschluss vom 22. März 1983 – 2 BvR 475/78 –, BVerfGE 63, 343 (359); BVerfG, Urteil vom 12. April 2005 – 2 BvR 581/01 –, BVerfGE 112, 304 (315).

522 Siehe erster Teil B. II. 4.

523 Vgl. zum Eintritt eines Vollstreckungshindernis bei Eingang der Strafzahlung, Meyer-Goßner/Schmitt, StPO/*Schmitt*, § 459e StPO Rn. 5.

auf die Geldstrafe wieder auflebt. Die Diskussion um die strafvollstreckungsrechtlichen Folgen der Geldstrafenanfechtung verspricht auch für die hiesige Zuschlagsanfechtung Erkenntnisgewinne. Bei dem dortigen Meinungsstreit werden die folgenden Auffassungen vertreten:

Teile der Rechtsprechung und des Schrifttums plädieren für eine Fortsetzung der Strafvollstreckung:

Der IX. Zivilsenat des BGH[524] hat nicht nur entschieden, dass Geldstrafenzahlungen grundsätzlich der Insolvenzanfechtung unterliegen. Er hat – seine Zuständigkeit dehnend – zudem die Auffassung vertreten, der Verurteilte müsse die Geldstrafe noch einmal zahlen. Die Geldstrafenforderung lebe gemäß § 144 Abs. 1 InsO wieder auf.

Das LG Göttingen[525] hat die Vollstreckung einer Ersatzfreiheitsstrafe nach Anfechtung der Strafzahlung als zulässig angesehen. Das Verbot der Doppelbestrafung stehe dem nicht entgegen. Die Strafe sei durch die erste Zahlung nämlich noch nicht getilgt, sodass nicht zum zweiten Mal vollstreckt werde. Zwar sei es zutreffend, dass es hierbei nicht darauf ankommen könne, ob das Geld beim Land verblieben sei, da Zweck einer Geldstrafe nicht Bereicherung des Landes, sondern Konsumverkürzung beim Verurteilten sei. Zu einem Vermögensabfluss, der zu einer Tilgung der Strafe führe, sei es aber bei dem Verurteilten gerade nicht gekommen. Zudem habe die Geldsumme aufgrund der insolvenzrechtlichen Wertungen schon bei Zahlung den Insolvenzgläubigern und nicht dem Verurteilten zugestanden. Hätte der Verurteilte auf die Zahlung verzichtet, wäre das Geld bei Eröffnung des Insolvenzverfahrens unmittelbar in die Masse gefallen und wäre seinem Zugriff entzogen gewesen. Die Zahlung sei damit normativ mit dem Geld Dritter erfolgt. Auch der Umstand, dass das Geld zwischenzeitlich für eine gewisse Dauer beim Land verblieben sei, könne an dieser Wertung nichts ändern. Andernfalls könnte jeder zahlungsunfähige Verurteilte seine Geldstrafe kurz vor Eröffnung des Insolvenzverfahrens ohne jegliches persönliche Opfer begleichen, da das Geld sowieso im Verfahren seiner Verfügungsgewalt entzogen worden wäre. Die Situation sei mit derjenigen vergleichbar, in der ein Verurteilter die Strafe überweise und kurz darauf die Überweisung wieder storniere. Auch in diesem Fall könne kein Zweifel daran bestehen, dass der Strafanspruch fortbestehe, selbst wenn zwischenzeitlich kurzfristig eine Gutschrift auf dem Landeskonto zu verzeichnen gewesen sein möge.

---

524 BGH, Urteil vom 14. Oktober 2010 – IX ZR 16/10 –, ZIP 2010, 2358, Rn. 7.

525 LG Göttingen, Beschluss vom 19. Januar 2016 – 5 Qs 3/15 –, ZIP 2016, 1742 (1743).

Bittmann[526] plädiert für eine Fortsetzung der Strafvollstreckung mit der Begründung, derjenige Verurteilte, der die Geldstrafe aus seinem pfändungsfreien Vermögen tilge, werde gegenüber einem anderen Verurteilten, welcher sie aus pfändbarem Vermögen aufbringe, benachteiligt. Nur bei ersterem sei die Bestrafungsfunktion erreicht. Würde man der Gegenauffassung folgen, dann müsste der Verteidiger dem Verurteilten nahelegen, vor Eröffnung des Insolvenzverfahrens möglichst die gesamte Strafe zu zahlen, und zwar auch zu Lasten anderer Gläubiger. Selbst die erhöhten Insolvenzforderungen würden ihn nicht drücken, da sich lediglich die Quote verringere. Das träfe nur die Insolvenzgläubiger.

Nach Auffassung von *Kemperdick*[527] hätten der Schuldner und die Staatskasse keinen Anspruch darauf, Geldstrafen zum Nachteil der übrigen Gläubiger aus dem pfändbaren Vermögen zu zahlen. Der Schuldner sei dann auch nicht doppelt bestraft, wenn die Zahlung der Geldstrafe angefochten werde und an die Masse zurückzugewähren sei. Eine gläubigerbenachteiligende Geldstrafenzahlung sei nicht „korrekt". Die Geldstrafe solle dem Beschuldigten einen Konsummittelverlust abverlangen. Ein dauerhafter Entzug von Geldmitteln liege jedoch bei einer späteren Anfechtung nicht vor. Wenn der gezahlte Betrag durch die Anfechtung der Insolvenzmasse zugewiesen werde, habe der Schuldner keinen Konsumverzicht erlitten, vielmehr habe er bestehende Verbindlichkeiten quotal erfüllt. Wenn die erfolgte Anfechtung der Geldstrafenzahlung den Schuldner nicht schlechter stelle, als er stehen würde, wenn er die Geldstrafe nicht gezahlt hätte – dann wäre der Geldbetrag noch im Vermögen des Schuldners und stünde allen Gläubigern zur Verfügung –, seien keine durchgreifenden Gerechtigkeitserwägungen erkennbar, die gegen das Wiederaufleben der Geldstrafenforderung gemäß § 144 InsO sprächen. Das gesetzlich angeordnete Wiederaufleben des Strafanspruchs dürfe nicht unter dem Hinweis auf Folgeprobleme missachtet werden, die zudem durchaus zu bewältigen seien.

Pfordte, *Rinjes* und *Drees* plädieren dagegen für ein fortbestehendes Vollstreckungshindernis:

Pfordte[528] meint, es sei nicht sachgerecht und liefe dem Doppelbestrafungsverbot zuwider, wenn man nach einer Anfechtung dem Verurteilten die Geldstrafe noch einmal auferlegen wollte. Schließlich habe der Verurteilte die gegen ihn verhängte Geldstrafe bereits einmal bezahlt. Durch die Zahlung entstehe

526 *Bittmann*, wistra 2009, 15 (16).

527 *Kemperdick*, ZInsO 2010, 1307 (1308).

528 *Pfordte*, StV 2010, 591 (595).

ex nunc ein Vollstreckungshindernis. Dies müsse auch dann für den Fall gelten, dass eine bereits entrichtete Geldstrafe insolvenzrechtlich zurückgefordert werde. Wegen des Doppelcharakters der Geldstrafe in Insolvenz- und Strafverfahren würden die unterschiedlichen Auswirkungen in beiden Verfahrensarten hinnehmbar erscheinen.

Nach Auffassung von *Rinjes*[529] muss der Strafcharakter der Geldstrafenforderung beachtet werden. Es erscheine ungerecht, den Verurteilten noch einmal mit der Geldstrafe zu überziehen oder gar die Ersatzfreiheitsstrafe zu vollstrecken. Der Wegfall eines einmal eingetretenen Vollstreckungshindernisses zöge eine Reihe von Folgeproblemen nach sich. Wenn das Vollstreckungshindernis trotz der Anfechtung bestehen bleibe, ließen sich Verwerfungen, insbesondere die Frage der Doppelbestrafung vermeiden. Mit dieser Lösung werde zum einen den Gesamtvollstreckungsinteressen im Insolvenzverfahren Rechnung getragen, zum anderen sei das Ziel der Strafvollstreckung mit der Zahlung erreicht. Dies werde auch nicht durch die Anfechtung revidiert. Korrigiert werde lediglich die endgültige vermögensrechtliche Zuordnung des durch die anfechtbare Rechtshandlung Erlangten.

Drees[530] hat zur Parallelproblematik des Strafklageverbrauchs bei angefochtener Geldauflagenzahlung nach § 153a StPO ausgeführt, dass die Zahlungsauflage nicht den Zweck habe, der Staatskasse Geldmittel zukommen zu lassen, sondern dem Beschuldigten eine sanktionsähnliche Anstrengung abzuverlangen, aufgrund derer das verwirklichte Unrecht neutralisiert werde. Lege man diesen Normzweck zu Grunde, komme es weniger auf den Bestand der Bereicherung beim Zahlungsempfänger, sondern auf den Mittelabfluss an, der auch bei anfechtbaren/angefochtenen Zahlungen gegeben sei.

(bb) Maßgeblich: dauerhafter Mittelabfluss beim Schuldner

Die Überlegungen zur Verfehlung des Zwecks der Geldstrafe sind in ähnlicher Form bei der angefochtenen Zuschlagszahlung anzustellen: Bei Sanktionen steht die Sanktionierung und nicht die staatliche Einnahmeerzielung im Vordergrund.[531] Es kommt also allein auf den Mittelabfluss, den persönlichen Konsumverzicht des Delinquenten an. Dies steht auch mit der Funktion des Zuschlags im Einklang, Steuerhinterziehungen unattraktiv, d.h. „teuer", zu machen.[532] Denn

529 *Rinjes*, wistra 2008, 336 (338).

530 *Drees*, NStZ 2009, 522 (523).

531 Vgl. hierzu BVerfG, Nichtannahmebeschluss vom 24. August 2006 – 2 BvR 1552/06 –, NJW 2006, 3626 (3627) [zu einer Kriminalstrafe] und *Wollmann*, ZInsO 2011, 1521 (1524) [zur Geldauflage nach § 153a StPO].

532 Siehe unter erster Teil B. II. 4.

eine solche generalpräventive Wirkung setzt voraus, dass ein Steuerhinterzieher auch einen dauerhaften Mittelabfluss und einen Konsumverzicht befürchten muss, wenn er sich selbst anzeigt. Bei Sanktionen – anders als bei den Steuernachentrichtungspflichten – ist unerheblich, ob der Zahlungsempfänger den Zahlungsbetrag dauerhaft behalten darf. Der Zuschlag dient weder fiskalischen Zwecken noch der Schadenswiedergutmachung.

Unter dem Gesichtspunkt der dinglichen Güterzuordnung erscheint ein (dauerhafter) Mittelabfluss aus dem Vermögen des Selbstanzeigers zunächst zweifelhaft. Das Schuldnervermögen wird mit Insolvenzeröffnung ein Sondervermögen (Insolvenzmasse).[533] Der insolvente Steuerhinterzieher bleibt dennoch Inhaber des Vermögens.[534] Die Staatskasse gewährt den Zuschlag nach einer erfolgreichen Anfechtung zurück in das Schuldnervermögen. Der Zuschlagsbetrag wird dem Schuldner wieder dinglich zugewiesen. Damit wird die dinglich wirksam vorgenommene Vermögensverschiebung rückabgewickelt.

Aus haftungsrechtlicher Perspektive ist ein Mittelabfluss trotz Zuschlagsanfechtung hingegen zu bejahen: Der Zuschlagsbetrag gelangt zwar wieder in das Schuldnervermögen zurück. Dieses unterliegt aber seit Eröffnung des Insolvenzverfahrens dem Insolvenzbeschlag (und wird jetzt Insolvenzmasse genannt). Die Gläubigergesamtheit hat aufgrund der haftungsrechtlichen Vermögenszuordnung eine pfandähnliche Rechtsposition erlangt.[535] Der zurückgewährte Zuschlagsbetrag dient im Insolvenzverfahren wie das gesamte pfändbare Schuldnervermögen der gleichmäßigen und bestmöglichen Gläubigerbefriedigung. Das Schuldnervermögen wird nach den §§ 187 ff. InsO an die Gläubiger verteilt. Der Selbstanzeiger kann zudem seit der Eröffnung des Insolvenzerfahrens nicht mehr über sein Vermögen verfügen (§ 81 InsO) und es damit auch nicht für seinen Konsum einsetzen. Das gilt auch für den angefochtenen und an die Insolvenzmasse zurückgewährten Zuschlagsbetrag. Die formale Stellung des Schuldners als Inhaber der Insolvenzmasse ist im Ergebnis – auch in wirtschaftlicher Hinsicht – ohne Substanz.

Der Auffassung des LG Göttingen, schon Zahlungen des insolvenzreifen Schuldners vor Eröffnung des Insolvenzverfahrens erfolgten normativ mit dem Geld seiner Gläubiger, ist entgegenzuhalten, dass der Insolvenzbeschlag regelmäßig erst mit Verfahrenseröffnung erfolgt. Nach der höchstrichterlichen

533 HambKomm/*Lüdtke*, § 35 InsO Rn. 5.

534 BGH, Urteil vom 30. Oktober 1967 – VIII ZR 176/65 –, BGHZ 49, 11 (16 f.); Graf-Schlicker, InsO/*Scherer*, § 80 InsO Rn. 7.; siehe auch unter zweiter Teil B. II. 1. b.

535 HambKomm/*Lüdtke*, § 35 InsO Rn. 6.

Rechtsprechung gibt es in der Krise auch keine quasi-dinglichen Rechte der Gläubigergesamtheit am pfändbaren Schuldnervermögen.[536] Maßgeblich ist vielmehr, dass Zahlungen in der Krise nicht nur aus sachenrechtlicher, sondern auch aus wirtschaftlicher Sicht vom Schuldner kommen[537]: Die Verfügungsbefugnis geht erst mit Eröffnung des Insolvenzverfahrens auf den Insolvenzverwalter über. Der Hinweis auf eine eventuelle spätere Insolvenzanfechtung reicht nicht aus, um das Schuldnervermögen schon in der Krise wirtschaftlich zum Gläubigervermögen zu erklären. Der insolvenzreife Schuldner kann in der Krise weiter über seine liquiden Mittel verfügen und sie nach seinen Wünschen einsetzen. Abgesehen davon unterliegen bei weitem nicht alle Geschäfte in der materiellen Insolvenz später der Insolvenzanfechtung. Beispielsweise sind Bargeschäfte im Sinne des § 142 InsO insolvenzfest, Geschäftspartner können auf deren Bestand vertrauen.[538] Damit soll gerade erreicht werden, dass der Schuldner trotz materieller Insolvenz wirtschaftlich handlungsfähig bleibt.[539] Geschäftspartner, die die Insolvenzreife des Selbstanzeigers nicht kennen, lassen sich regelmäßig weiter auf Geschäfte mit ihm ein. Kongruente Deckungsgeschäfte mit solchen Geschäftspartnern sind regelmäßig insolvenzfest. Selbst wenn der insolvenzreife Steuerpflichtige mit durch Steuerhinterziehung „ersparten" Mitteln anfechtbare Zahlungen vornimmt, verbleiben oft ihm und nicht seinen Gläubigern die im Gegenzug erlangten wirtschaftlichen Vorteile. Insbesondere Leistungen, die der insolvenzreife Schuldner von anderen in Form von Dienstleistungen und Verbrauchsgütern empfangen hat, kann er so rein faktisch „verkonsumieren".

Der Grund für die hier zu Tage tretende unterschiedliche Wertung je nachdem, ob die Insolvenzanfechtung die verzinste Steuernachentrichtung oder die Zuschlagszahlung betrifft, ist im Kern der folgende: Die Steuernachentrichtung dient dem Ausgleich des Steuerausfalls und der staatlichen Einnahmeerzielung. Deshalb ist maßgeblich, ob der nachentrichtete Betrag dem Fiskus dauerhaft *zufließt*. Für den Strafzuschlag als Sanktion ist dagegen der Mittel*abfluss* und der damit verbundene Konsumverzicht des Steuerhinterziehers entscheidend. Die

---

536 Vgl. BGH, Urteil vom 21. September 2006 – IX ZR 235/04 –, ZIP 2006, 2176 (2177) Rn. 14 ff.: Der BGH lehnt in der Entscheidung die sog. haftungsrechtliche Theorie für den Zeitraum der materiellen Insolvenz ab und hält an der sog. schuldrechtlichen Theorie fest. Siehe auch unter zweiter Teil B. II. 1. b.

537 Vgl. zweiter Teil B. II. 1. b., wo es um die spiegelbildliche Frage geht, ob der insolvenzreife Steuerhinterzieher selbst von seiner Tat profitiert.

538 *Foerste*, Insolvenzrecht, ^{7}2018, Rn. 296; siehe auch unter zweiter Teil B. II. 1. b.

539 Andres/Leithaus/*Leithaus*, § 142 InsO Rn. 2; siehe auch unter zweiter Teil B. II. 1. b.

Spannungen innerhalb der Normstruktur des § 398a AO[540] machen sich an dieser Stelle deutlich bemerkbar.

(c) Systematischer Vergleich mit §§ 39, 144, 225, 302 InsO

§ 144 Abs. 1 InsO vermag kein Argument dafür zu liefern, dass der Zuschlag nach einer Anfechtung als nicht gezahlt gilt und deswegen das Strafverfolgungshindernis nach § 398a AO nicht besteht. Denn die Vorschrift ordnet nur das Wiederaufleben von Forderungen an. Ein Anspruch der Staatskasse auf Zahlung des Zuschlags besteht jedoch nicht.[541] Der Zuschlag ist vielmehr eine steuerstrafverfahrensrechtliche Obliegenheit. Er kann daher – anders als die Geldstrafe – nicht dem Anwendungsbereich des § 144 Abs. 1 InsO unterfallen.

Nach § 302 Nr. 2 InsO sind Geldstrafen und diesen nach § 39 Abs. 1 Nr. 3 InsO gleichgestellte Verbindlichkeiten von der Restschuldbefreiung ausgenommen; nach § 225 Abs. 3 InsO kann die Haftung des Insolvenzschuldners im Insolvenzplan für ebensolche Verbindlichkeiten nicht ausgeschlossen werden. Den §§ 225 Abs. 3, 302 Nr. 2 InsO liegt der allgemeine Rechtsgedanke zu Grunde, dass sich ein Schuldner nicht durch das Insolvenzverfahren Sanktionszahlungen entziehen können soll.[542] Zum Insolvenzverfahren gehört auch die Insolvenzanfechtung. Wenn wegen der Insolvenzanfechtung keine Sanktionswirkung mehr bestünde, könnte dies ein Argument dafür sein, die Steuerhinterziehung (wieder) strafrechtlich verfolgen zu können und das Strafverfolgungshindernis abzulehnen. Aus § 39 Abs. 1 Nr. 3 InsO lässt sich des Weiteren der allgemeine Rechtsgedanke entnehmen, dass nicht die Gläubiger die Sanktion wirtschaftlich tragen sollen.[543] Würden die Gläubiger am Ende den Zuschlag „bezahlen", könnte dies ein weiteres Argument gegen ein Strafverfolgungshindernis aus § 398a AO sein.

Nach den bisherigen Untersuchungsergebnissen bleibt die Sanktionswirkung der Zuschlagszahlung trotz Anfechtung für den Selbstanzeiger bestehen. Er hat sich damit gerade nicht der Sanktionierung entzogen. Die Insolvenzanfechtung bewirkt, dass der Zuschlagsbetrag in die Insolvenzmasse fließt und damit die

540 Siehe erster Teil B. II. 4.

541 Vgl. GJW/*Rolletschke*, § 398a AO Rn. 23.

542 BVerfG, Nichtannahmebeschluss vom 24. August 2006 – 2 BvR 1552/06 –, NJW 2006, 3626 (3627); BGH, Urteil vom 05. Juni 2008 – IX ZR 17/07 –, ZIP 2008, 1291 (1293) Rn. 21; *Lorenz/Roth*, PStR 2011, 129.

543 BVerfG, Nichtannahmebeschluss vom 24. August 2006 – 2 BvR 1552/06 –, NJW 2006, 3626 (3627); BGH, Urteil vom 05. Juni 2008 – IX ZR 17/07 –, ZIP 2008, 1291 (1293) Rn. 21.

Insolvenzgläubiger die Sanktion gerade nicht in Form einer geringeren Insolvenzquote „bezahlen". Sie sind durch den angefochtenen Zuschlag wirtschaftlich nicht belastet. Die §§ 39 Abs. 1 Nr. 3, 225 Abs. 2, 302 Nr. 2 InsO eignen sich im Ergebnis nicht dazu, den Fortbestand des Strafverfolgungshindernisses in Frage zu stellen.

(3) Zwischenergebnis zu aa.

Ficht der Insolvenzverwalter allein die Zuschlagszahlung erfolgreich an, besteht das aus § 398a AO erwachsene Strafverfolgungshindernis fort. Wird die verzinste Steuernachentrichtung angefochten, ist die Selbstanzeige unwirksam und es gibt kein Strafverfolgungshindernis. Im Anwendungsbereich des § 371 AO führt die Anfechtung der verzinsten Steuernachentrichtung ebenfalls zur Unwirksamkeit der Selbstanzeige. Der Grund für diese unterschiedlichen Auswirkungen der Anfechtung je nachdem, ob sie die verzinste Steuernachentrichtung oder die Zuschlagszahlung betrifft, ist im Kern der folgende: Die Steuernachentrichtung dient dem Ausgleich des Steuerausfalls und der staatlichen Einnahmeerzielung. Deshalb ist maßgeblich, ob der nachentrichtete Betrag dem Fiskus dauerhaft *zufließt*. Für den Strafzuschlag als Sanktion ist dagegen der Mittel*abfluss* und der damit verbundene Konsumverzicht des Steuerhinterziehers entscheidend. Die Spannungen innerhalb der Normstruktur des § 398a AO[544] treten an dieser Stelle deutlich zu Tage.

bb. Verfahrenshindernis wegen verfahrensabschließender Entscheidung?

Nach den bisherigen Untersuchungsergebnissen ist die Selbstanzeige nach § 398a AO zwar nicht bei einer erfolgreich angefochtenen Zuschlagszahlung, aber sehr wohl bei erfolgreicher Anfechtung der verzinsten Steuernachzahlung unwirksam. Aus der unwirksamen Selbstanzeige erwächst kein Strafverfolgungshindernis. Allerdings könnte die Entscheidung der BuStra bzw. der StA, das Strafverfahren nach § 398a AO einzustellen, eine – einfachgesetzliche – Wiederaufnahmesperre auslösen. Als Rechtsgrundlage kommt § 398a Abs. 3 AO in Betracht.

(1) Vorüberlegungen

Der Gesetzgeber hat die Insolvenzanfechtung im Zusammenhang mit § 398a AO nicht geregelt. Ausdrücklich werden in § 398a Abs. 3 AO solche Fallgruppen erwähnt, bei denen die selbstanzeigeschädlichen Tatsachen (unrichtige/unvollständige Angaben) bereits vorgelegen haben, der Finanzbehörde aber erst

544 Siehe unter erster Teil B. II. 4.

nachträglich – d.h. nach Verfahrenseinstellung – bekannt werden. Bei insolvenzreifen Selbstanzeigern steht der maßgebliche Sachverhalt (nachhaltige Zahlung) im Zeitpunkt der Entscheidung über die Verfahrenseinstellung dagegen noch nicht mit letzter Gewissheit fest. Die Eröffnung des Insolvenzverfahrens und die Insolvenzanfechtung finden erst später statt. Die Finanzbehörde kann aber im Zeitpunkt ihrer Entscheidung über die Verfahrenseinstellung nur solche Tatsachen berücksichtigen, die schon feststehen und vorliegen. Weiter ist zu berücksichtigen, dass die Einstellung des Strafverfahrens nach § 398a AO eine gebundene Entscheidung ist, die Finanzbehörde also einstellen muss, wenn sie nach Prüfung der Selbstanzeige auf der Basis des ihr vorliegenden Sachverhalts die Voraussetzungen des § 398a AO als vollständig erfüllt ansieht.

(2) Wortlaut

Der § 398a Abs. 3 AO nennt nur zwei Wiederaufnahmegründe ausdrücklich: Die Finanzbehörde erkennt, dass die Angaben des Steuerhinterziehers im Rahmen der Selbstanzeige unvollständig oder unrichtig waren. Bei diesem Wortlaut liegt in der Tat der Umkehrschluss nicht fern, dass es andere Wiederaufnahmegründe nicht gibt, zumal es an Begriffen wie „insbesondere“ oder „namentlich“ fehlt, die eine nicht abschließende Aufzählung signalisieren würden. Ein Ausschluss weiterer Wiederaufnahmegründe würde dann auch die Insolvenzanfechtung betreffen.

Auf der anderen Seite ist § 398a Abs. 3 AO nicht so formuliert, dass man zwingend von einem Numerus clausus von Wiederaufnahmegründen ausgehen müsste. Es fehlt an Begriffen wie „nur“ oder „ausschließlich“, die eine Abgeschlossenheit der Aufzählung zum Ausdruck bringen würden. Es verbleibt demnach semantisch ein gewisser Auslegungsspielraum. Abgesehen davon handelt es sich bei § 398a Abs. 3 AO nicht um eine Norm des materiellen Strafrechts, sondern um eine strafverfahrensrechtliche Norm. Deshalb muss der Grundsatz nulla poena sine lege stricta nicht beachtet werden.[545] Eine Auslegung, die weniger strikt am Wortlaut orientiert ist, ist zulässig.

(3) Systematischer Vergleich mit § 398a Abs. 4 AO, §§ 153a, 153b StPO

§ 398a Abs. 4 AO ordnet den Verfall des gezahlten Zuschlags an. Die Vorschrift beschränkt den Verfall dabei nicht nur auf die Fälle, in denen die Angaben der Selbstanzeige unvollständig oder unrichtig waren. Erwägenswert ist, ob daraus der Schluss gezogen werden kann, dass § 398a Abs. 4 AO die Existenz weiterer

---

545 Vgl. BVerfG, Beschluss vom 22. März 1983 – 2 BvR 475/78 –, BVerfGE 63, 343 (359); BVerfG, Urteil vom 12. April 2005 – 2 BvR 581/01 –, BVerfGE 112, 304 (315).

Wiederaufnahmegründe über unvollständige/unrichtige Selbstanzeigen hinaus oder gar eine uneingeschränkte Wiederaufnahmemöglichkeit unterstellt.

Der Zuschlag wird nach § 398a Abs. 4 AO dann nicht erstattet, wenn die Rechtsfolge des Abs. 1, das Absehen von der Strafverfolgung, nicht eingreift. Die Verfallsregelung nimmt also nicht Bezug auf die Wiederaufnahmeregelung des Abs. 3, sondern auf nach Abs. 1 unwirksame Selbstanzeigen. Der Verfall tritt allgemein bei unwirksamen Selbstanzeigen ein, die kein Strafverfolgungshindernis nach § 398a AO begründen, z.B. auch bei unzureichenden Teilzahlungen und verfristeten Vollzahlungen.[546] § 398a Abs. 4 AO hat jedoch keinen Bezug zu einer eventuellen Wiederaufnahmesperre, die aus der Einstellung des Strafverfahrens erwachsen könnte. Zwar greift der Verfall auch, wenn der Selbstanzeiger unvollständige oder unrichtige Angaben gemacht hat. Das liegt aber daran, dass seine Selbstanzeige deswegen schon unwirksam gewesen ist, und nicht an der zu Unrecht erfolgten Verfahrenseinstellung. Aus § 398a Abs. 4 AO lässt sich also nicht der Schluss ziehen, dass es über die unvollständigen/unrichtigen Angaben hinaus noch weitere Wiederaufnahmegründe gibt. Die systematische Auslegung ist insofern unergiebig.

Der Vergleich des Abs. 3 mit Abs. 4 liefert ein Argument gegen einen rein deklaratorischen Charakter des § 398 Abs. 3 AO: Wenn die Einstellung des Strafverfahrens allgemein keine Wiederaufnahmesperre hätte auslösen sollen, hätte es für den Gesetzgeber nahe gelegen, in Abs. 3 einfach auf dieselbe Formulierung wie in Abs. 4 („wenn die Rechtsfolge des Absatzes 1 nicht eintritt") zurückzugreifen. Damit wäre jeder Fall der unwirksamen Selbstanzeige erfasst gewesen. Der § 398a Abs. 3 AO greift aber bestimmte Fallgruppen unwirksamer Selbstanzeigen (unvollständige/unrichtige Angaben) heraus. Damit kommt zum Ausdruck, dass wiederaufnahmefeste von nicht wiederaufnahmefesten Verfahrenseinstellungen abzugrenzen sind.

Die §§ 153a, 153b StPO sind wie § 398a AO[547] verfahrensrechtliche Einstellungsvorschriften. Ein systematischer Vergleich ist daher anders als bei der Auslegung der materiellen Strafrechtsnorm des § 371 AO sinnvoll.

Der Vergleich mit § 153a StPO zeitigt kein eindeutiges Ergebnis. Es fehlt einerseits in § 398a AO an einer mit § 153a Abs. 1 S. 5 StPO vergleichbaren

546 Vgl. *Roth*, wistra 2015, 295 (296); HK, Steuerstrafrecht/*Hüls/Reichling*, § 398a AO Rn. 38; ähnlich *Heuel/Beyer*, AO-StB 2015, 129 (136); siehe auch BT-Drucks. 18/3018, S. 15.

547 Zu § 398a AO als Einstellungsvorschrift vgl. Rolletschke/Kemper, Steuerstrafrecht/*Rolletschke*, Oktober 2017, § 398a AO Rn. 189.

Regelung, die eine Wiederaufnahmesperre[548] ausdrücklich festschreiben würde. § 398a Abs. 3 AO formuliert nur positiv Wiederaufnahmegründe, aber nicht negativ Wiederaufnahmesperren. Obwohl § 398a AO laut den Gesetzesmaterialien dem § 153a StPO nachempfunden ist[549], kommt auch eine sinngemäße Anwendung des § 153a Abs. 1 S. 5 StPO nicht in Betracht. Denn § 153a StPO verfolgt einen anderen Zweck als § 398a AO, nämlich die Beschleunigung und Entlastung des Strafverfahrens.[550] Andererseits besteht eine Parallele darin, dass sowohl § 153a StPO (Geldauflage) als auch § 398a AO (Zuschlag) die Zahlungen mit Sanktionscharakter im Rahmen eines Beendigungsverfahrens mit Selbstunterwerfung verlangen.[551]

Es gibt Parallelen zwischen § 398a AO und § 153b StPO, die tendenziell eher gegen Wiederaufnahmesperren sprechen. Die Einstellung nach § 153b StPO bewirkt keinen Strafklageverbrauch.[552] § 153b StPO ist u.a. im Fall des Täter-Opfer-Ausgleichs nach § 46a StGB anwendbar.[553] Der Täter-Opfer-Ausgleich erfolgt durch eine Schadenswiedergutmachung, welche dann die Verfahrenseinstellung ermöglicht. Die Steuernachentrichtung dient u.a. auch der Wiedergutmachung.[554] Der Vergleich mit § 153b StPO hinkt aber deshalb, weil § 398a AO zusätzlich zu einer Wiedergutmachungszahlung auch noch eine Sanktionszahlung in Form des Zuschlags vorsieht.

Im Ergebnis ist der Vergleich mit den §§ 153a, 153b StPO nur begrenzt ergiebig. Denn eine Regelung, die in Zweck und Struktur § 398a Abs. 3 AO ähneln würde, weisen die StPO-Vorschriften nicht auf. Bei § 398a Abs. 3 AO handelt es sich um eine neuartige Einstellungsvorschrift.

(4) Entstehungsgeschichte

Der Bericht des Finanzausschusses zum Entwurf des SchwarzGBekG 2011 und damit zu § 398a AO 2011 thematisiert nicht im Ansatz, ob eine spätere

---

548 Bei § 153a Abs. 1 S. 5 StPO als einfachgesetzlicher „beschränkter Strafklageverbrauch" bezeichnet, Meyer-Goßner/Schmitt, StPO/*Schmitt*, § 153a StPO Rn. 45; Münch-Komm, StPO/*Peters*, § 153a StPO Rn. 35.

549 BT-Drucks. 17/5067 (neu), S. 20.

550 Meyer-Goßner/Schmitt, StPO/*Schmitt*, § 153a StPO Rn. 2; siehe auch *Wollmann*, ZInsO 2011, 1521 (1525).

551 Vgl. GJW/*Rolletschke*, § 398a AO Rn. 23; Meyer-Goßner/Schmitt, StPO/*Schmitt*, § 153a StPO Rn. 12.

552 HK, StPO/*Gercke*, § 153b StPO Rn. 7.

553 Fischer/*Fischer*, § 46a StGB Rn. 12.

554 Siehe erster Teil B. II. 3. und 4.

Anfechtung Auswirkungen auf das nach § 398a AO eingestellte Strafverfahren hat.[555] Gleiches gilt für die Gesetzesmaterialien zu § 398a AO 2015.[556] Eine bewusste Entscheidung des Gesetzgebers, die Wiederaufnahme des Strafverfahrens im Falle einer Insolvenzanfechtung zu unterbinden, liegt jedenfalls nicht vor. Der Gesetzgeber hat die Problematik wohl schlicht übersehen (oder ignoriert).

Die Entstehungsgeschichte ist auch zu Wiederaufnahmesperren im Allgemeinen wenig ergiebig: Laut der Begründung der Bundesregierung zum AO-Änderungsgesetz[557] soll § 398a Abs. 3 AO Gestaltungen bei der Abgabe der strafbefreienden Selbstanzeige im Rahmen des § 398a AO vorbeugen. Dies kann für die noch folgende teleologische Auslegung von Bedeutung sein. Zu der Frage, ob und inwieweit die Vorschrift auch eine Wiederaufnahme*sperre* konstituiert oder voraussetzt, trifft die Begründung zum Gesetzentwurf keine explizite Aussage. Sie verhält sich lediglich dazu, dass mit der neuen Vorschrift eine „ausdrückliche" Wiederaufnahme*möglichkeit* bei unvollständigen/unrichtigen Angaben geregelt wird. Dies deutet darauf hin, dass der Gesetzgeber diese Thematik als bislang nicht hinreichend klar geregelt angesehen hat und es um eine vorsorgliche Klarstellung des gesetzgeberischen Willens geht, damit die Rechtsprechung nicht im Wege einer selbstanzeigerfreundlichen Rechtsfortbildung einen Strafklageverbrauch o.ä. einführt.

Ein bis dato geltender Strafklageverbrauch lässt sich dieser Gesetzesbegründung nicht entnehmen. Im Gegenteil, der Gesetzgeber will mit § 398a Abs. 3 AO die aus seiner Sicht bereits bestehende Wiederaufnahmemöglichkeit „klarstellen".[558] Schon die Annahme von *Schauf* und *Hunsmann*, § 398a AO 2011 habe einen umfassenden Strafklageverbrauch enthalten, geht deshalb fehl. Das Gleiche gilt zwangläufig für die daraus weiterentwickelte Schlussfolgerung von *Schauf*, § 398a Abs. 3 AO 2015 begründe einen Numerus clausus von Wiederaufnahmegründen.

(5) Zweck des § 398a Abs. 3 AO: Gestaltungen vorbeugen

Laut den Gesetzesmaterialien besteht der Zweck des § 398a Abs. 3 AO darin, „Gestaltungen vorzubeugen".[559] Gesetzlich ausdrücklich normierte Gestaltungsfälle sind unrichtige oder unvollständige Angaben, die der Selbstanzeiger im

555 BT-Drucks. 17/5067, S. 22.

556 BT-Drucks. 18/3018, S. 15.

557 BT-Drucks. 18/3018, S. 15.

558 BT-Drucks. 18/3018, S. 15.

559 Vgl. BT-Drucks. 18/3018, S. 15.

Rahmen der Selbstanzeige gemacht hat. Daraus lässt sich allgemein ableiten, dass ein Gestaltungsfall dann vorliegt, wenn der Selbstanzeiger die Finanzbehörde über Tatsachen im Unklaren lässt, die für die Einstellungsentscheidung relevant sind. Es geht um ein *selbstanzeigerelevantes Informationsgefälle.* Eine Gestaltung scheidet dagegen aus, wenn die Finanzbehörde sämtliche entscheidungserhebliche Tatsachen im Entscheidungszeitpunkt kennt.

§ 398a Abs. 3 AO hat einen objektiven Tatbestand. Er verlangt insbesondere keine vorsätzlich falsche Materiallieferung des Selbstanzeigers.[560] Daraus lässt sich wiederum allgemein ableiten, dass es für die Annahme eines Gestaltungsfalls ausreicht, wenn die Informationen über selbstanzeigerelevanten Tatsachen in der Sphäre des Selbstanzeigers objektiv vorhanden waren. Der Selbstanzeiger muss sie nicht zur Kenntnis genommen oder kognitiv durchdrungen haben. Dieser Ansatz sortiert die Verantwortlichkeiten im Unterschied zum Ansatz der Sphärenverantwortlichkeit nicht normativ, sondern nach dem tatsächlichen objektiven Informationsstand.

Der Ansatz der Sphärenverantwortlichkeit hilft bei den angefochtenen Steuernachzahlungen ohnehin nicht weiter. Die Steuernachentrichtung zählt wie die vollständige Materiallieferung zu den positiven Wirksamkeitsvoraussetzungen der Selbstanzeige, die Sperrgründe sind die negativen. Normativ wäre die Steuernachentrichtung demzufolge der Verantwortungssphäre des Selbstanzeigers zuzurechnen. Der Selbstanzeiger hat jedoch keinen bestimmenden Einfluss auf die Insolvenzanfechtung. Diese liegt nicht in seiner Hand. Vielmehr trifft der Insolvenzverwalter die Entscheidung, ob er die Insolvenzanfechtung ausübt. Die Insolvenzanfechtung ist also insofern der Sphäre des Insolvenzverwalters zuzuordnen. Der Umstand, dass der Insolvenzverwalter seine Anfechtungsentscheidung auch auf der Basis der ihm vom Schuldner erteilten Auskünfte trifft, ändert daran nichts: Der Schuldner hat kein Weisungsrecht gegenüber dem Insolvenzverwalter.[561] Er ist vielmehr dem Insolvenzverwalter gegenüber nach den §§ 97, 98 InsO zur Auskunftserteilung unter Androhung von Zwangsmitteln verpflichtet. Der Insolvenzverwalter ist weder Vertreter noch „Werkzeug" des Schuldners. Er hat eine gesetzlich legitimierte Amtsstellung[562] und dabei insbesondere die Interessen der Gläubiger wahrzunehmen.[563]

---

560 Dies ist insofern folgerichtig, als auch die undolose Teilselbstanzeige unwirksam ist, vgl. Tipke/Kruse/*Seer*, Oktober 2016, § 371 AO Rn. 30; *a.A.* HHSP/*Beckemper*, August 2015, § 371 AO Rn. 76.

561 Schmidt, InsO/*Sternal*, § 80 InsO Rn. 20.

562 Schmidt, InsO/*ders.*, § 80 InsO Rn. 18.

563 Uhlenbruck/*Mock*, § 80 InsO Rn. 90.

Dem Selbstanzeiger obliegt nach § 398a Abs. 1 Nr. 1 AO, eine verzinste Steuernachzahlung vorzunehmen, die der Steuergläubiger endgültig behalten kann. Fraglich ist, ob der § 398a Abs. 3 AO innewohnende Zweck es gebietet, eine Verfahrenswiederaufnahme auch bei mangelnder Nachhaltigkeit der Steuernachzahlung zu ermöglichen und die nicht nachhaltige Steuernachzahlung insofern mit der unrichtigen/unvollständigen Selbstanzeige gleichzustellen.

Der Gedanke des selbstanzeigerelevanten Informationsgefälles lässt sich auf die Insolvenzanfechtung anwenden. Der Selbstanzeiger hat einen überlegenen Informationsstand, wenn er, aber nicht die Finanzbehörde objektiv über hinreichende Informationen verfügt, mit denen sich die Anfechtbarkeit der Steuerzahlung feststellen lässt. Der Informationsstand bezieht sich dabei auf die Anfechtbarkeit, weil diese unabhängig von einer späteren Insolvenzeröffnung beurteilt werden kann. Wichtig ist vor allem, ob die Strafverfolgungsbehörde weiß, dass die Steuerzahlung die Gläubiger des Selbstanzeigers benachteiligt hat.[564]

Die Daten und Informationen, aus denen sich die Krise ergibt, liegen einem Selbstanzeiger regelmäßig vor. Es handelt sich um die Daten zu den eigenen Verbindlichkeiten, zu deren Fälligkeiten sowie zu den eigenen liquiden und kurzfristig liquidierbaren Mitteln.[565] Diese Daten mögen im Einzelfall so zahlreich und komplex sein, dass der Selbstanzeiger die eigene Krise und deren Eintritt nicht erkennt. Insbesondere eine nicht ordnungsgemäße Buchführung kann den Weg zu dieser Erkenntnis verschließen. Maßgeblich ist indes der objektive Informationsstand, nicht das positive Zur-Kenntnis-Nehmen und kognitive Durchdringen. Stellt der Selbstanzeiger keine Liquiditätsbilanz auf, so liegen ihm die Daten, aus denen sich die (drohende) Zahlungsunfähigkeit ergibt, dennoch objektiv vor. In einer solchen Situation – Selbstanzeiger kennt den Kriseneintritt nicht positiv, hat aber hinreichende Informationen für die Kenntnisnahme – liegt ein objektives Informationsgefälle gegenüber der Finanzbehörde nur dann nicht vor, wenn die Finanzbehörde den gleichen oder gar einen besseren Informationsstand hat.

Allein die Tatsache, dass es später zur Insolvenzanfechtung kommt, kann freilich schon Anhaltspunkte dafür bieten, dass die Finanzbehörde

564 Vgl. auch die Auffassung des IX. Zivilsenats des BGH, Urteil vom 05. Juni 2008 – IX ZR 17/07 –, ZIP 2008, 1291 (1292) Rn. 13, 15, der die Anordnung einer Geldauflage nach § 153a StPO für unzulässig erklärt, wenn die Staatsanwaltschaft weiß, dass die Geldauflagenzahlung die Gläubiger des insolvenzreifen Angeschuldigten benachteiligen würde.

565 Siehe unter erster Teil A. I. 1.

anfechtungsrelevante Kenntnisse zum Einstellungszeitpunkt hatte: § 130 Abs. 1 Nr. 1 InsO setzt die Kenntnis des Anfechtungsgegners über die Zahlungsunfähigkeit des Schuldners voraus. § 133 InsO verlangt, dass die Finanzbehörde den Gläubigerbenachteiligungsvorsatz des Selbstanzeigers im Zeitpunkt der Zahlung kannte. Jedoch hat die strafverfahrensrechtliche Feststellung des Informationsstands von Selbstanzeiger und Strafverfolgungsbehörde autonom zu erfolgen. Insbesondere die Vermutungsregel des § 130 Abs. 2 InsO und die für den Zivilprozess konzipierte Beweislastumkehr des §§ 133 Abs. 1 S. 2 InsO (nebst der dazugehörigen masse- und verwalterfreundlichen Rspr.[566]) können hierfür nicht herangezogen werden.

(6) Vertrauensschutz

Das Gebot des Vertrauensschutzes ist im Rechtsstaatsprinzip mit Verfassungsrang verankert.[567] Vertrauensschutz bedeutet, dass der Rechtsunterworfene nicht durch rückwirkende Beseitigung erworbener Rechte in seinem Vertrauen auf die Verlässlichkeit der Rechtsordnung enttäuscht werden soll.[568] Er soll die ihm gegenüber möglichen staatlichen Eingriffe voraussehen und sich dementsprechend einrichten können.[569]

Kennt die Finanzbehörde aufgrund der Ermittlungen und Mitwirkungen im Rahmen des Steuerschuldverhältnisses die Anfechtbarkeit der Steuer-/ Zinszahlung und stellt sie das Strafverfahren nach § 398a AO ein, muss der Selbstanzeiger nach diesen Grundsätzen Vertrauensschutz genießen. Er hat im Hinblick auf die Verfahrenseinstellung mit der Zuschlagszahlung ein spürbares und endgültiges[570] Opfer erbracht. Er hat eine strafprozessuale Position durch die

566 Siehe die zusammenfassende Darstellung dieser Rechtsprechung bei *Kayser*, WM 2013, 293 (295 ff.).

567 Vgl. BVerfG, Beschluss vom 14. Februar 1979 - 1 BvR 924/78 -, BVerfGE 50, 244 (250); BVerfG, Beschluss vom 23. Februar 1983 - 1 BvR 1019/82 -, BVerfGE 63, 215 (223 f.).

568 BVerfG, Beschluss vom 08. Juni 1977 - 2 BvR 499/74 -, BVerfGE 45, 142 (167); BVerfG, Beschluss vom 20. Februar 2002 - 1 BvL 19/97 -, BVerfGE 105, 48 (57); BVerfG, Beschluss vom 06. Juli 2010 - 2 BvR 2661/06 -, 126, 286 (313).

569 BVerfG, Urteil vom 19. Dezember 1961 - 2 BvL 6/59 -, BVerfGE 13, 261 (271); BVerfG, Nichtannahmebeschluss vom 15. Oktober 2004 - 2 BvR 1316/04 -, NJW 2005, 352 (353); vgl. auch BVerfG, Nichtannahmebeschluss vom 23. Mai 2016 - 1 BvR 2230/15, 1 BvR 2231/15 -, WM 2016, 1431 (1434).

570 Verfall des gezahlten Zuschlagsbetrages bei unwirksamer Selbstanzeige, § 398a Abs. 4 AO.

Zuschlagszahlung erwirkt, für die keine Rechtspflicht bestand und die für ihn persönlich einen dauerhaften Mittelabfluss und Konsumverzicht bedeutet.[571]

(7) Gesamtbewertung der Auslegungsergebnisse

Bei § 398a Abs. 3 AO handelt es sich um keine umfassende Wiederaufnahmeregelung. Die Norm ordnet ausdrücklich keine Wiederaufnahmesperren zu Gunsten des Selbstanzeigers an. Laut den Gesetzesmaterialien geht es um die „Klarstellung", dass jedenfalls dann das Strafverfahren wieder aufgenommen werden kann, wenn die Finanzbehörde nachträglich die Unvollständigkeit/Unrichtigkeit der Berichtigungserklärung erkennt. Das ist in erster Linie als bewusste Abgrenzung von § 153a StPO zu verstehen: Hat die StA die Verfolgung einer Tat im prozessualen Sinne nach § 153a StPO eingestellt, ist eine Fortsetzung selbst dann unzulässig, wenn der Beschuldigte sie in den „Einstellungsverhandlungen" über den Umfang der Tat getäuscht hatte.[572] Der Gesetzgeber hatte bei Schaffung des § 398a Abs. 3 AO offenbar vor allem im Sinn, ein solches Ergebnis bei § 398a AO zu verhindern, wenn die Finanzbehörde über den Umfang der anzuzeigenden Steuerhinterziehungen im Unklaren gelassen wird.[573]

Die Verwendung der Formulierung „wenn die Finanzbehörde erkennt" in § 398a Abs. 3 AO macht deutlich, dass es sich um nachträglich der Finanzbehörde kundwerdende Tatsachen handelt, bei denen eine Wiederaufnahme möglich sein soll. Dieser Wortlaut zusammen mit dem Zweck, Gestaltungen vorzubeugen, weist den Weg zu dem freizulegenden Grundgedanken des § 398a AO, der in § 398a Abs. 3 AO nur bruchstückhaft zum Vorschein kommt: Ist die Finanzbehörde aus Unkenntnis nicht in der Lage gewesen, bei der Entscheidung über die Verfahrenseinstellung Tatsachen zu berücksichtigen, die zur Unwirksamkeit der Selbstanzeige führen, dann soll die Wiederaufnahme zulässig sein.

Mit dieser Abgrenzung zwischen wiederaufnahmefesten und nicht wiederaufnahmefesten Verfahrenseinstellungen wird auch denkbaren Missbräuchen Einhalt geboten. Zahlt ein Steuerhinterzieher in dem Wissen der späteren Anfechtung nur mit dem Ziel, eine Wiederaufnahmesperre zu erwirken, und verschweigt er dabei bewusst seine Insolvenzreife und die Benachteiligung seiner anderen Gläubiger, kann die Finanzbehörde das Strafverfahren wieder aufnehmen.

Es mag noch der Ausnahmefall vorkommen, dass ein die (drohende) Zahlungsunfähigkeit auslösendes Ereignis eingetreten ist, die Information darüber

---

571 Vgl. zweiter Teil B. IV. 4. c. aa. (2) (b) (bb).

572 Vgl. *Bülte*, NZWiSt 2014, 321 (322).

573 So auch *Rolletschke/Roth*, Die Selbstanzeige, 2015, Rn. 631.

dem Selbstanzeiger, aber auch der Finanzbehörde bei Verfahrenseinstellung noch nicht vorliegt. Das kann eine noch unentdeckte unvorhergesehene Liquiditätseinbuße (einfaches Beispiel: Diebstahl von Bargeld) sein. Der Wortlaut des § 398a Abs. 3 AO, der allein darauf abstellt, dass „die Finanzbehörde" die selbstanzeigerelevante Tatsache nachträglich erkennt, streitet in diesem Fall zwar für die Zulässigkeit der Verfahrenswiederaufnahme. Da der Wortlaut aber ohnehin zu eng ist und die Anfechtung der Steuernachzahlung gar nicht erfasst, kommt dem dem § 398a Abs. 3 AO innewohnenden Grundgedanken eine deutlich größere Bedeutung zu: Der Selbstanzeiger hat in solchen Fällen keinen besseren Informationsstand als die Finanzbehörde. Es besteht kein Informationsgefälle zu seinen Gunsten. Nach dem Zweck des § 398a Abs. 3 AO, Gestaltungen vorzubeugen, ist eine Wiederaufnahmesperre geboten: Liegen dem Selbstanzeiger selbst gar nicht die Daten vor, aus denen sich die Anfechtbarkeit der Steuernachzahlung ergibt, ist er nicht einmal potenziell in der Lage gewesen, der Finanzbehörde ebendiese Informationen vorzuenthalten und so das Geschehen mit dem Ergebnis einer Verfahrenseinstellung zu steuern. Auch wenn der Finanzbehörde keine hinreichenden Informationen darüber vorlagen, dass die verzinste Steuernachzahlung die übrigen Gläubiger benachteiligt, verbleibt zudem ein Vertrauensschutzaspekt, der für eine Wiederaufnahmesperre streitet: Ungeachtet der Unkenntnis der Finanzbehörde hat der Selbstanzeiger doch mit der Zuschlagszahlung ohne Rechtspflicht ein spürbares und wegen § 398a Abs. 4 AO endgültiges Opfer erbracht. Im Ergebnis sprechen die besseren Argumente für eine Wiederaufnahmesperre.

(8) Keine ungerechtfertigte Besserstellung der Selbstanzeige nach § 398a AO

Das Rechtsinstitut der Selbstanzeige ist in einen materiell-rechtlichen (§ 371 AO) und einen verfahrensrechtlichen Bestandteil (§ 398a AO) aufgespalten. Da der Selbstanzeiger nach § 398a AO nicht straffrei wird, sondern nur ein Verfolgungshindernis erwirkt, handelt es sich um eine Selbstanzeige „zweiter Klasse".[574] Derjenige, der höhere Beträge ab 25.000 € verkürzt oder einen besonders schweren Fall der Steuerhinterziehung begangen hat, soll wegen des gesteigerten Unwerts der Tat strenger behandelt werden.[575] Die Wiederaufnahmesperre gibt es nach den bisherigen Ergebnissen trotzdem nur bei der Selbstanzeige nach § 398a AO. Insofern behandelt das Gesetz den Selbstanzeiger nach § 371 Abs. 3 AO strenger.

574 HK, Steuerstrafrecht/*Hüls/Reichling*, § 398a AO Rn. 6.

575 Vgl. Tipke/Kruse/*Seer*, Oktober 2016, § 398a AO Rn. 1.

Dennoch liegt keine ungerechtfertigte Besserstellung des Selbstanzeigers nach § 398a AO gegenüber demjenigen nach § 371 AO vor: Der Selbstanzeiger hat bei einer Verfahrenseinstellung nach § 398a AO – anders als im Fall des § 371 AO – zuvor den Zuschlag gezahlt. Der Selbstanzeiger nach § 398a AO ist demnach bereits sanktioniert worden, auch wenn es sich bei dem Zuschlag nicht um eine Kriminalstrafe handelt. In der bereits erfolgten Sanktionierung liegt ein sachlicher Grund, der die Ungleichbehandlung auch vor Art. 3 Abs. 1 GG rechtfertigt. Zudem spielt bei der Selbstanzeige nach § 398a AO, die wegen einer angefochtenen Steuernachzahlung gescheitert ist, der Vertrauensschutz eine besondere Rolle. Hinzu kommt das europarechtliche Doppelbestrafungsverbot[576], das wegen des Sanktionscharakters des Zuschlags nur bei § 398a AO und nicht bei der Selbstanzeige nach § 371 AO virulent ist. Die Wiederaufnahmesperre verhindert in seinem Anwendungssegment bei angefochtenen Steuernachzahlungen die Verletzung des unionsrechtlichen Doppelbestrafungsverbots.

Entgegen dem ersten Anschein stellt der Vorteil für den gescheiterten Selbstanzeiger, der in der Wiederaufnahmesperre liegt, keinen Widerspruch zur gesetzgeberischen Intention dar. Denn die Wiederaufnahmesperre ändert nichts daran, dass § 398a AO in Tatbestand und Rechtsfolge – wie vom Gesetzgeber beabsichtigt – strenger als § 371 AO bleibt: Eine *wirksame* Selbstanzeige setzt bei § 398a AO zusätzlich die Zuschlagszahlung voraus. Rechtsfolge der wirksamen Selbstanzeige ist „nur" ein Strafverfolgungshindernis und nicht die insofern stärkere Strafaufhebung, von der der Selbstanzeiger nach § 371 AO profitiert. Die Wiederaufnahmesperre ist nur bei *gescheiterten* Selbstanzeigen relevant.

cc. Verfahrenshindernis wegen Doppelbestrafungsverbots?

(1) Doppelbestrafungsverbot nach dem GG und der EU-GR Charta

Ficht der Insolvenzverwalter die verzinste Steuernachzahlung an, so ist die Selbstanzeige nach § 398a AO unwirksam und es besteht kein Strafverfolgungshindernis nach § 398a AO. Wenn keine Wiederaufnahmesperre nach dem Rechtsgedanken des § 398a Abs. 3 AO greift, droht dem gescheiterten Selbstanzeiger die Fortsetzung der Strafverfolgung. Allerdings stellt sich die Frage, ob der Grundsatz ne bis in idem der Strafverfolgung entgegensteht. Das ist der Fall, wenn die – ggfs. ihrerseits angefochtene – Zuschlagszahlung bereits eine Erstsanktion im Sinne eines Doppelbestrafungsverbotes gewesen ist.

576 Siehe nachfolgend unter cc.

(a) Anwendungsbereich des Art. 103 Abs. 3 GG

Nach Art. 103 Abs. 3 GG darf niemand wegen derselben Tat aufgrund der allgemeinen Strafgesetze mehrmals bestraft werden. In den Schutzbereich fallen alle natürlichen Personen, deutsche Staatsbürger wie Ausländer.[577] Die allgemeinen Strafgesetze umfassen nur das deutsche Kern- und Nebenstrafrecht.[578] Nur die Entscheidung eines deutschen Gerichts führt zum Strafklageverbrauch.[579] Entscheidungen oder Zusagen von Behörden lösen dagegen keinen Strafklageverbrauch nach Art. 103 Abs. 3 GG aus.[580]

(b) Anwendungsbereich von Art. 50 EU-GR Charta

Nach Art. 50 EU-GR Charta darf niemand wegen einer Straftat, derentwegen er bereits in der Europäischen Union nach dem Gesetz rechtskräftig verurteilt oder freigesprochen worden ist, in einem Strafverfahren erneut verfolgt oder bestraft werden. Nach Art. 6 Abs. 1 EUV handelt es sich bei der EU-GR Charta um geltendes Primärrecht der Europäischen Union. Gemäß Art. 51 EU-GR Charta ist sie nicht nur für die Organe, Einrichtungen oder sonstige Stellen der Union, sondern auch für die Mitgliedstaaten rechtlich bindend. Sie ist gemäß Art. 51 EU-GR Charta nur dann anwendbar, wenn die Union selbst oder die Mitgliedstaaten Unionsrecht durchführen. Wird Unionsrecht durchgeführt, gilt der europarechtliche Grundsatz ne bis in idem nicht nur bei grenzüberschreitenden, sondern ggfs. auch bei rein innerstaatlichen Sachverhalten.[581] Maßgeblich für die innerstaatliche Anwendbarkeit des Art. 50 EU-GR Charta ist, ob ein europäischer Anknüpfungspunkt besteht.[582] Anders als bei Art. 103 Abs. 3 GG können auch von Behörden in Verwaltungsverfahren verhängte Sanktionen

577 Schmidt-Bleibtreu, GG/*Schmahl*, Art. 103 GG Rn. 81.

578 BVerfG, Beschluss vom 17. Januar 1961 – 2 BvL 17/60 –, BVerfGE 12, 62 (66); BVerfG, Beschluss vom 09. November 1976 – 2 BvL 1/76 –, BVerfGE 43, 101 (105); BVerfG, Beschluss vom 31. März 1987 – 2 BvM 2/86 –, 75, 1 (15 f.).

579 BVerfG, Beschluss vom 17. Januar 1961 – 2 BvL 17/60 –, BVerfGE 12, 62 (66); BVerfG, Beschluss vom 31. März 1987 – 2 BvM 2/86 –, BVerfGE 75, 1 (15 f.).

580 BVerfG, Beschluss vom 17. Januar 1961 – 2 BvL 17/60 –, BVerfGE 12, 62 (66); BVerfG, Beschluss vom 31. März 1987 – 2 BvM 2/86 –, 75, 1 (15 f.); BGH, Urteil vom 18. April 1990 – 3 StR 252/88 –, BGHSt 37, 10 (11 f.).

581 vgl. hierzu EuGH, Urteil vom 26. Februar 2013 – C-617/10 –, *Åkerberg Fransson*, UR 2014, 27 (31) Rn. 35 f.; ausdrücklich *Bülte*, NZWiSt 2014, 321 (326).

582 *ders.*, NZWiSt 2014, 321 (326).

ausreichen, wenn sie strafähnliche Maßnahmen darstellen.[583] Es muss sich nicht um Kriminalstrafen handeln.[584]

(c) Verhältnis zueinander

Als Primärrecht nimmt die EU-GR Charta in der Normenhierarchie innerhalb der EU den obersten Platz ein. Im Verhältnis zur deutschen Rechtsordnung beansprucht das Unionsrecht grundsätzlich einen Anwendungsvorrang[585], und zwar grundsätzlich auch gegenüber den Normen des GG.[586] Allerdings haben nach Art. 6 Abs. 3 EUV im Verhältnis zur GR-Charta die Grundrechte weiterhin Bestand, die sich aus den gemeinsamen Verfassungsüberlieferungen der Mitgliedstaaten ergeben. Diese Grundrechte aus den Rechtsordnungen der Mitgliedstaaten gelten somit parallel zu denjenigen der EU-GR Charta fort.[587] Art. 103 Abs. 3 GG und Art. 50 EU-GR Charta sind demnach nebeneinander anwendbar.

(2) Zuschlag als Sanktion im Sinne der Doppelbestrafungsverbote?

Der Zuschlag nach § 398a Abs. 1 Nr. 2 AO wird nicht von einem Gericht verhängt. Er wird vielmehr von einer Strafverfolgungsbehörde nach Eingang der Selbstanzeige festgelegt. Aus dem Prozessgrundrecht des Art. 103 Abs. 3 GG lässt sich daher kein Verfahrenshindernis ableiten.[588]

Nach Art. 50 EU-GR Charta können auch von Behörden verhängte Sanktionen ein Doppelbestrafungsverbot auslösen. Voraussetzung ist, dass die Sanktion eine strafähnliche Maßnahme darstellt.[589] Nach Ansicht des EuGH ist eine steuerliche Sanktion von strafrechtlicher Natur, wenn eines der folgenden drei Kriterien[590] erfüllt ist[591]: die rechtliche Einordnung der Zuwiderhandlung im innerstaatlichen Recht, die Art der Zuwiderhandlung sowie die Art und der Schweregrad der dem Betroffenen angedrohten Sanktion. Schon die Art der Zuwiderhandlung

583 EuGH, Urteil vom 26. Februar 2013 – C-617/10 , *Åkerberg Fransson*, UR 2014, 27 (31) Rn. 34, auch *ders.*, NZWiSt 2014, 321 (323).

584 *ders.*, NZWiSt 2014, 321 (323).

585 BVerfG, Beschluss vom 06. Juli 2010 – 2 BvR 2661/06 –, BVerfGE 126, 286 (301 f.).

586 BVerfG, Beschluss vom 19. Juli 2011 – 1 BvR 1916/09 –, BVerfGE 129, 78 (100).

587 *Dobratz*, UR 2014, 425; *Lenaerts*, AnwBl 2014, 772 (780).

588 So auch Rolletschke/Kemper, Steuerstrafrecht/*Rolletschke*, Oktober 2017, § 398a AO Rn. 232.

589 EuGH, Urteil vom 26. Februar 2013 – C-617/10 –, *Åkerberg Fransson*, UR 2014, 27 (31) Rn. 34, auch *Bülte*, NZWiSt 2014, 321 (323).

590 Vgl. auch EuGH, Urteil vom 05. Juni 2012 – C-489/10 –, Rn. 37 ff.

591 EuGH, Urteil vom 26. Februar 2013 – C-617/10 –, *Åkerberg Fransson*, UR 2014, 27 (31) Rn. 35.

begründet hier die strafrechtliche Natur.[592] Voraussetzung für den Strafzuschlag nach § 398a Abs. 1 Nr. 2 AO ist nämlich eine Steuerhinterziehung, eine Kriminalstraftat aus dem deutschen Nebenstrafrecht. Aber auch die Art der angedrohten Sanktion rechtfertigt die Anwendung des Art. 50 EU-GR Charta.[593] Der Zuschlag ist als Strafersatz bzw. als strafähnlich anzusehen.[594] Er wird im Rahmen eines Strafverfahrens auferlegt, Empfänger ist die Staatskasse, der Justizfiskus, und nicht etwa der Steuerfiskus.[595] Da der Selbstanzeiger den Zuschlag in Kauf nimmt, um eine Geld- oder sogar Freiheitsstrafe abzuwenden, ist die Zuschlagszahlung jedenfalls materiell nicht freiwillig.[596] Mit bis zu 20 % der hinterzogenen Steuer ist der Schweregrad des Strafzuschlags auch so erheblich, dass er die Bejahung der strafrechtlichen Natur rechtfertigt. Denn die progressive Staffelung des Zuschlagsatzes orientiert sich laut Gesetzesbegründung am Schuldprinzip[597] und damit auch grob an der ohne Selbstanzeige zu erwartenden Strafe. Der Zuschlag kann die hypothetisch zu erwartende Strafe im Einzelfall sogar übersteigen.

Ob der von der Strafverfolgungsbehörde auferlegte und vom Selbstanzeiger dann neben der verzinsten Steuer gezahlte Zuschlag zu einer „rechtskräftigen Verurteilung" im Sinne des Art. 50 EU-GR-Charta führt, ist höchstrichterlich, insb. vom EuGH, noch nicht geklärt. Fest steht bislang, dass der europäische Rechtskraftbegriff erheblich weiter ist als der deutsche.[598] In der Rs. „M" hat der EuGH entschieden, dass Einstellungsbeschlüsse dann als rechtskräftig anzusehen sind, wenn das Strafverfahren nur bei „neuen Belastungstatsachen" wieder aufgenommen werden kann.[599] Nach der hier vertretenen Auffassung ist eine Wiederaufnahme nur zulässig, wenn der Finanzbehörde eine unrichtige/unvollständige Selbstanzeige nachträglich bekannt wird oder wenn sie ein sonstiges selbstanzeigerelevantes Informationsdefizit gegenüber dem Selbstanzeiger im Zeitpunkt der Einstellung des Strafverfahrens hatte. Die Wiederaufnahme hängt also vom nachträglichen Bekanntwerden entscheidungserheblicher Tatsachen ab. Dem Einstellungsbeschluss nach § 398a AO „Rechtskraft" i.s.d. Art. 50 EU-GR Charta beizumessen liegt demnach nahe.[600]

592 *Bülte*, NZWiSt 2014, 321 (324).
593 *ders.*, NZWiSt 2014, 321 (324); ähnlich *Beyer*, AO-StB 2013, 129 (130).
594 Siehe unter erster Teil B. II. 4.
595 *Bülte*, NZWiSt 2014, 321 (324).
596 *Beyer*, AO-StB 2013, 129 (130).
597 BT-Drucks. 18/3018, S. 14.
598 Siehe auch und im Einzelnen *Bülte*, NZWiSt 2014, 321 (324).
599 EuGH vom 5.6.2014 - C-398/12 -, *M*, Rn. 41.
600 So auch *Bülte*, NZWiSt 2014, 321 (324), der freilich nicht dem Ansatz des selbstanzeigerelevanten Informationsgefälles folgt.

Bei einer Doppelsanktion, die bei einer Strafzuschlagszahlung und einer anschließend von einem deutschen Strafgericht verhängten Kriminalstrafe bestünde, handelt es sich um einen innerstaatlichen Sachverhalt. Art. 50 EU-GR Charta kommt nur dann als Doppelbestrafungsverbot in Betracht, wenn für die Sanktionen ein europäischer Anknüpfungspunkt besteht. Dies hat der EuGH für die Mehrwertsteuerhinterziehung bejaht[601], weil die Mehrwertsteuer europarechtlich nach Maßgabe des Art. 114 AEUV und der Mehrwertsteuersystemrichtlinie harmonisiert ist. Die Mehrwertsteuer ist gewissermaßen eine „Unionssteuer", an der dem Haushalt der Europäischen Union ein Eigenanteil zusteht.[602] Nach Art. 2, Art. 250 Abs. 1 und Art. 273 der Sechsten Mehrwertsteuersystemrichtlinie und Art. 4 Abs. 3 EUV sind die Mitgliedstaaten verpflichtet, Vorschriften zu erlassen, die geeignet sind, die Erhebung der gesamten in ihrem Hoheitsgebiet geschuldeten Mehrwertsteuer zu gewährleisten.[603] Das kann insbesondere die Androhung von Sanktionen sein. Bei einer verunglückten Selbstanzeige eines Mehrwertsteuerhinterziehers ist das Doppelbestrafungsverbot nach Art. 50 EU-GR Charta also grundsätzlich anzuwenden.

Die verunglückte Selbstanzeige, die die Hinterziehung anderer Steuern betrifft, kann m.E. nicht unmittelbar am Doppelbestrafungsverbot des Art. 50 EU-GR Charta gemessen werden. Für die Anwendung der Grundrechte der EU-GR Charta ist nach Art. 51 allgemeine Voraussetzung, dass die Union oder die Mitgliedstaaten *Unionsrecht* durchführen. Das ist insbesondere bei den direkten Steuern, bei denen die Mitgliedstaaten ihre Hoheitsrechte nicht an die Union abgetreten haben, nicht der Fall. Allerdings ist nicht ganz auszuschließen, dass der EuGH den Anwendungsbereich von Art. 50 EU-GR Charta zukünftig über die Mehrwertsteuer hinaus ausdehnt. Schon nach seiner bisherigen Rechtsprechung, die freilich vor allem die Grundfreiheiten nach dem AEUV und nicht

601 EuGH, Urteil vom 26. Februar 2013 – C-617/10 –, *Åkerberg Fransson*, UR 2014, 27 (31) Rn. 35 f.

602 Art. 2 Abs. 1 des Beschlusses 2007/436/EG, Euratom des Rates vom 07. Juni 2007 über das System der Eigenmittel der Europäischen Gemeinschaften (ABl. 2007, L 163, S. 17); vgl. EuGH, Urteil vom 16. März 2017 – C-493/15 –, *Identi*, UR 2017, 310 (312) Rn. 19; EuGH, Urteil vom 07. April 2016 – C-546/14 –, *Degano Trasporti*, C-546/14, UR 2016, 448 (451) Rn. 22.

603 EuGH, Urteil vom 07. April 2016 – C-546/14 –, *Degano Trasporti*, UR 2016, 448 (450) Rn. 19; EuGH, Urteil vom 16. März 2017 – C-493/15 –, *Identi*, UR 2017, 310 (311) Rn. 16; EuGH, Urteil vom 29. März 2012 – C-500/10 –, *Belvedere Costruzioni*, UR 2012, 768 (770) Rn. 21; EuGH, Urteil vom 26. Februar 2013 – C-617/10 –, *Åkerberg Fransson*, UR 2014, 27 (30) Rn. 25.

die EU-GR Charta zum Gegenstand hat, haben die Mitgliedstaaten nämlich ihre verbleibenden Befugnisse auch bei den direkten Steuern unter Wahrung des Gemeinschaftsrechts auszuüben.[604]

(3) Kompensatorische Maßnahmen

(a) Rückgewähr nach § 143 Abs. 1 InsO?

Eine finanzielle Sanktion, die das Doppelbestrafungsverbot des Art. 50 EU-GR Charta auslöst, besteht grundsätzlich dann nicht (mehr), wenn der Sanktionsbetrag an den Täter zurückgezahlt wird.[605] Bei verunglückten Selbstanzeigen ist eine – insb. kondiktionsrechtliche – Rückzahlung wegen der Verfallsregelung des § 398a Abs. 4 S. 1 AO ausgeschlossen. Ficht jedoch der Insolvenzverwalter neben der Mehrwertsteuernachzahlung auch die Zuschlagszahlung erfolgreich an, gewährt der Justizfiskus den Zuschlagsbetrag – ungeachtet der Verfallsregelung – auf insolvenzrechtlicher Grundlage (§ 143 Abs. 1 InsO) zurück, und zwar an die Insolvenzmasse.[606] Es scheint dann der Wegfall der strafähnlichen Sanktion nach § 398a Abs. 1 Nr. 2 AO im Raum zu stehen. Allerdings bleibt bei einer Erstattung an die Insolvenzmasse, wie oben ausgeführt[607], die Sanktionswirkung bestehen. Haftungsrechtlich wie wirtschaftlich profitieren die Gläubiger. Für den Selbstanzeiger bestehen der Mittelabfluss und Konsumverzicht trotz der Rückgewähr fort. Selbst der erfolgreich angefochtene Strafzuschlag kann demnach weiter ein Doppelbestrafungsverbot nach Art. 50 EU-GR Charta bewirken.

(b) Anrechnung gemäß § 398a Abs. 4 S. 2 AO

Nach Anfechtung der verzinsten Steuernachzahlung „kann" ein Strafgericht gemäß § 398a Abs. 4 S. 2 AO den gezahlten Zuschlag auf eine Geldstrafe anrechnen und so eine Doppelsanktionierung verhindern, und zwar im Wege einer zusätzlich vom Gericht zu verfügenden Strafvollstreckungsfiktion.[608] Das dem Strafgericht eröffnete Ermessen ist dabei auf null reduziert. Das zwingende Anrechnungsgebot ergibt sich – für alle Steuerarten – aus dem Rechtsstaatsprinzip des GG, insbesondere aus dem Übermaßverbot,[609] für die Doppelsanktionierung der

604 EuGH, Urteil vom 07. September 2004 – C-319/02 –, *Manninen*, ZIP 2004, 2278 f. Rn. 19.

605 Vgl. *Bülte*, NZWiSt 2014, 321 (326).

606 Siehe zweiter Teil B. IV. 2. c. bb.

607 Zweiter Teil B. IV. 4. c. aa. (2) (b) (bb).

608 Tipke/Kruse/*Seer*, Oktober 2016, § 398a AO Rn. 37; *Roth*, wistra 2015, 295 (297 f.).

609 Vgl. allgemein zum zwingenden Anrechnungsgebot des § 398a Abs. 4 S. 2 AO HHSP/*Beckemper*, Februar 2018, § 398a AO Rn. 80 mwN; allgemein zur Beschränkung von Doppelsanktionen durch Anrechnung Schmidt-Bleibtreu, GG/*Schmahl*, Art. 103 GG

Mehrwertsteuerhinterziehung aus Art. 50[610] und Art. 49 Abs. 3 EU-GR Charta. Der in Art. 49 Abs. 3 der Charta verankerte Grundsatz der Verhältnismäßigkeit des Strafmaßes gebietet, im Fall der Verhängung einer zweiten Sanktion dafür zu sorgen, dass die Schärfe aller verhängten Sanktionen nicht die Schwere der festgestellten Straftat überschreitet.[611]

(c) Hinter dem Zuschlag zurückbleibende Geldstrafen

Eine Anrechnung ist nicht vollständig möglich, wenn eine Geldstrafe hinter dem Zuschlag der Höhe nach zurückbleiben würde.[612] Eine Erstattung des Zuschlags an den Selbstanzeiger scheidet auch insofern nach § 398a Abs. 4 S. 1 AO aus. In diesem Sonderfall, in dem keine vollständige Kompensation der Zuschlagszahlung erfolgen kann, greift das Doppelbestrafungsverbot des Art. 50 EU-GR Charta ein. Sobald die Strafverfolgungsbehörden oder das Strafgericht eine solche Konstellation absehen können, ist das Strafverfahren (wieder) einzustellen, und zwar nach § 170 Abs. 2 StPO wegen eines nicht behebbaren Verfahrenshindernisses.

Außerhalb der Strafzuschlagszahlung für Mehrwehrtsteuerhinterziehungen verstößt das Rückzahlungsverbot des § 398a Abs. 4 S. 1 AO gegen das Übermaßverbot. Die Staatskasse könnte nach dieser Norm einen schuldunangemessenen Sanktionsbetrag behalten, dessen Zahlung zumindest materiell unfreiwillig gewesen ist.

(d) Zuschlag und Freiheitsstrafe

Besteht die Zweitsanktion des gescheiterten Selbstanzeigers nicht in einer Geldstrafe, sondern in einer Freiheitsstrafe, ist § 398a Abs. 4 S. 2 AO nach seinem Wortlaut („auf eine … verhängte Geldstrafe“) nicht einschlägig. Wie nach einer verunglückten Selbstanzeige mit einer Zuschlagszahlung umzugehen ist, wenn der Hinterzieher zu einer Freiheitsstrafe verurteilt wird, ist umstritten. Die verschiedenen Diskussionsbeiträge befassen sich allgemein mit der Thematik, d.h.

Rn. 84; vgl. BVerfG, Beschluss vom 02. Mai 1967 – 2 BvR 391/64 –, BVerfGE 21, 378 (384, 388), wonach schon verhängte Disziplinarstrafen im Rahmen der Strafzumessung der Kriminalstrafe zu berücksichtigen sind.

610 Vgl. Tipke/Kruse/*Seer*, Oktober 2016, § 398a AO Rn. 36; so auch zu § 56f Abs. 3 S. 2 StGB, dem § 398a Abs. 4 S. 2 AO nachgebildet ist, BGH, Beschluss vom 20. März 1990 – 1 StR 283/89 –, BGHSt 36, 378 (381); vgl. auch EuGH, Urteil vom 13. Februar 1969, – 14/68 –, Rn. 11; BGH, Beschluss vom 12.2.2014 – 1 StR 601/13 –, wistra 2014, 269 Rn. 4.

611 EuGH, Urteil vom 20. März 2018 – C-524/15 –, *Menci*, UR 2018, 489 (495) Rn. 55.

612 *Seer*, Festschrift für Wessing, 2015, S. 353 (360).

nicht konkret bezogen auf Mehrwertsteuerhinterziehungen und den Scheiternsgrund erfolgreich angefochtener Steuernachzahlungen.

(aa) Meinungsstand

Einige Autoren[613] schlagen vor, die Zuschlagszahlung als strafmilderndes Nachtatverhalten im Rahmen der Strafzumessung zu berücksichtigen. Da sich auch die Gesetzesmaterialien nur zu Geldstrafen verhielten, sei eine analoge Anwendung des § 398a Abs. 4 S. 2 AO nicht möglich.

Ein anderer Teil des Schrifttums[614] plädiert dafür, die Anrechnung auch bei Freiheitsstrafen und Bewährungsauflagen sinngemäß anzuwenden. Er sieht dies wegen des Grundsatzes ne bis in idem und Art. 3 As. 1 GG als geboten an. Das Strafgericht habe den gezahlten Zuschlag auf anrechenbare Tagessätze umzurechnen.

Nach einer dritten Auffassung[615] ist die Zuschlagszahlung bei der Strafrahmenwahl contra-indiziell zu berücksichtigen, um so anstelle des Strafrahmens des § 370 Abs. 3 AO den Strafrahmen der einfachen Steuerhinterziehung zu Grunde legen zu können und so den Weg zu einer Geldstrafe zu eröffnen.

(bb) Stellungnahme unter Berücksichtigung der Rs. Menci, EuGH – C-524/15 –

Eine Einschränkung des in Art. 50 der Charta verbürgten Grundsatzes *ne bis in idem* kann nach Art. 52 Abs. 1 i.V.m. Art. 49 Abs. 3 der Charta gerechtfertigt werden.[616] Nach Art. 52 Abs. 1 S. 2 dürfen Einschränkungen des europarechtlichen Grundsatzes ne bis in idem unter Wahrung des Grundsatzes der Verhältnismäßigkeit vorgenommen werden, wenn sie erforderlich sind und den von der Union anerkannten dem Gemeinwohl dienenden Zielsetzungen oder den Erfordernissen des Schutzes der Rechte und Freiheiten anderer tatsächlich entsprechen.[617] Eine Kumulierung von Sanktionen strafrechtlicher Natur kann demnach nach den vom EuGH in der *Rs. Menci*[618] aufgestellten Grundsätzen gerechtfertigt sein, wenn zur Erreichung des Ziels der Bekämpfung von

613 HHSP/*Beckemper*, Februar 2018, § 398a AO Rn. 81; *Hunsmann*, NJW 2015, 113 (118).

614 Tipke/Kruse/*Seer*, Oktober 2016, § 398a AO Rn. 38.

615 Rolletschke/Kemper, Steuerstrafrecht/*Rolletschke*, Oktober 2017, § 398a AO Rn. 210 f., 213.

616 EuGH, Urteil vom 20. März 2018 – C-524/15 –, *Menci*, UR 2018, 489 (493) Rn. 40.

617 EuGH, Urteil vom 27. Mai 2014 – C-129/14 PPU –, *Spasic*, NJW 2014, 3007 (3008) Rn. 56; EuGH, Urteil vom 20. März 2018 – C-524/15 –, *Menci*, UR 2018, 489 (493) Rn. 41.

618 EuGH, Urteil vom 20. März 2018 – C-524/15 –, *Menci*, UR 2018, 489 (494) Rn. 44.

Mehrwertsteuerstraftaten mit diesen Sanktionen *komplementäre* Zwecke verfolgt werden, die gegebenenfalls verschiedene Aspekte desselben rechtswidrigen Verhaltens betreffen.

Der Strafzuschlag im Rahmen einer Selbstanzeige nach § 398a AO soll eine Kriminalstrafe ersetzen. Strafzuschlag und Kriminalstrafe sanktionieren nicht verschiedene Aspekte desselben rechtswidrigen Verhaltens. Vielmehr sanktionieren beide denselben Gesichtspunkt, nämlich eine Steuerhinterziehung von mehr als 25.000 € bzw. in einem besonders schweren Fall. Der Strafzuschlag ist mithin keine Ergänzung, sondern gleichsam ein *Surrogat*[619] der – später nach dem Scheitern der Selbstanzeige dann doch verhängten – Freiheitsstrafe. Die Einschränkung des europarechtlichen Grundsatzes ne bis in idem ist mit dem Komplementärgedanken nicht zu rechtfertigen. Eine Verletzung des Art. 50 EU-GR Charta lässt sich demzufolge nur vermeiden, wenn die Staatskasse den Zuschlag erstattet oder eine sonstige vollständige Kompensation durch Anrechnung auf die Zweitsanktion Freiheitsstrafe erfolgt. Dies vorausgeschickt sind die unterschiedlichen Lösungsansätze wie folgt zu beurteilen:

Die Strafrahmen-Lösung überzeugt schon deshalb nicht, weil sie nicht umfassend ist. Selbst bei contra-indizieller Berücksichtigung der Zuschlagszahlung bei § 370 Abs. 3 AO können immer noch Fälle verbleiben, in denen das Strafgericht nach der Zuschlagszahlung im Rahmen der verunglückten Selbstanzeige eine Freiheitsstrafe verhängt.

Die Tagessatzsystem-Lösung erscheint dagegen grundsätzlich geeignet, eine Doppelsanktionierung zu vermeiden und so dem Grundsatz ne bis in idem gerecht zu werden. Die Anrechnung von umgerechneten Tagessätzen ist mathematisch nachvollziehbar. Die vollständige Einhaltung des europarechtlichen Doppelbestrafungsverbots wird so transparent.

Allerdings scheidet eine analoge Anwendung des § 398a Abs. 4 S. 2 AO aus. Es fehlt an einer planwidrigen Regelungslücke.[620] Der Gesetzgeber hat die Anrechnung auf Freiheitsstrafen *bewusst* ungeregelt gelassen hat. Die Gesetzesmaterialien befassen sich ausschließlich mit der Anrechnung des gezahlten Zuschlags auf eine Geldstrafe. Ein Beispielsfall wird darin wie folgt erläutert[621]: „*Sollte das Verfahren mit der Verhängung einer Geldstrafe enden*", könne das Gericht den

---

619 Siehe unter erster Teil B. II. 4.

620 Vgl. BGH, Urteil vom 13. November 2001 – X ZR 134/00 –, BGHZ 149, 165 (173); *Larenz/Canaris*, Methodenlehre, ^{3}1995, S. 194.

621 In dem Entwurf eines Gesetzes zur Änderung der Abgabenordnung und des Einführungsgesetzes zur Abgabenordnung BT-Drucks. 18/3018 S. 15 f.

bereits gezahlten Zuschlagsbetrag anrechnen. Der Konditionalsatz macht deutlich, dass eine Anrechnung ausschließlich bei später verhängten Geldstrafen in Betracht kommt. § 43 S. 2 StGB ordnet ausdrücklich eine Umrechnung von Tagessätzen in Hafttage an. In § 398a Abs. 4 AO fehlt eine solche Regelung. Auch daraus lässt sich – im Umkehrschluss – schließen, dass die Tagessatzsystem-Lösung nicht dem gesetzgeberischen Willen entspricht.

Für die Bestimmung der Tagessatzhöhe gemäß § 40 Abs. 2 StGB sind die persönlichen und wirtschaftlichen Verhältnisse des Straftäters im Zeitpunkt des Strafurteils[622] – und damit auch im Zeitpunkt einer etwaigen Zuschlagsanrechnung – maßgeblich. Diese Verhältnisse können sich verändern, sie können sich insbesondere seit der Zuschlagszahlung verändert haben, wodurch der Grundsatz der Opfergleichheit[623] berührt ist: Nach Eröffnung des Insolvenzverfahrens hat der Schuldner regelmäßig nur geringe Mittel zur Verfügung. Das pfändbare Vermögen, das ihm zur Zeit der Verfahrenseröffnung gehört, und grundsätzlich auch dasjenige Vermögen, das er danach hinzuerwirbt, zählen zur Insolvenzmasse und unterliegen damit der Verfügungsgewalt des Insolvenzverwalters. Aus der Insolvenzmasse kann ihm der Insolvenzverwalter gemäß § 100 Abs. 2 InsO nur den „notwendigen" Unterhalt gewähren, der nicht über die Grenzen des sozialen Existenzminimums hinausgehen darf.[624] Da der gescheiterte Selbstanzeiger demnach regelmäßig im Zeitpunkt des Urteils und der Anrechnung geringere verfügbare Einnahmen als im Zeitpunkt der Zuschlagszahlung hat, würde ihm der Zuschlagsbetrag mit einer unangemessen hohen Tagessatzzahl gutgeschrieben. Gemessen an seinen persönlichen und wirtschaftlichen Verhältnissen im Zeitpunkt der Verurteilung wäre sein Opfer zu gering.[625] Denkbar wäre noch, Tagessätze auf der Basis der persönlichen und wirtschaftlichen Verhältnisse des Schuldners im Zeitpunkt der Zuschlagszahlung zu bestimmen und diese dann in Hafttage umzurechnen. Das wäre in der Praxis aber kaum

622 BGH, Urteil vom 21. Dezember 1988 – 2 StR 596/88, BGHR Strafsachen § 40 S. 1 Eink. 2.

623 BVerfG, Beschluss vom 01. Juni 2015 – 2 BvR 67/15 – StV 2016, 554 (555).

624 KPB/*Lüke*, § 100 InsO Rn. 5. Für ein Restschuldbefreiungsverfahren hat der Schuldner zudem seine pfändbaren Bezüge an den Treuhänder abzutreten (§ 287 Abs. 2 InsO) bzw. bei Ausübung einer selbständigen Tätigkeit durch Zahlungen an den Treuhänder eine entsprechende Situation herzustellen (§ 295 Abs. 2 InsO).

625 Vgl. BGH, Urteil vom 10. Oktober 1985 – 4 StR 454/85 –, BGHSt 33, 326 (327) zur Anrechnung von Leistungen auf Bewährungsauflagen bei nachträglicher Gesamtstrafenbildung; *Krick*, NStZ 2003, 68 (70).

umsetzbar. Denn das Gericht müsste die Verhältnisse zu einem – u.U. weit – in der Vergangenheit liegenden Zeitpunkt ermitteln.

Neben den fehlenden Voraussetzungen einer Analogiebildung sind die Schwierigkeiten, dem Grundsatz der Opfergleichheit gerecht zu werden, ein weiteres Argument dafür, bei einer späteren Verurteilung des gescheiterten Selbstanzeigers zu einer Freiheitsstrafe einen Verstoß gegen das Übermaßverbot, gegen Art. 3 GG und ggfs. gegen Art. 50 EU-GR Charta durch angemessene Berücksichtigung der Zuschlagszahlung im Rahmen der Strafzumessung abzuwenden.

5. *Zwischenergebnis zu IV. und Umsetzung*

Ficht der Insolvenzverwalter die verzinste Steuernachzahlung nach § 398a Abs. 1 Nr. 1 AO erfolgreich an, wird das Strafverfolgungshindernis nach § 398a AO nicht begründet, so dass die Strafverfolgung grundsätzlich wieder aufgenommen werden kann. Es greift jedoch eine Wiederaufnahmesperre, wenn auch der Finanzbehörde bei Einstellung des Strafverfahrens die Anfechtbarkeit der Steuernachzahlung, insbesondere die Benachteiligung anderer Gläubiger bekannt war. Die Wiederaufnahmesperre greift auch dann, wenn dem Selbstanzeiger selbst nicht hinreichende Daten vorlagen, aus denen er seine (drohende) Zahlungsunfähigkeit hätte ermitteln können.

Die alleinige erfolgreiche Anfechtung der Strafzuschlagszahlung nach § 398a Abs. 1 Nr. 2 AO lässt das Strafverfolgungshindernis aus § 398a AO unberührt. Aus einem gezahlten Strafzuschlag ergibt sich zudem – jedenfalls bei Mehrwertsteuerhinterziehungen – ein Verfahrenshindernis nach Art. 50 EU-GR Charta, und zwar auch dann, wenn der Insolvenzverwalter neben der Steuernachzahlung auch die Zuschlagszahlung erfolgreich angefochten hat. Eine Doppelsanktionierung ist jedoch regelmäßig durch vollständige Anrechnung des gezahlten Zuschlagsbetrages auf eine Geldstrafe abzuwenden. Übersteigt der Strafzuschlag eine zu erwartende Geldstrafe der Höhe nach, resultiert aus Art. 50 EU-GR Charta ein nicht behebbares Verfahrenshindernis, weil eine Rückerstattung des überschießenden Strafzuschlags an den Selbstanzeiger nach § 398a Abs. 4 S. 1 AO ausgeschlossen ist. Betrifft die gescheiterte Selbstanzeige in dieser Konstellation eine andere Steuerart als die Mehrwertsteuer, so verstößt das Rückzahlungsverbot gegen das Übermaßverbot. Weder eine Anrechnungsmöglichkeit noch ein Verfahrenshindernis verhindern, dass die Staatskasse den schuldunangemessenen Teil des Strafzuschlags behalten darf. Bei einer späteren Verurteilung des gescheiterten Selbstanzeigers zu einer Freiheitsstrafe ist ein Verstoß gegen das Übermaßverbot, gegen Art. 3 GG und ggfs. gegen Art. 50 EU-GR Charta durch angemessene Berücksichtigung der Zuschlagszahlung im Rahmen der Strafzumessung abzuwenden.

Wenn der Insolvenzverwalter die Steuernachzahlung erfolgreich angefochten hat, steht fest, dass die Steuer nicht entrichtet und damit die Selbstanzeige nach § 398a AO unwirksam ist. Schwieriger ist die Behandlung der Selbstanzeige in der Phase, in der noch ungewiss ist, ob ein Insolvenzverwalter später tatsächlich anfechten wird. Die Grundsätze, die für Schwebezustände im Zusammenhang mit der Selbstanzeige nach § 371 AO entwickelt wurden, gelten hier entsprechend.[626] Das Bedürfnis, de lege ferenda eine gesetzliche Aussetzungsmöglichkeit zu schaffen, ist hier noch größer, weil bei einer Einstellung des Strafverfahrens nach § 398a AO zusätzlich eine Wiederaufnahmesperre droht.

V. Das Nachtatverhalten im Rahmen der Strafzumessung

Scheitert die Selbstanzeige an der Anfechtung der verzinsten Steuernachzahlung (und greift auch keine Wiederaufnahmesperre / kein Verfahrenshindernis ein), wird der Selbstanzeiger strafrechtlich verfolgt.

1. *Strafzumessung im engeren Sinne*

Das Verhalten des Täters, das er nach seiner Tat im Zuge der verunglückten Selbstanzeige an den Tag gelegt hat, kann Einfluss auf die Strafzumessung im engeren Sinne haben (§ 46 Abs. 2 S. 2 AO). Sowohl das Bemühen um Schadenswiedergutmachung als auch eine verunglückte Selbstanzeige sind strafzumessungsrelevant. Eine angefochtene Steuernachzahlung betrifft beide Aspekte.

Die Nachzahlung der verkürzten Steuern ist ein bestimmender Strafmilderungsgrund.[627] Strafmildernd wird dabei berücksichtigt, dass die Verkürzung von Steuern beim Fiskus nicht zu einem dauerhaften Steuerausfall geführt hat.[628] Für eine erhebliche Strafmilderung muss die Schadenswiedergutmachung folgerichtig auch von Dauer sein. Nach einer erfolgreichen Insolvenzanfechtung sind die Steuernachzahlung und auch die Schadenswiedergutmachung nicht nachhaltig. Der Steuerausfall ist nicht beseitigt. Es bleibt ein – letztlich erfolgloses – Bemühen um Schadenswiedergutmachung übrig. Eine Strafmilderung

---

626 Siehe unter zweiter Teil B. III. 3.

627 BGH, Urteil vom 02. Dezember 2008 – 1 StR 416/08 –, BGHSt 53, 71 (80) Rn. 21; zur Frage, ob es sich auch um einen *besonders gewichtigen* Milderungsgrund handelt, vgl. BGH, Urteil vom 07. Februar 2012 – 1 StR 525/11 –, BGHSt 57, 123 (132) Rn. 36.

628 Kohlmann/*Schauf*, Mai 2018, § 370 AO Rn. 1058.

ist deshalb in geringerem Maße als bei einer nachhaltigen Wiedergutmachung möglich.

Scheitert die Selbstanzeige an der mangelnden Nachhaltigkeit der Steuernachzahlung, überschneidet sich der Milderungsgrund der Schadenswiedergutmachung mit dem der verunglückten Selbstanzeige.[629] Der Milderungsspielraum der verunglückten Selbstanzeige ist bei misslungener Wiedergutmachung begrenzter als bei anderen Scheiternsgründen. Denn Art und Umfang des Scheiterns sind zu berücksichtigen.[630] Misslingt die Selbstanzeige, weil dem Steuerhinterzieher keine nachhaltige Schadenswiedergutmachung gelingt, liegt darin ein substanzielleres Scheitern, als wenn er beispielsweise die Nachentrichtungsfrist um kurze Zeit versäumt.

Eine verunglückte Selbstanzeige ist im Wege der Strafmilderung ggfs. auch unter dem Aspekt zu honorieren, dass die Tat ohne sie nicht bzw. nicht so effizient hätte aufgeklärt werden können.[631] Sie kann sogar zu einer deutlichen Strafmilderung führen, wenn sie erkennbar vom Willen zur Rückkehr in die Steuerehrlichkeit getragen war.[632] Eine deutliche Strafmilderung ist insbesondere dann möglich, wenn die Unwirksamkeit auf ein Versehen des gescheiterten Selbstanzeigers zurückzuführen ist.[633] Die Selbstanzeige scheitert auch dann versehentlich, wenn der Steuerhinterzieher die Anfechtbarkeit nicht erkannt hat. Eine deutliche Strafmilderung kommt dagegen nicht in Betracht, wenn der Selbstanzeiger die Anfechtung vorhergesehen oder gar einkalkuliert hat. Selbst bei vorhergesehener Anfechtbarkeit verbleibt als Milderungsgrund der wesentliche Beitrag des Steuerhinterziehers zur Tataufklärung, wenn die Selbstanzeige nur an der Anfechtung scheitert. Der Steuerhinterzieher versetzt die Strafverfolgungsbehörde nämlich mit der Selbstanzeige über die Steuerstraftat in Kenntnis, und zwar in der hohen Qualität einer Materiallieferung nach § 371 Abs. 1 AO.

Der gezahlte Zuschlag kann bei der späteren Verhängung einer Freiheitsstrafe nicht durch Anrechnung kompensiert werden.[634] Er ist stattdessen als

629 Vgl. Kohlmann/*ders.*, Mai 2018, § 370 AO Rn. 1058.4, der den Strafmilderungsgrund der verunglückten Selbstanzeige in dem Unterkapitel „Schadenswiedergutmachung" kommentiert.

630 Vgl. *Matschke*, wistra 2012, 457 (461).

631 Tipke/Kruse/*Krumm*, Oktober 2017, § 370 AO Rn. 217.

632 LG München II, Urteil vom 13. März 2014 – W 5 KLs 68 Js 3284/13 –, wistra 2015, 77 (79), Klein (13. Aufl.)/*Jäger*, § 371 AO Rn. 11; Nr. 77 Ziff. 3 a) AStBV (St) 2017.

633 LG München II, Urteil vom 13. März 2014 – W 5 KLs 68 Js 3284/13 –, wistra 2015, 77 (79).

634 Siehe unter zweiter Teil B. IV. 4. c. cc. (3) (c).

erhebliches positives Nachtatverhalten im Rahmen der Strafzumessung angemessen zu berücksichtigen.[635] Das Gericht muss dabei deutlich machen, dass es die verhängte Strafe wegen des Zuschlags so erheblich gemildert hat, dass die Schärfe von Zuschlag und der verhängten Freiheitsstrafe kumuliert nicht die Schwere der festgestellten Steuerhinterziehung überschreitet. Das ist erforderlich, um einen Verstoß gegen das Übermaßverbot sowie ggfs. gegen Art. 50 EU-GR Charta auszuschließen.

2. *Schadenswiedergutmachung nach § 46a Nr. 2 StGB*

Im Anwendungsbereich des – gegenüber § 46 Abs. 2 StGB als lex specialis vorrangigen[636] – § 46a StGB kann das Strafgericht in seinem Urteil die Strafe nach § 49 Abs. 1 StGB mildern (Strafrahmenverschiebung) oder u.U. sogar von Strafe absehen. Liegen die Voraussetzungen für das Absehen von Strafe vor, ist auch eine Einstellung des Strafverfahrens nach § 153b StPO möglich, bevor es zu einem Urteil kommt.

Ein Absehen von Strafe ist nur dann zulässig, wenn keine höhere Strafe als Freiheitsstrafe bis zu einem Jahr oder Geldstrafe bis zu dreihundertsechzig Tagessätzen verwirkt ist. Es kommt damit allenfalls für den Bereich unterer und mittlerer Kriminalität in Betracht.[637] Nach herrschender Auffassung[638] findet § 46a Nr. 2 StGB auf das Delikt der Steuerhinterziehung grundsätzlich Anwendung. § 46a Nr. 2 StGB setzt dabei voraus, dass der Täter das Opfer ganz oder zum überwiegenden Teil entschädigt und dies erhebliche persönliche Leistungen oder persönlichen Verzicht erfordert. Die Bestrebungen des Täters müssen dabei Ausdruck der Übernahme von Verantwortung sein. Verlangt wird, damit die Schadenswiedergutmachung ihre friedensstiftende Wirkung entfalten kann, dass der Täter einen über die rein rechnerische Kompensation hinausgehenden Beitrag erbringt.[639] Die bloße Bereitschaft, die hinterzogenen Steuern nachzuzahlen, sowie die Zahlung der ohnehin geschuldeten Steuern reicht für die Anwendung des § 46a Nr. 2 StGB nicht aus. Vielmehr muss der Täter einen

---

635 HHSP/*Beckemper*, Februar 2018, § 398a AO Rn. 81; *Hunsmann*, NJW 2015, 113 (118).

636 Fischer/*Fischer*, § 46a StGB Rn. 4, 6.

637 Fischer/*ders.*, § 46a StGB Rn. 2.

638 BGH, Beschluss vom 20. Januar 2010 – 1 StR 634/09 –, wistra 2010, 152; Kohlmann/*Schauf*, Mai 2018, § 370 AO Rn. 1059.2; Klein (13. Aufl.)/*Jäger*, § 371 Rn. 102; *a.A. Blesinger*, wistra 1996, 90 f.

639 BGH, Beschluss vom 20. Januar 2010 – 1 StR 634/09–, wistra 2010, 152 Rn. 6 (stRspr.); vgl. auch BT-Drucks. 12/6853, S. 21.

darüber hinausgehenden Beitrag erbringen und durch die Zahlung einen persönlichen Verzicht erleiden oder sogar in Not geraten.[640] Die Übernahme von Verantwortung kommt insbesondere dadurch zum Ausdruck, dass der Täter erhebliche Einschränkungen im finanziellen Bereich in Kauf nimmt, durch die er die materielle Entschädigung überhaupt erst ermöglicht.[641]

Im Fall der Insolvenzanfechtung ist die Steuernachzahlung des Steuerpflichtigen nicht nachhaltig. Von einer – dauerhaften – Schadenswiedergutmachung kann man deswegen nicht sprechen. Ein ernsthaftes, aber im Ergebnis erfolgloses Bemühen um Wiedergutmachung kommt für eine Strafmilderung nach § 49 Abs. 1 StGB bzw. ein Absehen von Strafe grundsätzlich nicht in Betracht.

Nach Auffassung des BGH kommt die Anwendung des § 46a Nr. 2 StGB ausnahmsweise in Frage, wenn sich der Geschädigte weigert, Ausgleichsleistungen entgegenzunehmen, oder andere vergleichbare Hindernisse entgegenstehen.[642] Die vom Insolvenzverwalter ausgeübte Insolvenzanfechtung, die dazu führt, dass der geschädigte Steuerfiskus die nachgezahlte Steuer zurückgewährt, kann mit einem solchen Hindernis nicht gleichgestellt werden: Nach § 46a Nr. 1 StGB reicht ein „Bemühen, einen Ausgleich mit dem Verletzten zu erreichen" aus. Notwendig ist dort lediglich, dass der Täter die Wiedergutmachung „ernsthaft erstrebt". Derartige Formulierungen, die ein ernsthaftes Bemühen um Schadenswiedergutmachung zum Gegenstand haben, fehlen im Wortlaut des § 46a Nr. 2 StGB. Dort heißt es vielmehr, dass der Täter das Opfer im Ergebnis auch „ganz oder zum überwiegenden Teil entschädigt". Abgesehen davon ist Telos des § 46a StGB vor allem die stärkere Berücksichtigung des Schadenskompensationsinteresses des Opfers.[643] Im Fall der Steuerhinterziehung passt dazu nur die nachhaltige Beseitigung des Steuerausfalls. Der vom BGH anerkannte Ausnahmefall ist geprägt davon, dass derjenige, dessen Schadenkompensationsinteresse der § 46a Nr. 2 StGB verwirklichen soll, selbst die Erfüllung des Entschädigungsanspruchs bewusst verhindert. Einem solchen „Annahmeverzug" könnten allenfalls solche Umstände gleichgestellt werden, die der Geschädigte bewusst beeinflusst hat und die seiner Sphäre entstammen. Die Anfechtung von Steuerzahlungen kann der geschädigte Steuerfiskus jedoch nicht beeinflussen. Vielmehr entscheidet

640 BayOLG, Urteil vom 29. April 1997 –4 St RR 35/97, wistra 1997, 313 f.; Kohlmann/*Schauf*, Mai 2018, § 370 AO Rn. 1059.2.

641 Fischer/*Fischer*, § 46a StGB Rn. 11.

642 BGH, Beschluss vom 13. April 1999 – 1 StR 77/99 –, NStZ 1999, 454 (455); Fischer/*ders.*, § 46a StGB Rn. 11.

643 Vgl. BT-Drucks. 12/6853, S. 21.

über die Anfechtung der Insolvenzverwalter, der damit die von ihm verwaltete Insolvenzmasse anreichern kann.

VI. Drohende Ersatzfreiheitsstrafe

1. Problemaufriss

Ist eine Selbstanzeige wegen Insolvenzanfechtung der Steuernachzahlung unwirksam, wird der Steuerhinterzieher[644] strafrechtlich verfolgt. Durch die verunglückte Selbstanzeige haben BuStra bzw. StA nicht nur einen Anfangsverdacht, sondern sogar Kenntnis von der Steuerstraftat mit der Folge, dass sie gemäß § 152 Abs. 2 StPO ein Strafverfahren einleiten müssen. Ein Strafgericht wird in einem späteren Urteil häufig nicht eine Freiheits-, sondern eine Geldstrafe[645] als schuldangemessen ansehen. Spätestens ab Eröffnung des Insolvenzverfahrens tritt gemäß § 43 S. 1 StGB i.V.m. § 459e Abs. 2 StPO die Uneinbringlichkeit der Geldstrafe ein, weil deren Vollstreckung auf absehbare Zeit keine Aussicht auf Erfolg verspricht. Der Verurteilte verliert die Verwaltungs- und Verfügungsbefugnis über sein Vermögen (§ 80 Abs. 1 InsO), die Zwangsvollstreckung in sein Vermögen wird unzulässig (§ 89 Abs. 1 InsO). Außerdem ist eine Befriedigung im Insolvenzverfahren in der Regel nicht zu erwarten, weil es sich bei Geldstrafen um nachrangige Insolvenzforderungen handelt (§ 39 Abs. 1 Nr. 3 InsO). An die Stelle der uneinbringlichen Geldstrafe tritt nach § 43 StGB eine Ersatzfreiheitsstrafe.[646] Besteht keine Möglichkeit, die Ersatzfreiheitsstrafe durch gemeinnützige Arbeit abzuwenden[647], droht dem an der Insolvenzanfechtung gescheiterten Selbstanzeiger dann sogar im Bereich unterer Kriminalität Freiheitsentzug. Diese Sekundärsanktion ist härter als die Primärsanktion. Eine Freiheitsstrafe greift intensiv in das Grundrecht der Freiheit der Person (Art. 2 Abs. 2 S. 2 GG) ein. Sie belastet den Täter deshalb weitaus stärker als eine Geldstrafe.[648]

---

644 Vorbehaltlich einer Wiederaufnahmesperre und eines nicht behebbaren Verfahrenshindernisses.

645 Auch wegen der unter V. genannten Milderungsgründe.

646 BVerfG, Nichtannahmebeschluss vom 24. August 2006 – 2 BvR 1552/06 –, NJW 2006, 3626 (3627).

647 Z.B. bei Krankheit. Vgl. Art. 293 EGStGB.

648 KG Berlin, Beschluss vom 31. Mai 2006 – (5) 1 Ss 68/06 (8/06) –, StV 2007, 35 (36); vgl. auch BGHSt 52, 84 (87 f.) Rn. 11; Fischer/*Fischer*, § 47 StGB Rn. 10.

2. *Übermaßverbot*

Die Umwandlung von Geld- in (härtere) Freiheitsstrafen berührt das – aus dem Rechtsstaatsprinzip und Art. 1 Abs. 1 GG hergeleitete[649] – Schuldprinzip.[650] Das BverfG[651] rechtfertigt die Ersatzfreiheitsstrafe allgemein mit dem Interesse an einer effektiven Strafrechtspflege, die eine zeitnahe Strafvollstreckung auch gegenüber Zahlungsunfähigen schon während des Insolvenzverfahrens gebiete. Die in der Umwandlung in eine Freiheitsstrafe liegende „Strafschärfung" stellt demzufolge eine unvermeidliche Begleiterscheinung der gebotenen zeitnahen Strafvollstreckung dar. Ein Teil der Literatur[652] stellt dagegen das Rechtsinstitut der Ersatzfreiheitsstrafe grundsätzlich u.a. unter Hinweis auf die Herleitung des Schuldprinzips aus Art. 1 Abs. 1 GG in Frage.

Auch wenn man der verfassungsgerichtlichen Rechtsprechung im Grundsatz folgt, kann die Vollstreckung einer Ersatzfreiheitsstrafe nach einer nur an einer angefochtenen Steuernachzahlung gescheiterten Steuernachzahlung verfassungswidrig sein. Es handelt sich um eine besonders gelagerte Konstellation, die intensiv am Verhältnismäßigkeitsgrundsatz, insbesondere am Übermaßverbot zu messen ist. Das Maß der den Einzelnen treffenden Belastung muss noch in einem vernünftigen Verhältnis zu den der Allgemeinheit erwachsenden Vorteilen stehen.[653] Soweit es sich auf die Strafe begrenzend auswirkt, deckt sich das Schuldprinzip mit dem Übermaßverbot.[654]

Die Selbstanzeige gehört zum System des Steuerstrafrechts. Der Staat hat mit der Insolvenzanfechtung ein Rechtsinstitut geschaffen, das keinen steuerstrafrechtlichen, sondern insolvenzrechtlichen Zwecken (insb. der Gläubigergleichbehandlung und der Masseanreicherung) dient. Die – insofern sachfremde – Insolvenzanfechtung wirkt auf das steuerstrafrechtliche System ein und ruft erhebliche Verwerfungen hervor. Ohne diese Interferenz wäre

---

649 BVerfG, Beschluss vom 25. Oktober 1966 – 2 BvR 506/03 –, BVerfGE 20, 323 (331); BVerfG, Beschluss vom 26. Mai 1981 – 2 BvR 215/81 –, BVerfGE 57, 250 (275); BVerfG, Urteil vom 30. Juni 2009 – 2 BvE 2/08, 2 BvE 5/08, 2 BvR 1010/08, 2 BvR 1022/08, 2 BvR 1259/08, 2 BvR 182/09 –, BVerfGE 123, 267 (413).

650 *Köhler*, GA 1987, 145 (161); *Tiedemann*, GA 1964, 353 (371); *von Selle*, NStZ 1990, 118 (120).

651 BVerfG, Nichtannahmebeschluss vom 24. August 2006 – 2 BvR 1552/06 –, NJW 2006, 3626 (3627).

652 *Köhler*, GA 1987, 145 (161); *Tiedemann*, GA 1964, 353 (371).

653 BVerfG, Beschluss vom 18. Juli 2005 – 2 BvF 2/01 –, BVerfGE 113, 167 (260).

654 BVerfG, Beschluss vom 03. Juni 1992 – 2 BvR 1041/88,78/89 –, BVerfGE 86, 288 (313); kritisch *Frisch*, NStZ 2013, 249 (251 ff.).

der Strafanspruch aufgehoben und das Strafverfolgungsinteresse des Staates hinfällig. Der Gesetzgeber hat diese Interferenzen nicht reflektiert, sondern ignoriert[655], wodurch es zu dieser Deformation des Steuerstrafrechtssystems im Insolvenzverfahren gekommen ist. Der Strafanspruch und dessen Verfolgbarkeit werden eher „aus Versehen" aufrechterhalten. Ein solches versehentlich deformiertes Strafrechtssystem kann in der Abwägung nicht das gleiche Gewicht wie ein vom Gesetzgeber bewusst entworfenes und konsistentes System haben.

Abgesehen davon sind Steuerhinterzieher in der Regel unverschuldet von der Insolvenzanfechtung betroffen, wenn ihre Selbstanzeige nur an der Anfechtung der Steuernachzahlung scheitert. Sie haben alles Notwendige und in ihrer Macht Stehende getan, um eine wirksame Selbstanzeige abzugeben, haben aber keinen bestimmenden Einfluss auf die Entscheidungen des Insolvenzverwalters.

Ein Blick auf die Strafzwecke, die in der Strafvollstreckung durchgesetzt werden sollen, untermauert die vorgenannten Argumente: Eine zeitnahe Strafvollstreckung soll in der Weise auf den Täter einwirken, dass von ihm nicht die Gefahr weiterer (Steuer-) Straftaten ausgeht.[656] Sie hat damit nicht zuletzt einen spezialpräventiven Zweck. Eine unverschuldet nur an der Insolvenzanfechtung gescheiterte Selbstanzeige ist ein starkes Indiz dafür, dass der Täter die Absicht hat, sich auch in Zukunft steuerlich rechtstreu zu verhalten. Er hat zumindest den ernsthaften Versuch unternommen, in die Steuerlegalität vollständig zurückzukehren. Dies lässt die Prognose zu, dass schon die Verhängung der Geldstrafe für die bezweckte spezialpräventive Wirkung ausreicht, es des Vollzugs einer Ersatzfreiheitsstrafe insofern also nicht mehr bedarf.[657]

Darüber hinaus läuft die Vollstreckung einer Ersatzfreiheitsstrafe auch den Zielen der InsO, insbesondere denen des Restschuldbefreiungsverfahrens zuwider. Sie widerspricht dem Ziel der §§ 286 ff. InsO, dem Schuldner einen wirtschaftlichen Neuanfang zu ermöglichen, indem er sich nach Kräften bemüht, seine Gläubiger so weit wie möglich zu befriedigen.[658] Mit einer Haftstrafe geht regelmäßig der Verlust von Erwerbs- und damit auch der Befriedigungsmöglichkeiten einher.[659] Mit einem Gefängnisaufenthalt ist zudem

---

655 Siehe unter zweiter Teil B. III. 2. b. bb. (4) und zweiter Teil B. IV. 4. c. bb. (4).

656 Kleinknecht/Müller/Reitberger, StPO/*Stöckel*, Juli 2013, Vor § 449 StPO Rn. 8.

657 Vgl. zum Wegfall der Notwendigkeit der Vollstreckung einer Ersatzfreiheitsstrafe bei einer positiven Prognose MünchKommStGB, Band 2/*Radtke*, § 43 StGB Rn. 18.

658 Uhlenbruck/*Hirte*, § 39 InsO Rn. 24.

659 Uhlenbruck/*ders.*, § 39 InsO Rn. 24.

regelmäßig eine Stigmatisierung verbunden, die einen „fresh start“ erheblich beeinträchtigt.[660] Eine solche zweite „wirtschaftliche Bestrafung“ wirkt vor dem Hintergrund, dass der Schuldner alles notwendige in seiner Macht Stehende getan hat, um eine wirksame Selbstanzeige abzugeben, umso mehr wie eine schwer erträgliche Zusatzbelastung. Im Gefängnis kann der gescheiterte Selbstanzeiger keiner Erwerbstätigkeit nachgehen, um zur Befriedigung seiner Gläubiger beizutragen. Es ist ihm daher im Gefängnis auch de facto unmöglich, in der Abtretungsphase Zahlungen nach § 295 Abs. 1 Nr. 4, Abs. 2 InsO an den Treuhänder zu leisten. Würde er die Geldstrafe bezahlen, um eine Ersatzfreiheitsstrafe abzuwenden, droht ihm gemäß § 296 InsO die Versagung der Restschuldbefreiung.[661]

3. *Verfassungskonforme Auslegung des § 459f StPO*

Ein Gericht kann nach § 459f StPO anordnen, dass die Vollstreckung der Ersatzfreiheitsstrafe zu unterbleiben hat, wenn die Vollstreckung für den Verurteilten zu einer „unbilligen Härte“ führt. Eine solche Generalklausel eignet sich gerade wegen seiner Unbestimmtheit für eine verfassungskonforme Auslegung[662] und damit für die Gewährleistung von Verfassungskonformität im Einzelfall.

Nach h.M.[663] ist von Verfassungs wegen die Annahme einer unbilligen Härte nicht schon dann geboten, wenn der Verurteilte unverschuldet vermögenslos geworden ist; vielmehr müssen besondere Umstände hinzukommen, auf Grund derer mit der Vollstreckung der Ersatzfreiheitsstrafe eine außerhalb des Strafzwecks liegende zusätzliche Härte verbunden wäre, die dem Verurteilten auch unter Berücksichtigung des Zwecks der Strafe nicht zugemutet werden kann. Schon dieser Maßstab eignet sich, um eine verfassungskonforme Lösung

660 *Rönnau/Tachau*, NZI 2007, 208 (213).

661 Uhlenbruck/*Hirte*, § 39 InsO Rn. 24; Uhlenbruck/*Sternal*, § 295 InsO Rn. 55; vgl. auch *Janca/Heßlau*, ZInsO 2012, 2128 (2134); *Janca/Schroeder/Baron*, wistra 2015, 409 (414) mwN.

662 *von Selle*, NStZ 1990, 118 (119); vgl. auch *Larenz/Canaris*, Methodenlehre, ^{3}1995, S. 325 f.

663 BVerfG, Nichtannahmebeschluss vom 24. August 2006 – 2 BvR 1552/06 –, NJW 2006, 3626 (3627 f.) Rn. 5; BGH, Beschluss vom 22. Dezember 1976 – 3 StR 393/76 –, BGHSt 27, 90 (93); Meyer-Goßner/Schmitt, StPO/*Schmitt*, § 459f StPO Rn. 2, *a.A. Köhler*, GA 1987, 145 (161); *von Selle*, NStZ 1990, 118 (119 f.), die den Begriff der unbilligen Härte weiter auslegen und allein schon die unverschuldete Zahlungsunfähigkeit genügen lassen.

herbeizuführen. Die besonderen Umstände sind die vorgenannten[664], die die Vollstreckung einer Ersatzfreiheitsstrafe übermäßig erscheinen lassen: Zu einer unverschuldeten Zahlungsunfähigkeit kommt eine unverschuldete Insolvenzanfechtung hinzu, die zu einer vom Gesetzgeber unbedachten Aufrechterhaltung des Strafanpruchs führt. Die lediglich an der Insolvenzanfechtung gescheiterte Selbstanzeige lässt die Prognose zukünftiger Rechtstreue des Steuerstraftäters zu, wodurch dem spezialpräventiven Strafzweck Genüge getan wird. Die durch die Insolvenzanfechtung bedingte Ersatzfreiheitsstrafe kann dem Selbstanzeiger u.U. noch eine zweite „wirtschaftliche" Bestrafung einbringen, weil sein von der InsO angepeilter wirtschaftlicher Neuanfang beeinträchtigt, eventuell sogar verhindert wird.

Für die Subsumtion der Anfechtungsfälle unter § 459f StPO bietet § 302 Nr. 2 InsO noch ein systematisches Argument: Es mag zutreffen, dass § 302 Nr. 2 InsO der Vollstreckung einer Ersatzfreiheitsstrafe nicht grundsätzlich entgegensteht.[665] Die Norm würde aber leerlaufen, wenn die Eröffnung des Insolvenzverfahrens stets, also selbst nach Anfechtung der Steuernachzahlung und anschließender Verurteilung zu einer Geldstrafe, die Vollstreckung der Ersatzfreiheitsstrafe nach sich ziehen würde. Denn Geldstrafenforderungen würden dann (nahezu) immer durch Vollstreckung ihres Surrogats, der Ersatzfreiheitstrafe, schon während des Insolvenzverfahrens erlöschen. Es gäbe dann de facto so gut wie nie Geldstrafen, die § 302 Nr. 2 InsO von der Restschuldbefreiung ausnehmen würde.

Eine Anordnung nach § 459f StPO wegen unbilliger Härte hebelt die Strafrechtspflege in einem solchen Fall auch nicht aus. Der Strafanspruch bleibt bestehen. Ist der Verurteilte nach Aufhebung des Insolvenzverfahrens und Beendigung des Restschuldbefreiungsverfahrens wieder zahlungsfähig, hat er auf die Geldstrafenforderung nach wie vor zu zahlen. Die Geldstrafenforderung wird nach § 302 Nr. 2 InsO nicht von der Restschuldbefreiung erfasst. Das Gericht kann die Anordnung in diesem Fall widerrufen.

---

664 Siehe unter zweiter Teil B. VI. 2.

665 So BVerfG, Nichtannahmebeschluss vom 24. August 2006 – 2 BvR 1552/06 –, NJW 2006, 3626 (3627).

VII. Zusammenfassung zu B.

Eine Selbstanzeige nach § 371 AO führt zur Straffreiheit. Ficht der Insolvenzverwalter jedoch die verzinste Steuernachzahlung erfolgreich an, ist die Selbstanzeige unwirksam. Denn die Steuer ist nur dann „entrichtet", wenn die Zahlung nachhaltig ist. Die Strafverfolgungsbehörde kann dann ein nach § 170 Abs. 2 StPO eingestelltes Strafverfahren wiederaufnehmen.

Mit einer wirksamen Selbstanzeige nach § 398a AO erlangt der Selbstanzeiger keine Straffreiheit, sondern erwirkt ein prozessuales Strafverfolgungshindernis. Ficht der Insolvenzverwalter allein die Zuschlagszahlung an, beeinträchtigt das nicht die Wirksamkeit der Selbstanzeige. Wird hingegen (auch) die verzinste Steuernachzahlung nach § 398a Abs. 1 Nr. 1 AO angefochten, ist die hinterzogene Steuer wiederum nicht „entrichtet" und es entsteht kein Strafverfolgungshindernis. Das Strafverfahren kann wieder aufgenommen werden. Wusste die Strafverfolgungsbehörden jedoch bei Einstellung des Strafverfahrens, dass die Steuernachzahlung anfechtbar ist, insb. dass sie die übrigen Gläubiger des Selbstanzeigers benachteiligt hat, ist die Wiederaufnahme ausgeschlossen (Wiederaufnahmesperre).

Ein gezahlter Strafzuschlag nach § 398a Abs. 1 Nr. 2 AO ist, selbst wenn der Insolvenzverwalter ihn erfolgreich angefochten hat, nach Wiederaufnahme des Strafverfahrens auf die später verhängte Geldstrafe anzurechnen. Ist das nicht vollständig möglich, weil die Zuschlagshöhe die Höhe der Geldstrafe übersteigen würde, ist ein Strafverfahren wegen Mehrwertsteuerhinterziehung wegen Art. 50 EU-GR Charta wieder einzustellen. Für Steuerstraftaten, die andere Steuerarten betreffen, ist eine Einstellung insofern nicht möglich. Bei einer später verhängten Freiheitsstrafe ist die Zuschlagszahlung im Rahmen der Strafzumessung angemessen zu berücksichtigen, wobei die Schärfe von Zuschlag und verhängter Freiheitsstrafe insgesamt die Schwere der Steuerhinterziehung nicht übersteigen darf.

Scheitert die Anwendung der §§ 371, 398a AO an der Insolvenzanfechtung, kann sich das Nachtatverhalten des Steuerhinterziehers, das er im Zuge der verunglückten Selbstanzeige an den Tag gelegt hat, im Rahmen der Strafzumessung (§ 46 StGB) strafmildernd auswirken.

Scheitert eine wirksame Selbstanzeige nur an der Anfechtung der Steuernachzahlung, würde die Vollstreckung einer Ersatzfreiheitsstrafe anstelle einer verhängten Geldstrafe gegen das Übermaßverbot verstoßen. Das Gericht hat dann wegen einer unbilligen Härte i.S.d. verfassungskonform ausgelegten § 459f StPO anzuordnen, dass die Vollstreckung der Ersatzfreiheitsstrafe gegen den Zahlungsunfähigen im Insolvenzverfahren zu unterbleiben hat.

C. Vereinbarkeit mit dem Verbot des Zwangs zur Selbstbelastung

I. Rechtliche Verankerung und Inhalt des Nemo-tenetur-Grundsatzes

1. Grundgesetz

Das Nemo-tenetur-Prinzip hat Verfassungsrang. Es ist als Ausprägung des allgemeinen Persönlichkeitsrechts in Art. 2 Abs. 1 i.V.m. Art. 1 Abs. 1 GG[666] und im Rechtsstaatsprinzip nach Art. 20 Abs. 3 GG[667] verankert. Jeder Zwang, sich selbst einer Straftat zu bezichtigen, greift in die allgemeine Handlungsfreiheit ein und beeinträchtigt das Persönlichkeitsrecht des Individuums.[668] Er berührt zugleich die Würde des Menschen, dessen Aussage als Mittel gegen ihn selbst verwendet wird.[669] Die Nötigung, durch eigene Äußerungen strafbare Handlungen offenbaren zu müssen, greift insbesondere in die Entschließungsfreiheit als Ausprägung des Persönlichkeitsrechts ein.[670] Der Schutzzweck des Nemo-tenetur-Grundsatzes zielt auf die individuelle Entscheidungsfreiheit und gewährleistet die Kommunikationsautonomie im Strafverfahren.[671] Dazu gehört, dass der Grundrechtsträger seine Kommunikation frei und selbstbestimmt ausüben kann. Der Nemo-tenetur-Grundsatz regelt insofern einen sensiblen Bereich in der Kommunikation zwischen dem Steuerpflichtigem und dem Staat.[672]

---

666 BVerfG, Beschluss vom 08. Oktober 1974 – 2 BvR 747/73 –, BVerfGE 38, 105 (113); BVerfG, Beschluss vom 13. Januar 1981 – 1 BvR 116/77 –, BVerfGE 56, 37 (42).

667 BVerfG, Urteil vom 19. März 2013 – 2 BvR 2628/10 –, BVerfGE 133, 168 (201) Rn. 60; näher zur Verankerung im Rechtsstaatsprinzip siehe *Reiß*, Besteuerungsverfahren und Strafverfahren, 1987, S. 167.

668 BVerfG, Beschluss vom 13. Januar 1981 – 1 BvR 116/77 –, BVerfGE 56, 37 (41 f.); *Zimmermann*, Nachzahlung bei Selbstanzeige, 2001, S. 140.

669 BVerfG, Beschluss vom 13. Januar 1981 – 1 BvR 116/77 –, BVerfGE 56, 37 (42); SK, StPO, Band II/*Rogall*, Vorbem. § 133 ff. StPO Rn. 132.

670 SK, StPO, Band II/*ders.*, Vorbem. § 133 ff. StPO Rn. 136; vgl. auch BVerfG, Beschluss vom 13. Januar 1981 – 1 BvR 116/77 –, BVerfGE 56, 37 (42).

671 *Schaefer*, Nemo-tenetur-Grundsatz, 2007, S. 139 f.

672 *ders.*, Nemo-tenetur-Grundsatz, 2007, S. 139.

2. *Art. 6 EMRK*

Darüber hinaus ist die Selbstbelastungsfreiheit Bestandteil des Rechts auf ein faires Verfahren nach Art. 6 EMRK.[673] Die EMRK ist ein völkerrechtlicher Vertrag. Als solcher hat sie nach ständiger Rechtsprechung des BVerfG den Rang eines einfachen Bundesgesetzes.[674] Nach dem Grundsatz der Völkerrechtsfreundlichkeit des Grundgesetzes ist die deutsche Rechtsordnung – d.h. auch die Grundrechte des Grundgesetzes – im Lichte des EMRK auszulegen, soweit dies mit dem Wortlaut der Verfassung vereinbar ist.[675] Nicht nur die Texte des EMRK selbst, sondern auch die Rechtsprechung des EGMR sind bei der Auslegung des jeweils vergleichbaren Grundrechts des Grundgesetzes mit einzubeziehen.[676]

Nach der Judikatur des EGMR fallen auch im Steuerverfahren erzwungene Angaben, die den Steuerpflichtigen strafrechtlich belasten, unter Art. 6 EMRK.[677] Schon wenn die Gefahr besteht, dass erzwungene Angaben in einem späteren Strafverfahren benutzt werden, kann das Selbstbelastungsverbot verletzt sein.[678]

Das Selbstbelastungsverbot nach dem Grundgesetz ist maßgeblich vom sog. Gemeinschuldnerbeschluss des BVerfG[679] bestimmt. Das Persönlichkeitsrecht des Auskunftspflichtigen würde demnach auch dann unverhältnismäßig beeinträchtigt, wenn seine außerhalb des Strafverfahrens unter Zwang herbeigeführten Selbstbezichtigungen gegen seinen Willen der Verwertung für eine Strafverfolgung zugeführt würden. Das Grundgesetz gewährleistet demnach einen Schutz, der jedenfalls nicht unter dem Niveau des EMRK liegt.

3. *Art. 47 EU-GR Charta*

Auch Art. 47 Abs. 2 EU-GR Charta beinhaltet den Grundsatz des fairen Verfahrens. Allgemein gelten die Garantien des EMRK laut den Erläuterungen zur

673 Meyer-Ladewig, EMRK/*Mayer-Ladewig/Harrendorf/König*, Art. 6 EMRK Rn. 129; Kohlmann/*Hilgers-Klautzsch*, August 2014, § 393 AO Rn. 17.

674 BVerfG, Beschluss vom 14. Oktober 2004 – 2 BvR 1481/04 –, BVerfGE 111, 307 (316 f.); BVerfG, Beschluss vom 15. Dezember 2015 – 2 BvL 1/12 –, BVerfGE 141, 1 (19) Rn. 45 f., unter Anwendung von Art. 59 Abs. 2 GG.

675 BVerfG, Beschluss vom 14. Oktober 2004 – 2 BvR 1481/04 –, BVerfGE 111, 307 (317).

676 BVerfG, Beschluss vom 14. Oktober 2004 – 2 BvR 1481/04 –, BVerfGE 111, 307 (324).

677 EGMR, Urteil vom 03. Mai 2001 – 31827/96 –, *J.B./Schweiz*, NJW 2002, 499 (501).

678 EGMR, Urteil vom 04. Oktober 2005 – 6563/03 -, *Shannon/Vereinigtes Königreich*, HRRS 2005 Nr. 935, Rn. 38; auch Meyer-Ladewig, EMRK/*Mayer-Ladewig/Harrendorf/König*, Art. 6 EMRK Rn. 136.

679 BVerfG, Beschluss vom 13. Januar 1981 – 1 BvR 116/77 –, BVerfGE 56, 37 (50).

Charta der Grundrechte im Rahmen der Charta entsprechend. Art. 47 Abs. 2 EU-GR Charta entspricht dabei dem Art. 6 Abs. 1 EMRK.[680] Die Auslegung des Art. 47 Abs. 2 EU-GR Charta wird dementsprechend auch maßgeblich von der Judikatur des EGMR zu Art. 6 Abs. 1 EMRK beeinflusst.[681] Der durch Art. 47 EU-GR Charta vermittelte Schutz vor erzwungener Selbstbelastung ist also weitgehend identisch mit dem Schutz, den Art. 6 Abs. 1 EMRK und auch das Grundgesetz bieten.

Der Nemo-tenetur-Grundsatz ist über die EU-GR Charta zu primärem Europarecht aufgestiegen. Es hat damit innerstaatlich einen höheren Rang als das innerstaatlich als einfaches Bundesgesetz einzustufende EMRK. Nach Art. 6 Abs. 3 EUV tritt die EU-GR Charta neben die Grundrechte aus den Verfassungen der EU-Mitgliedstaaten.

Nach Art. 51 Abs. 1 EU-GR Charta ist Voraussetzung für die Anwendbarkeit der europarechtlichen Grundrechte, dass Stellen der Union oder die Mitgliedstaaten Unionsrecht durchführen. Bei rein innerstaatlichen Sachverhalten bedarf es eines europarechtlichen Anknüpfungspunktes.[682] Wie oben ausgeführt[683], gibt es einen solchen im Bereich des Steuerstrafrechts derzeit nur bei der Strafverfolgung von Mehrwertsteuerhinterziehungen.

II. Insolvenzanfechtung und Selbstbelastungsverbot

1. Verwertbarkeit der Angaben aus einer wegen Insolvenzanfechtung verunglückten Selbstanzeige

Die Erwartung eines Selbstanzeigers, nach § 371 AO straffrei zu bleiben, wird enttäuscht, wenn der Insolvenzverwalter die verzinste Steuernachzahlung erfolgreich anficht. Ähnliches gilt, abgesehen von einer möglichen Wiederaufnahmesperre, für die Erwartung des Selbstanzeigers, eine endgültige Einstellung des Strafverfahrens nach § 398a AO zu erwirken. Er hat durch seine berichtigten Angaben im Ergebnis sogar selbst die Tatentdeckung herbeigeführt und sich ungewollt selbst belastet.

Beweisverwertungsverbote wegen Verstoßes gegen den Nemo-tenetur-Grundsatz kommen nur in Betracht, wenn sich der Steuerpflichtige in einer Konfliktlage zwischen seinen Erklärungspflichten und dem Risiko der Selbstbelastung

680 Erl. EU-GR Charta, Titel VI – Justizielle Rechte, Erläuterungen zu Art. 47.

681 *Jarass*, NJW 2011, 1393.

682 *Bülte*, NZWiSt 2014, 321 (326).

683 Zweiter Teil B. IV. 4. c. cc. (2).

befindet. Eine solche Konfliktlage besteht nicht bei einem Steuerpflichtigen, der nicht zur Selbstanzeige gezwungen wird.[684] Glaubt der Steuerhinterzieher irrtümlich an die Wirksamkeit der Selbstanzeige, kann er sich nicht auf die Selbstbelastungsfreiheit berufen. Der Nemo-tenetur-Grundsatz schützt nicht die Entschließungsfreiheit im Allgemeinen, sondern soll nur Zwangsausübungen abwehren.[685] Grundsätzlich hat der Steuerpflichtige selbst das Risiko zu tragen, dass sich seine Selbstanzeige im Nachhinein als unwirksam herausstellt. Die Selbstanzeige beruht auf seinem eigenverantwortlichen Entschluss, der sogar nicht selten von Taktik oder Kalkül geprägt ist.[686] Ein Irrtum über die Wirksamkeit der Selbstanzeige vermag deshalb grundsätzlich kein Verwertungsverbot zu begründen.[687] Das muss auch für Selbstanzeigen gelten, die unerwartet wegen einer Insolvenzanfechtung scheitern.

2. Die Selbstanzeige in Konfliktsituationen bei späterer/drohender Insolvenzanfechtung

a. Problemaufriss

Beispielsfall 2:
Rechtsanwalt R verschweigt in 02 in der ESt-Erklärung für den VZ 01 ein Konto und Zinseinkünfte im Ausland und hinterzieht dadurch 20.000 €. Im Mai 03 beschließt er, ehrlich zu werden und eine vollständige ESt-Erklärung für den VZ 02 abzugeben. Um der Strafverfolgung wegen des VZ 01 zu entgehen, gibt er gleichzeitig eine Selbstanzeige für den VZ 01 ab. Die hinterzogenen Steuern und die Hinterziehungszinsen zahlt er nach. R ist wegen hoher weiterer Verbindlichkeiten (insb. aus einem Anwaltsregress) zu diesem Zeitpunkt zahlungsunfähig i.S.v. § 17 Abs. 2 InsO. Dessen war sich R nicht bewusst, weil er den Überblick über seine wirtschaftlichen Verhältnisse verloren hatte. Nach Insolvenzeröffnung im Juli 03 ficht der Insolvenzverwalter die Zahlungen des R erfolgreich an.

Kann R strafrechtlich verfolgt werden?

Hinweis: Der Zinssatz des § 238 AO entspricht in den Jahren 01 bis 03 dem Marktzinsniveau.

---

684 *Beckemper*, ZIS 2012, 221 (226).

685 SK, StPO, Band II/*Rogall*, Vorbem. § 133 ff. StPO Rn. 139.

686 *Beckemper*, ZIS 2012, 221 f.

687 *dies.*, ZIS 2012, 221 (227); vgl. auch *Renzikowski*, JR 2008, 164 (166); HK, StPO/*Ahlbrecht*, § 136a StPO, Rn. 21.

Beispielsfall 3:
Rechtsanwalt R verschweigt in 02 in der ESt-Erklärung für den VZ 01 ein Konto und Zinseinkünfte im Ausland und hinterzieht dadurch 30.000 €. Er möchte ab dem VZ 02 ehrlich werden und eine vollständige ESt-Erklärung (inkl. der Zinseinkünfte im Ausland) abgeben. Er hat eine Liquiditätsbilanz aufgestellt und weiß deshalb, dass er wegen hoher anderer Verbindlichkeiten (insb. aus einen Anwaltsregress) zahlungsunfähig i.S.v. § 17 Abs. 2 InsO ist. R befürchtet, dass das FA wegen in der Steuererklärung für den VZ 02 angegebener Zinseinkünfte auf die Unvollständigkeit der Steuererklärung für den VZ 01 schließen könnte.

Was kann R tun?

Der Steuerpflichtige steckt in einem Dilemma, wenn er bereits eine Steuerhinterziehung begangen hat, diese aber nur unentdeckt bleibt, wenn er sein steuerunehrliches und strafbares Verhalten fortsetzt. Wird er dagegen steuerehrlich, kann die Finanzbehörde Rückschlüsse auf die schon begangene Tat ziehen. Der Steuerpflichtige würde sich durch Erfüllung seiner Mitwirkungspflichten (§§ 90, 149, 150 Abs. 2 AO) selbst im Hinblick auf den früheren Besteuerungszeitraum belasten. Ein solcher Konflikt kann insbesondere bei Steuerarten mit periodisch wiederkehrenden Steuererklärungspflichten entstehen. Es besteht bei diesen Steuerarten (z.B. Einkommensteuer) ein Dauerschuldverhältnis zwischen dem Steuerpflichtigen und dem Steuergläubiger. Will der Steuerpflichtige beispielsweise bei der Erfüllung seiner Erklärungspflicht eine im Vorjahr schon existente, aber verheimlichte Einkunftsquelle erstmalig offenbaren, kann die erwähnte Konfliktsituation entstehen. Verschweigt er die Einkunftsquelle wieder, macht er sich ein weiteres Mal nach § 370 Abs. 1 AO strafbar. Die Strafbewehrung in § 370 Abs. 1 AO kollidiert in solchen Konstellationen mit dem Verbot erzwungener Selbstbelastungen (nemo tenetur se ipsum accusare). Die Strafandrohung des § 370 AO übt den stärksten denkbaren staatlichen Zwang aus.[688] Die Strafandrohung greift in das Persönlichkeitsrecht ein, weil der Steuerpflichtige gezwungen wird, sich mittelbar selbst wegen einer Steuerstraftat aus dem Vorjahr zu belasten.[689]

b. Lösungsansätze für Konfliktsituationen (ohne Insolvenzanfechtung)

Ein Ansatz zur Auflösung von Konfliktsituationen, die nicht im Zusammenhang mit einer späteren/drohenden Insolvenzanfechtung stehen, besteht darin, die

688 Beermann/Gosch/*Seipl*, August 2008, § 393 AO Rn. 38; vgl. auch BGH, Beschluss vom 26. April 2001 – 5 StR 587/00 –, BGHSt 47, 8 (15).

689 BGH, Beschluss vom 12. Januar 2005 – 5 StR 191/04 –, NJW 2005, 763 (764).

strafbewehrte Steuererklärungspflicht zu suspendieren. Hierbei ist danach zu unterscheiden, ob und inwieweit ein Strafverfahren schon eingeleitet ist:

Eine Auffassung in der Literatur[690] gelangt in Konfliktsituationen zur Straffreiheit bei Nichtabgabe der späteren Steuererklärung, indem sie im Wege der verfassungskonformen Reduktion das Tatbestandsmerkmal der Pflichtwidrigkeit in § 370 Abs. 1 Nr. 2 AO unter Hinweis auf die Selbstbelastung verneint. Eine andere Auffassung[691] sieht die Nicht- oder Falscherklärung in diesen Konstellationen als tatbestandsmäßige Steuerhinterziehung, hält die Taten jedoch nach § 35 StGB für entschuldigt.

Diese Ansätze sind jedenfalls für diejenigen Konstellationen abzulehnen, in denen ein Strafverfahren noch nicht eröffnet ist. Eine generelle Suspendierung der Erklärungspflicht würde wie ein Freibrief wirken, periodisch wiederkehrend Besteuerungsgrundlagen nicht vollständig zu erklären. Denn die Gründe, die für die genannten Ansätze vorgebracht werden, bestehen nach Ablauf des jeweils nächsten Besteuerungszeitraums gleichermaßen weiter. Die Beeinträchtigung von § 85 AO und Art. 3 GG wird perpetuiert. Ob die Erklärungspflicht schon steuerrechtlich suspendiert wird oder die Strafbarkeit im Wege eines strafrechtlichen Entschuldigungsgrundes oder einer teleologischen Reduktion des § 370 Abs. 1 Nr. 2 AO verneint wird, macht insoweit keinen Unterschied. Im Ergebnis bliebe das Versäumen der Erklärungspflichten folgenlos.[692]

Der BGH löst einen Teil der Konflikte in ständiger Rechtsprechung[693] dadurch auf, dass er die Strafbewehrung der Steuererklärungspflicht ausnahmsweise suspendiert, wenn der Steuerpflichtige ansonsten in eine unauflösbare Konfliktlage gerät. Das Zwangsmittelverbot des § 393 Abs. 1 S. 2 und 3 AO konkretisiere für das Steuerstrafverfahren nur den allgemeinen und insoweit einschlägigen Grundsatz, dass eine unzumutbare Handlung nicht erzwungen werden dürfe.

---

690 *Berthold*, Zwang zur Selbstbezichtigung aus § 370 Abs. 1 AO, 1993, S. 91 ff.; *Reiter*, Nemo tenetur und Steuererklärungspflicht, 2007, S. 257 ff.

691 JJR/*Joecks*, § 393 AO Rn. 39.

692 HHSP/*Hellmann*, Juni 2009, § 393 AO Rn. 30 mwN; vgl. auch BGH, Beschluss vom 26. April 2001 – 5 StR 587/00 –, BGHSt 47, 8 (15); BGH, Beschluss vom 10. Januar 2002 – 5 StR 452/01 –, NJW 2002, 1134 (1135); BGH, Beschluss vom 23. Januar 2002 – 5 StR 540/01 –; NJW 2002, 1733 (1734); näher zum Diskussionsstand im Schrifttum Kohlmann/*Hilgers-Klautzsch*, August 2014, § 393 AO Rn. 107.

693 BGH, Beschluss vom 26. April 2001 – 5 StR 587/00 –, BGHSt 47, 8 (14); BGH, Beschluss vom 10. Januar 2002 – 5 StR 452/01 –, NJW 2002, 1134 (1135); BGH, Beschluss vom 23. Januar 2002 – 5 StR 540/01 – NJW 2002, 1733 (1734); BGH, Beschluss vom 12. Januar 2005 – 5 StR 191/04 –, NJW 2005, 763 (765).

Eine Unzumutbarkeit normgemäßen Verhaltens erkennt der BGH allerdings nur an, wenn und soweit ein Strafverfahren schon eingeleitet war. Wenn dem Straftäter die Einleitung des Strafverfahrens wegen unrichtiger oder fehlender Umsatzsteuervoranmeldungen bekannt gegeben worden sei, sei die Strafbewehrung einer entsprechenden Umsatzsteuerjahresanmeldung für die Dauer des Strafverfahrens suspendiert.[694] Außerdem sei die Strafbewehrung einer Steuererklärungspflicht suspendiert, wenn dem Täter, der bereits eine versuchte Steuerhinterziehung hinsichtlich derselben Steuerart und desselben Besteuerungszeitraums begangen habe, vor Tatvollendung die Einleitung eines Ermittlungsverfahrens wegen der Versuchstat bekannt gegeben worden sei.[695]

Zur Begehung neuen Unrechts berechtigt die Selbstbelastungsfreiheit nach der BGH-Rechtsprechung dagegen nicht. Der Steuerpflichtige dürfe die Einleitung eines Steuerstrafverfahrens für die Vorjahre nicht zum Anlass nehmen, für einen späteren Veranlagungszeitraum keine oder gar unrichtige Angaben zu machen. Ansonsten würde der in der Vergangenheit steuerunehrliche besser als der steuerehrliche Steuerpflichtige behandelt.[696]

Die Strafandrohung des § 370 AO besteht trotz der Gefahr der Selbstbelastung für frühere Besteuerungszeiträume dann fort, wenn der Steuerpflichtige noch die Möglichkeit hat, eine wirksame Selbstanzeige zu erstatten.[697] (Auch die unter dem Gesichtspunkt der Suspendierung der strafbewehrten Steuererklärungspflicht soeben zitierten Entscheidungen sind auf dieser Linie. Sie lassen eine Suspendierung nur zu, wenn die Selbstanzeige nicht nach § 371 Abs. 2 Nr. 1b) AO ausgeschlossen ist.) Die Strafandrohung besteht „jedenfalls dann" fort, wenn dem Steuerpflichtigem „ausreichende Mittel" zur Verfügung stehen, um die hinterzogenen Beträge nach § 371 Abs. 3 AO nachzuentrichten.[698] Ob die Selbstanzeige auch für denjenigen Steuerhinterzieher der vorrangige Ausweg aus

694 BGH, Beschluss vom 26. April 2001 – 5 StR 587/00 –, BGHSt 47, 8 (14).

695 BGH, Beschluss vom 23. Januar 2002 – 5 StR 540/01 –, NJW 2002, 1733 (1734).

696 BGH, Beschluss vom 26. April 2001 – 5 StR 587/00 –, BGHSt 47, 8 (15); BGH, Beschluss vom 10. Januar 2002 – 5 StR 452/01 – NJW 2002, 1134 (1135); BGH, Beschluss vom 23. Januar 2002 – 5 StR 540/01–, NJW 2002, 1733 (1734).

697 BVerfG, Kammerbeschluss vom 21. April 1988 – 2 BvR 330/88 –, wistra 1988, 302 (303); vgl. auch BFH, Beschluss vom 01. Februar 2012 – VII B 234/11 –, BFH/NV 2012, 913 f., wonach keine nach § 393 Abs. 1 S. 2 AO unzulässig erzwungene Selbstbezichtigung vorliegen könne, wenn der Steuerpflichtige noch die Möglichkeit einer strafbefreienden Selbstanzeige gehabt habe.

698 BVerfG, Kammerbeschluss vom 21. April 1988 – 2 BvR 330/88 –, wistra 1988, 302 (303).

der Konfliktsituation ist, der zwar über genügend Liquidität für die Zahlungen nach §§ 398a Abs. 1, 371 Abs. 3 AO, aber nicht für seine fälligen Verbindlichkeiten insgesamt hat, ist höchstrichterlich ungeklärt.

Steuerpflichtige dürften jedoch nach den Verschärfungen durch das SchwarzGBekG 2011 und das AO-Änderungsgesetz 2015 seltener als nach der alten Rechtslage in der Lage sein, die Voraussetzungen der §§ 371, 398a AO zu erfüllen und so auch der Konfliktsituation zu entfliehen. Die rechtlichen und tatsächlichen Anforderungen an die Erstattung einer wirksamen Selbstanzeige sind erheblich gestiegen. Das Risiko, eine unwirksame Selbstanzeige zu erstatten, ist deshalb hoch: Die Möglichkeit der Teilselbstanzeige besteht abgesehen von § 371 Abs. 2a AO (USt-VA und LSt-A) nicht mehr. Stattdessen gilt das Vollständigkeitsgebot. Noch gravierender ist, dass die Angaben in der Selbstanzeige zu allen unverjährten Steuerstraftaten einer Steuerart, mindestens aber zu allen Steuerstraftaten einer Steuerart innerhalb der letzten zehn Kalenderjahre erfolgen müssen (sog. Sparten-Lebensbeichte[699]). Bei einem so weit in die Vergangenheit zurückreichenden Berichtigungszeitraum ist es schwierig, die notwendigen Daten vollständig zusammenzutragen. Bei den zu erfassenden Taten besteht zudem das bisweilen unkalkulierbare Risiko, bedingten Vorsatz von grober Fahrlässigkeit abzugrenzen.[700] Hinzu kommen rechtliche Unsicherheiten bei der Bestimmung des Nacherklärungs- und Nachzahlungszeitraums.[701] Weitere Verschärfungen bestehen in der Erweiterung der Sperrgründe (§§ 398a Abs. 1, 371 Abs. 2 AO) und in der neu geschaffenen Zinsentrichtungspflicht des Selbstanzeigers. Besonders schwer wiegt, dass der Selbstanzeiger nach § 398a AO zusätzlich noch den Zuschlag von bis zu 20 % der hinterzogenen Steuer zu zahlen hat. Eine Konfliktlösung über § 398a AO bedeutet demnach, dass der Selbstanzeiger eine andere Sanktion[702] in Kauf nehmen muss, um sich nicht selbst wegen eines Delikts aus einem vorherigen Besteuerungszeitraum zu belasten.

Eine Konfliktsituation besteht auch für denjenigen Steuerpflichtigen, gegen den bereits wegen zurückliegender Besteuerungszeiträume ein Strafverfahren eingeleitet wurde. Denn er bleibt für nachfolgende Besteuerungszeiträume zur Abgabe wahrheitsgemäßer Steuererklärungen verpflichtet. Es besteht die Gefahr, dass er sich hinsichtlich der zurückliegenden Besteuerungszeiträume mittelbar

699 Zu diesem Begriff *Gehm*, StBW 2015, 105 (107).

700 Näher zu den Erschwernissen bei der Materiallieferung HHSP/*Beckemper*, August 2015, § 371 AO Rn. 21.

701 Tipke/Kruse/*Seer*, Oktober 2016, § 371 AO Rn. 32, 49.

702 Siehe unter erster Teil B. II. 4.

selbst belastet. Eine Suspendierung für den nachfolgenden Besteuerungszeitraum kommt mangels Strafbefangenheit nicht in Betracht. Der Ausweg über die Selbstanzeige scheidet aus, weil für die zurückliegenden Besteuerungszeiträume ein Sperrgrund nach § 371 Abs. 2 AO (bekanntgegebene Einleitung des Strafverfahrens) eingreift. Die Erfüllung der steuerrechtlichen Offenbarungspflichten ist dem Steuerpflichtigen in dieser Konstellation nach Auffassung des BGH[703] nur dann zumutbar, wenn seine Erklärungen, die er in Erfüllung seiner weiterbestehenden steuerrechtlichen Pflichten für nicht strafbefangene Besteuerungszeiträume gegenüber den Finanzbehörden macht, allein im Besteuerungsverfahren verwertet werden dürfen. Für das laufende Strafverfahren dürfen diese Informationen, soweit sie unmittelbar oder auch mittelbar zum Nachweis einer Steuerhinterziehung für die zurückliegenden Steuerjahre führen können, nicht herangezogen werden. Dieses Verwertungsverbot leitet der BGH unmittelbar aus dem verfassungsrechtlich verankerten Verbot des Selbstbelastungszwangs ab.[704]

c. *Lösungsansätze bei Anfechtung der Nachentrichtung*

Die Situation, in der der insolvenzreife Steuerpflichtige noch vor der Entscheidung steht, wie er mit seiner Zwangslage umgeht (Ex-ante-Sicht), ist zu unterscheiden von dem Szenario einer angefochtenen Zahlung, die er schon im Rahmen einer Selbstanzeige geleistet hatte (Ex-post-Sicht). Bei Letzterem ist das Kind schon in den Brunnen gefallen. Die Selbstanzeige wäre nach den bisher herausgearbeiteten Grundsätzen gescheitert, weil es der Zahlung an der Nachhaltigkeit mangelt. Der Selbstanzeiger hat die selbstbelastenden Angaben für den zurückliegenden Besteuerungszeitraum (nachfolgend VZ 01) schon gemacht. Die Angaben liegen der – für Selbstanzeigen zuständigen – Strafverfolgungsbehörde vor. In dieser Situation ist die Frage, ob der Steuerhinterzieher in der Lage wäre, eine nach den bislang herausgearbeiteten Grundsätzen wirksame Selbstanzeige für den VZ 01 abzugeben, schon – negativ – beantwortet. Darüber hinaus hat der Selbstanzeiger eine wahrheitsgemäße Steuererklärung für den nachfolgenden Besteuerungszeitraum (nachfolgend VZ 02) bereits abgegeben, mit der er sich hinsichtlich des VZ 01 mittelbar selbst belastet.

---

703 BGH, Beschluss vom 12. Januar 2005 – 5 StR 191/04 –, NJW 2005, 763 (765), unter Bezugnahme auf den sog. Gemeinschuldnerbeschluss des BVerfG, Beschluss vom 13. Januar 1981 – 1 BvR 116/77 –, BVerfGE 56, 37 (50).

704 BGH, Beschluss vom 12. Januar 2005 – 5 StR 191/04 –, NJW 2005, 763 (765).

Es ist der Frage nachzugehen, ob und ggfs. wie eine Konfliktlösung aus der Ex-ante- und aus der Ex-post-Sicht gelingen kann. Dabei sind die Grundsätze des sog. Gemeinschuldnerbeschlusses[705] zu beachten, der sich mit den früheren konkursrechtlichen Auskunftspflichten des Gemeinschuldners (in der InsO Schuldner) aus §§ 75, 100 KO und deren Erzwingung nach § 101 KO befasst.[706] In dieser Entscheidung hat das BVerfG verfassungsrechtliche Grundsätze zum Schutz der Selbstbelastungsfreiheit aufgestellt: Demnach gibt es kein ausnahmsloses Gebot, dass niemand zu Auskünften oder zu sonstigen Handlungen gezwungen werden darf, durch die er eine von ihm begangene strafbare Handlung offenbart. Zum Schutz gegen unzumutbare Eingriffe und Beeinträchtigungen kommen verschiedene Vorkehrungen in Betracht. Diese müssen sich nach der Rolle der Auskunftsperson und der Zweckbestimmung der Auskunft richten. Art und Umfang des durch die Selbstbelastungsfreiheit gewährleisteten Schutzes hängen auch davon ab, ob und inwieweit andere auf die Information der Auskunftsperson angewiesen sind.[707] Während das geltende Recht Zeugen, Prozessparteien und insbesondere dem Beschuldigten im Strafverfahren durchweg ein Schweige- und Aussageverweigerungsrecht für den Fall der Selbstbezichtigung zubilligt, gilt dies nicht in gleicher Weise für solche Personen, die aus besonderen Rechtsgründen gesetzlich verpflichtet sind, einem anderen oder einer Behörde die für diese notwendigen Informationen zu erteilen. Hier kollidiert das Interesse des auskunftspflichtigen Gemeinschuldners mit dem Informationsbedürfnis anderer, deren Belange in unterschiedlicher Weise berücksichtigt werden.[708] Bei der Abwägung zwischen dem behördlichen Informationsbedürfnis und der verfassungsrechtlich verankerten Selbstbelastungsfreiheit ist der Verhältnismäßigkeitsgrundsatz zu beachten.[709] Das Persönlichkeitsrecht des Gemeinschuldners würde dann unverhältnismäßig beeinträchtigt, wenn seine unter Zwang herbeigeführten Selbstbezichtigungen gegen seinen Willen der Verwertung für eine Strafverfolgung zugeführt würden. Das dem Gemeinschuldner im strafrechtlichen Verfahren zustehende Schweigerecht wäre illusorisch, wenn eine außerhalb

705 BVerfG, Beschluss vom 13. Januar 1981 – 1 BvR 116/77 –, BVerfGE 56, 37-54.

706 Es handelt sich dabei um Vorgängervorschriften der heutigen §§ 97, 98 InsO.

707 BVerfG, Beschluss vom 13. Januar 1981 – 1 BvR 116/77 –, BVerfGE 56, 37 (42); vgl. auch BVerfG, Nichtannahmebeschluss vom 15. Oktober 2004 – 2 BvR 1316/04 –, NJW 2005, 352, und BGH, Beschluss vom 12. Januar 2005 – 5 StR 191/04 –, NJW 2005, 763 (765).

708 BVerfG, Beschluss vom 13. Januar 1981 – 1 BvR 116/77 –, BVerfGE 56, 37 (45).

709 BVerfG, Beschluss vom 13. Januar 1981 – 1 BvR 116/77 –, BVerfGE 56, 37 (50), und vgl. BGH, Beschluss vom 12. Januar 2005 – 5 StR 191/04 –, NJW 2005, 763 (765).

des Strafverfahrens erzwungene Selbstbezichtigung gegen seinen Willen strafrechtlich gegen ihn verwertet werden dürfte.[710] Gesetzeslücken sind in möglichst enger Anlehnung an das geltende Recht und unter Rückgriff auf die unmittelbar geltenden Vorschriften der Verfassung zu schließen. Dabei darf es nicht zu einer unzulässigen grundlegenden Neubestimmung des normativen Regelungsgehalts bestehender Rechtsnormen kommen.[711]

Diese Grundsätze sind auch auf Steuerpflichtige übertragbar, die im Steuerschuldverhältnis (§ 37 Abs. 1 AO) zu der Finanzbehörde stehen und nach den §§ 370, 149, 150 Abs. 2, 90 AO in strafbewehrter Weise verpflichtet sind, am Steuerfestsetzungsverfahren mitzuwirken und insbesondere Steuererklärungen abzugeben. Die Finanzbehörden haben im Interesse der Allgemeinheit die Steuern nach Maßgabe der Gesetze gleichmäßig festzusetzen und zu erheben. § 85 AO und Art. 3 Abs. 1 i.V.m. Art. 20 Abs. 3 GG verpflichten sie dazu. Sie sind darauf angewiesen, dass die Steuerpflichtigen in dieser Weise im Steuerfestsetzungsverfahren mitwirken. Die Steuerfestsetzung ist ein Massenverfahren. Auch deswegen ist die Finanzverwaltung trotz der bestehenden Ermittlungsmöglichkeiten und der verbesserten internationalen Zusammenarbeit ohne die möglichst flächendeckende Erfüllung der Steuererklärungspflichten nicht in der Lage, die Gleich- und Gesetzmäßigkeit der Steuerfestsetzung zu gewährleisten.

aa. Keine Suspendierung der Steuererklärungspflicht

Als Lösung scheidet die Suspendierung der Steuererklärungspflicht für den VZ 02 aus. Es fehlt an einem eröffneten und auf den VZ 02 bezogenen Strafverfahren.

bb. Strafrechtliche Verwertungsverbote

Nach dem o.g. Gemeinschuldnerbeschluss des BVerfG[712] bleibt ein Verpflichteter trotz drohender Selbstbelastung dann zur Auskunft verpflichtet, wenn sich die gesetzliche Verpflichtung aus Rechtsgründen außerhalb eines Strafprozesses ergibt. Die Auskunftspflicht bedarf dann aber einer Ergänzung durch ein strafrechtliches Verwertungsverbot. Von dem Verbot, die Angaben des Steuerpflichtigen im Strafverfahren zu verwerten, bleibt die Verwertung im Besteuerungsverfahren jeweils unberührt.

---

710 BVerfG, Beschluss vom 13. Januar 1981 – 1 BvR 116/77 –, BVerfGE 56, 37 (50).
711 Vgl. BVerfG, Beschluss vom 13. Januar 1981 – 1 BvR 116/77 –, BVerfGE 56, 37 (51 f.).
712 BVerfG, Beschluss vom 13. Januar 1981 – 1 BvR 116/77 –, BVerfGE 56, 37 (49).

Die nachfolgenden Lösungsansätze, die jeweils strafrechtliche Verwertungsverbote beinhalten, werden der Übersichtlichkeit halber zunächst isoliert und ohne Interferenzen dargestellt. Entsprechend den bisherigen Untersuchungsergebnissen erfolgt die Darstellung außerdem unter der Prämisse, dass eine Selbstanzeige im Anfechtungsfall unwirksam wäre.

(1) Kein einfachgesetzliches Verwertungsverbot

§ 393 AO regelt den Grenzbereich zwischen Steuer- und Strafrecht[713], freilich ohne das Insolvenzrecht zu berücksichtigen. § 393 Abs. 1 S. 2 AO verbietet dabei den Einsatz von Zwangsmitteln nach §§ 328 ff. AO (Zwangsgeld, Ersatzvornahme und unmittelbarer Zwang).[714] Das Zwangsmittelverbot erfasst jedoch nicht die hier in Rede stehende Strafandrohung des § 370 AO, obwohl der dadurch ausgeübte Zwang zur Abgabe der Steuererklärung viel stärker als das Zwangsgeld, die Ersatzvornahme und der unmittelbare Zwang wirkt.[715] § 393 Abs. 2 S. 1 AO ordnet ein Beweisverwendungsverbot an, nimmt Steuerstraftaten davon aber ausdrücklich aus. § 393 Abs. 2 AO soll gewährleisten, dass der Steuerpflichtige im Vertrauen auf das Steuergeheimnis seiner Pflicht aus § 40 AO nachkommt und außersteuerliche Straftaten offenbart.[716] Deswegen begründet § 393 Abs. 2 AO nur ein strafrechtliches Beweisverwendungsverbot im Hinblick auf außersteuerliche Delikte und gerade nicht im Hinblick auf Steuerhinterziehungen. Das Steuergeheimnis ist für Zwecke der Verfolgung von Steuerstraftaten durchbrochen (§ 30 Abs. 4 Nr. 1, Abs. 2 Nr. 1 b AO) und wäre in Ex-post-Situationen ohnehin nutzlos, weil die selbstbelastenden Angaben aus der Selbstanzeige der Strafverfolgungsbehörde schon vorliegen. Insgesamt regelt die AO die Kollision steuerlicher Mitwirkungspflichten mit dem Verbot erzwungener Selbstbelastungen nur lückenhaft.[717]

§ 97 Abs. 1 S. 3 InsO ist zwar eine Vorschrift aus dem Insolvenzrecht, hat aber nicht Steuererklärungen und Selbstanzeigen, sondern die Auskunftspflichten

713 *Spilker*, DB 2016, 1842 (1844).

714 Zum strafprozessualen Verwertungsverbot bei Nichtbefolgung des Zwangsmittelverbots bzw. bei Nichtbelehrung HHSP/*Hellmann*, Juni 2009, § 393 AO Rn. 112. Im Besteuerungsverfahren löst ein Verstoß gegen das Belehrungsverbot kein Verwertungsverbot aus, BFH, Beschluss vom 19. Dezember 2011 – V B 37/11 –, BFH/NV 2012, 956 (957) Rn. 11; Nr. 16 Abs. 3 S. 3 AStBV (St) 2017.

715 *Sahan*, Gefahr strafrechtlicher Selbstbelastung, 2006, S. 64.

716 *ders.*, Gefahr strafrechtlicher Selbstbelastung, 2006, S. 63; siehe auch BT-Drucks. V/1812, S. 32.

717 *ders.*, Gefahr strafrechtlicher Selbstbelastung, 2006. S. 40 ff.

des Schuldners gegenüber den am eröffneten Insolvenzverfahren Beteiligten zum Gegenstand.

(2) Verwertungsverbote aus der Verfassung

(a) Einzelverwertungsverbot ohne Selbstanzeige

Nach den Grundsätzen des Gemeinschuldnerbeschlusses kommt ein aus der Verfassung hergeleitetes strafrechtliches Verwertungsverbot für Angaben aus der Steuererklärung VZ 02 in Betracht. Der Steuerpflichtige bliebe zur Abgabe der strafbewehrten Steuererklärung verpflichtet, würde aber keine Selbstanzeige VZ 01 abgeben. Die selbstbelastenden Angaben aus der Steuererklärung VZ 02 dürften dann nicht strafrechtlich verwertet werden.

Nach der Rechtsprechung des BGH[718] kommt ein Beweisverwertungsverbot nur zum Zuge, sofern der Steuerpflichtige zur Abgabe einer wirksamen Selbstanzeige nicht in der Lage ist. Der Steuerpflichtige müsste demnach das Verwertungsverbot sinngemäß damit begründen, dass die verzinste Steuernachzahlung im Rahmen einer Selbstanzeige angefochten würde bzw. von Insolvenzanfechtung bedroht ist. Der Nachweis einer späteren Insolvenzanfechtung ist jedoch schwer zu führen, ja bei einem strengen Maßstab unmöglich. Es handelt sich um ein hypothetisches Ereignis.[719] Selbst wenn die Gläubigerbenachteiligung schon feststellbar ist, lässt sich zwar mit einer gewissen Wahrscheinlichkeit, aber nicht sicher prognostizieren, ob ein Insolvenzverwalter die Zahlungen später tatsächlich anfechten wird. Noch unsicherer als das zukünftige Verhalten des Insolvenzverwalters ist die Prognose, ob es überhaupt und ggfs. wann es zum Insolvenzantrag und zur Eröffnung des Insolvenzverfahrens kommt. Die weitere Entwicklung liegt dabei nicht allein in der Hand des Steuerpflichtigen und auch nicht in der der Finanzbehörde.

(b) Doppelverwertungsverbot bei verunglückter Selbstanzeige (Ex-post-Sicht)

Ist eine Selbstanzeige wegen einer Insolvenzanfechtung unwirksam, kommt ein doppeltes Verwertungsverbot als alternativer Lösungsansatz in Betracht, das die selbstbelastenden Angaben sowohl aus der Steuererklärung (VZ 02) als auch aus der Selbstanzeige (VZ 01) betrifft.

Ein Verwertungsverbot für die selbstbelastenden Angaben aus der Steuererklärung (VZ 02) lässt sich durchaus vertretbar begründen: Der Steuerpflichtige

718 BGH, Beschluss vom 12. Januar 2005 – 5 StR 191/04 –, NJW 2005, 763 (765), unter Bezugnahme auf den sog. Gemeinschuldnerbeschluss des BVerfG, Beschluss vom 13. Januar 1981 – 1 BvR 116/77 –, BVerfGE 56, 37 (50).

719 Vgl. BFH, Urteil vom 04. Dezember 2007 – VII R 18/06 –, GmbHR 2008, 386 (389).

stand wegen der Strafandrohung des § 370 AO unter dem Zwang, für den VZ 02 eine wahrheitsgemäße und vollständige Steuererklärung abzugeben, die ihn bezüglich des VZ 01 mittelbar belastet. Die Selbstanzeige stellte aus Ex-post-Sicht wegen der Insolvenzanfechtung keinen Ausweg dar, der die Zwangslage hätte beseitigen können.

Bei den im Rahmen der Selbstanzeige gemachten Angaben, die den zurückliegenden VZ 01 betreffen, ist zweifelhaft, ob sich ein Verwertungsverbot aus dem Nemo-tenetur-Grundsatz herleiten lässt. Grundsätzlich lösen verunglückte Selbstanzeigen kein Beweisverbot aus, weil die Abgabe der Selbstanzeige nicht unter Zwang erfolgt, sondern der Steuerhinterzieher irrtümlich von der Wirksamkeit der Selbstanzeige ausgegangen ist.[720]

Berichtigte Angaben können nur dann einem Verwertungsverbot unterfallen, wenn sich ausnahmsweise ein mittelbar wirkender Zwang zur Selbstanzeige konstruieren lässt[721]: Steuerpflichtige könnten in Konfliktsituationen einem mittelbaren Zwang zur Selbstanzeige ausgesetzt sein, der in ihre Grundrechte eingreift. Ein solventer Steuerpflichtiger bleibt in der Konfliktsituation in strafbewehrter Weise verpflichtet, die Steuererklärung für den VZ 02 vollständig und wahrheitsgemäß abzugeben. Er steht dabei unter dem Druck, vorher oder zumindest gleichzeitig auch die Selbstanzeige für den VZ 01 abzugeben. Ansonsten droht ihm Tatentdeckung und Strafverfolgung wegen des VZ 01. Nach der Rechtsprechung[722] ist grundsätzlich die Selbstanzeige der Weg, den ein Steuerpflichtiger in einer Konfliktsituation vorrangig zu beschreiten hat. Verneint man wegen der o.g. Nachweisschwierigkeiten[723] die Möglichkeit, dass der Steuerpflichtige im Vorhinein ein isoliertes Einzelverwertungsverbot für die selbstbelastenden Angaben in der Steuererklärung VZ 02 „beantragen" kann, bleibt es auch bei diesem Weg. Dem Steuerpflichtigen wird im Ergebnis trotz der Gefahr des Scheiterns eine Selbstanzeige abverlangt, die gleichzeitig eine Selbstbezichtigung ist. Der Steuerpflichtige muss Repressalien in Form der Strafverfolgung fürchten, wenn er nicht zusätzlich zu der Steuererklärung auch noch eine wirksame Selbstanzeige VZ 01 abgibt bzw. „versucht". Die Entscheidung des Steuerpflichtigen, ob er die Selbstanzeige abgibt oder nicht, ist insofern nicht frei.[724]

720 Siehe unter zweiter Teil C. II. 1.

721 *Beckemper*, ZIS 2012, 221 (222).

722 BGH, Beschluss vom 12. Januar 2005 – 5 StR 191/04 –, NJW 2005, 763 (765).

723 Siehe zweiter Teil C. II. 2. c. bb. (2) (a).

724 Vgl. zur mittelbaren Erzwingung von Selbstanzeigen durch die Androhung von Zwangsmitteln (§ 328 AO) im Hinblick auf Steuererklärungspflichten *Jesse*, DB 2013,

Der mittelbare Zwang, sich selbst anzuzeigen, ist ein Eingriff in das Grundrecht des Steuerpflichtigen. Die Selbstbelastungsfreiheit hat persönlichkeitsrechtlichen Charakter. Die Nötigung, durch eigene Äußerungen strafbare Handlungen offenbaren zu müssen, greift in die Entschließungsfreiheit als Ausprägung des Persönlichkeitsrechts ein.[725] Entschließungsfreiheit besteht nur, wenn sie ohne Furcht vor staatlichen Repressalien infolge der Wahl Aussage oder Nichtaussage ausgeübt werden kann.[726] Der durch die Strafandrohung in § 370 AO ausgeübte Zwang, eine wahrheitsgemäße Steuererklärung VZ 02 abzugeben, greift nach nahezu einhelliger Meinung[727] unmittelbar in die Selbstbelastungsfreiheit ein. In die Freiheit zu entscheiden, eine selbstbezichtigende Selbstanzeige abzugeben oder es zu lassen, wird indes auch eingegriffen. Denn nach dem erweiterten Eingriffsbegriff stellt jedes staatliche Handeln, das dem Einzelnen ein Verhalten, das in den Schutzbereich eines Grundrechts fällt, ganz oder teilweise unmöglich macht, bereits einen Grundrechtseingriff dar.[728] Die Steuererklärung VZ 02 und die Selbstanzeige VZ 01 bilden faktisch eine Einheit. Um die Strafverfolgung zu vermeiden, ist der Steuerpflichtige gezwungen, neben der unmittelbar strafbewehrten Steuererklärung VZ 02 eine Selbstanzeige VZ 01 abzugeben. Die Strafandrohung für den VZ 02 macht es dem sich in einer Konfliktsituation befindlichen Steuerpflichtigen unmöglich, von einer selbstbezichtigenden Selbstanzeige für den VZ 01 abzusehen. Es gibt zwar keine gesetzlich verankerte und staatlich durchsetzbare Pflicht, eine Selbstanzeige abzugeben. Allerdings liegt ein mittelbarer Zwang vor: Die Strafandrohung für den VZ 02 nimmt Einfluss auf die Entscheidungsfindung des Steuerpflichtigen, nämlich auf seine Entscheidung, ob er die Selbstanzeige für den VZ 01 abgibt.[729]

Fraglich ist, ob es dem doppelten Verwertungsverbot entgegensteht, wenn sich der Steuerpflichtige in der Konfliktsituation über die Wirksamkeit der Selbstanzeige geirrt hat: Subjektive Elemente sind bei den §§ 371, 398a AO

1803 (1811), der ein solches zwangsweise durchsetzbares Selbstbezichtigungsgebot für einen Verstoß gegen das Rechtsstaatsprinzip hält.

725 SK, StPO, Band II/*Rogall*, Vorbem. § 133 ff. StPO Rn. 137; vgl. auch BVerfG, Beschluss vom 13. Januar 1981 – 1 BvR 116/77 –, BVerfGE 56, 37 (42).

726 *Kopf/Szalai*, NJ 2010, 363.

727 BGH, Beschluss vom 12. Januar 2005 – 5 StR 191/04 –, NJW 2005, 763 (765); HHSP/*Hellmann*, Juni 2009, § 393 AO Rn. 29 mwN.

728 BVerfG, Beschluss vom 26. Juni 2002 – 1 BvR 670/91 –, BVerfGE 105, 279, (299 ff.) Rn. 77 ff.

729 Vgl. zur Differenzierung zwischen Entscheidungswahl und Entscheidungsfindung *Schaefer*, Nemo-tenetur-Grundsatz, 2007, S. 164.

unbeachtlich.[730] Grundsätzlich kann die irrige Annahme einer wirksamen Selbstanzeige nicht zu einem Verwertungsverbot zu Gunsten des Selbstanzeigers führen.[731] Diese strafrechtliche Risikoverteilung beruht aber auf der Annahme, dass der Steuerpflichtige frei über die Selbstanzeige entscheiden kann. Diese Entscheidungsfreiheit besteht in einer Zwangslage gerade nicht. Der Nemo-tenetur-Grundsatz ist auch dann beeinträchtigt, wenn neben einem Irrtum *auch* ein Zwang vorliegt, wie das in einer Konfliktsituation der Fall ist.

Fazit: Der Steuerpflichtige steht in Konfliktsituationen auch unter dem mittelbaren Zwang, sich im Hinblick auf den VZ 01 selbst anzuzeigen. Die Voraussetzungen für ein aus der Verfassung abgeleitetes Verwertungsverbot, das sich auf die Angaben aus der gescheiterten Selbstanzeige erstreckt, liegen demnach vor. Es erscheint deshalb vertretbar, ein Verwertungsverbot für die selbstbelastenden Angaben sowohl aus der Steuererklärung als auch aus der Selbstanzeige anzunehmen.

(3) Verwendungsverbote aus § 97 Abs. 1 S. 3 InsO analog

Als Rechtsgrundlage sowohl für das o.g. Doppelverwertungsverbot als auch für das o.g. Einzelverwendungsverbot kommt auch § 97 Abs. 1 S. 3 InsO analog in Betracht.

Die Auffüllung von Gesetzeslücken kann im Wege der Analogie erfolgen. § 97 Abs. 1 S. 3 InsO gilt in direkter Anwendung für das eröffnete Insolvenzverfahren. Die Vorschrift sieht in der Rechtsfolge vor, dass eine Auskunft, die der Schuldner gemäß seiner Verpflichtung nach § 97 Abs. 1 S. 1 InsO erteilt, in einem Strafverfahren nur mit seiner Zustimmung verwendet werden darf. Eine Norm kann analog angewandt werden, wenn eine planwidrige Regelungslücke besteht.[732] Außerdem muss der zur Beurteilung stehende Sachverhalt mit dem vergleichbar sein, den der Gesetzgeber geregelt hat.[733]

Der Schuldner im eröffneten Insolvenzverfahren und der insolvenzreife Steuerpflichtige im Besteuerungsverfahren sind beide auskunftsverpflichtet und einem Zwang zur Selbstbezichtigung nach § 98 InsO bzw. § 370 AO ausgesetzt. Vergleichbar sind die Konstellationen auch insoweit, als letztlich die Insolvenz

---

730 Kohlmann/*Schauf*, Mai 2018, § 371 AO Rn. 54 mwN; siehe auch unter zweiter Teil B. III. 2. b. bb. (1).

731 Siehe unter zweiter Teil C. II. 1.

732 BGH, Urteil vom 13. November 2001 – X ZR 134/00 –, BGHZ 149, 165 (173); *Larenz/Canaris*, Methodenlehre, ^{3}1995, S. 194.

733 BGH, Urteil vom 13. Juli 1988 – IVa ZR 55/87 –, BGHZ 105, 140 (143); *dies.*, Methodenlehre, ^{3}1995, S. 202.

die Zwangslage ausgelöst hat. Ohne Insolvenz käme es weder zur Anfechtung nachgezahlter Steuern noch zum Insolvenzverfahren. Eine analoge Anwendung erscheint zudem sachgerecht, weil § 97 Abs. 1 S. 3 InsO auf Konflikte zwischen Mitwirkungspflichten und der Selbstbelastungsfreiheit zugeschnitten ist.

Wenn man andere denkbare Lösungsansätze zunächst außer Acht lässt, gibt es auch eine zu füllende Gesetzeslücke: Der insolvenzreife Steuerpflichtige wird einfachgesetzlich nicht vor Selbstbelastungen geschützt, die durch die neue Strafdrohung des § 370 AO erzwungen werden.[734] § 393 AO erfasst die in Rede stehende Konfliktsituation nicht: § 393 Abs. 1 S. 2 AO regelt nur Zwangsmittel i.S.d. §§ 328 ff. AO (insb. die Androhung und Festsetzung von Zwangsgeld), § 393 Abs. 2 AO begründet ein Verwendungsverbot nur für Nichtsteuerstraftaten.

Planwidrig ist die Gesetzeslücke schon deshalb, weil bei einer erzwungenen Selbstbezichtigung der Steuerpflichtige von Verfassungs wegen vor Strafverfolgung zu schützen ist.

Dadurch, dass sich § 97 Abs. 1 S. 3 InsO zu einem Verwendungsverbot bekennt, gibt es eine relativ klare gesetzgeberische Bestimmung von Inhalt und Umfang des Beweisverbots. Dies ist ein Unterschied zur direkten Herleitung eines Verwertungsverbots aus der Verfassung, wo man sich mit den Grundsätzen aus dem Gemeinschuldnerbeschluss behelfen muss. Das noch weitergehende Verwendungsverbot nach § 97 Abs. 1 S. 3 InsO analog würde ein Verwertungsverbot mitumfassen. Die o.g. Einzel- bzw. Doppelverwertungsverbote ließen sich demnach auch auf § 97 Abs. 1 S. 3 InsO stützen.

cc. Strafzumessung und Absehen von Strafe nach § 46a Nr. 2 StGB

Eine Selbstanzeige, die wegen Insolvenzanfechtung scheitert, kann – wenn auch begrenzt – bei der Strafzumessung strafmildernd berücksichtigt werden.[735] Eine *bei Tatbegehung* vorhandene Zwangs- oder Notlage kann sich auch strafmildernd auswirken, wenn der Täter sie nicht selbst verschuldet hatte.[736] Es erscheint nicht von Vornherein ausgeschlossen, auch eine Zwangslage *bei Erstattung* der – letztlich verunglückten – Selbstanzeige in den Kanon der nicht vertypten

---

734 HHSP/*Hellmann*, Juni 2009, § 393 AO Rn. 30; vgl. auch *Wenzel*, Beweisverwertungsverbote im Steuerstrafrecht, 2003, S. 322 ff., die eine analoge Anwendung des § 97 Abs. 1 S. 3 InsO auf den Konflikt zwischen dem Nemo-tenetur-Prinzip und der strafbewehrten Steuererklärungspflicht allgemein, d.h. auch bei solventen Steuerpflichtigen befürwortet; eine analoge Anwendung generell ablehnend *Reiter*, Nemo tenetur und Steuererklärungspflicht, 2007, S. 321 ff.

735 Siehe unter zweiter Teil B. V. 1.

736 Nr. 77 Ziff. 1 a) AStBV (St) 2017.

Strafmilderungsgründe mit einzubeziehen. Allerdings würde eine bloße Strafmilderung erkennbar den Vorgaben des BVerfG zum Schutz des Nemo-tenetur-Prinzips nicht gerecht. Im Gemeinschuldnerbeschluss hat es entschieden, dass ein Verpflichteter nur dann zu einer selbstbelastenden Auskunft gezwungen werden darf, wenn seine Angaben strafrechtlich nicht verwertet werden.[737] Die Frage der Strafmilderung stellt sich denklogisch aber erst dann, wenn die Angaben des Selbstanzeigers bereits strafrechtlich verwertet worden sind und so zur Einleitung des Strafverfahrens und zur Anklageerhebung geführt haben. Nur so kommt es überhaupt zu der Situation, dass ein Gericht über das Strafmaß zu befinden hat. Schließlich ist eine geringere Strafe kein Argument gegen die Verletzung des Nemo-tenetur-Grundsatzes: Die Verfassung schützt nicht nur dann vor einer erzwungenen Selbstbelastung, wenn eine hohe Strafe droht. Im Ergebnis ist eine Strafmilderung im Rahmen der Strafzumessung kein taugliches Instrument der Konfliktlösung.

Auch das Absehen von Strafe nach § 46a Nr. 2 AO[738] ist kein Ausweg aus der Konfliktsituation nach einer wegen Insolvenzanfechtung verunglückten Selbstanzeige. § 46a Nr. 2 StGB setzt voraus, dass der Täter das Opfer ganz oder zum überwiegenden Teil entschädigt und dies erhebliche persönliche Leistungen oder persönlichen Verzicht erfordert.[739] Wie bereits festgestellt, bewirkt die später angefochtene Steuernachzahlung keine dauerhafte Beseitigung des Steuerausfalls und damit keine nachhaltige Wiedergutmachung des dem Fiskus entstandenen Schadens.[740] Ein ernsthaftes, aber erfolgloses Bemühen um Schadenswiedergutmachung reicht grundsätzlich nicht aus. Die Insolvenzanfechtung begründet insofern keinen Ausnahmefall.[741]

Auch eine Konfliktsituation, in der sich der Steuerpflichtige bei Abgabe der Selbstanzeige befunden hat, vermag einen Ausnahmefall nicht zu begründen. Telos des § 46a StGB ist vor allem die stärkere Berücksichtigung des Schadenskompensationsinteresses des Opfers[742] (hier des Fiskus), nicht dagegen die Gewährleistung der Selbstbelastungsfreiheit des Steuerhinterziehers. Das ist der Unterscheid zu § 371 AO, der auch den Zweck hat, einen Ausweg aus Konfliktsituationen zu weisen.[743] Die Annahme eines Ausnahmefalls kommt nur dann

737 BVerfG, Beschluss vom 13. Januar 1981 – 1 BvR 116/77 –, BVerfGE 56, 37 (51).
738 Zur Anwendbarkeit auf Steuerdelikte siehe unter zweiter Teil B. V. 2.
739 Siehe unter zweiter Teil B. V. 2.
740 Siehe unter zweiter Teil B. V. 2.
741 Siehe unter zweiter Teil B. V. 2.
742 Vgl. BT-Drucks. 12/6853, S. 21.
743 Siehe unter erster Teil B. II. 2.

in Betracht, wenn Umstände aus der Sphäre des Opfers eine nachhaltige Entschädigung verhindern.[744] Die Entstehung der Konfliktsituation mag man dem Zusammentreffen von vollendeter Steuerstraftat und fortbestehenden Steuererklärungspflichten und damit der Sphäre des Fiskus zuordnen. Allerdings ist nicht die Konfliktsituation als solche ursächlich für die mangelnde Nachhaltigkeit der Steuernachzahlung, sondern eben die Insolvenzanfechtung. Abgesehen davon ist der Hinweis auf eine Konfliktsituation, in der man sich befunden hat, keine besondere Leistung, mit der der Steuerhinterzieher Verantwortung übernehmen und zu einer Entschädigung des Steuergläubigers beitragen würde.

Schließlich würde auch der Lösungsansatz über § 46a Nr. 2 StGB gegen die Vorgaben des BVerfG zum Umgang mit erzwungenen selbstbelastenden Auskünften verstoßen: Ein Richter kann nur dann von Strafe absehen, wenn er bereits festgestellt hat, welche Strafe der Täter verwirkt hat und ob diese sich in dem von § 46a StGB vorausgesetzten Strafrahmen hält (Freiheitsstrafe bis zu einem Jahr oder Geldstrafe bis zu dreihundertsechzig Tagessätzen).[745] Diese Feststellungen trifft er jedoch notwendigerweise erst, nachdem die Angaben des Selbstanzeigers bereits strafrechtlich verwertet worden sind und so zur Einleitung des Strafverfahrens und zur Anklageerhebung geführt haben. Die strafrechtliche Verwertung würde notwendigerweise auch einer Einstellung des Strafverfahrens nach § 153b StGB vorangehen.

dd. Verfassungskonforme Auslegung der §§ 371, 398a AO?

(1) Wortlaut „entrichtet“

Anknüpfungspunkt für eine verfassungskonforme Auslegung der Selbstanzeigevorschriften ist der Begriff „entrichtet“, der zum Tatbestand des § 371 Abs. 3 AO und – insoweit identisch – des § 398a Abs. 1 Nr. 1 AO gehört.

Nach den bisherigen Untersuchungsergebnissen ist eine nachhaltige Zahlung unter den Entrichtungsbegriff subsumierbar, eine angefochtene dagegen grundsätzlich nicht. Diese Auslegung betrifft Steuer- und Zinszahlungen, die der Steuerpflichtige frei von Selbstbelastungszwängen vornimmt. Für Selbstbelastungskonstellationen ist jedoch zu prüfen, ob die Auslegung des Entrichtungsbegriffs so ausgeweitet werden kann, dass sie dem Nemo-tenetur-Grundsatz gerecht wird. Eine vom Insolvenzverwalter angefochtene Steuernachzahlung ist auch dann nicht nachhaltig, wenn sie in einer Konfliktsituation geleistet wurde. Deshalb ist zu erwägen, unter den Entrichtungsbegriff nicht nur nachhaltige,

744 Siehe unter zweiter Teil B. V. 2.

745 Vgl. auch Fischer/*Fischer*, § 46a StGB Rn. 4.

sondern auch solche Zahlungen zu subsumieren, die der Steuerpflichtige in der Situation eines Selbstbelastungszwangs leistet.

Eine Grenze der verfassungskonformen Auslegung bildet der Wortlaut.[746] Nach dem Wortsinn kann man unter Entrichten sowohl eine nachhaltige Zahlung als auch einen Zahlungsvorgang verstehen.[747] Nach den vorläufigen Untersuchungsergebnissen reicht der bloße Zahlungsvorgang jedenfalls nicht aus. Es muss noch ein Element hinzukommen. Neben der Nachhaltigkeit könnte das die Situation sein, in der sich der Steuerpflichtige befindet, nämlich die Situation, zu einer Selbstbelastung gezwungen zu sein. Mit semantischem Einfühlungsvermögen mag man durchaus vernehmen, dass das Entrichten auch eine bestimmte – nachhaltige – Wirkung insinuiert. Dagegen lässt sich auch bei genauerem Hinhören nicht feststellen, dass ein Selbstbelastungszwang in „entrichtet" anklänge. Der – letztlich unergiebige – Wortlaut schließt Druck- bzw. Konfliktsituationen aber auch nicht aus. Er liefert keine Argumente für eine erweiterte Auslegung, steht einer verfassungskonformen Auslegung aber auch nicht schroff entgegen.

(2) Sinn und Zweck der Selbstanzeige in Konfliktsituationen

Die Ratio des § 371 AO ist vom Zusammenspiel einer Vielzahl von Aspekten geprägt[748], von denen mal der eine und mal der andere im Vordergrund steht. Zeigt z.B. der Steuerhinterzieher eine ausschließlich fremdnützige Tat selbst an, treten der Fiskalzweck und die Schadenswiedergutmachung in den Hintergrund, während die Rückkehr in die Steuerehrlichkeit an Gewicht gewinnt. Das lässt sich schon am Tatbestand des § 371 AO („zu seinen Gunsten") ablesen. Ähnlich ist es bei der versuchten Steuerhinterziehung, bei der das Gesetz ebenfalls auf die Steuernachzahlung verzichtet.

(a) Besonderes Gewicht der Rückkehrerleichterung in Konfliktsituationen

Das Rechtsinstitut der Selbstanzeige hält das von Mitwirkungspflichten geprägte Dauerrechtsverhältnis zwischen dem Steuerpflichtigen und dem Staat funktionsfähig. Wegen des Nemo-tenetur-Grundsatzes ist es verfassungsrechtlich nicht nur gerechtfertigt, sondern sogar geboten.[749] In Dauerrechtsverhältnissen geht ein erhöhtes Kriminalisierungsrisiko häufig damit einher, dass der Steuerpflichtige auch noch in die Konfliktsituation gerät, sich wegen seiner Tat selbst belasten

746 BVerfG, Beschluss vom 22. Oktober 1985 – 1 BvL 44/83 –, BVerfGE 71, 81 (105) mwN.

747 Siehe unter zweiter Teil B. III. 2. b. bb. (2).

748 Kohlmann/*Schauf*, Mai 2018, § 371 AO Rn. 43.

749 Siehe unter erster Teil B. II. 2.

zu *müssen*. Die Selbstanzeige als Rechtsinstitut findet ihre Rechtfertigung auch darin, einen Ausweg aus solchen Konfliktsituationen zu bieten, indem sie die Rückkehr in die Steuerehrlichkeit erleichtert, und so die Selbstbelastungsfreiheit gewährleistet.[750] Diese Rechtfertigung ist gleichsam auch als Zweck anzusehen, der bei der teleologischen Auslegung zu berücksichtigen ist.

Im Zuge der verfassungskonformen Auslegung verdient derjenige von mehreren möglichen Zwecken den Vorzug, der einer Wertentscheidung der Verfassungsnorm besser entspricht.[751] In Konfliktsituationen ist das der Zweck, Selbstbelastungsfreiheit zu gewährleisten. Er bekommt zusätzliches Gewicht und überlagert andere Zwecke, die der Gesetzgeber mit der Selbstanzeige außerhalb von Konfliktsituationen verfolgt. Tritt eine Konfliktsituation ein, ist es geboten, dass dieser Zweck auch zur Geltung kommt. Denn er kommt nur in solchen Sondersituationen überhaupt zum Tragen.

Angefochtene Steuernachzahlungen verfehlen den Fiskal-, Wiedergutmachungs- und auch den Zweck, die Rückkehr in die Steuerehrlichkeit zu honorieren, weil es ihnen an der Nachhaltigkeit mangelt. Deshalb ist eine Selbstanzeige bei Insolvenzanfechtung – außerhalb von Konfliktsituationen – unwirksam. Selbstanzeigen, die nur an der Insolvenzanfechtung scheitern, haben die Selbstanzeigezwecke aber dennoch durchaus gefördert. Sie sind in diesem Sinne unvollkommen:

- Mit der Zahlung wird der Steuer- und Zinsanspruch zunächst erfüllt. Nach einer erfolgreichen Anfechtung leben diese Ansprüche wieder auf. Das Finanzamt kann die ihm dank der Selbstanzeige bekannt gewordenen Steueransprüche zur Insolvenztabelle anmelden.[752] Der Fiskus partizipiert mit diesen Steueransprüchen in Höhe der Quote gemäß den §§ 187 ff. InsO. Die Steuerfestsetzung ist nach Eröffnung des Insolvenzverfahrens nicht mehr möglich. Zumindest in Höhe der – wenn auch regelmäßig bescheidenen Quote – kann der Fiskus das Steueraufkommen dauerhaft steigern.
- Bis zur anfechtungsbedingten Rückgewähr der Steuerzahlung hat der Fiskus einen Zinsvorteil erzielt, der ihm dank § 143 Abs. 1 S. 3 InsO n.F. dauerhaft auch in wirtschaftlicher Hinsicht verbleibt, da Anfechtungsansprüche erst ab Verzugseintritt verzinst werden.

750 Siehe unter erster Teil B. II. 2.

751 BVerfG, Beschluss vom 23. Oktober 1958 – 1 BvL 45/56 –, BVerfGE 8, 210, 221 (stRspr).

752 Die Zinsansprüche kann das Finanzamt nur auf besondere Aufforderung des Insolvenzgerichts anmelden, § 174 Abs. 3 InsO.

- Ein Tatausgleich findet zum Teil statt. Das Handlungsunrecht (durch die Berichtigungserklärung) und das Erfolgsunrecht (durch die ermöglichte Korrekturfestsetzung) werden kompensiert; nur der eingetretene Fiskalschaden ist nicht nachhaltig wiedergutgemacht.
- Mit der Berichtigungserklärung nach §§ 371 Abs. 1, 398a Abs. 1 AO ist der Steuerpflichtige im Hinblick auf seine Mitwirkungspflichten bei der Steuerfestsetzung in die Steuerlegalität ein Stück weit zurückgekehrt. Nur was die Steuererhebung anbelangt, ist seine Rückkehr nicht vollkommen. Eine solche auf halber Strecke steckengebliebene Selbstanzeige reicht zwar grundsätzlich für die Belohnung in Form der Strafaufhebung nicht aus (Honorierungsgedanke). Der Steuerpflichtige hat sich aber durchaus auf den Weg gemacht, in die Steuerehrlichkeit zurückzukehren.

Die anderen Selbstanzeigezwecke sind nach alledem nicht vollständig erreicht, entsprechende Elemente sind aber vorhanden. Der Zweck, durch eine erleichterte Rückkehr in die Steuerehrlichkeit die Selbstbelastungsfreiheit zu gewährleisten, hat – wie oben ausgeführt – besonderes Gewicht und vermag in Konfliktsituationen den Mangel an Zweckerreichung zu kompensieren und zu überlagern.

(b) Inkonsistente Zwecke des § 398a AO

§ 398a Abs. 1 Nr. 1 AO ist identisch mit § 371 AO. In einer Konfliktsituation besteht der Zweck einer Selbstanzeige, die eine gewichtige Tat betrifft, insofern auch darin, eine erleichterte Rückkehr in die Steuerehrlichkeit und einen Ausweg aus der Konfliktsituation zu ermöglichen.[753] Dieser Zweck ist deshalb auch maßgeblich für die teleologische Auslegung des § 398a Abs. 1 Nr. 1 AO und damit auch des Begriffs „entrichtet".

Der Strafzuschlag nach § 398a Abs. 1 Nr. 2, Abs. 2 AO verfolgt dagegen das Ziel, Hinterziehungsstrategien, die die Möglichkeit der Selbstanzeige miteinbeziehen, unattraktiv zu machen. Auch wenn es sich nicht um eine Kriminalstrafe handelt, soll er den Steuerhinterzieher sanktionieren. Diese Zwecke sind generalpräventiver und repressiver Art. Sie gehen in eine andere Richtung als die in § 398a Abs. 1 Nr. 1 AO verankerten Zwecke, die einen interessenausgleichenden und befriedenden Charakter haben.[754]

Auch wenn in § 398a AO eine Auslegung des Entrichtungsbegriffs wie in § 371 Abs. 3 AO geboten ist, die sich an der Gewährleistung der Selbstbelastungsfreiheit

---

753 Siehe auch unter erster Teil B. II. 4.

754 Siehe auch unter erster Teil B. II. 4.

orientiert, entstehen wegen dieser unterschiedlichen Zwecke Spannungen bei der Anwendung der Norm.

(3) Grenzen verfassungskonformer Auslegung

Die verfassungskonforme Auslegung findet ihre Grenze dort, wo sie zum Wortlaut der Norm und zum klar erkennbaren Willen des Gesetzgebers in Widerspruch treten würde.[755] Diese Arbeit hat schon festgestellt, dass der Wortlaut einer weiten Auslegung der §§ 371, 398a AO nicht entgegensteht. Allerdings zieht auch der Gesetzeszweck der verfassungskonformen Auslegung Grenzen. Im Wege einer verfassungskonformen Auslegung darf einer Norm nicht ein entgegengesetzter Sinn verliehen, der normative Gehalt der auszulegenden Norm nicht grundlegend neu bestimmt oder das gesetzgeberische Ziel nicht in einem wesentlichen Punkt verfehlt werden.[756]

Die im Sinne der Selbstbelastungsfreiheit ausgelegte Selbstanzeige verwandelt die §§ 371, 398a AO nicht in etwas Wesensfremdes, in kein Aliud. Für Selbstanzeigen außerhalb von Konfliktsituationen gilt weiter, dass die Steuer- und Zinszahlungen nachhaltig sein müssen. Der im Wege der verfassungskonformen Auslegung ermittelte weite Entrichtungsbegriff umfasst in Konfliktsituationen auch nicht nachhaltige Zahlungen. Diese Auslegung betont den Schutz der Selbstbelastungsfreiheit, der selbst zu den Zwecken der Selbstanzeige zählt und zugleich dem Rechtsinstitut Legitimität verleiht. Die anderen Zwecke, namentlich der Fiskal- und der Wiedergutmachungszweck, werden dabei überlagert und kompensiert. Selbst eine angefochtene Steuernachzahlung hat den Fiskal- und Wiedergutmachungszweck ein Stück weit gefördert, auch wenn sie ihn nicht vollkommen erfüllt.[757]

Außerdem ist die Selbstbelastungsfreiheit als Auslegungskriterium weder ein Novum noch ein Fremdkörper. Sie ist vielmehr Rechtfertigung des Rechtsinstituts Selbstanzeige und in ständiger Rechtsprechung[758] das vorrangige Instrument

755 BVerfG, Beschluss vom 22. Oktober 1985 – 1 BvL 44/83 –, BVerfGE 71, 81 (105); BVerfG, Beschluss vom 26. April 1994 – 1 BvR 1299/89 –, BVerfGE 90, 263 (275); BVerfG, Beschluss vom 24. Mai 1995 – 2 BvF 1/92 –, BVerfGE 93, 37 (81); BVerfG, Urteil vom 30. März 2004 – 2 BvR 1520/01 –, BVerfGE 110, 226 (267).

756 BVerfG, Beschluss vom 11. Juni 1958 – 1 BvL 149/52 –, BVerfGE 8, 28 (34); BVerfG, Beschluss vom 11. Juni 1980 – 1 PBvU 1/79 –, BVerfGE 54, 277 (299 f.); BVerfG, Beschluss vom 22. Oktober 1985 – 1 BvL 44/83 –, BVerfGE 71, 81 (105).

757 Siehe zweiter Teil C. II. 2. c. dd. (2) (a).

758 BGH, Beschluss vom 26. April 2001 – 5 StR 587/00 –, BGHSt 47, 8 (14); BGH, Beschluss vom 12. Januar 2005 – 5 StR 191/04 –, NJW 2005, 763 (765), unter Bezugnahme auf den sog. Gemeinschuldnerbeschluss des BVerfG, Beschluss vom 13. Januar 1981 – 1

der Konfliktlösung. Der erweiterte Entrichtungsbegriff bewegt sich nach alledem innerhalb der Grenzen einer zulässigen verfassungskonformen Auslegung.

(4) Fehlanreiz zur Gläubigerbenachteiligung und Gleichheitsverstoß?

Wird eine Strafbefreiung selbst bei späterer Insolvenzanfechtung in Aussicht gestellt, schafft das einen Anreiz zur kurzfristigen Gläubigerbenachteiligung. Mittelfristig aber wird die par conditio creditorum sogar gefördert. Denn mit der Selbstanzeige werden der Finanzbehörde Steueransprüche überhaupt erst zur Kenntnis gebracht. Erst durch die Selbstanzeige wird die Finanzbehörde in den Stand versetzt, die Steueransprüche im Insolvenzverfahren geltend zu machen und so an der gleichmäßigen Befriedigung überhaupt teilzuhaben. Ohne Selbstanzeige gäbe es keine Anmeldung der Steueransprüche zur Insolvenztabelle. Außerdem beseitigt die spätere Insolvenzanfechtung die gläubigerbenachteiligende Wirkung der Steuernachzahlung wieder. Das ist ihr Zweck.

Außerhalb von Konfliktsituationen setzt der Begriff „entrichtet" nach der hier vertretenen Auffassung eine nachhaltige Steuernachzahlung voraus. Dies stellt keinen Verstoß gegen Art. 3 Abs. 1 GG dar. Für den Verzicht auf die Nachhaltigkeit in den hier betroffenen Konfliktsituationen gibt es einen sachlichen Grund. Dieser besteht in ebendieser Zwangslage, in der sich der Steuerpflichtige befindet, wenn er sich durch eine wahrheitsgemäße Steuererklärung wegen vorangegangener Besteuerungszeiträume selbst belasten würde. Und da die Selbstbelastungsfreiheit als Rechtfertigung und Zweck der Selbstanzeige nur in Zwangslagen zum Tragen kommt, ist es angezeigt, den Entrichtungsbegriff auch daran auszurichten.

(5) Zwischenergebnis zu dd.

Nach diesem Ansatz hat der sich in einer Konfliktsituation befindliche Steuerpflichtige eine wirksame Selbstanzeige auch dann erstattet, wenn der Insolvenzverwalter die Steuernachzahlung anficht. Auch die teilweise vertretene Auffassung[759], die Absätze 1 und 3 des § 371 AO seien wegen der mit der Strafaufhebung verbundenen Privilegierung eng auszulegen, führt hier nicht zu einer abweichenden Beurteilung. Denn es ist gerade ein Postulat der verfassungskonformen Auslegung, diejenige vertretbare Auslegung zu wählen, die dem höherrangigen Recht gerecht wird. Das muss auch gelten, wenn für die Einhaltung der Verfassungsnorm eine weite Auslegung nötig ist.

BvR 116/77 –, BVerfGE 56, 37 (50); BFH, Beschluss vom 01. Februar 2012 – VII B 234/11 –, BFH/NV 2012, 913 f.

759 *Wollmann*, ZInsO 2011, 1521 (1524) mwN.

d. Verhältnismäßigkeit von Selbstanzeige und Verwertungsverboten

Es verbleiben mehrere Ansätze, mittels derer dem insolvenzreifen Steuerpflichtigen im Spannungsfeld mit der Insolvenzanfechtung Schutz vor einer erzwungenen Selbstbelastung gewährt werden kann. Sie reichen von einer Strafbefreiung über ein prozessuales Strafverfolgungshindernis bis hin zu einem strafrechtlichen Verwertungs- bzw. Verwendungsverbot. Der Steuerpflichtige ist vor einer Strafverfolgung auf der Basis seiner selbstbelastenden Angaben jeweils geschützt. Der Schutz geht jedoch unterschiedlich weit, weil die Rechtsfolgen der Lösungsansätze nicht identisch sind.

Die herausgearbeitete Auslegung der §§ 371, 398a AO ist nur dann verfassungskonform, wenn sie auch dem im Rechtsstaatsprinzip verankerten Verhältnismäßigkeitsgrundsatz gerecht wird. Daran sind auch Verwertungsverbote zu messen. Dabei darf man nicht nur die Perspektive des Steuerpflichtigen einnehmen, wenn er vor der Entscheidung steht, wie er sich in der Konfliktsituation verhalten soll (Ex-ante-Perspektive). Um die berührten Interessen vollständig zu durchdringen, ist auch die Perspektive desjenigen Steuerpflichtigen zu berücksichtigen, dessen im Rahmen einer Selbstanzeige geleistete Steuernachzahlung vom Insolvenzverwalter – vielleicht unvorhergesehen – angefochten worden ist (Ex-post-Perspektive).

Der Grundsatz der Verhältnismäßigkeit ist nur gewahrt, wenn der Eingriff im Hinblick auf den verfolgten Zweck geeignet, erforderlich und angemessen ist.[760] Für die hier in Rede stehende Fallgestaltung ist eine Besonderheit im Vergleich zum Gemeinschuldnerbeschluss wichtig: Mit der Selbstanzeige tut sich eine weitere Option auf, die grundverschieden zu den verschiedenen Formen von Beweisverboten ist. Dem nach der InsO auskunftsverpflichteten Schuldner steht ein vergleichbares Instrument nicht zur Verfügung. Der Lösungsansatz, der ein Beweisverbot an den Grundsätzen des Gemeinschuldnerbeschlusses[761] orientiert, muss sich deshalb unter den speziellen Verhältnissen des Besteuerungsverfahrens der Verhältnismäßigkeitsfrage stellen. Deshalb verbietet es sich, das vom BVerfG im Gemeinschuldnerbeschluss aus der Verfassung hergeleitete Verwertungsverbot unreflektiert als Lösung für die in Rede stehende Konfliktsituation zu übernehmen.

---

760 BVerfG, Beschluss vom 12. Dezember 2006 – 1 BvR 2576/04 –, BVerfGE 117, 163, 182 (stRspr); Jarass/Pieroth, GG/*Jarass*, Art. 20 GG Rn. 116.

761 BVerfG, Beschluss vom 13. Januar 1981 – 1 BvR 116/77 –, BVerfGE 56, 37 (41 ff.).

aa. Legitimes Informationsinteresse und Geeignetheit

Die §§ 370, 150 Abs. 2, 149, 90 AO greifen in Konfliktsituationen in die Selbstbelastungsfreiheit ein. Ausgangspunkt der Verhältnismäßigkeitsprüfung ist die Überlegung, welchen legitimen Zweck der Gesetzgeber mit diesem Eingriff anstrebt. Schutzgut des § 370 AO ist nach h.M.[762] das öffentliche Interesse am vollständigen und rechtzeitigen Aufkommen der einzelnen Steuerart bezogen auf den jeweiligen Besteuerungsabschnitt. Strafbewehrt ist insbesondere die Verletzung von Steuererklärungspflichten, die Ausfluss der Mitwirkungspflichten im Sinne des § 90 AO sind.[763] Die Mitwirkungspflichten dienen dazu, die Finanzbehörden in die Lage zu versetzen, die Steuern gemäß § 85 AO nach Maßgabe des Gesetzes gleichmäßig festzusetzen und zu erheben. Die Finanzverwaltung ist verpflichtet, im Interesse der rechtstreuen Bürger einen gleichmäßigen Gesetzesvollzug auch gegenüber denjenigen zu gewährleisten, die sich ihren steuerlichen Pflichten rechtswidrig zu entziehen versuchen.[764] Die Steuererklärungspflicht und die Strafandrohung sind wichtige Instrumente, um den Gesetzesvollzug sicherzustellen. Der gesetzmäßige und gleichmäßige Gesetzesvollzug ist ein legitimer Zweck. Er ist seinerseits in der Verfassung, in den Art. 3 Abs. 1 und Art. 20 Abs. 3 GG, verankert. Das legitime Informationsinteresse, das hier mit der Selbstbelastungsfreiheit kollidiert, beruht also auf der behördlichen Aufgabe zur gesetzmäßigen und gleichmäßigen Besteuerung. Zu dieser Aufgabe gehört insbesondere, Steuerverkürzungen zu verhindern und das für die staatliche Aufgabenerfüllung notwendige Steueraufkommen zu sichern.[765] Die den Zwang zur Selbstbelastung auslösende Steuererklärungspflicht betrifft den nachfolgenden Besteuerungszeitraum. Die Verhältnismäßigkeitsprüfung ist demnach am Informationsbedürfnis für den VZ 02 zu orientieren.

Der Steuerpflichtige hat bezogen auf den VZ 01 ein Steuerdelikt nach § 370 AO begangen, dessen Strafandrohung auch das vollständige und rechtzeitige Steueraufkommen hätte sicherstellen sollen. Bemerkenswerterweise ist Informationsbeschaffung für den gesetzmäßigen Steuervollzug auch die Rechtfertigung

---

762 BFH, Urteil vom 19. August 2008 – VII R 6/07 – BStBl. II 2008, 947, (948); BGH, Beschluss vom 22. November 2012 – 1 StR 537/12 –, BGHSt 58, 50, (56) Rn. 16; BGH, Urteil vom 06. Juni 2007 – 5 StR 127/07 –, BGHSt 51, 356 (361); BGH, Urteil vom 01. Februar 1989 – 3 StR 179/88 –, BGHSt 36, 100 (102); Rolletschke/Kemper, Steuerstrafrecht/*Rolletschke*, Oktober 2017, § 370 AO Rn. 13 mwN.

763 Tipke/Kruse/*Seer*, April 2017, § 149 AO Rn. 1.

764 BVerfG, Urteil vom 27. Juni 1991 – 2 BvR 1493/89 –, BVerfGE 84, 239 (273); vgl. auch BFH, Urteil vom 24. Mai 2000 – II R 25/99 –, BStBl. 2000, 378 (379 f.).

765 BGH, Beschluss vom 12. Januar 2005 – 5 StR 191/04 –, NJW 2005, 763 (764).

dafür, den Steuerpflichtigen zur Selbstbezichtigung zu zwingen. In der Konfliktsituation, die Gegenstand des Gemeinschuldnerbeschlusses ist, geht es dagegen nicht nur um Insolvenzstraftaten, die der Gemeinschuldner zu offenbaren hat, sondern grundsätzlich um alle Deliktstypen. Maßgeblich ist dort nur, dass die Straftaten für die Abwicklung des Insolvenzverfahrens relevant sind. Der Gemeinschuldnerbeschluss geht also über den konkursrechtlichen Kontext hinaus; die hier in Rede stehende Konfliktlage bewegt sich dagegen ausschließlich im Kontext des Besteuerungsverfahrens. Die Rechtfertigung für den Selbstbezichtigungszwang und das Schutzgut der zu offenbarenden Straftat sind identisch. Das unterstreicht die gesteigerte Bedeutung, die der gesetzmäßige Steuervollzug vorliegend für die Beurteilung der verschiedenen Lösungsansätze hat.

Die zu untersuchenden Lösungsansätze müssen im Hinblick auf den verfolgten Zweck geeignet sein. Der gewünschte Erfolg muss gefördert werden, auch wenn die Umsetzung schwierig ist.[766] Auf Gesetzesebene genügt es, wenn die abstrakte Möglichkeit der Zweckerreichung besteht.[767]

Ein Einzelverwertungs- bzw. -verwendungsverbot eignet sich dazu, den Gesetzesvollzug für den nachfolgenden Besteuerungszeitraum, den VZ 02, zu unterstützen. Der Steuerpflichtige kann im Hinblick auf den VZ 02 steuerehrlich werden, ohne sich dem Risiko auszusetzen, dass seine wahrheitsgemäßen Angaben strafrechtlich verwertet werden. Ein gefährliches Hindernis, steuerehrlich zu werden, fällt weg. Die Steuer für den VZ 02 kann auf der Basis einer wahrheitsgemäßen und vollständigen Steuererklärung zutreffend festgesetzt werden.

Die Selbstanzeigelösung und das Doppelverwertungs-/verwendungsverbot gehen – auf unterschiedliche Art und Weise – darüber hinaus und unterstützen den Gesetzesvollzug sowohl im Hinblick auf den VZ 01 als auch auf den VZ 02. Der Steuerpflichtige macht bei diesen Lösungsansätzen zutreffende und vollständige Angaben zum nachfolgenden Besteuerungszeitraum, aber auch zu vorangehenden Besteuerungszeiträumen.

bb. Erforderlichkeit

Ein Mittel ist dann erforderlich, wenn es unter gleichermaßen geeigneten Mitteln das mildeste Mittel darstellt, um den erstrebten Zweck zu erreichen. An der Erforderlichkeit fehlt es, wenn das Ziel der staatlichen Maßnahme auch durch

766 BVerfG, Beschluss vom 08. Juni 2010 – 1 BvR 2011/07 –, BVerfGE 126, 112 (144) (stRspr); Jarass/Pieroth, GG/*Jarass*, Art. 20 GG Rn. 118.

767 BVerfG, Urteil vom 14. Juli 1999 – 1 BvR 2226/94 –, BVerfGE 100, 313 (373); Jarass/Pieroth, GG/*ders.*, Art. 20 GG Rn. 118.

ein anderes gleich wirksames Mittel erreicht werden kann, das das betroffene Grundrecht nicht oder deutlich weniger fühlbar einschränkt.[768]

(1) Gleiche Eignung

Die Beweisverbote (Doppel- und Einzelverwertungsverbot) sind mit der Selbstanzeigelösung zu vergleichen.

(a) Umfang der Aufklärung

Die Selbstanzeigelösung und das Doppelverwertungsverbot sind insofern wirksamer als das Einzelverwertungsverbot, als sie die zutreffende Steuerfestsetzung für gleich mehrere Besteuerungszeiträume (VZ 01 und VZ 02) bewerkstelligen. Allerdings ist die Betrachtung bei der Prüfung von Eignung und Erforderlichkeit auf den VZ 02 zu beschränken, weil legitimer Zweck der Steuererklärungspflicht, die in die Selbstbelastungsfreiheit eingreift, nur die gesetzmäßige und gleichmäßige Besteuerung des *nachfolgenden* Besteuerungszeitraums ist. Die Steuererklärungspflicht dient nicht der richtigen Besteuerung des vorangehenden Besteuerungszeitraums (VZ 01). Dass die Steuer VZ 01 wegen des mittelbaren Zwangs zur Selbstanzeige auch richtig festgesetzt wird, ist an der Stelle „Beifang".

(b) Mitwirkungsbereitschaft

Die Lösungsansätze können sich in unterschiedlicher Weise auf die Kooperationsbereitschaft des Steuerpflichtigen auswirken.[769] Je besser die Steuerpflichtigen mitwirken, desto besser kann die Finanzverwaltung eine gleichmäßige Besteuerung nach Maßgabe der Steuergesetze erreichen. Die Mitwirkungsbereitschaft sinkt aber in dem Maße, in dem der Steuerpflichtige befürchten muss, als Folge seiner Mitwirkung wegen einer früheren Tat strafrechtlich verfolgt zu werden.

(aa) Selbstanzeigelösung und Strafverfolgung

Wird der Steuerpflichtige trotz Insolvenzanfechtung straffrei (§ 371 AO), besteht für ihn auch in der Krise der Anreiz uneingeschränkt fort, eine vollständige Selbstanzeige abzugeben. Das Gleiche gilt, wenn er trotz Insolvenzanfechtung ein dauerhaftes Strafverfolgungshindernis (§ 398a AO) erwirken kann. Seine Bereitschaft, eine wahrheitsgemäße Steuererklärung für den VZ 02 abzugeben,

768 BVerfG, Beschluss vom 08. Juni 2010 – 1 BvR 2011/07 –, BVerfGE 126, 112 (144 f.) (stRspr) Jarass/Pieroth, GG/*ders.*, Art. 20 GG Rn. 119.

769 Vgl. zur Kooperationsbereitschaft als Kriterium für die Eignung einer Maßnahme die abweichende Meinung des Richters *Heußner* zum Gemeinschuldnerbeschluss BVerfG, Beschluss vom 13. Januar 1981 – 1 BvR 116/77 –, BVerfGE 56, 52 (53 f.).

wird nicht durch strafrechtliche Nachteile beim VZ 01 eingeschränkt. Die Finanzbehörde wird in die Lage versetzt, die Steuern des nachfolgenden (und als „Beifang" auch des vorangegangenen) Besteuerungszeitraums zutreffend und gleichmäßig festzusetzen.

(bb) Verwertungsverbote und Strafverfolgung
Ein Beweisverbot schließt dagegen die Strafverfolgung – anders als die Strafaufhebung nach § 371 AO bzw. das Verfolgungshindernis nach § 398a AO – nicht per se aus. Nur die Verwertung der selbstbelastenden Angaben aus der Selbstanzeige und/oder aus der Steuererklärung ist verboten. Beweismittel aus anderen Quellen (z.B. Kontrollmitteilungen) bleiben erlaubt.

Geht eine Selbstanzeige für den VZ 01 bei der Finanzbehörde ein, wird sie nach Nr. 132 Abs. 1 AStBV (St) 2017 direkt an die BuStra weitergeleitet. Die selbstbelastenden Angaben einer – wirksamen genauso wie einer unwirksamen – Selbstanzeige liegen der Strafverfolgungsbehörde demnach regelmäßig bereits vor. Denn die BuStra nimmt, obwohl sie nicht Justizbehörde ist, nach der behördeninternen Aufgabenverteilung in eigener Verantwortung[770] die Rechte und Pflichten wahr, die ansonsten der StA zugewiesen sind. Demnach liegen auch die selbstbezichtigenden Angaben der in einer Konfliktsituation abgegebenen Selbstanzeige der BuStra regelmäßig vor.

Was die selbstbelastenden Angaben in der Steuererklärung für den VZ 02 anbelangt, ist auf die Doppelrolle der Finanzbehörde hinzuweisen. Veranlagungsstelle und BuStra gehören beide der Finanzbehörde an. In einigen Bundesländern kann es sogar vorkommen, dass ein und derselbe Sachbearbeiter für die Steuerfestsetzung und die Strafverfolgung zuständig ist. Diese Doppelrolle macht es faktisch schwierig, Besteuerungs- und Strafverfahren getrennt zu halten.[771]

Für die Bearbeitung der Insolvenzanfechtung sind behördenintern andere Stellen als die BuStra zuständig.[772] Trotzdem kann und wird die BuStra regelmäßig auch von der späteren Insolvenzanfechtung erfahren. Die Tatsache, dass eine erfolgreiche Insolvenzanfechtung stattgefunden hat, wird von keinem Beweisverbot erfasst. Denn dabei handelt es sich nicht um eine Tatsache, die der Steuerpflichtige unter Zwang offenbart. Der Insolvenzverwalter übt

---

770 Vgl. § 386 Abs. 2 AO i.V.m. § 399 Abs. 1 AO.

771 Im Einzelnen *Jesse*, DB 2013, 1803 (1804), der auch auf die insoweit bestehenden Unterschiede zwischen den Bundesländern eingeht.

772 Die Erhebungsstellen oder speziell für die Insolvenzsachbearbeitung eingerichtete Sonderstellen.

die Insolvenzanfechtung unmittelbar und ohne den Strafdruck des § 370 AO gegenüber der Finanzbehörde als Anfechtungsgegner aus. Einer Weitergabe dieser Information/Daten steht auch das Steuergeheimnis nach § 30 Abs. 4 Nr. 1 AO nicht entgegen, da sie der Durchführung eines Steuerstrafverfahrens dienen würde.

Festzuhalten ist: Die Strafverfolgung ist bei allen denkbaren Beweisverboten nicht per se ausgeschlossen. Dieser Schutz bleibt hinter dem der Strafaufhebung zurück. Der Finanzbehörde liegen die Beweismittel für eine Strafverfolgung schon vor. In dieser Situation wird sich ein Steuerpflichtiger nur dann leicht damit tun, sich auf eine Mitwirkung einzulassen, wenn das Beweisverbot eine umfassende Fernwirkung hat. Es muss ausgeschlossen sein, dass die BuStra einen Anfangsverdacht bildet, um andere Beweismittel zu ermitteln. Wenn die Angaben aus der Selbstanzeige bzw. aus der Steuererklärung den Weg zu anderen Beweismitteln weisen, müssen auch diese unverwertbar sein. Andernfalls könnte das Risiko, doch strafrechtlich verfolgt zu werden, Steuerpflichtige dazu verleiten, ihr steuerunehrliches Verhalten fortzuführen.

Im Gemeinschuldnerbeschluss hat das BVerfG festgelegt, dass die „Verwertung" der erzwungenen Auskünfte für strafrechtliche Zwecke ausgeschlossen ist.[773] Ein ausdrückliches Verwendungsverbot oder gar eine ausdrückliche Fernwirkung sucht man vergebens. Der BGH[774] hat entschieden, dass die Erfüllung der steuerrechtlichen Offenbarungspflichten Steuerpflichtigen nur dann zumutbar ist, wenn die – im Besteuerungsverfahren erzwingbaren – Angaben in einem Strafverfahren nicht gegen ihn „verwendet" werden dürfen. Er hat jedoch ausdrücklich offen gelassen, wie weit dieses Verbot reicht. Der Steuerpflichtige müsste demnach befürchten, dass die BuStra zwar nicht die nachgelieferten Angaben selbst strafrechtlich verwertet, diese aber zum Anlass für weitere Ermittlungen machen könnte, die andere Beweismittel zu Tage fördern. Ein aus der Verfassung hergeleitetes Beweisverbot könnte nur dann die Mitwirkungsbereitschaft in dem Maße wie die Selbstanzeigelösung fördern, wenn man über die Grundsätze des Gemeinschuldnerbeschlusses hinausgeht.

Nach § 97 Abs. 1 S. 3 InsO analog dürften die Angaben des Steuerpflichtigen nur mit seiner Zustimmung „verwendet" werden. Der Wortlaut spricht deutlich für ein weitergehendes Beweisverbot. Dessen ungeachtet sind die genauen

---

773 BVerfG, Beschluss vom 13. Januar 1981 – 1 BvR 116/77 –, BVerfGE 56 (50 f.).

774 BGH, Beschluss vom 12. Januar 2005 – 5 StR 191/04 –, NJW 2005, 763 (765).

Rechtsfolgen der Vorschrift umstritten.[775] Das gilt für die Fernwirkung und genauso für die Frage, ob aufgrund der unverwendbaren Beweismittel ein Anfangsverdacht gebildet werden darf. Die Gesetzesmaterialien stützen indes die Annahme eines umfassenden Beweisverbots: Laut dem Regierungsentwurf zur InsO dürfen auch solche Tatsachen nicht verwertet werden, zu denen die Auskunft den Weg gewiesen hat.[776] Mit der Wahl des Wortes „verwendet" wird – so die Beschlussempfehlung des Rechtausschusses – zum Ausdruck gebracht, dass eine Auskunft des Schuldners ohne dessen Zustimmung auch nicht als Ansatz für weitere Ermittlungen dienen darf.[777] Ein Beweisverbot, das in einem ähnlichen Maße wie die Selbstanzeige Schutz vor Strafverfolgung bietet und so Mitwirkungsbereitschaft fördert, ließe sich bei entsprechend weiter Auslegung durchaus auf § 97 Abs. 1 S. 3 InsO analog stützen.

(cc) Restschuldbefreiung

Die Selbstanzeigelösung nach § 371 AO ermöglicht eine umfängliche Restschuldbefreiung, die ein Verfahrensziel des Insolvenzverfahrens nach § 1 InsO ist.[778] Die Strafaufhebung verhindert nämlich die Verurteilung des Steuerpflichtigen wegen einer Steuerstraftat und damit auch, dass die strafbefangene Steuerverbindlichkeit von der Restschuldbefreiung gemäß § 302 Nr. 1 InsO ausgenommen wird. Außerdem verhindert eine wirksame Selbstanzeige die Versagung der Restschuldbefreiung nach § 290 Abs. 1 Nr. 2 InsO. Danach wäre die Restschuldbefreiung sogar vollständig zu versagen, wenn der Schuldner in den letzten drei Jahren vor dem Antrag auf Eröffnung des Insolvenzverfahrens oder nach diesem Antrag vorsätzlich oder grob fahrlässig schriftlich unrichtige oder unvollständige Angaben über seine wirtschaftlichen Verhältnisse gemacht hat, um Leistungen an öffentliche Kassen zu vermeiden. Darunter fällt insbesondere die Steuerhinterziehung nach § 370 Abs. 1 Nr. 1 AO, die in den letzten drei Jahren vor dem Insolvenzantrag begangen wird.[779] Eine wirksame Selbstanzeige nach § 371 AO würde den Versagungsgrund entfallen lassen, da § 290 Abs. 1

---

775 Zum Streitstand Meyer-Goßner/Schmitt, StPO/*Schmitt*, Einl. Rn. 57d; Uhlenbruck/*Zipperer*, § 97 InsO Rn. 8; KPB/*Lüke*, April 2017, § 97 InsO Rn. 4a; *Heferdehl*, wistra 2003, 1 ff.

776 BT-Drucks. 12/2443, S. 142.

777 BT-Drucks. 12/7302, S. 166.

778 Vgl. zu dem Verfahrensziel der Restschuldbefreiung Schmidt, InsO/*Schmidt*, § 1 InsO Rn. 10.

779 BGH, Beschluss vom 13. Januar 2011 – IX ZB 199/09 –, ZVI 2011, 103 (104) Rn. 6.

Nr. 2 InsO entsprechend teleologisch zu reduzieren ist.[780] Bei einer Selbstanzeige nach § 398a AO dürfte eine teleologische Reduktion des Versagungsgrundes dagegen ausscheiden, weil der Strafanspruch wegen des gesteigerten Unwerts der Tat materiell-rechtlich fortbesteht und nur von der Strafverfolgung abgesehen wird.[781]

Verwertungsverbotslösungen vermögen eine strafrechtliche Verurteilung und damit eine nur eingeschränkte Restschuldbefreiung nicht generell auszuschließen. Andere Beweismittel als die Angaben in der Selbstanzeige VZ 01 oder in der Steuererklärung VZ 02 können strafrechtlich verwertet werden (z.B. Kontrollmitteilungen). Gänzlich nutzlos ist ein Verwertungsverbot im Hinblick auf die Versagung der Restschuldbefreiung nach § 290 Abs. 1 Nr. 2 InsO. Ein strafrechtliches Verwertungsverbot gilt für das Strafverfahren und nicht für das Restschuldbefreiungsverfahren. Der Steuerpflichtige muss deswegen mit der vollständigen Versagung der Restschuldbefreiung rechnen.

Fazit: Bei einem rational denkenden Steuerpflichtigen in einer Konfliktsituation ist die Bereitschaft, im Zuge einer Selbstanzeige nach § 398a AO eine wahrheitsgemäße und vollständige Steuererklärung VZ 02 abzugeben, mit Blick auf eine mögliche Restschuldbefreiung u.U. eingeschränkt. Ihm wird nur ein prozessuales Strafverfolgungshindernis in Aussicht gestellt. Es droht ihm u.U. die Versagung der Restschuldbefreiung nach § 290 Abs. 1 Nr. 2 InsO. Ähnlich verhält es sich bei der Verwertungsverbotslösung. Das in Aussicht gestellte Verwertungsverbot verhindert nicht die Versagung der Restschuldbefreiung. Der Steuerpflichtige würde sich demnach u.U. der Restschuldbefreiung selbst begeben, wenn er unter diesen Vorzeichen seinen steuerlichen Offenbarungspflichten für den VZ 02 nachkommt. Unter diesem Gesichtspunkt gewährleisten beide Lösungsansätze nur eingeschränkt eine zutreffende Steuerfestsetzung für den VZ 02. Sie sind insofern gleich – eingeschränkt – wirksam. Lediglich die Selbstanzeige nach § 371 AO schmälert nicht die Chancen auf Restschuldbefreiung und damit auch nicht die Mitwirkungsbereitschaft des Steuerpflichtigen.

(2) Mildestes Mittel

Dasjenige unter den gleich geeigneten Mitteln ist am mildesten, was den Grundrechtsträger am wenigsten belastet. Bei allen Lösungsansätzen bleibt es dabei, dass der Steuerpflichtige unter Strafandrohung zur Abgabe einer Steuererklärung

780 FK, InsO/*Ahrens*, § 290 InsO Rn. 77; *Wollweber/Bertrand*, DStR 2015, 1115 (1120); *a.A.* AG Duisburg, Beschluss vom 23. Juli 2008 – 62 IN 155/06 –, ZVI 2008, 452 (453 f.).

781 Vgl. Tipke/Kruse/*Seer*, Oktober 2016, § 398a AO Rn. 1.

für den nachfolgenden Besteuerungszeitraum (VZ 02) verpflichtet ist und sich so selbst einer Straftat bezichtigen muss. Sie unterscheiden sich nur in den Methoden, wie sich daraus ergebende strafrechtliche Nachteile für den Steuerpflichtigen vermieden werden sollen. Die „Milde" des jeweiligen Lösungsansatzes ist deswegen an seiner Vermeidungsmethode zu messen.

Eine wichtige Rolle für das Maß der Belastung, dem der Steuerpflichtige ausgesetzt ist, ist der Aufwand, den er selbst betreiben muss, um seine eigene strafrechtliche Verfolgung zu verhindern (Selbstschutzaufwand). Erträglicher wird der Zwang zur Selbstbelastung in dem Maße, in dem Schutz vor Strafverfolgung gewährt wird (Grad des Schutzes vor Strafverfolgung).

(a) Grad des Schutzes vor Strafverfolgung

Die Strafaufhebung ist der stärkste, ein Verwertungsverbot ohne Fernwirkung der schwächste Strafverfolgungsschutz. Unter diesem Gesichtspunkt ist die Selbstanzeigelösung mit Strafaufhebung die für den Steuerpflichtigen erträglichste Lösung und damit auch das mildeste Mittel. Einen ähnlich starken Schutz vor Strafverfolgung bietet ein dauerhaftes Strafverfolgungshindernis nach § 398a AO. Die Unterschiede zwischen diesen beiden sind rechtlicher Natur und für den Steuerpflichtigen i.d.R. nicht spürbar.

Sämtliche Beweisverbote sind im Vergleich dazu schwächer. Selbst wenn man die aus der Verfassung bzw. aus § 97 Abs. 1 S. 3 InsO analog abgeleiteten Beweisverbote mit der umfassendsten Fernwirkung im Sinne der Fruit of the poisonous tree-doctrine[782] ausstatten würde, bliebe dieser Strafverfolgungsschutz hinter dem der Selbstanzeigelösung zurück: Die Strafverfolgung ist nicht per se ausgeschlossen. Andere Beweismittel, die nicht „vom verbotenen Baum" stammen, bleiben verwertbar. Allerdings kommt das Schutzniveau eines Beweisverwendungsverbots mit umfassender Fernwirkung demjenigen der Strafaufhebung nach § 371 AO sehr nahe.

(b) Eigener Aufwand für den Steuerpflichtigen

Der Steuerpflichtige muss bei der Selbstanzeigelösung u.U. einen großen Aufwand betreiben. Zusätzlich zu der Steuererklärung für den nachfolgenden Besteuerungszeitraum (VZ 02) hat er eine Materiallieferung nach Maßgabe des § 371 Abs. 1 S. 2 AO vorzunehmen. Also muss er nicht nur die Angaben zum VZ 01 so aufbereiten, dass die Finanzbehörde ohne erheblichen eigenen Aufwand die Steuer richtig festsetzen kann; er muss zusätzlich Materiallieferungen

---

782 Zur Anwendbarkeit in der deutschen Rechtsordnung vgl. Meyer-Goßner/Schmitt, StPO/*Schmitt*, Einl. Rn. 57.

derselben Güte zu allen unverjährten Steuerstraftaten einer Steuerart, mindestens aber zu allen Steuerstraftaten einer Steuerart innerhalb der letzten zehn Kalenderjahre vornehmen.

Für ein Einzelverwertungsverbot müsste der Steuerpflichtige darlegen, dass er nicht zu einer wirksamen Selbstanzeige in der Lage ist. Der Nachweis einer zukünftig eintretenden Insolvenzanfechtung, die der Steuernachzahlung ihre Nachhaltigkeit nähme, ist aber äußerst schwierig. Legt man einen strengen Maßstab an, ist ein (echter) Beweis dieser hypothetischen Entwicklung unmöglich.[783] Um eine verfassungsrechtlich gebotene Konfliktlösung zu ermöglichen, kommt eine Absenkung des Beweismaßes dergestalt in Betracht, dass der Steuerpflichtige lediglich die *drohende* Insolvenzanfechtung glaubhaft zu machen hat, indem er gegenwärtige und schon objektiv vorhandene Umstände darlegt, die eine hohe Anfechtungswahrscheinlichkeit begründen. Als Minimum ist zu verlangen, dass der Steuerpflichtige den Nachweis der eigenen Zahlungsunfähigkeit erbringt. Eine bereits eingetretene Zahlungsunfähigkeit lässt wiederum den Schluss zu, dass die Steuernachzahlung im Rahmen der Selbstanzeige die anderen Gläubiger benachteiligen würde.

(3) Fazit zur Erforderlichkeit

Bei dem Lösungsansatz des Doppelverwertungsverbots ist der Aufwand genauso hoch wie bei der Selbstanzeigelösung. Das Doppelverwertungsverbot kommt nämlich nur in Betracht, wenn die Selbstanzeige *allein* an der mangelnden Nachhaltigkeit der Steuernachzahlung scheitern würde. Der Schutz vor Strafverfolgung durch Verwertungsverbote ist jedoch schwächer als bei der Selbstanzeigelösung. Bei einer Gesamtschau von Selbstschutzaufwand und Maß des Schutzes vor Strafverfolgung erweist sich die Selbstanzeigelösung als das mildere Mittel im Vergleich zum Doppelverwertungsverbot, das damit aus der weiteren Verhältnismäßigkeitsprüfung herausfällt.

Die Selbstanzeigelösungen sind mit Blick auf ihre Rechtsfolgen für den Steuerpflichtigen generell erträglicher als Verwertungs- und Verwendungsverbote. Von den Umständen des jeweiligen Einzelfalls hängt indes ab, wie groß jeweils der Aufwand für die Materiallieferung im Rahmen der Selbstanzeige ist. Deswegen lässt sich nicht pauschal sagen, welcher Lösungsansatz den Steuerpflichtigen mehr belasten würde. Im Einzelfall kann das Einzelverwertungsverbot das mildere Mittel im Vergleich zu einer aufwändigen und schwierigen Selbstanzeige sein. Das kann vor allem dann vorkommen, wenn man dem Einzelverwertungsverbot eine umfassende Fernwirkung und damit ein Niveau

783 Siehe unter zweiter Teil C. II. 2. c. bb. (1).

an Strafverfolgungsschutz zugesteht, das dem Schutzniveau der Strafbefreiung nahekommt.

Die Selbstanzeigelösung nach § 398a AO und Verwertungsverbotslösungen können u.U. die zukünftige Restschuldbefreiung gefährden. Sie können dadurch die Mitwirkungsbereitschaft schmälern und damit den gesetzmäßigen Steuervollzug gefährden. Sie bleiben insofern hinter der Selbstanzeigelösung nach § 371 AO zurück und sind schon nicht genauso wirksam.

cc. Angemessenheit

Weiter ist der Frage nachzugehen, ob die erzwungene Selbstbelastung verbunden mit den verbleibenden Lösungsansätzen, Selbstanzeige und Einzelverwertungsverbot, angemessen ist. Das Maß der den Einzelnen treffenden Belastung muss noch in einem vernünftigen Verhältnis zu den der Allgemeinheit erwachsenden Vorteilen stehen.[784] Es ist eine Gesamtabwägung vorzunehmen, bei der die Schwere des Eingriffs sowie das Gewicht und die Dringlichkeit der ihn rechtfertigenden Gründe zu berücksichtigen sind.[785] Letztlich ist die Zweck-Mittel-Relation maßgeblich.

Die mit der strafbewehrten Steuererklärungspflicht erzwungene Selbstbelastung stellt einen gravierenden Grundrechtseingriff dar, der aber nötig ist, um die Finanzbehörden in die Lage zu versetzen, die gleichmäßige und gesetzmäßige Steuerfestsetzung flächendeckend bewältigen zu können. Angemessen kann dieser Eingriff aber nur sein, wenn der „genötigte" Steuerpflichtige vor Strafverfolgung geschützt ist.[786] Die Besonderheit an der Selbstanzeigelösung und dem Einzelverwertungsverbot liegt darin, dass der Steuerpflichtige aktiv werden muss, um sich gewissermaßen selbst zu schützen. Ist die erzwungene Selbstbelastung zumutbar, wenn die Strafverfolgung nur um den Preis einer Selbstanzeige bzw. nur durch den Nachweis der eigenen Zahlungsunfähigkeit vermieden wird?

(1) Selbstanzeigelösung

(a) § 371 AO

Die verfassungskonforme Auslegung des § 371 AO erlaubt nur den Verzicht auf die Nachhaltigkeit der Steuernachzahlung im Konfliktfall. Alle anderen Voraussetzungen der Selbstanzeige müssen vorliegen, damit der Steuerpflichtige

---

784 BVerfG, Beschluss vom 18. Juli 2005 – 2 BvF 2/01 –, BVerfGE 113, 167 (260); Jarass/Pieroth, GG/*Jarass*, Art. 20 GG Rn. 120.

785 BVerfG, Beschluss vom 08. Juni 2010 – 1 BvR 2011/07 –, BVerfGE 126, 112 (152 f.).

786 Vgl. BVerfG, Beschluss vom 13. Januar 1981 – 1 BvR 116/77 –, BVerfGE 56, 37 (50 f.).

straffrei wird. Es besteht seit Inkrafttreten des SchwarzGBekG 2011 und des AO-Änderungsgesetz 2015 ein höheres Risiko, dass eine Selbstanzeige aus anderen Gründen als der Insolvenzanfechtung misslingt.[787] Die Anforderungen an die Materiallieferung (Vollständigkeitsgebot, Mindestberichtigungszeitraum von zehn Jahren) sind gestiegen. Im Ergebnis wird dem Steuerpflichtigen aber dennoch nichts Überzogenes abverlangt, wenn man ihn auf die – verfassungskonform ausgelegte – Selbstanzeige gemäß § 371 AO verweist, um Schutz vor Strafverfolgung zu erlangen. Im Ergebnis wird nur das verlangt, wozu der Steuerpflichtige ohnehin steuerrechtlich verpflichtet ist und dem er sich vorsätzlich entzogen hatte. Die Berichtigungs- und Nachzahlungspflichten aus § 371 und § 398a Abs. 1 Nr. 1 AO bewirken letztlich nichts anderes als die Verwirklichung einer gesetzmäßigen Besteuerung für den zehnjährigen Berichtigungs- und Nachzahlungszeitraum.[788] Sie erhalten die Funktionalität des Besteuerungsverfahrens für diesen – wenn auch langen – Zeitraum aufrecht, der nahezu deckungsgleich mit der verlängerten Festsetzungsfrist bei Steuerhinterziehung ist (§ 169 Abs. 2 S. 2 AO).

Im Übrigen steht es einer Strafbefreiung auch nicht entgegen, wenn Steuernachzahlungen auf die älteren Vortaten aus dem 10-Jahreszeitraum angefochten werden. Auch diese Zahlungen erfolgen in der Konfliktsituation; auch sie stellen deshalb trotz mangelnder Nachhaltigkeit Entrichtungen i.S.d. § 371 Abs. 3 AO dar. Dass ältere Besteuerungszeiträume auch in den gesetzmäßigen Steuervollzug einbezogen werden, ist zudem ein der Allgemeinheit erwachsender Vorteil, der in der Gesamtabwägung zu Gunsten der Selbstanzeigelösung zu berücksichtigen ist.

(b) § 398a AO

Bei der Selbstanzeige nach § 398a AO hat der Steuerpflichtige zusätzlich den Zuschlag zu leisten. Es handelt sich um eine Sanktionszahlung.[789] Der Steuerpflichtige wird gezwungen, sich selbst strafrechtlich zu belasten; es ist dann verfassungsrechtlich geboten, zu verhindern, dass sich daraus eine Strafverfolgung

787 Vgl. HHSP/*Beckemper*, August 2015, § 371 AO Rn. 22.

788 Nach Auffassung der Finanzverwaltung entspricht der strafrechtliche Nachzahlungszeitraum dem zehnjährigen Berichtigungszeitraum, FinMin NRW v. 12.1.2016 – S 0702 – 8f – V A 1 (nicht veröffentlicht), aber insoweit inhaltlich wiedergegeben von *Höpfner*, PStR 2016, 147 (151); *a.A.* Tipke/Kruse/*Seer*, Oktober 2016, § 371 AO Rn. 49, der den Nachzahlungszeitraum auf den nicht verfolgungsverjährten Zeitraum begrenzen will.

789 Siehe unter erster Teil B. II. 4.

entwickelt. Dem Steuerpflichtigen dafür noch eine erhebliche Sanktionszahlung abzuverlangen, schießt schon deshalb über das Ziel hinaus, weil die erzwungene Selbstbelastung am Ende doch zu einer (strafähnlichen bzw. strafersetzenden![790]) Sanktion führen würde.

Steuerpflichtige empfinden die Selbstanzeige mit Strafzuschlag auch in der Praxis vielfach als zu belastend. So „flüchten" Steuerpflichtige häufig lieber in das Strafverfahren oder in den § 153a StPO, statt sich selbst nach § 398a AO anzuzeigen.[791] Das stellt eine Art Abstimmung mit den Füssen gegen den § 398a AO in seiner jetzigen Fassung dar.

Erschwerend kommt hinzu, dass der Steuerpflichtige bei drohender Insolvenzanfechtung zahlungsunfähig ist: Das vernünftige Maß ist überschritten, wenn man dem Steuerpflichtigen selbst den Schutz seines Grundrechts dergestalt überantwortet, dass man von ihm ungeachtet seiner Zahlungsunfähigkeit eine erhebliche Zusatzzahlung erwartet.

Letztlich ist die Unverhältnismäßigkeit einer Konfliktlösung über die Selbstanzeige nach § 398a AO auf die Inkonsistenz ihrer Zielrichtungen zurückzuführen. Das gesetzgeberische Stückwerk rächt sich an dieser Stelle.

(2) Einzelverwertungsverbot

Das Einzelverwertungsverbot wäre als Konfliktlösung unzumutbar, wenn man einen (zu) strengen Maßstab an dessen Voraussetzungen anlegen würde. Die Finanzbehörde kann deshalb von dem Steuerpflichtgen nicht mehr verlangen, als die *drohende* Insolvenzanfechtung glaubhaft zu machen. Zumutbar ist hierfür die Vorlage einer nachprüfbaren Liquiditätsbilanz. Deren Aufstellung erfordert zwar einen gewissen Aufwand, der aber durchaus leistbar ist. Die Nachprüfbarkeit muss gewährleistet sein, damit der Steuerpflichtige nicht missbräuchlich eine Zahlungsunfähigkeit konstruieren kann. Die Finanzbehörden verfügen über qualifiziertes Personal (insb. Liquiditätsprüfer[792]), um die Nachprüfung auch sicherzustellen.

---

790 Siehe unter erster Teil B. II. 4.

791 Vgl. Kohlmann/*Schauf*, November 2016, § 398a AO Rn. 5; *Herrmann*, PStR 2014, 199 (200); *Schwarz*, PStR 2015, 37 (45); *Buse*, DB 2015, 89 (93).

792 Zu den Aufgaben eines Liquiditätsprüfers vgl. *Sinz*, Schmidt/Uhlenbruck, Sanierung und Insolvenz, [5]2016, Rn. 1.219.

e. Zusammenfassende Bewertung zu d.

aa. Selbstanzeigelösung nach § 371 AO

Die Verweisung des Steuerpflichtigen auf die Selbstanzeige nach § 371 AO als Ausweg aus seinem Dilemma ist verhältnismäßig. Sie ist nicht zuletzt auch angemessen. Die Selbstanzeigelösung (Steuererklärung VZ 02 und Selbstanzeige VZ 01) erscheint verglichen mit einem Einzelverwertungsverbot auch als milderes und damit erforderliches Mittel, auch wenn der Aufwand für die Materiallieferung nach § 371 Abs. 1 AO 2015 hoch sein kann. Im Einzelfall mag die Aufstellung einer nachprüfbaren Liquiditätsbilanz als notwendiger Nachweis für ein Einzelverwertungsverbot weniger aufwändig sein. Die Selbstanzeige überkompensiert das jedoch, indem sie einen besseren Schutz vor Strafverfolgung bietet und die Restschuldbefreiung nicht gefährdet. Sie fördert dadurch stärker die Mitwirkung und den gesetzmäßigen Steuervollzug, ist dadurch wirksamer, macht die erzwungene Selbstbelastung für den Steuerpflichtigen aber auch erträglicher.

Die Kriterien der Verhältnismäßigkeit sprechen im Ergebnis für den Ansatz, der die Lösung für die Konfliktsituation im verfassungskonform ausgelegten § 371 AO sieht. Selbst wenn man im Einzelfall ein Einzelverwertungsverbot ausnahmsweise als gleichwertig ansehen wollte, führt dies nicht zu einem anderen Ergebnis. Die Selbstanzeige nach § 371 AO genießt in ihrem Anwendungsbereich als Instrument der Konfliktlösung einen Anwendungsvorrang. Ihre besondere Funktion, die sie im Besteuerungsverfahren und im Steuerstrafrecht – aber auch nur dort – ausfüllt, verschafft ihr diesen Anwendungsvorrang gegenüber Verwertungsverboten, aber auch gegenüber anderen Lösungsansätzen. Die Selbstanzeige ist das spezielle Instrument der Konfliktlösung im Steuer- und Steuerstrafrecht. Dementsprechend lässt sich auch der Rechtsprechung ein genereller Vorrang der Selbstanzeige vor anderen Konfliktlösungsmöglichkeiten entnehmen, namentlich vor der Suspendierung der Steuererklärungspflicht[793], vor der Berufung auf ein Zwangsmittelverbot nach § 393 Abs. 1 S. 2 AO[794] und auch vor strafrechtlichen Beweisverwertungsverboten.[795] Voraussetzung ist jeweils, dass eine Selbstanzeige noch möglich und nicht z.B. nach § 371 Abs. 2

---

793 BGH, Beschluss vom 26. April 2001 – 5 StR 587/00 –, BGHSt 47, 8 (13 f.).

794 BFH, Beschluss vom 01. Februar 2012 – VII B 234/11 –, BFH/NV 2012, 913 f.

795 BGH, Beschluss vom 12. Januar 2005 – 5 StR 191/04 –, NJW 2005, 763 (765), unter Bezugnahme auf den Gemeinschuldnerbeschluss des BVerfG, Beschluss vom 13. Januar 1981 – 1 BvR 116/77 –, BVerfGE 56, 37 (50).

AO gesperrt ist. So kann ihre speziell auf das Steuer- und Steuerstrafrecht zugeschnittene Art der Konfliktlösung (Strafbefreiung) zur Entfaltung kommen. Die verfassungskonforme Auslegung der Selbstanzeigevorschriften soll letztlich verhindern, dass über den § 370 AO, der in der Konfliktsituation den Zwang zur Selbstbelastung ausübt, das Verdikt der Verfassungswidrigkeit ausgesprochen werden müsste.[796] § 371 AO ist die Komplementärvorschrift zu § 370 AO[797]; er ist in Tatbestand und Rechtsfolge ausschließlich auf das Delikt der Steuerhinterziehung ausgerichtet. Straffreiheit kann nur für begangene Steuerhinterziehungen erzielt werden, nicht dagegen für andere allgemeine Delikte.[798] Die strafbefreiende Selbstanzeige erhält zudem das von Mitwirkungspflichten geprägte Dauerrechtsverhältnis zwischen dem Steuerpflichtigen und dem Staat funktionsfähig, auch wenn dem Steuerpflichtigen in der Vergangenheit Fehler unterlaufen sind.[799] Außersteuerliche Rechtsverhältnisse berührt sie dagegen nicht. Soweit der Anwendungsbereich der Selbstanzeige eröffnet ist, ist die Lösung für Konfliktsituationen innerhalb dieses steuerlichen und steuerstrafrechtlichen Systems zu suchen. Andere Lösungsansätze werden verdrängt.

bb. Selbstanzeigelösung nach § 398a AO und Verwendungsverbot

Auch wenn man den Begriff des Entrichtens weit auslegt, ist die Selbstanzeige nach § 398a AO als *alleiniger* Lösungsansatz in Konfliktsituationen unverhältnismäßig, weil sie die zusätzliche Zahlung des Strafzuschlags verlangt. Andererseits würde es der Lage des Steuerpflichtigen nach einer wegen Anfechtung der Steuernachzahlung gescheiterten Selbstanzeige nicht gerecht, wenn man ihn darauf verweist, dass er ja das Einzelverwertungsverbot als das einzig richtige Konfliktlösungsinstrument hätte beantragen können. Zahlt der insolvenzreife Steuerpflichtige den Strafzuschlag und geht er damit über das ihm Zumutbare hinaus, darf ihm das nicht zum Nachteil gereichen. Der Verhältnismäßigkeitsgrundsatz entspringt dem Rechtsstaatsprinzip.[800] Er soll den Grundrechtsträger schützen und darf sich nicht gegen ihn wenden, indem er am Ende zu einem schwächeren Schutz vor Strafverfolgung führt.

---

796 Vgl. allgemein zum Zweck des Normerhalts der verfassungskonformen Auslegung, *Zippelius*, Juristische Methodenlehre, [11]2012, S. 44.

797 HHSP/*Beckemper*, August 2015, § 371 AO Rn. 19.

798 Rolletschke/Kemper, Steuerstrafrecht/*Kemper*, Oktober 2017, § 371 AO Rn. 469.

799 Siehe unter erster Teil B. II. 2.

800 BVerfG, Beschluss vom 17. Juni 2004 - 2 BvR 383/03 -, BVerfGE 111, 54 (82) (stRspr); Jarass/Pieroth, GG/*Jarass*, Art. 20 GG Rn. 112.

Eine verhältnismäßige Lösung besteht in Konfliktsituationen darin, *neben* dem strafrechtlichen Einzelverwendungsverbot auch die weite Selbstanzeigemöglichkeit nach § 398a AO zu eröffnen. Das Wort „entrichtet" in § 398a AO ist dabei so wie in § 371 AO zu verstehen. In Konfliktsituationen sind also auch nicht nachhaltige Nachzahlungen Entrichtungen. Der Steuerpflichtige hat im Ergebnis die Wahl, entweder

- eine Selbstanzeige nach § 398a AO (mit weitem Entrichtungsbegriff) für den VZ 01 zu erstatten oder
- vorher ein Einzelverwertungsverbot für die Steuererklärung VZ 02 zu „beantragen".

Der von der Rechtsprechung bislang für Konfliktsituationen stets postulierte Vorrang der Selbstanzeige, der andere Lösungsansätze ausschließt, lässt sich für § 398a AO 2015 jedenfalls[801] für Anfechtungsfälle nicht halten. Zudem vermag ein Wahlrecht besser Einzelfallgerechtigkeit zu gewährleisten.

Damit die Verhältnismäßigkeit gewahrt bleibt, dürfen die Anforderungen an den Nachweis des Einzelverwendungsverbots nicht überspannt werden. Der Schutz vor Strafverfolgung darf nicht ins Leere gehen. Eine nachprüfbare Liquiditätsbilanz ist ausreichend. Das Einzelverwendungsverbot muss Fernwirkung haben, d.h. auch die Aufnahme von Ermittlungen aus Anlass der beim FA abgegebenen Steuererklärung VZ 02 ist unzulässig.

Als Rechtsgrundlage für das Einzelverwertungsverbot mit Fernwirkung kommen die unmittelbare Anwendung von Verfassungsnormen oder § 97 Abs. 1 S. 3 InsO analog in Betracht. Beide sind in der Lage, eine bestehende Gesetzeslücke zu schließen. Die Gesetzeslücke besteht, weil es keine verfassungskonforme einfachgesetzliche Regelung für die in Rede stehende Konfliktsituation gibt. Insbesondere § 398a AO ist wie gesehen nicht geeignet, die Gesetzeslücke zu schließen.

Gesetzeslücken sind in möglichst enger Anlehnung an das geltende Gesetzesrecht zu schließen.[802] Die Voraussetzungen für die entsprechende Anwendung des § 97 Abs. 1 S. 3 InsO analog liegen vor.[803] Die analoge Anwendung stellt eine enge Anlehnung an ein einfaches Gesetz dar. Sie ist daher der unmittelbaren Anwendung von Verfassungsnormen jedenfalls dann vorzuziehen, wenn

801 Ob die Selbstanzeige nach § 398a AO trotz des gebotenen Strafzuschlags in anderen Konfliktsituationen (ohne drohende Insolvenzanfechtung) noch das verhältnismäßige Lösungsinstrument ist, kann hier dahinstehen.

802 BVerfG, Beschluss vom 13. Januar 1981 – 1 BvR 116/77 –, BVerfGE 56, 37 (51).

803 Siehe unter zweiter Teil C. II. 2. c. bb. (3).

sie ihrerseits die verfassungsrechtlichen Anforderungen erfüllt. Das ist nach der hier vertretenen Auslegung, wonach die Rechtsfolge des § 97 Abs. 1 S. 3 InsO ein Verwendungsverbot mit weitreichender Fernwirkung ist, der Fall. Die analoge Anwendung einer einfachgesetzlichen Norm wird dem Gewaltenteilungsprinzip besser gerecht. Sie verhilft einem Rechtsgedanken des Gesetzgebers zur Geltung.[804] Die unmittelbare Anwendung von Verfassungsnormen würde die Legislative im Ergebnis umgehen. Sofern es einen Anknüpfungspunkt in einfachgesetzlichen Vorschriften gibt, sollte das vermieden werden. Die entsprechende Anwendung hat auch auf der Rechtsfolgenseite einen Vorteil. Denn dadurch, dass sich § 97 Abs. 1 S. 3 InsO zu einem Verwendungsverbot bekennt, gibt es eine klare Bestimmung von Inhalt und Umfang des Beweisverbots.

Eine analoge Anwendung überschreitet naturgemäß den Wortlaut des § 97 Abs. 1 S. 3 InsO. Die Wortlautgrenze verfassungskonformer Auslegung wird damit aber nicht überschritten.[805] Denn diese Wortlautgrenze bezieht sich auf *Eingriffsnormen*, hier § 370 AO. Die verfassungskonforme Auslegung dient dazu, Eingriffsnormen vor dem Verdikt der Verfassungswidrigkeit zu schützen und so die Norm zu erhalten.[806] Regelmäßig wird die Eingriffsnorm durch verfassungskonforme Auslegung einschränkend ausgelegt, um einen zu weiten Anwendungsbereich bzw. eine zu weitgehende Rechtsfolge einzudämmen.[807] Der Schutz vor erzwungener Selbstbelastung erfolgt jedoch nicht über die einschränkende Auslegung der Eingriffsnorm § 370 AO, sondern durch die erweiterte (analoge) Anwendung des § 97 Abs. 1 S. 3 InsO, der Schutz vor Strafverfolgung bietet.

Die Analogie gehört zur herkömmlichen juristischen Methodik. Wenn diese „nebenbei" Verfassungskonformität herstellt, ist das kein Argument gegen sie. Abgesehen davon ist auch die Analogiebildung eine zulässige Methode, um eine verfassungskonforme Rechtslage zu gewährleisten.[808]

Der insolvenzreife Steuerpflichtige, der sich in einer Konfliktsituation selbst anzeigt, erwirkt in den Fällen des § 371 Abs. 2 Nr. 3 und 4 AO ein dauerhaftes Strafverfolgungshindernis. Der insolvenzreife Steuerpflichtige, der das Beweisverwendungsverbot wählt, ist dagegen nicht endgültig vor Strafverfolgung

804 Vgl. BVerfG, Beschluss vom 03. April 1990 – 1 BvR 1186/89 –, BVerfGE 82, 6 (12 f.).

805 Zum Wortlaut als Grenze verfassungskonformer Auslegung vgl. BVerfG, Beschluss vom 22. Oktober 1985 – 1 BvL 44/83 –, BVerfGE 71, 81 (105).

806 Vgl. *Zippelius*, Juristische Methodenlehre, [11]2012, S. 44.

807 Siehe die Beispiele aus der Rechtsprechung BVerfG, Beschluss vom 22. Oktober 1985 – 1 BvL 44/83 –, BVerfGE 71, 81 (105 ff.); BVerfG, Urteil vom 30. März 2004 – 2 BvR 1520/01 –, BVerfGE 110, 226 (267).

808 Jarass/Pieroth, GG/*Jarass*, Art. 20 GG Rn. 67.

geschützt. Tauchen andere Verdachtsmomente als die Steuererklärung VZ 02 auf, ist die Strafverfolgung wegen des VZ 01 weiterhin möglich. Darin liegt kein Gleichheitsverstoß. Denn nach Art. 3 Abs. 1 GG ist nicht nur wesentlich Gleiches gleich, sondern auch wesentlich Ungleiches ungleich zu behandeln.[809] Der insolvenzreife Selbstanzeiger trägt deutlich mehr dazu bei, dass die Steuern gleichmäßig festgesetzt werden. Er nimmt die Materiallieferung so vor, dass das FA ohne zusätzlichen Ermittlungsaufwand die Steuer nicht nur für den VZ 02, sondern auch für den VZ 01 festsetzen kann. Das ist gerade unter den verschärften Bedingungen des § 398a AO 2015 ein deutliches Mehr an Mitwirkung verglichen mit demjenigen, der nur die Steuererklärung VZ 01 ordnungsgemäß abgibt. Der Selbstanzeiger zahlt auch noch die verzinste Steuer für den VZ 01 und den Strafzuschlag, der in der Konfliktsituation unzumutbar ist. Auch wenn die Zahlungen nicht nachhaltig sein mögen, unterscheidet ihn auch das vom Steuerpflichtigen, der das Verwendungsverbot wählt.

III. Mittellosigkeit/ -knappheit und Selbstbelastungsverbot

Beispielsfall 4:
Rechtsanwalt R verschweigt in 02 in der Einkommensteuererklärung für den VZ 01 ein Konto und Zinseinkünfte im Ausland und hinterzieht dadurch 20.000 €. Anfang des Jahres 03 hat R sein gesamtes pfändbares Vermögen einschließlich seines ausländischen Kontoguthabens wegen eines Anwaltsregresses verloren. Er ist seitdem mittellos. Im Mai 03 beschließt er, steuerehrlich zu werden und eine vollständige Einkommensteuerklärung für den VZ 02 abzugeben. Er möchte aber auch der Strafverfolgung wegen des VZ 01 entgehen.

Was kann R tun?

1. *Konfliktsituation*

Ein mittelloser Steuerhinterzieher, der nicht in der Lage ist, die nach den §§ 371, 398a AO gebotenen Zahlungen zu leisten, kann in einem ähnlichen Dilemma wie der insolvenzreife Steuerhinterzieher stecken[810]: Bei periodisch wiederkehrenden Steuerarten wie der Einkommensteuer besteht auch zwischen einem Steuerpflichtigen, der im Lauf der Zeit mittellos wird, und dem Steuergläubiger ein Dauerschuldverhältnis. Will ein solcher Steuerpflichtiger steuerehrlich werden und bei der Erfüllung seiner aktuellen Erklärungspflicht eine im Vorjahr schon

---

809 BVerfG, Beschluss vom 09. August 1978 – 2 BvR 831/76 –, BVerfGE 49, 148 (165).
810 Vgl. unter zweiter Teil C. II.

existente, aber verheimlichte Einkunftsquelle erstmalig offenbaren, entsteht ebenfalls eine Konfliktsituation. Verschweigt er die Einkunftsquelle abermals, macht er sich ein weiteres Mal nach § 370 Abs. 1 AO strafbar. Die Strafbewehrung in § 370 Abs. 1 AO kollidiert auch in dieser Konstellation mit dem Verbot erzwungener Selbstbelastungen. Mit der Strafandrohung wird Zwang auf den mittellosen Steuerpflichtigen ausgeübt.[811]

Nach der Rechtsprechung des BVerfG besteht die Strafbarkeit nach § 370 AO trotz der Gefahr der Selbstbelastung für frühere Besteuerungszeiträume dann fort, wenn der Steuerpflichtige noch die Möglichkeit hat, eine wirksame Selbstanzeige zu erstatten.[812] Das gilt jedenfalls dann, wenn ihm ausreichende Mittel zur Verfügung stehen, um die hinterzogenen Beträge nach § 371 Abs. 3 AO nachzuentrichten.[813] Die Rechtsprechung erkennt damit einen Vorrang der strafbefreienden Selbstanzeige nach § 371 AO als Konfliktlösungsinstrument an. Ist der Steuerhinterzieher in der Konfliktsituation noch in der Lage, eine wirksame Selbstanzeige nach § 371 AO abzugeben, ist das dann auch der gebotene Ausweg. Die Rechtsprechung hat bislang jedoch offen gelassen, wie die Konfliktsituation aufzulösen ist, wenn der Steuerhinterzieher zu den im Rahmen der Selbstanzeige gebotenen Zahlungen nicht in der Lage ist. Auch ein Steuerpflichtiger, dessen vorhandene Mittel für die im Rahmen der Selbstanzeige gebotenen Zahlungen nicht ausreichen (Mittelknappheit), kann in das geschilderte Dilemma geraten. Denn die §§ 371, 398a AO setzen vollständige Zahlungen voraus. Auch wenn nachfolgend nur der mittellose Steuerpflichtige genannt wird, gelten die Ausführungen daher sinngemäß auch für den Steuerpflichtigen in der Situation der Mittelknappheit.

2. Eigener Lösungsansatz

a. Suspendierung der Steuererklärungspflicht für den VZ 02

Ebenso wie bei der angefochtenen Steuer- bzw. Zuschlagszahlung scheidet die Suspendierung der Steuererklärungspflicht für den VZ 02 als Lösung für den

811 Beermann/Gosch/*Seipl*, August 2008, § 393 AO Rn. 38.

812 BVerfG, Kammerbeschluss vom 21. April 1988 – 2 BvR 330/88 –, wistra 1988, 302 (303); vgl. auch BFH, Beschluss vom 01. Februar 2012 – VII B 234/11 –, BFH/NV 2012, 913 f., wonach keine nach § 393 Abs. 1 S. 2 AO unzulässig erzwungene Selbstbezichtigung vorliegen könne, wenn der Steuerpflichtige noch die Möglichkeit einer strafbefreienden Selbstanzeige gehabt habe.

813 BVerfG, Kammerbeschluss vom 21. April 1988 – 2 BvR 330/88 –, wistra 1988, 302 (303).

mittellosen Steuerhinterzieher aus. Es fehlt auch insofern an einem eröffneten und auf den VZ 02 bezogenen Strafverfahren.[814]

b. Strafzumessung

Eine Strafmilderung und ein Absehen von Strafe nach § 46a Nr. 2 StGB sind auch kein Ausweg. Jedenfalls würden sie auch im Fall eines mittellosen Steuerhinterziehers den Vorgaben des BVerfG zum Umgang mit erzwungenen selbstbelastenden Auskünften widersprechen. Beides würde nämlich notwendigerweise die Verwertung der in der Konfliktsituation erzwungenen Angaben voraussetzen und damit das Selbstbelastungsverbot verletzen.[815]

c. Selbstanzeige

Die Selbstanzeige nach §§ 371, 398a AO ist auch kein tauglicher Lösungsansatz. Der mittellose Steuerhinterzieher bzw. derjenige mit zu knappen Mitteln muss die hinterzogenen Steuern nachzahlen, um straffrei zu werden bzw. das Strafverfolgungshindernis zu begründen.[816] Das gilt auch in Konfliktsituationen. Für ihn besteht auch kein Ausweg darin, den Begriff „entrichtet" weit, nämlich wie bei der von Insolvenzanfechtung betroffenen Steuernachzahlung auszulegen. Entrichtet sind Steuern und ggfs. Zinsen danach dann, wenn der Selbstanzeiger – nachhaltig oder in der Situation eines Selbstbelastungszwangs – zahlt.[817] Eine Zahlung bleibt demnach notwendige Voraussetzung der §§ 371 Abs. 3, 398a Abs. 1 Nr. 1 AO. Vom Wortlaut ist zwar eine Auslegung abgedeckt, die auf ein endgültiges Verbleiben des Zahlungsbetrags beim Empfänger verzichtet. Die Wortlautgrenze wäre jedoch überschritten, wenn man in Konfliktsituationen auch noch auf die Zahlung im Sinne eines Zahlungsvorgangs gänzlich verzichten wollte. Das liefe darauf hinaus, contra legem das Tatbestandsmerkmal „entrichtet" zu ignorieren.

Mittellosigkeit bzw. Mittelknappheit ist auch kein Grund, dem Selbstanzeiger den Strafzuschlag nachzulassen. Wenn eine Zahlung wegen einer Insolvenzanfechtung nicht nachhaltig ist, reicht sie zwar generell, d.h. nicht nur in Konfliktsituationen, aus, um den § 398a Abs. 1 Nr. 2 AO zu erfüllen.[818] Es gibt jedoch auch in Konfliktsituationen keinen Auslegungsspielraum dafür, auf sie gänzlich

---

814 Vgl. unter zweiter Teil C. II. 2. c. aa.
815 Vgl. unter zweiter Teil C. II. 2. c. cc.
816 Siehe unter zweiter Teil A I. 4. und II. 4.
817 Siehe unter zweiter Teil B. und C. II.
818 Siehe unter zweiter Teil B. IV. 4. c. aa (2).

zu verzichten. Eine solche Auslegung würde ebenfalls die Wortlautgrenze überschreiten. Für den mittellosen Steuerhinterzieher, der sich in einer Konfliktsituation befindet, ist die Selbstanzeige nach § 398a AO damit schon deswegen kein Ausweg, weil er den Strafzuschlag nicht aufbringen kann.

Eine Ausnahme bildet der sollversteuernde Unternehmer, der sich in einer Konfliktsituation befindet. Hat er in einem vorherigen Besteuerungszeitraum (VZ 01) bereits Umsatzsteuer hinterzogen, weil er vorsätzlich einen Ausgangsumsatz nicht vollständig angemeldet hat, und wird das vereinbarte Entgelt für diesen Umsatz nach § 17 Abs. 2 Nr. 1 S. 1 UStG uneinbringlich, kann er nachentrichtungslos straffrei werden. Die Nachentrichtungsobliegenheit nach § 371 Abs. 3 AO, die zu der hinfällig gewordenen materiellen Steuerschuld akzessorisch ist, fällt weg.[819] Mit der Selbstanzeige kann der Unternehmer die Konfliktsituation auflösen und für den VZ 02 eine vollständige und richtige Steueranmeldung abgeben, ohne Strafverfolgung befürchten zu müssen. Das gilt indes nicht für die Selbstanzeige nach § 398a AO. Denn das Uneinbringlichwerden des Entgelts lässt die Zuschlagszahlungspflicht unberührt. Reichen die vorhandenen Mittel allein für den Zuschlag, ist auch die Selbstanzeige nach § 398a AO bei Uneinbringlichwerden des Entgelts eine Option zur Konfliktauflösung. Allerdings wäre es auch in diesem Fall unverhältnismäßig, den Selbstanzeiger mit knappen Mitteln auf die Selbstanzeige nach § 398a AO als alleiniges Konfliktlösungsinstrument zu verweisen. Die erzwungene Selbstbelastung würde am Ende auch hier doch zu einer strafähnlichen bzw. strafersetzenden Sanktion in Gestalt des Strafzuschlags führen. Das vernünftige Maß ist auch dann überschritten, wenn man dem Steuerpflichtigen selbst den Schutz seines Grundrechts dergestalt überantworten würde, dass man von ihm ungeachtet seiner knappen Mittel eine erhebliche Zusatzzahlung erwartet.[820]

d. Beweisverwendungsverbot nach § 97 Abs. 1 S. 3 InsO analog?

Soweit eine wirksame Selbstanzeige wegen der Unfähigkeit des Steuerhinterziehers ausscheidet, die hinterzogene Steuer bzw. den Strafzuschlag vollständig zu zahlen, kommt als Instrument der Konfliktlösung noch ein Beweisverwendungsverbot nach § 97 Abs. 1 S. 3 InsO analog in Betracht. Es würde sich auf

---

819 Siehe unter zweiter Teil A. I. 3. c. cc. (3).

820 Vgl. zur Selbstanzeige des insolvenzreifen Steuerhinterziehers nach § 398a AO als Konfliktlösungsinstrument bei drohender Insolvenzanfechtung unter zweiter Teil C. II. 2. d. cc. und e. bb.

die Angaben des Steuerpflichtigen in der erzwungenen Steuererklärung für den nachfolgenden Besteuerungszeitraum (VZ 02) beziehen.

Die in einer Konfliktsituation bestehende Unfähigkeit, die verzinste Steuer bzw. den Strafzuschlag zu zahlen, ist der in der Konfliktsituation drohenden Insolvenzanfechtung ähnlich. Die Zulässigkeit einer entsprechenden Anwendung des § 97 Abs. 1 S. 3 InsO ist deshalb auch ähnlich zu beurteilen[821]:

Es besteht eine Gesetzeslücke. Sofern die Selbstanzeige eine verzinste Steuernachzahlung erfordert, ist sie für den mittellosen Steuerhinterzieher in einer Konfliktsituation keine Lösungsoption. Die Suspendierung der strafbewehrten Steuererklärungspflicht ist außerhalb des Strafverfahrens als Konfliktlösungsinstrument generell ausgeschlossen.[822] § 393 Abs. 1 S. 2 und § 393 Abs. 2 AO sind nicht einschlägig. Die erstgenannte Vorschrift erfasst nicht den durch die Strafandrohung des § 370 AO erzeugten Zwang zur Selbstanzeige, die zweitgenannte betrifft nur außersteuerliche Delikte.

Die Gesetzeslücke ist auch planwidrig. Das lässt sich schon mit der Selbstverständlichkeit begründen, dass auch ein mittelloser Steuerhinterzieher von Verfassungs wegen vor Strafverfolgung zu schützen ist, wenn der Staat ihn zur Mitwirkung in einem Verwaltungsverfahren und damit zugleich zu einer Selbstbezichtigung zwingt. Grundsätzlich steht ihm das gleiche Schutzniveau wie einem zahlungsunfähigen oder einem solventen Steuerhinterzieher zu. „Armut" kann insoweit kein sachlicher Grund für eine Schlechterstellung sein.

Der mittellose Steuerhinterzieher, der sich im Besteuerungsverfahren in einer Konfliktsituation befindet, ist auch in einer vergleichbaren Lage wie der Schuldner nach Eröffnung des Insolvenzverfahrens. Beide sind auskunftsverpflichtet und einem Zwang zur Selbstbezichtigung nach §§ 97, 98 InsO bzw. § 370 AO i.V.m. §§ 90, 149, 150 Abs. 2 AO ausgesetzt. Vergleichbar sind die Konstellationen auch insoweit, als die wirtschaftlichen Verhältnisse des jeweils Verpflichteten die Zwangslage herbeigeführt haben. Ohne wirtschaftliche Schwierigkeiten wäre dem Steuerpflichtigen die strafbefreiende Selbstanzeige als Ausweg aus seinem Dilemma nicht verbaut. Ohne wirtschaftliche Schwierigkeiten wird auch kein Insolvenzverfahren eröffnet, in dem für den Schuldner die Auskunftspflichten nach §§ 97, 98 InsO gelten. Eine analoge Anwendung erscheint auch deshalb sachgerecht, weil § 97 Abs. 1 S. 3 InsO auf Konflikte zwischen Mitwirkungspflichten und der Selbstbelastungsfreiheit zugeschnitten ist.

821 Zu den Voraussetzungen einer Analogie siehe unter zweiter Teil C. II. 2. c. bb. (3).

822 Siehe zweiter Teil C. II. 2. b. und c. aa.

Auch in Mittellosigkeitsfällen ist es denkbar, ein Beweisverwertungsverbot anstatt aus § 97 Abs. 1 S. 3 InsO unmittelbar aus den Verfassungsnormen herzuleiten, in denen die Selbstbelastungsfreiheit verankert ist. Aus den gleichen Gründen wie bei der Selbstanzeige, bei der die Steuernachzahlung von Anfechtung bedroht ist[823], ist die entsprechende Anwendung der einfachgesetzlichen Norm vorzuziehen: § 97 Abs. 1 S. 3 InsO sieht in der Rechtsfolge vor, dass eine Auskunft, die der Schuldner gemäß seiner Verpflichtung nach § 97 Abs. 1 S. 1 InsO erteilt, in einem Strafverfahren nur mit seiner Zustimmung verwendet werden darf. Die Vorschrift bekennt sich zu einem Verwendungsverbot und gibt damit eine klare gesetzgeberische Bestimmung von Inhalt und Umfang des Beweisverbots. Die analoge Anwendung wird zudem der gebotenen[824] engen Anlehnung an ein einfaches Gesetz gerecht, was die unmittelbare Anwendung von Verfassungsnormen naturgemäß nicht leisten kann. Da die Rechtsfolge des § 97 Abs. 1 S. 3 InsO ein Verwendungsverbot mit weitreichender Fernwirkung ist, erfüllt sie ihrerseits die verfassungsrechtlichen Anforderungen an den Schutz eines Grundrechtsträgers, der gesetzlich zu einer selbstbezichtigenden Auskunftserteilung gezwungen wird. Die analoge Anwendung einer einfachgesetzlichen Norm wird dem Gewaltenteilungsprinzip auch besser gerecht. Dem Rechtsgedanken des Gesetzgebers wird zur Geltung verholfen.[825] Die unmittelbare Anwendung von Verfassungsnormen würde dagegen die Legislative umgehen. Sofern es einen Anknüpfungspunkt in einfachgesetzlichen Vorschriften gibt, sollte das vermieden werden.

Ist das Entgelt bei der hinterzogenen Umsatzsteuer nach § 17 Abs. 2 Nr. 1 S. 1 UStG uneinbringlich geworden, hat der sollversteuernde Unternehmer in einer Konfliktsituation neben dem Beweisverwendungsverbot nach § 97 Abs. 1 S. 3 InsO analog auch noch die Möglichkeit der Selbstanzeige nach § 398a AO, wenn seine Mittel (nur) für den Strafzuschlag auskömmlich sind. Einer Steuernachentrichtung bedarf es nicht. Ein Verweis auf die Selbstanzeige nach § 398a AO als einziges Konfliktlösungsinstrument wäre unverhältnismäßig.[826] Da die Selbstanzeige als Konfliktlösungsinstrument bei Mittellosigkeit und Mittelknappheit ansonsten von Vornherein ausscheidet, stellt sich die Frage des Verhältnisses

823 Vgl. unter zweiter Teil C. II. 2. e. bb.

824 Vgl. BVerfG, Beschluss vom 13. Januar 1981 – 1 BvR 116/77 –, BVerfGE 56, 37 (51).

825 Vgl. BVerfG, Beschluss vom 03. April 1990 – 1 BvR 1186/89 –, BVerfGE 82, 6-18 Rn. 22.

826 Siehe unter zweiter Teil C. III. 2. c.

zwischen §§ 371, 398a AO einerseits und § 97 Abs. 1 S. 3 InsO analog ansonsten nicht.

Wie oben ausgeführt[827], ist die präzise Feststellung der Mittellosigkeit bzw. der Mittelknappheit praktisch kaum möglich. Für das Beweisverwendungsverbot reicht indessen die Feststellung aus, dass die Mittel für eine Selbstanzeige nicht ausreichen, ohne die verfügbaren Mittel exakt bestimmen zu müssen. Es kommt daher in Betracht, dass der Steuerpflichtige seine Mittellosigkeit/ -knappheit mit einer Vermögensauskunft ähnlich derjenigen nach §§ 802c ff. ZPO bzw. § 284 AO glaubhaft macht, die ein Liquiditätsprüfer[828] ggfs. überprüfen kann. Allerdings enthält auch eine Vermögensauskunft keine hinreichend belastbaren Angaben über ungewisse zukünftige Entwicklungen (wirtschaftliche Erholung), Kreditmöglichkeiten am grauen Kreditmarkt oder innerhalb der Familie. Eine Liquiditätsbilanz erscheint – ungeachtet ihrer vornehmlichen Funktion für das Insolvenzverfahren – als Nachweis auch und sogar noch besser geeignet. Denn die Aufstellung einer Liquiditätsbilanz basiert auf Fakten und Werten, die Liquiditätsprüfer in der Rechtspraxis überprüfen können. Außerdem ist ein Steuerhinterzieher mit fehlenden oder knappen Mitteln in aller Regel auch zahlungsunfähig i.S.d. § 17 Abs. 2 InsO (Liquiditätslücke ab 10 %). Ist die Selbstanzeige als alleiniges Konfliktlösungsinstrument unverhältnismäßig, ist, wie oben festgestellt[829], auch für den insolvenzreifen Steuerhinterzieher das Beweisverwendungsverbot der gangbare Ausweg. Die Liquiditätsbilanz dient dem insolvenzreifen Steuerhinterzieher bei der „Beantragung" des Beweisverwendungsverbots als Nachweis für seine Zahlungsunfähigkeit.[830] Die Liquiditätsbilanz muss dann erst recht für den mittellosen bzw. mittelknappen Steuerhinterzieher, der zugleich zahlungsunfähig i.S.d. § 17 Abs. 2 InsO ist und für den die Selbstanzeige auch keine Konfliktlösungsoption ist, als Nachweis ausreichen.

IV. Realitätsferner Zins bei drohender Anfechtung und Selbstbelastungsverbot

Der BFH[831] hat in einem Verfahren, in dem er über einen Antrag auf Aussetzung der Vollziehung zu entscheiden hatte, Zweifel daran geäußert, ob

827 Siehe unter zweiter Teil A. I. 3. c. cc. (1) (a).

828 Zum Liquiditätsprüfer und seinen Befugnissen vgl. *Sinz*, Schmidt/Uhlenbruck, Sanierung und Insolvenz, [5]2016, Rn. 1.219.

829 Siehe zweiter Teil C. II. 2. e. bb.

830 Siehe zweiter Teil C. II. 2. e. bb.

831 BFH, Beschluss vom 25. April 2018 – IX B 21/18 –, BStBl II 2018, 415 Rn. 18 ff., 31 ff.

Nachzahlungszinsen für Verzinsungszeiträume ab dem Jahr 2015 verfassungsgemäß sind, insbesondere ob sie die Grenzen des Übermaßverbots einhalten. Er begründet seine Zweifel mit der aus seiner Sicht realitätsfernen Bemessung des Steuerzinssatzes von monatlich 0,5 % nach § 238 AO. Der gesetzlich festgelegte Zinssatz überschreitet nach seiner Auffassung den angemessenen Rahmen der wirtschaftlichen Realität erheblich, da sich im Streitzeitraum ein niedrigeres Marktzinsniveaus strukturell und nachhaltig verfestigt habe. Die Zinsen wirkten daher wie eine Sanktion.[832]

Der § 238 AO ist grundsätzlich nicht Untersuchungsgegenstand dieser Arbeit. Eine zusätzliche Auseinandersetzung mit den verfassungsrechtlichen Fragestellungen zu dieser Norm würde zudem den Rahmen sprengen.[833] Abgesehen davon hat das BVerfG insoweit die alleinige Verwerfungskompetenz, von der es – noch – keinen Gebrauch gemacht hat. Allerdings ist die vom BFH angesprochene mögliche Sanktionswirkung eines realitätsfernen Zinssatzes relevant für den Bereich, in dem die Selbstanzeige nach § 371 AO grundsätzlich der einzige Ausweg aus einer Konfliktsituation bei drohender Insolvenzanfechtung der verzinsten Steuernachzahlung ist. § 238 AO ist mittelbar bestimmend für die Höhe der Zinsentrichtungsobliegenheit nach § 371 Abs. 3 AO. Steuerzinsen haben keinen Sanktionszweck, sie sollen vielmehr Nutzungsvorteile des Zinsschuldners abschöpfen und einen potentiellen Zinsnachteil des Fiskus ausgleichen.[834] Geht die Zinshöhe aber darüber deutlich hinaus, können Zinsen in der Tat wie eine Sanktion *wirken*.

Eine wesentliche bisher in diesem Abschnitt gewonnene Erkenntnis lautet[835]: Ist der Steuerpflichtige wegen einer strafbewehrten Steuererklärungspflicht gezwungen, sich selbst strafrechtlich zu belasten, ist es verfassungsrechtlich geboten, zu verhindern, dass sich daraus eine Strafverfolgung entwickelt. Dem Grundrechtsträger noch eine Sanktionszahlung abzuverlangen, damit er sich gewissermaßen selbst vor der Strafverfolgung schützt, schießt dabei über das Ziel hinaus. Am Ende würde die erzwungene Selbstbelastung nämlich dann doch zu einer Sanktionierung – wenn auch in anderer Form – führen. Das Gleiche muss für dem Grundrechtsträger abverlangte Zahlungen gelten, die zwar keine Sanktionen sind, aber wie solche wirken. Ein realitätsferner Zins ist

832 BFH, Beschluss vom 25. April 2018 – IX B 21/18 –, BStBl II 2018, 415 Rn. 32.

833 Ausführlich zur möglichen Verfassungswidrigkeit der kapitalmarktunabhängigen Verzinsung von Steueransprüchen *Seer*, DB 2014, 1945.

834 HHSP/*Heuermann*, § 233 AO Rn. 4.

835 Siehe unter zweiter Teil C. II. 2. d. cc. (1) (b) zur Selbstanzeigelösung (§ 398a AO) in Konfliktsituationen.

insofern dem Strafzuschlag gleichzustellen. Ist in einem Verzinsungszeitraum die Schwelle zur Sanktionswirkung überschritten, ist de lege lata dem in der Konfliktsituation befindlichen Steuerpflichtigen *neben* der Selbstanzeige auch noch die Möglichkeit eines Beweisverwendungsverbots gemäß § 97 Abs. 1 S. 3 InsO analog einzuräumen, das die Angaben aus der Steuererklärung für den nachfolgenden Besteuerungszeitraum (VZ 02) betrifft. Die Ausführungen zu einem in einer Konfliktsituation befindlichen Steuerpflichtigen, bei dem eine Selbstanzeige auch eine Strafzuschlagszahlung nach § 398a Abs. 1 Nr. 2 AO voraussetzen würde, gelten hier entsprechend.[836]

V. Zusammenfassung zu C.

Der liquiditätsschwache Steuerpflichtige bleibt auch dann zur Abgabe einer vollständigen und wahrheitsgemäßen Steuererklärung in strafbewehrter Weise verpflichtet, wenn er sich dadurch wegen einer Steuerhinterziehung aus einem vorangegangenen Besteuerungszeitraum mittelbar selbst belasten würde. Auch wenn bei einer Selbstanzeige die Insolvenzanfechtung der Steuernachzahlung droht, muss der Steuerpflichtige die Möglichkeit haben, zu verhindern, dass sich daraus eine Strafverfolgung entwickelt. Die verfassungskonform ausgelegte Selbstanzeige nach § 371 AO ist in solchen Konfliktsituationen das verhältnismäßige und spezielle Konfliktlösungsinstrument. Unverhältnismäßig wäre es dagegen, den Steuerpflichtigen auch im Anwendungsbereich des § 398a AO ausschließlich auf die zuschlagspflichtige Selbstanzeige zu verweisen. Der Steuerpflichtige hat vielmehr die Wahl, stattdessen allein die Steuererklärung vollständig und wahrheitsgemäß für den nachfolgenden Besteuerungszeitraum abzugeben und sich insofern auf ein Beweisverwendungsverbot gemäß § 97 Abs. 1 S. 3 InsO analog zu berufen. Hierfür hat er seine Zahlungsunfähigkeit mit einer nachprüfbaren Liquiditätsbilanz nachzuweisen. Dieses Wahlrecht ist de lege lata auch im Anwendungsbereich des § 371 AO für den Fall einzuräumen, dass in den betreffenden Verzinsungszeiträumen der gesetzliche Steuerzins (§ 238 AO) gemessen am verfestigten Marktzinsniveau so realitätsfern ist, dass er die Schwelle zur sanktionierenden Wirkung überschreitet.

Im *Beispielsfall 2* ist R durch die Selbstanzeige nach § 371 AO straffrei geworden. Er war wegen der strafbewehrten Steuererklärungspflicht (VZ 02) in 03 gezwungen, sich selbst wegen der im Jahr 02 begangenen Steuerhinterziehung (VZ 01) zu belasten. In dieser Situation sind die Steuer und die Zinsen entrichtet im Sinne des § 371 Abs. 3 AO, obwohl die verzinste Steuernachzahlung später

---

836 Siehe unter zweiter Teil C. II. 2. d. cc. und e. bb.

vom Insolvenzverwalter angefochten worden ist (erweiterter Entrichtungsbegriff).

Im *Beispielsfall 3* bleibt R in strafbewehrter Weise verpflichtet, die Steuererklärung für den VZ 02 abzugeben. Auf die Selbstanzeige als alleiniges Konfliktlösungsinstrument kann R nicht verwiesen werden. Dies wäre angesichts der Zuschlagszahlungspflicht des § 398a AO unverhältnismäßig. Im Ergebnis hat er ein Wahlrecht zwischen der Selbstanzeige nach § 398a AO (mit erweitertem Entrichtungsbegriff) und einem *strafrechtlichen* Beweisverwendungsverbot nach § 97 Abs. 1 S. 3 InsO analog. Wenn er den Weg über das Beweisverwendungsverbot wählt, darf die Finanzbehörde seine mittelbar selbstbelastenden Angaben aus der Steuererklärung VZ 02 strafrechtlich nicht verwenden. Er hat als Voraussetzung des Verwendungsverbots die drohende Insolvenzanfechtung glaubhaft zu machen. Hierfür reicht der Nachweis seiner Zahlungsunfähigkeit aus, den er durch Vorlage einer nachprüfbaren Liquiditätsbilanz führen kann. Das Verwendungsverbot schließt die Verbote mit ein, ein durch die Steuererklärung veranlasstes Ermittlungsverfahren einzuleiten und Beweismittel (z.B. Kontoauszüge) zu verwerten, zu denen die Angaben aus der Steuererklärung VZ 02 den Weg weisen. Die Finanzbehörde kann und muss sämtliche Angaben des Steuerpflichtigen unabhängig davon *steuerlich* verwerten, ob er die Selbstanzeige nach § 398a AO oder das Verwendungsverbot wählt.

Für mittellose Steuerpflichtige oder solche mit knappen Mitteln ist die Selbstanzeige nach den §§ 371, 398a AO in der Regel kein Ausweg aus Konfliktsituationen, weil sie die gebotenen Zahlungen nicht aufbringen können. Den Schutz des Nemo-tenetur-Prinzips gewährleistet anstelle der Selbstanzeige das strafrechtliche Beweisverwendungsverbot nach § 97 Abs. 1 S. 3 InsO analog, das die Angaben des Steuerpflichtigen aus der Steuererklärung für den nachfolgenden Besteuerungszeitraum erfasst. Wird im Fall hinterzogener Umsatzsteuer das Entgelt gemäß § 17 Abs. 2 Nr. 1 S. 1 UStG uneinbringlich, ist ausnahmsweise eine nachentrichtungslose strafbefreiende Selbstanzeige nach § 371 AO der gebotene Ausweg aus der Konfliktsituation. Greifen die Sperrgründe des § 371 Abs. 2 Nr. 3 oder Nr. 4 AO ein, hat der sollversteuernde Unternehmer bei Uneinbringlichwerden die Möglichkeit der nachentrichtungslosen Selbstanzeige nach § 398a AO, wenn seine Mittel für den weiter gebotenen Strafzuschlag auskömmlich sind. Er kann stattdessen aber auch das Beweisverwendungsverbot nach § 97 Abs. 1 S. 3 InsO analog wählen.

Im *Beispielsfall 4* befindet sich R in einer Konfliktsituation. Unter Strafandrohung ist R verpflichtet, eine vollständige und wahrheitsgemäße Einkommensteuererklärung für den VZ 02 abzugeben. Kommt er seiner Steuererklärungspflicht nach, offenbart er auch die ausländische Einkunftsquelle. Er würde sich mittelbar im Hinblick auf die hinterzogene Einkommensteuer 01 belasten. Da R mittellos und damit nicht in der Lage ist, die hinterzogene Steuer nachzuentrichten, kann er durch eine Selbstanzeige nach § 371 AO nicht straffrei werden. Mit einer Selbstanzeige kann er die Konfliktsituation mithin nicht auflösen. Die Finanzbehörde darf jedoch seine Angaben zu dem ausländischen Konto in der Steuererklärung VZ 02 gemäß § 97 Abs. 1 S. 3 InsO analog nicht für ein Strafverfahren verwenden. Er wird in gleicher Weise wie der insolvenzreife Steuerpflichtige aus *Beispielsfall 3* behandelt, der anstelle der Selbstanzeige nach § 398a AO das Beweisverwendungsverbot als Ausweg aus seiner Konfliktsituation wählt.

Dritter Teil: Die Selbstanzeige im Insolvenzverfahren

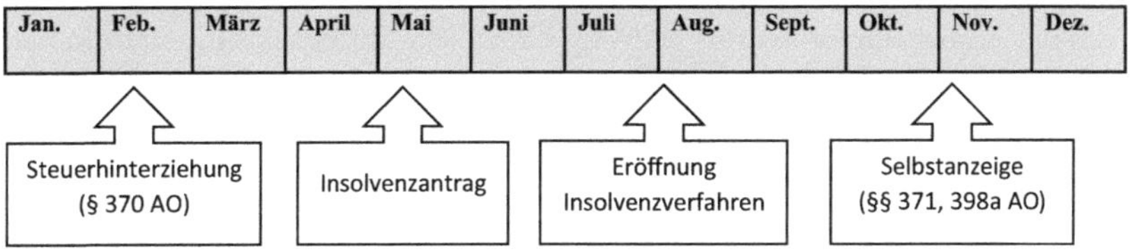

Abb. 5: Selbstanzeige im eröffneten Verfahren bei vorinsolvenzlicher Tat

A. Fremdverwaltung

I. Die Materiallieferung

1. Anforderungen an die Materiallieferung im Insolvenzverfahren

Eine wirksame Selbstanzeige setzt gemäß § 371 Abs. 1 AO voraus, dass der Steuerhinterzieher gegenüber der Finanzbehörde zu allen Steuerstraftaten einer Steuerart in vollem Umfang die unrichtigen Angaben berichtigt, die unvollständigen Angaben ergänzt oder die unterlassenen Angaben nachholt. Das Strafverfolgungshindernis nach § 398a AO entsteht auch nur dann, wenn der Steuerhinterzieher diese sog. Materiallieferung vornimmt. Nach ständiger Rechtsprechung müssen die Angaben so geartet sein, dass die Finanzbehörde auf ihrer Grundlage in der Lage ist, ohne langwierige Nachforschungen den Sachverhalt vollends aufzuklären und die Steuer richtig festzusetzen.[837]

Diese Rechtsprechung ist erkennbar bezogen auf den „Normalfall", nämlich auf eine Materiallieferung in der Zeit vor Eröffnung des Insolvenzverfahrens. Im eröffneten Insolvenzverfahren ist die Festsetzung von Steuerinsolvenzforderungen durch Steuerbescheid oder Steueranmeldung zu Ungunsten des Schuldners unzulässig.[838] Das FA übersendet dem Insolvenzverwalter stattdessen formlose Steuerberechnungen. Sie dienen der Begründung der zur Insolvenztabelle

---

837 BGH, Urteil vom 13. November 1952 – 3 StR 398/52 –, BGHSt 3, 373 (376); BGH, Urteil vom 05. Mai 2004 – 5 StR 548/03 – , BGHSt 49, 136 (139); BGH, Beschluss vom 20. Mai 2010 – 1 StR 577/09 –, BGHSt 55, 180 (190) Rn. 36.

838 *Uhländer*, Waza/Uhländer/Schmittmann, Insolvenzen und Steuern, ^{11}2015, Rn. 528.

anzumeldenden Steueransprüche.[839] Maßstab für die Ordnungsmäßigkeit der im Rahmen einer Selbstanzeige vorgenommenen Materiallieferung kann im eröffneten Insolvenzverfahren (Abb. 5) demnach nicht die Befähigung der Finanzbehörde zur korrekten Steuerfestsetzung sein. Der Wortlaut der §§ 371, 398a Abs. 1 Nr. 1 AO gibt auch nicht vor, dass die Finanzbehörde die Steuer nach der Materiallieferung nur im Wege eines Verwaltungsakts (Steuerbescheid) oder einer insofern gleichgestellten Steueranmeldung geltend machen kann. Es muss vielmehr maßgeblich sein, ob die Finanzbehörde den Steueranspruch in einem Gesamtvollstreckungsverfahren (Insolvenzverfahren) ordnungsgemäß geltend machen kann. Sie muss demnach in der Lage sein, die Anforderungen an eine Tabellenanmeldung nach § 174 InsO zu erfüllen. Bei der Anmeldung sind Grund und Betrag der Forderung anzugeben (§ 174 Abs. 2 InsO). Das bedeutet, dass auch jeder Steueranspruch nach Grund und Höhe konkret zu bezeichnen ist.[840] Es ist sicherzustellen, dass nur bestimmte konkrete Sachverhalte erfasst werden, die der Höhe nach begrenzt sind.[841] Bei den Veranlagungssteuern sind die Steuerart, der Veranlagungszeitraum und die Höhe der Steuerschuld anzugeben. Bei der Umsatzsteuer muss nicht jeder Geschäftsvorfall individualisiert werden; es ist ausreichend, die Umsätze einzugrenzen sowie den Steuersatz und die Vorsteuern anzugeben.[842] Um die Steuer dem Grunde und vor allem der Höhe nach richtig zur Insolvenztabelle anmelden zu können, benötigt die Finanzbehörde im Ergebnis die gleichen Angaben in der gleichen Qualität wie bei einer Materiallieferung in der Zeit vor Eröffnung des Insolvenzverfahrens. In der Praxis übersendet die Finanzbehörde die erwähnten Steuerberechnungen, die sich von Steuerbescheiden allein dadurch unterscheiden, dass sie keine Verwaltungsaktqualität haben.

2. *Verlust der Verwaltungsbefugnis bei weiter gebotener Materiallieferung*

Mit Eröffnung des Insolvenzverfahrens geht nach § 80 Abs. 1 InsO das Verwaltungsrecht an der Insolvenzmasse auf den Insolvenzverwalter über. Dieser hat gemäß § 148 Abs. 1 InsO das gesamte zur Masse gehörende Vermögen, d.h. auch die Geschäftsbücher (§ 36 Abs. 2 Nr. 1 InsO), in Besitz zu nehmen. Zudem hat er in seiner Eigenschaft als Vermögensverwalter die massebezogenen steuerlichen Pflichten zu erfüllen (§ 34 Abs. 1 und 3 AO). Der Steuerpflichtige bleibt zwar

---

839 *ders.*, Waza/Uhländer/Schmittmann, Insolvenzen und Steuern, [11]2015, Rn. 528.

840 BFH, Beschluss vom 17. Juli 2003 – VII B 93/02 –, BFH/NV 2004, 5 (6).

841 *Waza*, Waza/Uhländer/Schmittmann, Insolvenzen und Steuern, [11]2015, Rn. 726.

842 *ders.*, Waza/Uhländer/Schmittmann, Insolvenzen und Steuern, [11]2015, Rn. 726.

grundsätzlich mit den steuerlichen Pflichten belastet, wenn auch ein anderer diese Pflichten zu erfüllen hat.[843] Der insolvenzrechtlichen Situation ist jedoch Rechnung zu tragen[844]: Seine steuerlichen Pflichten sind suspendiert, solange er sie nicht erfüllen kann, weil der Insolvenzverwalter die Insolvenzmasse in Besitz genommen hat.[845] Stattdessen hat allein der Insolvenzverwalter die steuerlichen Pflichten wahrzunehmen, die ohne Eröffnung des Insolvenzverfahrens dem steuerpflichtigen Schuldner obliegen würden. Anders ist es nur, wenn das Wissen beim Schuldner noch vorhanden ist oder der Insolvenzverwalter ihm den Zugang zu den notwendigen Unterlagen gewährt.[846]

Die Suspendierung der steuerlichen Erklärungspflichten lässt die strafrechtliche Obliegenheit zur Materiallieferung nach §§ 371 Abs. 1, 398a Abs. 1 AO indes nicht entfallen. Auch wenn die Steuererklärungspflichten für die Dauer des Insolvenzverfahrens auf den Insolvenzverwalter übergegangen sind, muss der Steuerhinterzieher die Materiallieferung vornehmen, um Straffreiheit zu erlangen bzw. die Strafverfolgung zu vermeiden. Könnte der Steuerhinterzieher ohne Materiallieferung in den Genuss von Straffreiheit bzw. Verfolgungshindernis kommen, wäre das Rechtsinstitut sinnentleert. Ohne Materiallieferung beseitigt der Täter nicht das Handlungsunrecht der Steuerhinterziehung. Von einer Rückkehr in die Steuerehrlichkeit kann dann keine Rede sein. Ohne Materiallieferung kommt es auch weder zu einer Neufestsetzung[847] noch zu einer Nachzahlung; das Erfolgsunrecht bleibt bestehen. Fiskal- und Wiedergutmachungszweck bleiben dann ebenfalls unerfüllt. Abgesehen davon bietet der Wortlaut keinen Raum für einen Verzicht auf die Materiallieferung, und zwar auch nicht in der formellen Insolvenz.

Ein Steuerhinterzieher dürfte insbesondere bei komplexeren Vorgängen häufig nicht in der Lage sein, ohne Mithilfe des Insolvenzverwalters die strengen Anforderungen an die Materiallieferung zu erfüllen. Auch die Schätzung von Besteuerungsgrundlagen ist für ihn nicht immer ein praktikabler und sicherer Ausweg. Zum Beispiel hat er bei selbst angezeigten Einkommensteuerhinterziehungen in der Materiallieferung seine Einnahmen den richtigen Veranlagungszeiträumen und Einkunftsarten zuzuordnen.[848] Bei einer Schätzung ist eine

---

843 *Frotscher*, Besteuerung bei Insolvenz, [8]2014, S. 28.

844 Vgl. Tipke/Kruse/*Loose*, Juli 2017, § 251 AO Rn. 6.

845 *Frotscher*, Besteuerung bei Insolvenz, [8]2014, S. 28.

846 *ders.*, Besteuerung bei Insolvenz, [8]2014, S. 28.

847 Im eröffneten Insolvenzverfahren können Steueransprüche nur in die Insolvenztabelle eingetragen und dann ggfs. nach § 178 InsO festgestellt werden.

848 LG München II, Urteil vom 13. März 2014 – W 5 KLs 68 Js 3284/13 –, juris Tz. 293 f.

fehlerhafte Zuordnung in solchen Fällen nachgerade unausweichlich.[849] Es droht eine unwirksame Selbstanzeige mit den für den Steuerhinterzieher u.U. verheerenden Folgen.

Selbst wenn es dem Steuerhinterzieher gelingt, den Anforderungen an eine vollständige und ordnungsgemäße Materiallieferung gerecht zu werden, indem er die Besteuerungsgrundlagen mit „Sicherheitszuschlag" schätzt, ist das für ihn mit nicht unerheblichen Nachteilen verbunden: Die Finanzbehörde fordert zwangsläufig einen zu hohen Steuernachentrichtungsbetrag an. Außerdem hängt der Ausschluss der Strafbefreiung (§ 371 Abs. 2 S. 1 Nr. 3 AO) von der Höhe der verkürzten Steuer ab. Schätzt der Steuerhinterzieher die Besteuerungsgrundlagen mit „Sicherheitszuschlag", fordert die Finanzbehörde im Anwendungsbereich des § 398a AO zwangläufig auch einen zu hohen Zuschlag an. Gerade in dem Fall, dass der Steuerhinterzieher die Überzahlung bewusst in Kauf nimmt, ist eine spätere Klage auf Rückerstattung des überzahlten Zuschlags nicht erfolgversprechend.[850]

3. *Lösungsansätze*

a. *Mitwirkung des Insolvenzverwalters im Besteuerungsverfahren als Materiallieferung?*

Eine Lösung für den selbstanzeigewilligen Steuerhinterzieher in der formellen Insolvenz könnte darin bestehen, dass ihm die Mitwirkung des Insolvenzverwalters im Besteuerungsverfahren zugerechnet wird. Diese kann u.U. je nach Art und Umfang der Mitwirkung den Anforderungen an eine Materiallieferung genügen.

aa. Mitwirkung hinsichtlich vorinsolvenzlicher Besteuerungszeiträume

Wenn der Insolvenzverwalter vor Ablauf der Festsetzungsfrist erkennt, dass eine vom insolventen Steuerpflichtigen abgegebene Steuererklärung unrichtig oder unvollständig gewesen und es dadurch zu einer Steuerverkürzung gekommen ist, so hat er dies nach § 153 Abs. 1 S. 2 AO anzuzeigen und die Erklärung richtigzustellen. Diese Pflicht ist von der originären Anzeige- und Berichtigungspflicht des insolventen Steuerpflichtigen aus der Zeit vor Verfahrenseröffnung

---

849 Vgl. LG München II, Urteil vom 13. März 2014 – W 5 KLs 68 Js 3284/13 –, wistra 2015, 77 (79).

850 So auch *Roth*, ZWH 2013, 7 (8 f.), nach dem die bereicherungsrechtlichen Vorschriften, also auch § 814 BGB, Anwendung finden.

(§ 153 Abs. 1 S. 1 AO) abgeleitet.[851] Der Insolvenzverwalter hat die Pflichten des nicht mehr handlungsfähigen Steuerpflichtigen als eigene zu erfüllen.[852] Die abgeleitete Pflicht des Insolvenzverwalters geht nicht weiter als die originäre des insolventen Steuerpflichtigen. Jener ist indes seinerseits grundsätzlich nicht anzeige- und berichtigungspflichtig gewesen, wenn er die Steuer vorsätzlich hinterzogen und sich so strafbar gemacht hatte.[853] Folglich muss der Insolvenzverwalter in diesen Fällen die unrichtigen/unvollständigen Angaben nicht anzeigen oder berichtigen, er kann es aber.[854] Der insolvente Steuerhinterzieher kann daher nicht sicher mit Berichtigungen des Insolvenzverwalters an die Finanzbehörde rechnen, die man gleichzeitig als Materiallieferung einstufen könnte.

Berichtigt der Insolvenzverwalter – freiwillig – die Steuererklärung, ist noch darauf zu achten, dass eine der Berichtigung vorgeschaltete Anzeige noch nicht gleichzeitig die inhaltlichen Anforderungen an eine Materiallieferung nach §§ 371, 398a AO erfüllt. Bei der bloßen Anzeige werden Art und Umfang der Fehlerhaftigkeit noch nicht konkret mitgeteilt. Ausreichend ist insoweit die Angabe, dass eine bestimmte Erklärung unrichtig oder unvollständig ist, so dass die Finanzbehörde in die Lage versetzt wird, die fehlerhafte Erklärung zu identifizieren und ggfs. von sich aus weitere Überprüfungs- oder Aufklärungsmaßnahmen zu ergreifen.[855] Die Berichtigung der konkreten Besteuerungsgrundlagen kann dann danach innerhalb einer angemessenen Frist erfolgen. Geht der Insolvenzverwalter in diesen zwei Schritten vor, droht dem insolventen Steuerhinterzieher wegen der Anzeige Tatentdeckung (§ 371 Abs. 2 Nr. 2 AO), bevor es zu der konkreten Richtigstellung durch den Insolvenzverwalter kommt. Diese Situation ist vergleichbar mit der gestuften Selbstanzeige, die zur selbst

---

851 Tipke/Kruse/*Seer*, Oktober 2016, § 153 AO Rn. 3; *Frotscher*, Besteuerung bei Insolvenz, [8]2014, S. 41.

852 Tipke/Kruse/*Seer*, Oktober 2016, § 153 AO Rn. 3.

853 Für den – vorsätzlich handelnden – Steuerhinterzieher besteht schon deswegen keine Anzeige- und Berichtigungspflicht nach § 153 AO, weil er nicht erst nachträglich die Unrichtigkeit/Unvollständigkeit seiner Steuererklärung erkennt. Eine Ausnahme besteht nach der Rechtsprechung dann, wenn der Steuerpflichtige mit dolus eventualis die Steuer verkürzt hatte, BGH, Beschluss vom 17. März 2009 – 1 StR 479/08 –, BGHSt 53, 210 (216 f.) Rn. 20 ff. Dieser Rechtsprechung dürfte indes nach den Änderungen der Selbstanzeigeregelungen durch das SchwarzGBekG 2011 und das AO-Änderungsgesetz 2015 die Grundlage entzogen sein, vgl. hierzu *Beckemper*, ZIS 2012, 221 (226). *Frotscher*, Besteuerung bei Insolvenz, [8]2014, S. 41, begründet die fehlende Verpflichtung des Steuerhinterziehers nach § 153 AO mit dem Nemo-tenetur-Prinzip.

854 *Frotscher*, Besteuerung bei Insolvenz, [8]2014, S. 41.

855 *Jesse*, BB 2011, 1431 (1439).

verursachten Tatentdeckung führt, wenn die Tat auf der ersten Stufe angezeigt wird, ohne die konkreten Besteuerungsgrundlagen mitzuteilen.[856]

Gibt ein insolvenzreifer Steuerpflichtiger vor Eröffnung des Insolvenzverfahrens keine Steuererklärung ab, kann eine Steuerverkürzung in Form der Nichtfestsetzung bzw. der nicht rechtzeitigen Steuerfestsetzung eintreten. Kannte der Steuerpflichtige seine Erklärungspflichten, liegt eine Steuerhinterziehung vor (§ 370 Abs. 1 u. 4 AO). Nach Eröffnung des Insolvenzverfahrens ist der Insolvenzverwalter verpflichtet, die noch offene Erklärungspflicht zu erfüllen, d.h. die Erklärungsabgabe nachzuholen.[857] Sofern die nachgeholte Steuererklärung wahrheitsgemäß und vollständig ist, entspricht sie den inhaltlichen Anforderungen an eine Materiallieferung.[858]

bb. Zurechnung?

Der insolvente Steuerhinterzieher kann nur dann straffrei werden, wenn ihm eine § 371 Abs. 1 AO genügende Steuererklärung oder Berichtigung auch zugerechnet werden kann.[859] Die §§ 371, 398a AO schreiben keine höchstpersönliche Erstattung der Selbstanzeige vor.[860] Dass insofern die Einschaltung eines Dritten zulässig sein muss, zeigt schon der Vergleich mit dem Teilnehmer an einer Steuerhinterziehung: Da ein Teilnehmer typischerweise keinen Zugang zu den Büchern des Täters hat, kann er die geforderten Angaben faktisch nicht selbst machen. Der Selbstanzeigezweck, die Rückkehr in die Steuerehrlichkeit zu erleichtern, gebietet daher, dass auch ein Vertreter die Selbstanzeige im Namen des Steuerhinterziehers abgeben kann.[861] Auch der insolvente Steuerhinterzieher hat, wenn auch aus anderen – insolvenzrechtlichen – Gründen, keinen Zugang zu den Unterlagen, die für die Erstellung der Selbstanzeige erforderlich sind. Auch ihm darf die Selbstanzeigemöglichkeit nicht verbaut werden, auch nicht

856 Vgl. BGH, Beschluss vom 20. Mai 2010 – 1 StR 577/09 –, BGHSt 55, 180 (190) Rn. 35; Kohlmann/*Schauf*, Mai 2018, § 371 AO Rn. 150.

857 H.M.: BGH, Urteil vom 29. Mai 1979 – VI ZR 104/78 –, BGHZ 74, 316 (319); *Frotscher*, Besteuerung bei Insolvenz, [8]2014, S. 40.

858 Allerdings besteht in der Praxis das Problem, dass der Insolvenzverwalter wegen der oft unvollständigen und ungeordneten Buchführung bisweilen selbst nicht in der Lage ist, ordnungsgemäße Steuererklärungen zu erstellen, vgl. *Uhländer*, Waza/Uhländer/Schmittmann, Insolvenzen und Steuern, [11]2015, Rn. 511.

859 Im Anwendungsbereich des § 398a AO kann er ein Absehen von Strafe erwirken.

860 Kohlmann/*Schauf*, Mai 2018, § 371 AO Rn. 83.

861 Kohlmann/*ders.*, Mai 2018, § 371 AO Rn. 83.

durch eine gesetzliche Regelung aus einem anderen Rechtsgebiet. Dies widerspräche dem Zweck, die Rückkehr in die Steuerehrlichkeit zu erleichtern.

Als Vertreter kommt der Insolvenzverwalter in Betracht, wenn er mit Vertretungsmacht ausgestattet ist.[862] Der Steuerhinterzieher hat den Dritten (Vertreter) ausdrücklich mit der Selbstanzeige zu beauftragen, und zwar nach Begehung der Steuerstraftat und vor Erstattung der Selbstanzeige. Die Vertretungsmacht kann sich dabei aus Bevollmächtigung (§ 80 AO), Gesetz oder Satzung ergeben.[863]

Nach ständiger Rechtsprechung[864] und überwiegender Literaturmeinung[865] übt der Insolvenzverwalter kraft des ihm übertragenen Amtes die Verwaltungs- und Verfügungsbefugnis über die Insolvenzmasse *im eigenen Namen* aus (sog. Amtstheorie). Er agiert dabei weder als gesetzlicher noch als satzungsmäßiger Vertreter des Schuldners. Das gilt auch, wenn er steuerlich relevante Angaben gegenüber dem FA macht. Eine Zurechnung allein aufgrund der Rechtsstellung des Insolvenzverwalters scheidet daher aus.

Der insolvente Steuerhinterzieher könnte den Insolvenzverwalter *bevollmächtigen*, die Berichtigung bzw. die Steuererklärung *zusätzlich* als Selbstanzeige abzugeben. Die nachgeholte Steuererklärung genügt dabei regelmäßig den Anforderungen des § 371 Abs. 1 AO, die Berichtigung kann entsprechend angepasst werden. Die von einem Dritten erstattete Selbstanzeige ist dann zurechenbar, wenn der Steuerhinterzieher sie persönlich veranlasst hat und sie auf seinem Willen beruht.[866] Es erscheint zweifelhaft, ob der insolvente Steuerhinterzieher eine Selbstanzeige veranlasst hat, wenn der Insolvenzverwalter ohnehin, d.h. auch ohne den Anstoß des insolventen Steuerhinterziehers, zu der Nacherklärung verpflichtet bzw. zu der Nachberichtigung entschlossen gewesen ist. Hier wird man es indes genügen lassen müssen, dass der insolvente Steuerhinterzieher die Materiallieferung durch die Beauftragung und Bevollmächtigung *mitveranlasst* hat. Die gegenteilige Sichtweise würde den Zweck konterkarieren,

---

862 Vgl. Rolletschke/Kemper, Steuerstrafrecht/*Kemper*, Oktober 2017, § 371 AO Rn. 34.

863 HHSP/*Beckemper*, August 2015, § 371 AO Rn. 32.

864 BGH, Urteil vom 04. Juni 1996 – IX ZR 261/95 –, ZIP 1996, 1307; BFH, Urteil vom 22. Januar 1997 – I R 101/95 –, BStBl. II 1997, 464 (465 f.).

865 Uhlenbruck/*Mock*, § 80 InsO Rn. 58 mwN; anders die sog. Vertretertheorie (vgl. hierzu *K. Schmidt*, NJW 1995, 911 ff.). Die sog. Organtheorie sieht den Insolvenzverwalter wie die Amtstheorie auch nicht als Vertreter des Schuldners an, sondern als Organ der rechtlich verselbständigten Insolvenzmasse, vgl. hierzu *Bötticher*, ZZP 77 (1964), 55 ff.

866 Kohlmann/*Schauf*, Mai 2018, § 371 AO Rn. 83; Tipke/Kruse/*Seer*, Oktober 2016, § 371 AO Rn. 15.

die Rückkehr in die Steuerehrlichkeit zu erleichtern. So hat es auch der BGH[867] für möglich gehalten, in der Nacherklärung eines Gesellschafters einer GbR, zu der er nach § 34 Abs. 1 AO ohnehin verpflichtet war, auch eine wirksame Selbstanzeige für einen Mitgesellschafter zu sehen.

Fraglich ist, ob eine Vertretung durch den Insolvenzverwalter überhaupt zulässig ist. Es gehört nicht zu den Aufgaben der Insolvenzverwaltung, die strafrechtlichen Interessen des Schuldners zu vertreten. Nach § 56 InsO können nur unabhängige Personen zum Insolvenzverwalter bestellt werden. Der Insolvenzverwalter ist deswegen verpflichtet, Neutralität in sämtliche Richtungen zu wahren.[868] Er darf insbesondere nicht Interessenvertreter des Schuldners oder einzelner Gläubiger sein.[869] Schädlich ist eine Interessenvertretung vor der Bestellung.[870] Dies muss – erst recht – für die Zeit während der Insolvenzverwaltung gelten. Um die Unabhängigkeit des Insolvenzverwalters zu beurteilen, kann auf die Befangenheitsregeln der §§ 41, 42, 406 ZPO zurückgegriffen werden.[871] Bei der Frage, ob die Unabhängigkeit i.S.d. § 56 InsO beeinträchtigt ist, geht es nur um die insolvenzrechtlich relevanten Interessen. Eine mögliche Strafbarkeit des Schuldners berührt i.d.R. nicht unmittelbar das Interesse der Gläubiger an einer bestmöglichen und gleichmäßigen Befriedigung. Wenn der Insolvenzverwalter der Finanzbehörde Angaben liefert, die neben einer Strafbefreiung auch noch bewirken, dass der Fiskus eine weitere Insolvenzforderung gegen die Insolvenzmasse geltend machen und zur Tabelle anmelden kann, wird die Insolvenzquote für alle Insolvenzgläubiger geschmälert. Profiteur ist der Fiskus. Da aber nicht der Fiskus derjenige ist, der den Insolvenzverwalter mit der Selbstanzeige beauftragt, ist insofern keine Interessenkollision o.ä. zu besorgen. Schließlich vermag die Mitteilung von Besteuerungsgrundlagen, die der Insolvenzverwalter sowieso vorgenommen hätte oder sogar hätte vornehmen müssen, nicht den Eindruck zu erwecken, dass er sich zum Nachteil der Gläubiger auf die Seite des Schuldners geschlagen hat. Im Ergebnis kann der insolvente Steuerhinterzieher das Material für die Selbstanzeige dadurch liefern, dass er den Insolvenzverwalter beauftragt, die von ihm ohnehin geplante Steuererklärung bzw. Berichtigung auch als Selbstanzeige vorzunehmen.

867 BGH, Urteil vom 24. Oktober 1984 – 3 StR 315/84 –, NStZ 1985, 126.

868 Schmidt, InsO/*Ries*, § 56 InsO Rn. 21.

869 Schmidt, InsO/*ders.*, § 56 InsO Rn. 21.

870 Schmidt, InsO/*ders.*, § 56 InsO Rn. 21.

871 Schmidt, InsO/*ders.*, § 56 InsO Rn. 21.

b. *Fremdanzeige*

In Betracht kommt des Weiteren, dass der Insolvenzverwalter durch eine Fremdanzeige dazu beiträgt, dass die Strafverfolgung des insolventen Steuerhinterziehers verhindert wird. § 371 Abs. 4 AO setzt voraus, dass der Insolvenzverwalter zur Erstattung einer rechtzeitigen und ordnungsgemäßen Anzeige nach § 153 AO verpflichtet ist.[872] Wie oben ausgeführt[873] besteht eine solche Anzeigepflicht für den Insolvenzverwalter in der hier in Rede stehenden Fallgestaltung gerade nicht. Für ihn sind die Pflichten nach § 153 AO vom Steuerpflichtigen abgeleitet und der Steuerpflichtige, der mit der Ursprungserklärung Steuern hinterzogen hat, ist seinerseits nicht nach § 153 AO verpflichtet.

Für die Steuerhinterzieher scheitert ein Strafverfolgungshindernis nach § 371 Abs. 4 AO noch aus einem weiteren Grund: Nach h.M.[874] kann ein begünstigter „Dritter" nur jemand sein, der seinerseits gegen § 153 AO verstoßen hat, also seinerseits anzeige- und berichtigungspflichtig war. Ein Strafverfolgungshindernis kommt also nur in den Fällen in Betracht, in denen die Ursprungserklärung des Steuerpflichtigen nur versehentlich unrichtig oder unvollständig war, er sich aber dadurch nach § 370 AO strafbar gemacht hat, dass er seiner – in diesem Fall bestehenden – Pflicht nach § 153 AO vorsätzlich nicht nachgekommen ist.

c. *Materialbeschaffung beim Insolvenzverwalter*

Ist der Insolvenzverwalter weder verpflichtet noch bereit, eine Steuererklärung oder eine Berichtigung vorzunehmen, die inhaltlich §§ 371 Abs. 1, 398a Abs. 1 AO genügt, muss der insolvente Steuerhinterzieher in Erwägung ziehen, ob er sich das notwendige Material vom Insolvenzverwalter beschaffen kann. Gewährt ihm der Insolvenzverwalter nicht freiwillig Zugang zu den in Besitz genommenen Geschäftsbüchern und Unterlagen, stellt sich die Frage, ob er einen entsprechenden Rechtsanspruch hat.

aa. Auskunftsanspruch aus der InsO?

Die Insolvenzordnung weist einzelne Unterrichtungspflichten des Insolvenzverwalters auf, z.B. § 158 Abs. 2 S. 1 InsO (Stilllegung des Unternehmens) und § 161 S. 1 InsO (Beschlussfassung von Gläubigerausschuss /-versammlung über bedeutsame Rechtshandlungen), die allesamt in der Selbstanzeigesituation nicht

---

872 Vgl. Kohlmann/*Schauf*, Mai 2018, § 371 AO Rn. 843.

873 Siehe unter dritter Teil A. I. 3. a. aa.

874 OLG Stuttgart, Beschluss vom 31. Januar 1996 – 1 Ws 1/96 –,NStZ 1996, 559 (560 f.); Rolletschke/Kemper, Steuerstrafrecht/*Kemper*, Oktober 2017, § 371 AO Rn. 571 mwN.

einschlägig sind. Ein allgemeiner Auskunftsanspruch des Schuldners gegen den Insolvenzverwalter existiert in der InsO nicht.[875]

bb. § 666 BGB?

In Betracht kommt mit § 666 BGB ein allgemeiner Auskunftsanspruch aus dem BGB. Eine direkte Anwendung des § 666 BGB scheidet deshalb aus, weil nicht der Schuldner, sondern ein Insolvenzgericht den Insolvenzverwalter bestellt. Das RG[876] hatte noch einen Auskunftsanspruch eines Beteiligten gegen den Konkursverwalter im Konkursverfahren in entsprechender Anwendung des § 666 BGB angenommen. Mittlerweile lehnt die h.M.[877] diesen Ansatz jedoch ab, weil der Konkurs- bzw. Insolvenzverwalter nicht nur gegenüber dem Schuldner, sondern gegenüber allen Verfahrensbeteiligten verantwortlich und ein Auskunftsanspruch im Lichte des Insolvenzrechts zu bestimmen sei.

Der h.M. ist zu folgen, weil es bereits an einer mit dem Auftragsverhältnis vergleichbaren Situation und Interessenlage fehlt. Der Insolvenzverwalter ist als Partei kraft Amtes nicht fremdnützig allein für einen „Auftraggeber" tätig, er muss vielmehr die unterschiedlichen Interessen einer ganzen Reihe von Beteiligten beachten. Entscheidend ist jedoch, dass ein in der Rechtsfolge so weit gehender Auskunftsanspruch wie § 666 BGB mit der Architektur des Insolvenzverfahrens nicht kompatibel wäre. Mit dem Übergang der Verwaltungsbefugnis soll verhindert werden, dass der Schuldner sich in die Verwaltung der Masse einmischt.[878] Die Erfüllung umfangreicher Auskunftsansprüche kann den Insolvenzverwalter jedoch von seiner Aufgabe der Masseverwertung abhalten. Er müsste hierfür u.U. zeitliche und sachliche Ressourcen in nicht unerheblichem Umfang einsetzen. Abgesehen davon sind die Interessen des Schuldners regelmäßig dadurch gewahrt, dass der Insolvenzverwalter nach Beendigung seiner Tätigkeit gemäß § 66 InsO Schlussrechnung legen muss. Sie soll Transparenz schaffen und muss deshalb ein vollständiges und richtiges Bild seiner Geschäftsführung vermitteln.[879] Das Insolvenzgericht legt die Schlussrechnung zur Einsicht der Beteiligten gemäß § 66 Abs. 2 S. 2, 3 InsO aus. Der Schuldner zählt zu

875 Uhlenbruck/*Mock*, § 80 InsO Rn. 110; Schmidt, InsO/*Sternal*, § 80 InsO Rn. 24.

876 RG, Urteil vom 09. April 1920 – II 480/19 –, RGZ 98, 302 (306).

877 *Gerhardt*, ZIP 1980, 941 (942); Uhlenbruck/*Mock*, § 80 InsO Rn. 103, 110; implizit auch BGH, Urteil vom 07. Dezember 1977 – VIII ZR 164/76 –, BGHZ 70, 86 (91).

878 *Gerhardt*, ZIP 1980, 941 (942).

879 Schmidt, InsO/*Rigol*, § 66 InsO Rn. 1.

den Verfahrensbeteiligten.[880] Ein allgemeines Auskunftsinteresse schon während des Insolvenzverfahrens besteht deshalb regelmäßig nicht.

cc. § 242 BGB

Ausnahmsweise kann ein aus § 242 BGB abgeleiteter Auskunftsanspruch gegen den Insolvenzverwalter schon während des Insolvenzverfahrens bestehen.

(1) Besonderes Informationsbedürfnis

Voraussetzung ist zum einen ein besonderes Informationsbedürfnis des Schuldners.[881] Es muss sich um ein legitimes Interesse handeln, das nicht dadurch gewahrt werden kann, dass der Schuldner die Rechnungslegung abwartet.

Mit aktuellen Steuererklärungspflichten lässt sich ein solches Sonderinteresse nicht begründen. Der Schuldner ist in der formellen Insolvenz von seinen steuerlichen massebezogenen Pflichten entbunden. Dies wird, wie oben ausgeführt[882], gerade damit begründet, dass er zu deren Erfüllung nicht mehr in der Lage ist, wenn und solange der Insolvenzverwalter die Insolvenzmasse einschließlich der Unterlagen und Geschäftsbücher in Besitz genommen hat.

Es besteht jedoch ein legitimes strafrechtliches Sonderinteresse. Die Aussetzung der steuerlichen Pflichten lässt nämlich die steuerstrafrechtlichen Obliegenheiten unberührt.[883] Insbesondere muss der insolvente Steuerhinterzieher weiter die Materiallieferung vornehmen, um die Strafverfolgung abzuwenden. Die Rechtsordnung erkennt das Interesse an der Vermeidung der Strafverfolgung durch Selbstanzeige auch an. Die Strafverfolgungsbehörden sind verpflichtet, selbst dem insolventen Steuerhinterzieher die Chance auf Strafbefreiung (§ 371 AO) bzw. auf Einstellung das Strafverfahrens (§ 398a AO) zu erhalten, indem sie eine angemessene Entrichtungs- und Zahlungsfrist einräumen.[884]

Der Insolvenzverwalter kann den insolventen Steuerhinterzieher auch nicht darauf verweisen, die Rechnungslegung nach § 66 InsO abzuwarten. Zum einen dürfte die Rechnungslegung regelmäßig gar nicht alle für die Materiallieferung notwendigen Daten enthalten. Sie betrifft die Vorgänge während des Insolvenzverfahrens, aber keine vorinsolvenzlichen Tatzeiträume. Zum anderen steht der

880 Uhlenbruck/*Mock*, § 66 InsO Rn. 105.

881 Uhlenbruck/*ders.*, § 80 InsO Rn. 113; Schmidt, InsO/*Sternal*, § 80 InsO Rn. 23; *Gerhardt*, ZIP 1980, 941 (942).

882 Siehe unter dritter Teil A. I. 2.

883 Siehe unter dritter Teil A. I. 2.

884 BayOLG, Beschluss vom 03. November 1989 – RReg 4 St 135/89 –, BayObLGSt 1989, 145 (154); JJR/*Joecks*, § 371 AO Rn. 154.

insolvente Steuerhinterzieher unter besonderem Zeitdruck. Ihm droht latent die Tatentdeckung oder das Eintreten eines anderen Sperrgrundes nach § 371 Abs. 2 AO. Das Entdeckungsrisiko ist im Insolvenzverfahren allein dadurch schon gesteigert, dass andere einen umfassenden Einblick in seine wirtschaftlichen und steuerlichen Verhältnisse erlangen. Die Information über die begangene Steuerstraftat kann dann z.B. in der folgenden Weise zur Finanzbehörde gelangen:

- Der Insolvenzverwalter kann häufig nicht wissen, ob der Schuldner versehentlich oder vorsätzlich eine unrichtige/unvollständige Steuererklärung abgegeben hat. Geht er irrig von einem versehentlichen Versäumnis aus, sieht er sich einer eigenen Anzeige- und Berichtigungspflicht nach § 153 Abs. 1 S. 2 InsO ausgesetzt.[885] Der insolvente Steuerhinterzieher muss befürchten, dass der Insolvenzverwalter das Versäumnis anzeigt, um eine eigene Strafbarkeit nach § 370 Abs. 1 Nr. 2 AO zu vermeiden. Insoweit kann die Anzeige des Insolvenzverwalters die Strafverfolgung des Schuldners und auch einen Sperrgrund nach § 371 Abs. 2 Nr. 2 AO (Tatentdeckung) auslösen.[886]
- Des Weiteren ist nach der „Anordnung über Mitteilungen in Zivilsachen" (MiZi) das Insolvenzgericht grds. verpflichtet, die Staatsanwaltschaft über jede gewerbliche Insolvenz zu informieren.[887] Daraufhin fordert die Staatsanwaltschaft die Insolvenzakten an, in denen sich insbesondere das Insolvenzgutachten befindet.[888] Auch daraus kann sich schon ein Anfangsverdacht einer Steuerstraftat ergeben, bevor der Insolvenzverwalter Rechnung nach § 66 InsO legt.

(2) Entschuldbare Unwissenheit und zumutbarer Aufwand

Die weitere Voraussetzung des Anspruchs auf Auskunftserteilung nach den Grundsätzen von Treu und Glauben ist, dass der Berechtigte in entschuldbarer Weise über das Bestehen oder den Umfang seines Rechts im Ungewissen ist, er sich die zur Vorbereitung und Durchführung seines Zahlungsanspruchs

---

885 Die Anzeige- und Berichtigungspflicht des Insolvenzverwalters besteht nur dann nicht, wenn der Insolvenzschuldner zuvor mit Vorsatz unrichtige bzw. unvollständige Angaben gemacht hat, siehe unter dritter Teil A. I. 3 a. aa.

886 Ein solches nicht von ihm mitveranlasstes Vorgehen des Insolvenzverwalters wäre dem insolventen Steuerhinterzieher nicht als Selbstanzeige zurechenbar. Außerdem genügt die bloße Anzeige nicht den inhaltlichen Anforderungen der §§ 371 Abs. 1, 398a Abs. 1 AO, kann aber sehr wohl schon für eine Tatendeckung ausreichen, vgl. unter dritter Teil A. I. 3. a. aa.

887 IX Nr. 2 und 3 MiZi.

888 Vgl. *Püschel/Paradissis*, ZInsO 2015, 1786.

notwendigen Auskünfte nicht auf zumutbare Weise selbst beschaffen kann und der Verpflichtete sie unschwer, d. h. ohne unbillig belastet zu sein, zu geben vermag.[889] Zwischen dem Berechtigten und dem Verpflichteten muss zudem eine besondere rechtliche Beziehung bestehen, wobei ein gesetzliches Schuldverhältnis genügt.[890]

Die Bestellung des Insolvenzverwalters begründet ein gesetzliches Schuldverhältnis zwischen Schuldner und Verwalter.[891] Die Unfähigkeit des Schuldners, sich die notwendigen Daten für die Selbstanzeige selbst zu beschaffen, ist darauf zurückzuführen, dass der Insolvenzverwalter aufgrund einer Ermächtigung des Insolvenzgerichts die Insolvenzmasse einschließlich der Steuererklärungen und der Buchführung in Besitz nimmt. Dem Schuldner wird die Möglichkeit der Materiallieferung demnach von anderen genommen. Seine Unfähigkeit ist auch im Fall eines Eigeninsolvenzantrags entschuldbar. Denn möglichst frühzeitige Insolvenzanträge sind nicht nur rechtmäßig, sondern erklärtes Ziel der InsO.[892]

Der Umfang der Auskunftspflicht bemisst sich nach der Zumutbarkeit und damit nach einer sinnvollen Relation zwischen Arbeitsaufwand und Zeitaufwand auf Seiten des Auskunftspflichtigen und dem schutzwürdigen Interesse auf Seiten des Auskunftsberechtigten. Das gilt in besonderem Maße bei der Auskunftspflicht eines Insolvenzverwalters, der im Interesse aller an der Insolvenz Beteiligten auf eine zügige Verfahrensabwicklung bedacht sein muss.[893] Der Arbeitsaufwand für den Insolvenzverwalter ist vom Einzelfall abhängig. Er lässt sich jedoch zumindest dadurch in allen Fällen auf ein erträgliches Maß minimieren, dass der Insolvenzverwalter dem Schuldner Zugang zu allen notwendigen Unterlagen und Daten gewährt. Die insolvenzrechtlichen Verfahrensziele werden dadurch auch nicht gefährdet.

---

889 RG, Urteil vom 04. Mai 1923 – II 310/22 –, RGZ 108, 1 (7); RG, Urteil vom 19. November 1938 – II 69/38 –, RGZ 158, 377 (379); BGH, Urteil vom 28. Oktober 1953 – II ZR 149/52 –, BGHZ 10, 385 (387); BGH, Urteil vom 04. Juni 1981 – III ZR 31/80 –, BGHZ 81, 21 (24 f.); BGH, Urteil vom 13. Juni 1985 – I ZR 35/83 –, BGHZ 95, 285 (287 f.) (stRspr.).

890 BGH, Urteil vom 18. Januar 1978 – VIII ZR 262/76 –, NJW 1978, 1002; BGH, Urteil vom 13. Juni 1985 – I ZR 35/83 –, BGHZ 95, 285 (288).

891 BGH, Urteil vom 24. Januar 1991 – IX ZR 250/89 –, BGHZ 113, 262 (276); Schmidt, InsO/*Sternal*, § 80 InsO Rn. 20.

892 Vgl. hierzu im Einzelnen Uhlenbruck/*Pape*, § 1 InsO Rn. 5.

893 BGH, Urteil vom 07. Dezember 1977 – VIII ZR 164/76 –, BGHZ 70, 86 (91) (noch zur KO).

Selbst größerer Aufwand wäre für den Insolvenzverwalter regelmäßig zumutbar, weil das Interesse des Schuldners, die Strafverfolgung zu verhindern, von besonderem Gewicht ist. Schließlich ist auch ein Aufwand zumutbar, den man sowieso aus eigener Verpflichtung betreiben müsste. Hat der insolvente Steuerhinterzieher die Steuerstraftat dadurch begangen, dass er keine Steuererklärung/-anmeldung abgegeben hat (§ 370 Abs. 1 Nr. 2 AO), muss der Insolvenzverwalter die verschwiegenen Besteuerungsgrundlagen ermitteln. Denn die noch unerfüllte Steuererklärungspflicht besteht weiter, trifft nunmehr aber ihn selbst. Es stellt dann keine zusätzliche Belastung für ihn dar, wenn er die entsprechenden Unterlagen und Informationen dem auskunftsbegehrenden Schuldner zur Verfügung stellt, der ihm dann die Aufgabe der Erklärungsabgabe in Form einer Selbstanzeige sogar abnimmt.

II. Die Steuernachentrichtung

1. Verlust der Verfügungsbefugnis bei gebotener Steuernachentrichtung

Die Befugnis, über die massezugehörigen Gegenstände zu verfügen, geht mit Eröffnung des Insolvenzverfahrens gemäß §§ 80, 81 InsO auf den Insolvenzverwalter über. Verfügungen des Schuldners sind ab diesem Zeitpunkt gemäß § 81 Abs. 1 S. 1 InsO unwirksam. Der insolvente Steuerhinterzieher ist daher regelmäßig nicht mehr in der Lage, die vor Insolvenzeröffnung hinterzogene Steuer zzgl. Zinsen nachzuzahlen. Der Insolvenzverwalter ist dem Insolvenzzweck der gleichmäßigen Gläubigerbefriedigung verpflichtet. Er darf deshalb auf Insolvenzforderungen keine Zahlungen leisten.[894] Das gilt auch für strafbefangene Steuerverbindlichkeiten, jedenfalls soweit es sich um Insolvenzforderungen handelt. Eine Steuernachzahlung würde den Fiskus in insolvenzzweckwidriger Weise bevorzugen.

Zusammengefasst: Der insolvente Steuerhinterzieher kann die hinterzogene Steuer nicht nachzahlen, der Insolvenzverwalter darf es grundsätzlich nicht, jedenfalls soweit es sich um Insolvenzforderungen handelt. Der insolvente Steuerhinterzieher kann deshalb grundsätzlich keine wirksame Selbstanzeige erstatten.

894 BGH, Beschluss vom 20. März 2008 – IX ZR 68/06 –, ZIP 2008, 884 f. Rn. 4, 6.

2. *Lösungsansätze*

a. *Wandlung des Steueranspruchs zum Optimalanspruch in der Insolvenz*

Gerät der Schuldner in die Insolvenz, kommt es zu einer Befriedigungskonkurrenz zwischen den Gläubigern.[895] Weil die Mittel des Schuldners nicht mehr zur Befriedigung aller Gläubiger ausreichen, verliert das Prioritätsprinzip seine innere Rechtfertigung.[896] Auch ein strafbefangener Steueranspruch kann nicht mehr durchgesetzt werden, ohne die Forderungen der anderen Gläubiger zu beeinträchtigen.[897] *Krumm* beschreibt die Situation so, dass sich in der formellen Insolvenz der Maximalanspruch auf volle Befriedigung des Steueranspruchs in einen Optimalanspruch im Sinne einer nur noch bestmöglichen Anspruchsbefriedigung wandelt.[898] Es stellt sich die Frage, ob sich auch der Steuernachzahlungsbetrag nach § 371 Abs. 3 AO nur noch an dieser bestmöglichen Befriedigung und damit ggfs. an der später ausgekehrten Insolvenzquote orientiert.

Die Steuerzahlung ist im Zusammenhang mit der Selbstanzeige objektive Straffreiheitsbedingung.[899] Die o.g. Wandlung des Steueranspruchs betrifft nur dessen Durchsetzbarkeit in dem jeweils gültigen Vollstreckungsregime, lässt aber den Bestand des materiell-rechtlichen Steueranspruchs unberührt. Für die Bestimmung der nachzuentrichtenden Steuer ist dieser materiell-rechtliche Steueranspruch maßgeblich, nicht der Steuerbetrag, den der Steuergläubiger im jeweils gültigen Vollstreckungsregime auch durchsetzen kann. Eine Orientierung an dem aus der Sicht des Gläubigers Machbaren stünde mit den Zwecken der Selbstanzeige nicht im Einklang. Der Steuerhinterzieher muss das Notwendige tun, um vollkommen in die Steuerehrlichkeit zurückzukehren und um seine Tat vollständig wiedergutzumachen. Solange der materiell-rechtlich entstandene Steueranspruch noch besteht, ist er diesen Anforderungen nicht gerecht geworden. Diese Zwecke verlangen dem Steuerhinterzieher etwas ab, nicht dem Steuergläubiger. Auf strafrechtlicher Ebene kann es nicht auf die Erzwingbarkeit der Steuernachzahlung ankommen. Denn aus strafrechtlicher Sicht ist die Steuernachentrichtung eine Obliegenheit.[900] Der Umstand, dass der

895 *Seer*, DStR 2016, 1289.

896 MünchKommInsO, Band 1/*Stürner*, Einl. Rn. 77.

897 Vgl. *Seer*, DStR 2016, 1289 (1290).

898 *Krumm*, Steuervollzug und formelle Insolvenz, 2009, S. 167.

899 BGH, Beschluss vom 20. Mai 2010 – 1 StR 577/09 –, BGHSt 55, 180 (183) Rn. 13; BayOLG, Beschluss vom 03. November 1989 – RReg 4 St 135/89 –, BayObLGSt 1989, 145 (154).

900 Siehe unter erster Teil A. III.

Steuergläubiger im Insolvenzverfahren in ein System kollektiver Disziplinierung eingebunden und dadurch in seiner Durchsetzungsmacht beschränkt ist, beeinflusst den Nachentrichtungsbetrag nach alledem nicht. Eine Beschränkung des Nachentrichtungsbetrags auf die bestmögliche Befriedigung des Fiskus im Insolvenzverfahren scheidet aus.[901]

Selbst wenn man die zukünftige Abwicklung des Insolvenzverfahrens bis zu dessen Aufhebung unterstellt und in die Betrachtung miteinbeziehen wollte, gelangt man zu keinem anderen Ergebnis. Denn soweit durch quotale Verteilung der Masse keine Gläubigerbefriedigung eintritt, bleibt die angemeldete Insolvenzforderung auch nach Aufhebung des Insolvenzverfahrens materiellrechtlich bestehen. Der Gläubiger hat ein unbeschränktes Nachforderungsrecht gegen den Schuldner (§ 201 Abs. 1 InsO). Auch eine Restschuldbefreiung – soweit hinterzogene Steuern nicht ohnehin davon ausgenommen sind (vgl. § 302 Nr. 1 InsO) – bringt eine Insolvenzforderung nicht zum Erlöschen. Denn sie ist gemäß § 301 Abs. 3 InsO nur nicht mehr durchsetzbar, sie bleibt aber erfüllbar (sog. unvollkommene Verbindlichkeit).

b. Keine eigennützige Steuerhinterziehung des Schuldners im Insolvenzverfahren

Der Schuldner kann auch nach Eröffnung des Insolvenzverfahrens eine Steuerhinterziehung begehen. Da die Festsetzung von Steuerinsolvenzforderungen nach Verfahrenseröffnung nicht mehr zulässig ist, kommt hierbei vor allem die Verkürzung von Steuermasseverbindlichkeiten in Betracht. Zwar ist hierfür der Insolvenzverwalter erklärungs- bzw. anmeldepflichtig. Täter i.S.d. § 370 Abs. 1 Nr. 1 AO kann indes jeder sein, der tatsächlich in der Lage ist, auf die Festsetzung der Steuer zum Nachteil des Steuergläubigers einzuwirken (Jedermann-Delikt).[902] Zeigt sich ein Schuldner, der nach Verfahrenseröffnung eine Steuerstraftat begangen hat, selbst an, hat er die Steuer gemäß §§ 371 Abs. 3, 398a Abs. 1 Nr. 1 AO nur dann nachzuentrichten, wenn er zu seinen eigenen Gunsten hinterzogen hat.

Verhindert ein Schuldner im eröffneten Insolvenzverfahren durch steuerunehrliches Verhalten, dass die Steuermasseverbindlichkeit in voller Höhe festgesetzt und anschließend erhoben wird, wird die Insolvenzmasse geschont.

---

901 Abgesehen davon wäre die Einhaltung der Nachentrichtungsfrist für den Selbstanzeiger schwierig, weil er auf eine zeitnahe Auskehrung der Quote nach Erstattung der Selbstanzeige hoffen müsste.

902 Rolletschke/Kemper, Steuerstrafrecht/*Rolletschke*, Oktober 2017, § 370 AO Rn. 950.

Erschleicht er eine Erstattung bzw. Vergütung, wird die Insolvenzmasse sogar angereichert. Es ist der Frage nachzugehen, wer – der Schuldner oder seine Gläubiger – als Profiteur der geschonten/angereicherten Insolvenzmasse anzusehen ist.

Der Schuldner bleibt nach Verfahrenseröffnung ungeachtet des Verlusts der Verfügungs- und Verwaltungsbefugnis auch im Hinblick auf Steuermasseverbindlichkeiten Steuerschuldner i.S.d. § 43 AO.[903] Dementsprechend ist er auch Inhaltsadressat der Bekanntgabe von Steuerbescheiden, mit denen Masseverbindlichkeiten festgesetzt werden.[904] Der hinterziehende Schuldner bleibt auch nach Eröffnung des Insolvenzverfahrens Rechtsträger der Insolvenzmasse.[905] Ihm werden die massezugehörigen Wirtschaftsgüter auch steuerlich gemäß § 39 AO zugerechnet.[906] Allerdings unterfallen die Gegenstände der Ist-Masse dem Insolvenzbeschlag.[907] Das pfändbare Vermögen des Schuldners bildet mit Eröffnung des Insolvenzverfahrens ein Sondervermögen[908], das fortan der Befriedigung der Insolvenzgläubiger dient (§ 38 InsO).[909] Es wird den Gläubigern in ihrer Gesamtheit als Haftungsmasse zugewiesen.[910] Sie werden durch Verteilungen (§§ 187 ff. InsO) aus den vorhandenen Barmitteln der Insolvenzmasse befriedigt. Im eröffneten Insolvenzverfahren mag der Schuldner damit zwar noch formal Inhaber auch seines dem Insolvenzbeschlag unterliegenden Vermögens sein. Anders als das insolvenzfreie Vermögen ist jedoch die Insolvenzmasse als Sondervermögen in dieser Zeit normativ seinen Gläubigern zugewiesen. Aus dieser normativen Sicht profitieren die Gläubiger von hinterzogenen Steuermasseverbindlichkeiten.

Ein Steuerhinterzieher handelt auch dann zu seinen Gunsten, wenn er einen unmittelbaren wirtschaftlichen Vorteil aus der Tat zieht.[911] Mit Eröffnung des

---

903 *Frotscher*, Besteuerung bei Insolvenz, [8]2014, S. 23.

904 Vgl. Nr. 4.3.3 des AEAO zu § 251 AO.

905 Vgl. Uhlenbruck/*Hirte*, § 35 InsO Rn. 1.

906 Vgl. *Frotscher*, Besteuerung bei Insolvenz, [8]2014, S. 23.

907 Uhlenbruck/*Hirte*, § 35 InsO Rn. 5.

908 Uhlenbruck/*ders.*, § 35 InsO Rn. 1.

909 Vgl. auch zweiter Teil B. IV. 4. c. aa. (2) (b) (bb) zum anfechtungsbedingt zurückgewährten Strafzuschlag.

910 Uhlenbruck/*Hirte*, § 35 InsO Rn. 5.

911 BGH, Urteil vom 04. Juli 1979 – 3 StR 130/79 –, BGHSt 29 (40 f.); BGH, Urteil vom 22. Juli 1987 – 3 StR 224/87 –, StV 1988, 19; BMF-Schreiben vom 21.09.1981, IV A 8-S 0700-16/81, BStBl. I 1981, 625; Kohlmann/*Schauf*, Mai 2018, § 371 AO Rn. 306; JJR/*Joecks*, § 371 AO Rn. 143; *Franzen*, DStR 1983, 323 (325 f.); *Zimmermann*, Nachzahlung bei Selbstanzeige, 2001, S. 71–78; siehe auch unter zweiter Teil A. I. 3. a. bb.

Insolvenzverfahrens sind dem Schuldner die Eigentümerbefugnisse an seinem pfändbaren Vermögen entzogen[912], insbesondere die Verwaltungs- und Verfügungsbefugnis. Er hat keinen Zugriff mehr auf sein Vermögen. Die massezugehörigen Mittel kann er im eröffneten Insolvenzverfahren nicht für den eigenen Konsum einsetzen. Die Liquidität und die Vermögensgegenstände, die in die Insolvenzmasse als Sondervermögen eingegangen sind, gelangen in aller Regel auch nicht mehr ungebunden zu ihm zurück. Der Insolvenzverwalter wendet sie regelmäßig vollständig für Massekosten, Masseverbindlichkeiten und eben die Befriedigung der Gläubiger auf.[913] In wirtschaftlicher Hinsicht profitieren also die Gläubiger von einer während des Insolvenzverfahrens begangenen Steuerhinterziehung, und zwar in Form einer höheren Insolvenzquote.

c. *Aufrechnung*

Das FA kann ein Interesse daran haben, mit dem strafbefangenen Steueranspruch gegen einen Steuererstattungs- oder Steuervergütungsanspruch der Insolvenzmasse aufzurechnen (§§ 47, 226 AO, §§ 387 ff. BGB). Weil der strafbefangene Steueranspruch durch die Aufrechnung untergeht, erlischt auch die Steuernachentrichtungspflicht im Rahmen der Selbstanzeige.[914] Die Aufrechnung ist die wechselseitige Tilgung von zwei sich gegenüberstehenden Forderungen. Sie ist insofern ein Erfüllungssurrogat.[915] Im Hinblick auf die Tilgungswirkung ist sie der Zahlung gleichgestellt. Es ist deswegen sachgerecht, sie als einen Fall des Entrichtens aufzufassen. Der Begriff „entrichtet" in §§ 371 Abs. 3, 398a Abs. 1 Nr. 1 AO ist insofern auch offen. Er ist nicht beschränkt auf eine Zahlung. Der Wortsinn lässt auch andere Formen der Tilgung zu.

Im eröffneten Insolvenzverfahren ist die Aufrechnung aus insolvenzrechtlichen Gründen allerdings nur sehr eingeschränkt zulässig (§§ 95, 96 InsO). Die Aufrechnungslage muss insbesondere schon vor Verfahrenseröffnung bestanden haben und darf nicht anfechtbar erlangt worden sein.

---

912 HambKomm/*Lüdtke*, § 38 InsO Rn. 2.

913 Ungebundene Mittel erlangt er allenfalls in dem sehr seltenen und unwahrscheinlichen Fall zurück, dass nach Beendigung des Verfahrens, insbesondere der Verteilungen noch Restmasse vorhanden ist.

914 Vgl. HHSP/*Beckemper*, August 2015, § 371 AO Rn. 122.

915 Palandt/*Grüneberg*, § 387 BGB Rn. 1.

d. Akzessorietät der Steuernachentrichtung zur strafbefangenen Steuerschuld

Die Steuernachentrichtungsobliegenheit ist – als ungeschriebenes Tatbestandsmerkmal – akzessorisch zur materiellen Steuerschuld.[916] Eine nachentrichtungslose Selbstanzeige kommt daher in Betracht, wenn im Zuge des Insolvenz-, des Insolvenzeröffnungs-, des Insolvenzplan- oder des Restschuldbefreiungsverfahrens die materielle Steuerschuld hinfällig geworden ist.

aa. Rechtliche Uneinbringlichkeit des vereinbarten Entgelts

(1) Empfangszuständigkeit des Insolvenzverwalters

Nach der sog. Doppelberichtigungsrechtsprechung[917] gilt zwar auch nach Eröffnung des Insolvenzverfahrens der Grundsatz der Unternehmereinheit. Mit der Eröffnung des Insolvenzverfahrens über das Vermögen des leistenden Unternehmers kommt es jedoch zu einer Aufspaltung des Unternehmens in mehrere Unternehmensteile, zwischen denen einzelne umsatzsteuerrechtliche Berechtigungen und Verpflichtungen nicht miteinander verrechnet werden können. Erbringt ein Unternehmer (Soll-Versteuerer), über dessen Vermögen später das Insolvenzverfahren eröffnet wird, eine Leistung vor Verfahrenseröffnung, ohne das hierfür geschuldete Entgelt bis zu diesem Zeitpunkt zu vereinnahmen, wird das Entgelt aus *rechtlichen* Gründen im vorinsolvenzrechtlichen Unternehmensteil eine Sekunde vor Verfahrenseröffnung uneinbringlich. Die festgesetzte Umsatzsteuer ist gemäß § 17 Abs. 2 Nr. 1 S. 1 i.V.m. § 17 Abs. 1 S. 1 u. 7 UStG in dem VAZ zu berichtigen, in dem das Insolvenzverfahren eröffnet wird. Denn der Entgeltanspruch kann ab der Eröffnung des Insolvenzverfahrens nicht mehr durch diesen Unternehmensteil vereinnahmt werden. Mit der Eröffnung des Insolvenzverfahrens geht nach §§ 80, 82 InsO die Empfangszuständigkeit

---

916 HHSP/*Beckemper*, August 2015, § 371 AO Rn. 92; Kohlmann/*Schauf*, Mai 2018, § 371 AO Rn. 401; Schwarz/Pahlke/*Webel*, November 2015, § 371 AO Rn. 333 f.; vgl. auch RG, Urteil vom 04. Januar 1927 – I 612/26 –, RGSt. 61, 115 (118); Rolletschke/Kemper, Steuerstrafrecht/*Kemper*, Oktober 2017, § 371 AO Rn. 400.; siehe auch unter zweiter Teil A. I. 3. c. cc. (3).

917 BFH, Urteil vom 09. Dezember 2010 – V R 22/10 –, BStBl, II 2011, 996 (998 f.) Rn. 23, 27 ff.; BFH, Beschluss vom 06. September 2016 – V B 52/16 –, ZInsO 2016, 2449 f. Diese Rechtsprechung ist hochumstritten, vgl. FG Berlin-Brandenburg, Urteil vom 15. Januar 2015 – 5 K 5182/13 –, EFG 2015, 1847 (1848 f.); Rau/Dürrwächter/*Stadie*, März 2018, § 17 UStG Rn. 398; *Kahlert*, DStR 2011, 921 (925 f.). In der Praxis ist sie jedoch maßgeblich, zumal ihr auch die Finanzverwaltung folgt, vgl. UStAE 17.1 Abs. 16 und BMF-Schreiben vom 20.05.2015, IV A 3-S 0550/10/10020-05, BStBl I 2015, 47, Rn. 13 ff. Sie wird deswegen den weiteren Ausführungen zu Grunde gelegt.

für alle Leistungen, welche auf die zur Insolvenzmasse gehörenden Forderungen erbracht werden, auf den Insolvenzverwalter über. Der Unternehmer ist somit aus rechtlichen Gründen nicht mehr in der Lage, rechtswirksam Entgeltforderungen in seinem vorinsolvenzrechtlichen Unternehmensteil selbst zu vereinnahmen, da die Entgelte an die Insolvenzmasse zu leisten sind. Die spätere Entgeltvereinnahmung durch den Insolvenzverwalter begründet eine erneute Berichtigung nach § 17 Abs. 2 Nr. 1 S. 2 UStG. Diese Berichtigung ist nach § 17 Abs. 2 i.V.m. Abs. 1 S. 7 UStG erst im VAZ der Vereinnahmung vorzunehmen. Die Umsatzsteuer ist demnach bei der Besteuerung nach vereinbarten Entgelten im VAZ der Leistungsausführung und Steuerentstehung anzumelden und im VAZ der Eröffnung des Insolvenzverfahrens steuermindernd zu berichtigen. Vereinnahmt der Insolvenzverwalter später das Entgelt, kommt die Steuer *neu* zur Entstehung. Es kommt zu einer steuererhöhenden Berichtigung und der Umsatzsteueranspruch ist als Masseverbindlichkeit im Unternehmensteil Insolvenzmasse im VAZ der Vereinnahmung anzumelden.

Es stellt sich die Frage, ob in einer solchen Situation eine wirksame Selbstanzeige noch eine Steuernachentrichtung voraussetzt. Zu ihrer Klärung sind Rechtsnatur und Wirkung der Berichtigung nach § 17 UStG von zentraler Bedeutung[918]:

Nach Auffassung des VII. Senats des BFH[919] handelt es sich bei der Berichtigung nach § 17 Abs. 1 S. 1, Abs. 2 Nr. 1 UStG um einen steuerverfahrensrechtlich selbständigen Anspruch, der gleichsam kompensatorischen Charakter habe, indem er die ursprünglich vorgenommene Besteuerung ausgleiche und die damals für ein bestimmtes Ereignis erhobene Steuer aufgrund eines späteren, entgegengesetzten Ereignisses zurückführe. Das die Berichtigung auslösende Ereignis i.S.d. § 17 UStG wirke auf den materiellen Gehalt der ursprünglichen Steuerfestsetzung zurück.

Der V. Senat des BFH[920] fasst § 17 UStG als materiell-rechtlichen Berichtigungstatbestand auf. Er sieht die Ereignisse i.S.d. § 17 UStG als unselbständige Besteuerungsgrundlagen, die in der Umsatzsteuerfestsetzung für den

918 Vgl. auch die entsprechenden Ausführungen zur *tatsächlichen* Uneinbringlichkeit des Entgelts unter zweiter Teil A. I. 3. c. cc. (3).

919 BFH, Urteil vom 27. Oktober 2009 – VII R 4/08 –, BStBl. II 2010, 257 (258 f.) Rn. 17 f.

920 BFH, Beschluss vom 13. Juli 2006 – V B 70/06 –, BStBl. II 2007, 415 (416); BFH, Urteil vom 22. Oktober 2009 – V R 14/08 –, BStBl II 2011, 988 (989) Rn. 26; siehe auch die zusammenfassende Rechtsprechungsübersicht bei *Kahlert/Rühland*, Sanierungs- und Insolvenzsteuerrecht, ^{2}2011, Rn. 9.277 ff.

maßgeblichen Besteuerungszeitraum des Ereigniseintritts – also ex nunc – zu berücksichtigen seien.

Ein Teil der Literatur[921] begreift § 17 UStG als rein materiell-rechtliche Norm. Die Ereignisse i.S.d. § 17 UStG führten zu einem Erlöschen der Steuer ex nunc.

Den o.g. Auffassungen ist bei allen Unterschieden hinsichtlich des Zeitpunkts und der Wirkungsweise gemein, dass sie dem Uneinbringlichwerden des Entgelts als auslösendem Ereignis eine materiell-rechtliche Wirkung beimessen, die die Steuerbelastung des Unternehmers senkt. Dem Fiskus steht bei Uneinbringlichkeit des Entgelts der Umsatzsteueranspruch materiell-rechtlich nicht (mehr) zu. Soweit die Forderung einmal uneinbringlich geworden ist, gilt das Ist-Prinzip.[922] Der unbezahlte Umsatz gehört nicht mehr zur Bemessungsgrundlage. § 17 UStG ist lediglich der gesetzliche Weg, eine Zuvielbelastung verfahrensökonomisch in dem VAZ, in dem die Uneinbringlichkeit eingetreten ist, wieder zu beseitigen. Da die rechtliche Uneinbringlichkeit somit den Steueranspruch materiell-rechtlich zu Fall bringt, muss grundsätzlich auch die akzessorische Steuernachentrichtungspflicht entfallen. Dies muss hier jedoch wegen der Eigentümlichkeiten des § 17 UStG im Allgemeinen und der BFH-Rechtsprechung im Besonderen hinterfragt werden:

Die Sollbesteuerung soll der Sicherung des Steueraufkommens dienen. Sie hat indes einen vorläufigen Charakter. Sie läuft darauf hinaus, dass der als Steuereinsammler für Rechnung des Staates fungierende Unternehmer die abzuführenden Umsatzsteuerbeträge *vorfinanziert*. § 17 Abs. 1 S. 1 UStG passt die Sollbesteuerung an das „Ist“ an, wenn der Leistungsempfänger tatsächlich weniger als vereinbart aufwendet.[923] Die Vorschrift ist notwendig, um die Vorfinanzierung wieder auszugleichen, wenn der Unternehmer außerstande ist, das Entgelt zzgl. des Umsatzsteuerbetrages einzusammeln.[924] Die Berichtigung entspricht auch dem Verbrauchsteuercharakter der Umsatzsteuer, wonach die Besteuerung nach der Belastungswirkung beim Endverbraucher zu erfolgen hat.[925] Gleichzeitig wird durch die Berichtigung eine Ungleichbehandlung von Soll- und Ist-Versteuerer im Sinne des Neutralitätsprinzips und der Wettbewerbsgleichheit vermieden.[926] § 17 Abs. 2 Nr. 1 UStG soll die mit der Sollbesteuerung verbundene

---

921 Rau/Dürrwächter/*Stadie*, März 2018, § 17 UStG Rn. 42; *Stadie*, in: Umsatzsteuergesetz, [3]2015, Rn. 5.

922 Rau/Dürrwächter/*Stadie*, März 2018, § 17 UStG Rn. 417.

923 *Lippross*, Umsatzsteuer, [24]2017, S. 921.

924 *Seer*, DStR 2016, 1289 (1294).

925 Vgl. *Lippross*, Umsatzsteuer, [24]2017, S. 57.

926 BFH, Urteil vom 24. Oktober 2013 – V R 31/12 –, BStBl. II 2015, 674 (675) Rn. 13, 20.

Vorfinanzierung durch den Unternehmer zu Gunsten der Ist-Besteuerung beenden, wenn das Entgelt uneinbringlich ist, da der Unternehmer als Steuereinsammler für Rechnung des Staates im Ergebnis wirtschaftlich nicht belastet werden soll.[927] Vor diesem Hintergrund gebietet der Wiedergutmachungszweck des § 371 Abs. 3 AO in dem Fall, dass das Entgelt im vorinsolvenzrechtlichen Unternehmensteil rechtlich uneinbringlich wird, keine Steuernachentrichtung. Im Gegenteil, ein Beharren darauf würde dem Fiskus einen Vermögenszufluss ohne steuerrechtlichen Rechtsgrund verschaffen. Aus strafrechtlichen Gründen würde im vorinsolvenzrechtlichen Unternehmensteil eine rechtsgrundlose Vorfinanzierung verlangt. Dies wäre keine Wiedergutmachung, sondern ein überkompensatorischer Sondervorteil zu Gunsten des Steuergläubigers. Ein solcher Sondervorteil widerspräche dem Grundsatz, dass der Steuergläubiger durch die Nachentrichtung keine ungerechtfertigte Privilegierung erhalten darf.[928] Steuerrechtlich dürfte er eine Nachentrichtung nicht dauerhaft behalten, sondern müsste sie nach § 37 Abs. 2 AO erstatten. Mit dem Eintritt der rechtlichen Uneinbringlichkeit kann es auch keine Beute im vorinsolvenzrechtlichen Unternehmensteil geben: Umsatzsteuerbeträge, die in Zahlungen der Leistungsempfänger enthalten sind, sind für den Fiskus zu verwaltendes Treugut und damit potentielle Beute.[929] Die Zahlungen erfolgen jedoch nach Eintritt der rechtlichen Uneinbringlichkeit an den Unternehmensteil Masse.

Die im Wege der Rechtsfortbildung vom BFH entwickelte Doppelberichtigungsrechtsprechung hat das Ziel, die Sollbesteuerung im vorinsolvenzrechtlichen Unternehmensteil in eine Ist-Besteuerung im Unternehmensteil Insolvenzmasse zu überführen. So sollen Masseverbindlichkeiten im Unternehmensteil Insolvenzmasse begründet werden. Damit wird wiederum erreicht, dass die Umsatzsteuer dem umsatzsteuerlichen Neutralitätsgrundsatz entsprechend ein durchlaufender Posten bleibt und nicht der Auffüllung der Insolvenzmasse anheimfällt.[930] Im Ergebnis deutet die Doppelberichtigungsrechtsprechung den normativen Regelungsgehalt des § 17 UStG insoweit um, als sie den Schutz des Unternehmers vor der Insolvenz anderer um den Schutz der Allgemeinheit vor

927 BFH, Urteil vom 24. Oktober 2013 – V R 31/12 –, BStBl. II 2015, 674 (675) Rn. 13, 20; Rau/Dürrwächter/*Stadie*, März 2018, § 17 UStG Rn. 398.

928 Siehe unter zweiter Teil A. I. 2. b. aa. (3).

929 Zum Beutecharakter vereinnahmter bzw. einbehaltener Steuerbeträge bei Fremdgeldsteuern, zu denen auch die Umsatzsteuer zählt, siehe zweiter Teil A. I. 3. c. cc. (2).

930 So zur Begründung der Rechtsprechung der Vorsitzende Richter des V. Senats des BFH *Heuermann*, UR 2015, 174 (178); siehe auch *Seer*, DStR 2016, 1289 (1294 ff.).

der Insolvenz des Unternehmers erweitert.[931] Ohne die Doppelberichtigungsrechtsprechung würde wegen des Insolvenzrechts ein Steuerausfall eintreten, und zwar weil die Verwaltungs- und Verfügungsbefugnis auf den Insolvenzverwalter übergehen und dieser auf den Steueranspruch als Insolvenzforderung aus der begrenzten Insolvenzmasse nur eine Quote auskehren dürfte. Mit der Besteuerung im Unternehmensteil Insolvenzmasse wird erreicht, dass der vereinnahmte Umsatzsteuerbetrag an das Finanzamt abgeführt wird. Die „Beute" (vereinnahmte Umsatzsteuer) verbleibt nicht im Vermögen des insolventen Steuerhinterziehers. Der Steuergläubiger erlangt als Massegläubiger eine vorrangige und volle Befriedigung. Der Insolvenzverwalter als Partei kraft Amtes stellt die Steuerzahlung sicher. Ein materieller Steuerschaden wird vermieden. Eine Wiedergutmachung in Form einer Steuernachzahlung ist vor diesem Hintergrund nicht geboten. Die Allgemeinheit – repräsentiert durch den Fiskus – ist durch die Doppelberichtigungsrechtsprechung vor einem Steuerausfall geschützt. Zwar soll die Doppelberichtigungsrechtsprechung vor der spezifischen Steuerausfallsgefahr durch Insolvenz des Unternehmers schützen. Vereinnahmt der Insolvenzverwalter das Entgelt (und den Umsatzsteuerbetrag), wird als Reflex jedoch auch die Steuerausfallsgefahr durch steuerunehrliches Verhalten des Unternehmers gebannt.

Schließlich lässt sich noch einwenden, dass die Doppelberichtigungsrechtsprechung nur ein rechtstechnischer Kniff ist, um ein bestimmtes Ziel zu erreichen, nämlich die Steuerinsolvenzforderung in eine Masseverbindlichkeit umzuwandeln. Der Wegfall der Steuernachentrichtungspflicht erscheint dabei als ein rein zufälliges und von der Rechtsprechung unbeabsichtigtes Nebenprodukt. Diese Analyse ist zutreffend. Jedoch ist sie kein durchgreifendes Argument gegen den Wegfall der Steuernachentrichtungspflicht: Die weitgehende Kriminalisierung im Umsatzsteuerbereich ist auch auf eine besondere rechtstechnische Umsetzung der Umsatzbesteuerung zurückzuführen, u.a. auf die hochfrequenziellen Mitwirkungspflichten. Unternehmer müssen in der Regel neben der USt-JA monatliche USt-VA abgeben. Schon geringfügige Überschreitungen der Abgabefristen lassen den Taterfolg der Steuerverkürzung i.S.d. § 370 Abs. 1, 4 AO eintreten. Inhaltliche Unrichtigkeiten in einer USt-VA führen ebenfalls zu Steuerverkürzungen. Diese leicht verwirklichten Verkürzungen bergen ein erhebliches Strafverfolgungsrisiko, auch angesichts der Unwägbarkeiten des subjektiven Tatbestandes. Und diese Risiken gelten auch bei der Besteuerung nach vereinbarten Entgelten, die wirtschaftlich eine Vorfinanzierung zu

931 *Seer*, DStR 2016, 1289 (1295).

Gunsten des Fiskus darstellt. Man mag darüber streiten, ob diese Kriminalisierung verhältnismäßig und rechtspolitisch sinnvoll ist. De lege lata hindert diese besondere rechtstechnische Umsetzung der Umsatzbesteuerung den Staat nicht daran, dem Unternehmer ständig die Strafverfolgung anzudrohen. Die rechtstechnische Umsetzung gereicht dem Unternehmer insofern zu einem großen steuerstrafrechtlichen Nachteil. Da erscheint es unbillig, ihm einen steuerstrafrechtlichen Vorteil (nachentrichtungslose Selbstanzeige) mit dem Hinweis auf die rechtstechnische Umsetzung anderer Ziele (Umwandlung in Masseverbindlichkeiten) zu verwehren.

Fazit: Wird das Entgelt für den insolventen Umsatzsteuerhinterzieher im vorinsolvenzrechtlichen Unternehmensteil wegen der Eröffnung des Insolvenzverfahrens aus rechtlichen Gründen uneinbringlich, sprechen der Akzessorietätsgrundsatz und die Selbstanzeigezwecke für einen Wegfall der Nachentrichtungsobliegenheit im Rahmen der Selbstanzeige. Insbesondere bedarf es keiner Wiedergutmachung, weil schon die Doppelberichtigung nach § 17 UStG das Steueraufkommen sichert. Das Beharren auf der Steuerzahlung, die bei einer Besteuerung nach vereinbarten Entgelten Vorfinanzierungscharakter hat, würde zudem zu einer nicht gerechtfertigten Privilegierung des Fiskus führen.

(2) Empfangszuständigkeit des vorläufigen Insolvenzverwalters

Nach der Rechtsprechung des BFH werden die noch ausstehenden Entgelte für zuvor erbrachte Leistungen aufgrund der Bestellung eines vorläufigen Insolvenzverwalters mit allgemeinem Zustimmungsvorbehalt und mit Recht zum Forderungseinzug uneinbringlich.[932] Wie die Empfangszuständigkeit mit Eröffnung des Insolvenzverfahrens nach §§ 80, 82 InsO wechselt, geht sie vorher schon auf den schwachen vorläufigen Insolvenzverwalter mit Recht zum Forderungseinzug nach § 21 Abs. 2 Nr. 2, 2. Alt. und §§ 22 Abs. 2, 23 Abs. 1 S. 3 InsO über. Der Schuldner ist dann aus rechtlichen Gründen nicht mehr in der Lage, rechtswirksam Entgeltforderungen in seinem eigenen vorinsolvenzrechtlichen Unternehmensteil selbst zu vereinnahmen.[933] Die Grundsätze zum Wechsel der Empfangszuständigkeit für Entgeltforderungen werden damit auf den Zeitpunkt der Bestellung des schwachen vorläufigen Insolvenzverwalters mit Recht zum Forderungseinzug vorverlegt. Die Finanzverwaltung[934] hat sich dieser Auffassung

932 BFH, Urteil vom 24. September 2014 – V R 48/13 –, BStBl. II 2015, 506 (509) Rn. 25.

933 BFH, Urteil vom 24. September 2014 – V R 48/13 –, BStBl. II 2015, 506 (509) Rn. 27, 28.

934 BMF-Schreiben vom 20.05.2015, IV A 3-S 0550/10/10020-05, Rn. 13 ff.

angeschlossen und die Vorverlagerung in ihren Verwaltungsanweisungen auch auf den vorläufigen Insolvenzverwalter mit Kassenführungsbefugnis und den vorläufigen Insolvenzverwalter mit allgemeinem Zustimmungsvorbehalt ohne ausdrückliches Recht zum Forderungseinzug ausgedehnt.

Die Grundsätze zu den steuerstrafrechtlichen Auswirkungen der rechtlichen Uneinbringlichkeit des Entgelts[935] sind auf den Verlust der Empfangszuständigkeit im vorläufigen Insolvenzverfahren übertragbar: Der Steuernachentrichtungsbetrag nach §§ 371 Abs. 3, 398a Abs. 1 Nr. 1 AO ist akzessorisch zu der strafbefangenen Steuerschuld. Mit Eintritt der (rechtlichen) Uneinbringlichkeit ist die Steuerschuld materiell-rechtlich hinfällig. Sie wird erst mit der tatsächlichen Vereinnahmung durch den empfangszuständigen vorläufigen Insolvenzverwalter wieder *neu* begründet.

bb. Aufschiebend bedingter Unternehmensteilwechsel der Steuerschuld nach § 55 Abs. 4 InsO

Grundsätzlich sind die vor Eröffnung des Insolvenzverfahrens begründeten Forderungen gegen den Schuldner als Insolvenzforderungen, die danach begründeten als Masseverbindlichkeiten zu qualifizieren. § 55 Abs. 4 InsO macht davon für bestimmte Steuerforderungen eine Ausnahme. Demnach gelten Verbindlichkeiten des Schuldners aus dem Steuerschuldverhältnis, die von einem vorläufigen Insolvenzverwalter oder vom Schuldner mit Zustimmung eines vorläufigen Insolvenzverwalters begründet worden sind, nach Eröffnung des Insolvenzverfahrens als Masseverbindlichkeiten.

Zudem kommt es nach der Rechtsprechung des BFH[936], der die Finanzverwaltung folgt[937], insoweit zu einer Modifikation des einheitlichen Unternehmensbegriffs nach § 2 Abs. 1 S. 2 UStG, als ein Unternehmen mit Eröffnung des Insolvenzverfahrens in mehrere Unternehmensteile aufgespalten wird: vorinsolvenzrechtlicher Unternehmensteil, Insolvenzmasse und ggf. insolvenzfreies Vermögen[938]. Dabei sind die bis zur Eröffnung des Insolvenzverfahrens begründeten Umsatzsteuerforderungen grundsätzlich als Insolvenzforderungen einzuordnen und dem vorinsolvenzrechtlichen Unternehmensteil zuzurechnen; die nach Verfahrenseröffnung begründeten Steuerforderungen sind dagegen grundsätzlich

---

935 Siehe unter dritter Teil A. II. 2. d. aa. (1).

936 BFH, Urteil vom 09. Dezember 2010 – V R 22/10 –, BStBl. II 2011, 996 (998) Rn. 28 f.; BFH, Urteil vom 24. November 2011 – V R 13/11 –, BStBl. II 2012, 298 (299) Rn. 11.

937 BMF-Schreiben vom 20.05.2015, IV A 3-S 0550/10/10020-05, Rn. 32.

938 Dazu zählt insb. das vom Insolvenzverwalter freigegebene Vermögen.

als Masseverbindlichkeiten dem Unternehmensteil Insolvenzmasse zugewiesen.[939] Eine § 55 Abs. 4 InsO unterfallende Umsatzsteuerforderung weicht davon jedoch ab: Sie ist eine auflösend bedingte Insolvenzforderung und eine aufschiebend bedingte Masseverbindlichkeit, die (erst) mit Bedingungseintritt dem Unternehmensteil Insolvenzmasse zuzuordnen ist. Die Bedingung ist jeweils die Eröffnung des Insolvenzverfahrens.[940]

In der Praxis werden faktisch schon im Insolvenzeröffnungsverfahren Steuererklärungen und Steueranmeldungen vom vorläufigen Insolvenzverwalter miterstellt. Der Schuldner bleibt jedoch regelmäßig allein steuererklärungs- und anmeldepflichtig. Denn der vorläufige Insolvenzverwalter ist kein Vermögensverwalter im Sinne des § 34 Abs. 3 AO, es sei denn es handelt sich um den – in der Praxis seltenen – Fall des „starken" vorläufigen Insolvenzverwalters mit Verwaltungs- und Verfügungsbefugnis (§ 22 Abs. 1 InsO).[941] Das bedeutet im Ergebnis, dass der Schuldner während des Insolvenzeröffnungsverfahrens regelmäßig auch die § 55 Abs. 4 InsO unterfallende Umsatzsteuer in den USt-VA zu erklären hat. Verletzt er vorsätzlich diese Pflicht, hinterzieht er die Umsatzsteuer.[942]

In dieser Situation stellt sich die Frage, ob der Umstand, dass der Insolvenzschuldner die hinterzogene Umsatzsteuer als Insolvenzforderung für den vorinsolvenzrechtlichen Unternehmensteil hätte anmelden müssen, die Umsatzsteuerforderung aber mit Eröffnung des Insolvenzverfahrens aus diesem Unternehmensteil herausfällt, eine nachentrichtungslose Selbstanzeige ermöglicht.

(1) Kein Wegfall der akzessorischen Steuerschuld

Die steuerstrafrechtliche Nachentrichtungspflicht nach §§ 371 Abs. 3, 398a Abs. 1 Nr. 1 AO ist akzessorisch zum Bestand der strafbefangenen Steuerschuld. Unter diesem Gesichtspunkt lässt § 55 Abs. 4 InsO die Nachentrichtungspflicht nicht entfallen. Denn § 55 Abs. 4 InsO setzt die gesetzgeberischen Ziele rechtstechnisch um, indem er Steuerforderungen als Masseverbindlichkeiten fingiert. Anders als bei der Doppelberichtigungsrechtsprechung zu § 17 UStG wird dabei

---

939 BFH, Urteil vom 09. Dezember 2010 – V R 22/10 –, BStBl. II 2011, 996 (998) Rn. 28 f.; BFH, Urteil vom 24. November 2011 – V R 13/11 –, BStBl. II 2012, 298 (299) Rn. 11; BMF-Schreiben vom 20.05.2015, IV A 3-S 0550/10/10020-05, BStBl. I 2015, 476 Rn. 32.

940 FG Düsseldorf, Urteil vom 27. September 2013 – 1 K 3372/12 U –, ZIP 2013, 2224 (2226, 2228); Tipke/Kruse/*Loose*, Juli 2017, § 251 AO Rn. 70a; *Uhländer*, Waza/Uhländer/Schmittmann, Insolvenzen und Steuern, [11]2015, Rn. 686.

941 BMF-Schreiben vom 20.05.2015, IV A 3-S 0550/10/10020-05, BStBl I 2015, 47 Rn. 4.

942 Abweichend von Abb. 5 findet die Tat während des Insolvenzeröffnungsverfahrens statt, d.h. zwischen Insolvenzantrag und Verfahrenseröffnung.

die Umsatzsteuerforderung nach § 55 Abs. 4 InsO nicht neu in einem anderen Besteuerungszeitraum begründet. Materiell-rechtlich bleibt sie vielmehr durchgängig in demselben Besteuerungszeitraum bestehen. Sie wird auf insolvenzrechtlicher Ebene lediglich zu einer Masseverbindlichkeit umqualifiziert und dem Unternehmensteil Insolvenzmasse zugewiesen.

(2) Akzessorietät zum vorinsolvenzrechtlichen Unternehmensteil

Die Steuernachentrichtungspflicht kann aber dann entfallen, wenn sie nicht nur akzessorisch zum materiell-rechtlichen Fortbestand der strafbefangenen Steuerschuld, sondern auch zum vorinsolvenzrechtlichen Unternehmsteil ist:

Auch wenn der Grundsatz der Unternehmenseinheit weiter gilt, sind die Unternehmensteile nach der Rechtsprechung des BFH doch eigenständig.[943] Sie sind nicht rein zeitlich durch die Zäsur der Verfahrenseröffnung getrennt, sondern auch sachlich verselbständigt.[944] So dürfen z.B. weitere Vorsteuerbeträge, die sich für die Insolvenzmasse ergeben, nicht nach § 16 Abs. 2 S. 1 UStG von der Steuer abgesetzt werden, die sich aus Leistungen für einen anderen Unternehmensteil ergeben.[945] Die Unternehmensteile bestehen nebeneinander.

Der BFH[946] hat klargestellt, dass auch Masseverbindlichkeiten nach § 55 Abs. 4 InsO (noch einmal) gegenüber dem Unternehmensteil Insolvenzmasse festgesetzt werden können. Damit hat er die Auffassung verworfen, nach der der § 55 Abs. 4 InsO unterfallende Steueranspruch nach Verfahrenseröffnung dadurch geltend zu machen sei, dass eine vorherige Steuerfestsetzung beibehalten und mit einem bloßen Leistungsgebot gegen die „haftende" Insolvenzmasse zu versehen sei.[947] Zudem kann das FA nach Auffassung des BFH[948] den Steueranspruch, so wie er sich aus der vor Insolvenzeröffnung ergangenen Steuerfestsetzung für einen VAZ des Eröffnungsverfahrens ergibt, nur nach Korrektur um den als Masseverbindlichkeit i.S.d. § 55 Abs. 4 InsO festzusetzenden Teil des Steueranspruchs zur Insolvenztabelle anmelden. Die Finanzverwaltung[949]

943 BFH, Urteil vom 09. Dezember 2010 – V R 22/10 –, BStBl. II 2011, 996 (998 f.) Rn. 30.

944 *Frotscher*, Besteuerung bei Insolvenz, [8]2014, S. 216.

945 BFH, Urteil vom 09. Dezember 2010 – V R 22/10 –, BStBl. II 2011, 996 (998) Rn. 28.

946 BFH, Urteil vom 24. September 2014 – V R 48/13 –, BStBl. II 2015, 506 (511) Rn. 47; allgemein zur Festsetzung von Masseverbindlichkeiten BFH, Urteil vom 29. Januar 2009 – V R 64/07 –, BStBl. II 2009, 682 (683).

947 So noch die frühere Verwaltungsauffassung (siehe BMF-Schreiben vom 17.01.2012, IV A 3-S 0550/10/10020-05, BStBl I 2012, 120 Rn. 37 f.).

948 BFH, Urteil vom 24. September 2014 – V R 48/13 –, BStBl. II 2015, 506 (511) Rn. 49.

949 BMF-Schreiben vom 20.05.2015, IV A 3-S 0550/10/10020-05, BStBl I 2015, 47 Rn. 34, 37 ff., 46 ff.

hat sich dieser Rechtsprechung – zumindest für den Bereich der Umsatz- und der Lohnsteuer – im Ergebnis angeschlossen.[950] Die Finanzämter sind nunmehr angewiesen, die Masseverbindlichkeiten nach § 55 Abs. 4 InsO gegenüber dem Insolvenzverwalter (erneut) festzusetzen.[951] Sie sollen die bisher gegen den Schuldner für die Zeiträume des vorläufigen Insolvenzverfahrens (vorinsolvenzrechtlicher Unternehmensteil) festgesetzten Umsatzsteuern – korrespondierend zu den neuen Festsetzungen gegen die Insolvenzmasse – in Form von Steuerberechnungen mit anschließenden (ggfs. berichtigten) Tabellenanmeldungen ändern, soweit darin unselbständige Besteuerungsgrundlagen berücksichtigt sind, die wegen § 55 Abs. 4 InsO nach Insolvenzeröffnung als Masseverbindlichkeiten dem Unternehmensteil Insolvenzmasse zuzurechnen sind.[952] Der Insolvenzverwalter – und nicht der Schuldner – soll bei der Neufestsetzung des Steueranspruchs mitwirken, und zwar entweder durch die schlichte Anzeige der unter § 55 Abs. 4 InsO fallenden Besteuerungsgrundlagen oder durch die Abgabe einer USt-VA.[953] Diese gemeinsame Auffassung von BFH und Finanzverwaltung ist in der Praxis maßgeblich und wird deshalb für die weitere Untersuchung der steuerstrafrechtlichen Nachentrichtungspflicht zu Grunde gelegt.

Die § 55 Abs. 4 InsO unterfallenden Umsatzsteuerforderungen des Steuergläubigers[954] sind mit Verfahrenseröffnung im vorinsolvenzrechtlichen Unternehmensteil (ex nunc[955]) hinfällig. Hätte der Steuerhinterzieher seine Anmeldepflichten erfüllt, wäre eine darauf beruhende Festsetzung zu berichtigen. Das Erfolgsunrecht in Form der unzulänglichen Steuerfestsetzung (§ 370 Abs. 4 S. 1 AO) besteht im vorinsolvenzrechtlichen Unternehmensteil nicht mehr fort. Der verschwiegene materielle Steueranspruch richtet sich nicht (mehr) gegen den vorinsolvenzrechtlichen Unternehmensteil. § 55 Abs. 4 InsO wirkt damit wie eine (nachträgliche) Steuerermäßigung für diesen Unternehmensteil. Da es an einem Steueranspruch gegen den vorinsolvenzrechtlichen Unternehmensteil fehlt, ist eine Wiedergutmachung insoweit ebenfalls obsolet. Die Umsatzsteuer ist nunmehr aus dem Unternehmensteil Insolvenzmasse zu zahlen, eine mögliche „Beute" allenfalls dort zu verorten.

950 Konsequenterweise sollte die Finanzverwaltung m.E. diese Festsetzungslösung auf alle Steuerarten anwenden.

951 BMF-Schreiben vom 20.05.2015, IV A 3-S 0550/10/10020-05, BStBl I 2015, 47 Rn. 34.

952 BMF-Schreiben vom 20.05.2015, IV A 3-S 0550/10/10020-05, BStBl I 2015, 47 Rn. 38.

953 BMF-Schreiben vom 20.05.2015, IV A 3-S 0550/10/10020-05, BStBl I 2015, 47 Rn. 39.

954 Masseverbindlichkeiten aus Sicht des Insolvenzverwalters.

955 Vgl. Uhlenbruck/*Sinz*, § 55 InsO Rn. 145.

Bezogen auf den vorinsolvenzrechtlichen Unternehmensteil besteht eine versuchsähnliche Situation: Der Schuldner hat sich steuerunehrlich verhalten (§ 370 Abs. 1 Nr. 1 oder Nr. 2 AO). Ein Handlungsunrecht ist damit gegeben, dagegen ist das Erfolgsunrecht im vorinsolvenzrechtlichen Unternehmensteil hinfällig. Liegt eine versuchte Steuerhinterziehung vor, weil die Tathandlung ausgeführt ist, aber kein Taterfolg eintritt, wird ein Selbstanzeiger auch ohne Nachentrichtung straffrei.[956] Dieser Gedanke lässt sich auf die Situation übertragen, dass das Erfolgsunrecht – hier im vorinsolvenzrechtlichen Unternehmensteil – hinfällig wird.

Nach den Gesetzesmaterialien verfolgt die Einführung des § 55 Abs. 4 InsO das Ziel, die Einbußen des Fiskus im Insolvenzverfahren zu minimieren und für ihn zusätzliche Einnahmequellen im Insolvenzverfahren zu erschließen.[957] Der Zweck der Vorschrift ist demnach ein fiskalischer. Das korrespondiert mit der fiskalischen Zweckrichtung der Selbstanzeige. Dazu scheint es nur auf den ersten Blick nicht zu passen, wenn die Nachentrichtungspflicht wegen der Wirkungen des § 55 Abs. 4 InsO entfallen würde. Denn die Materiallieferung (§§ 371 Abs. 1, 398a Abs. 1 AO) nach Verfahrenseröffnung bewirkt nicht nur, dass der Fiskus von einer Steuerforderung Kenntnis erlangt, sondern auch, dass er sie gegenüber dem „solventeren" Unternehmensteil als Masseverbindlichkeit geltend machen kann. Die Nachentrichtungspflicht eines insolventen Selbstanzeigers trägt wenig zur Steigerung des Steueraufkommens bei. Wird der Gläubiger aber darüber in Kenntnis gesetzt, dass ihm eine Forderung zusteht, die sich gegen einen „solventen" Unternehmensteil richtet, erschließt sich dadurch für ihn eine ergiebige Steuerquelle. Ein Verzicht auf die Nachentrichtungspflicht verstößt wegen dieser Besonderheit hier nicht gegen den Fiskalzweck der Selbstanzeige.

(3) Akzessorietät der Nachentrichtungspflicht zum Unternehmensteil Masse?

Mit Eröffnung des Insolvenzverfahrens richtet sich der hinterzogene Umsatzsteueranspruch des Steuergläubigers nicht mehr gegen den vorinsolvenzrechtlichen Unternehmensteil. Eine akzessorische Nachentrichtungspflicht des insolventen Steuerhinterziehers besteht insoweit nicht (mehr). Der Umsatzsteueranspruch richtet sich nunmehr gegen den Unternehmensteil Insolvenzmasse. Es stellt sich die Frage, ob sich die akzessorische Nachentrichtungspflicht auf diesen Unternehmensteil beziehen kann. Das ist dann denkbar, wenn die Steuer als Masseverbindlichkeit abermals verkürzt wurde, also auch gegenüber

956 Tipke/Kruse/*Seer*, Oktober 2016, § 371 AO Rn. 42.
957 BT-Drucks. 17/3030, S. 42.

dem Insolvenzverwalter nicht, nicht rechtzeitig oder zu niedrig festgesetzt wurde (§ 370 Abs. 4 AO). Darüber hinaus müsste das steuerunehrliche Verhalten des Schuldners ursächlich für die Steuerverkürzung im Unternehmensteil Insolvenzmasse gewesen sein und dieser Taterfolg dem Schuldner auch zurechenbar sein.[958]

Für den Kausalzusammenhang zwischen dem steuerunehrlichen Verhalten des Schuldners vor Verfahrenseröffnung und einer Steuerverkürzung im Unternehmensteil Insolvenzmasse ist das Verhalten eines Dritten von entscheidender Bedeutung, nämlich dasjenige des Insolvenzverwalters. Durch den Eintritt eines Dritten in das Geschehen wird der Kausalverlauf nicht unterbrochen, wenn die ursprünglich gesetzte Bedingung bis zum Erfolgseintritt fortwirkt.[959] Die Bedingung wirkt fort, wenn der Dritte an die Handlung des Täters anknüpft.[960] Hiervon ist die sog. überholende Kausalität abzugrenzen, bei der ein späteres Ereignis eine neue Ursachenreihe eröffnet, die allein den Erfolg herbeiführt.[961]

Der Insolvenzverwalter ist nach § 34 Abs. 1 und 3 AO verpflichtet, die massebezogenen Erklärungspflichten zu erfüllen. Er wird sich dabei regelmäßig nicht einfach die ursprüngliche Steueranmeldung des Schuldners zu Eigen machen. Zum einen ist er verpflichtet und wegen eigener Haftungsgefahren (§§ 60, 61 InsO) daran interessiert, eine zu hohe Festsetzung von Steuermasseverbindlichkeiten zu verhindern. Zum anderen gilt auch für ihn für dem Fall, dass die Steuer als Masseverbindlichkeit zu niedrig festgesetzt wird, die Strafandrohung des § 370 AO.

Die Steuererklärung bzw. -anmeldung des Schuldners im Eröffnungsverfahren umfasst regelmäßig sowohl „normale" Insolvenzforderungen als auch dem § 55 Abs. 4 InsO unterfallende Forderungen. Das hat auch damit zu tun, dass die Finanzbehörden im Eröffnungsverfahren noch keine Massesteuernummer vergeben.[962] Nach der engen Auslegung des § 55 Abs. 4 InsO durch den BFH[963] unterfällt oft nur ein Bruchteil der im Eröffnungsverfahren begründeten

958 Vgl. Tipke/Kruse/*Krumm*, Oktober 2017, § 370 AO Rn. 117.

959 Rolletschke/Kemper, Steuerstrafrecht/*Rolletschke*, Oktober 2017, § 370 AO Rn. 339.

960 Vgl. Rolletschke/Kemper, Steuerstrafrecht/*ders.*, Oktober 2017, § 370 AO Rn. 342.

961 Rolletschke/Kemper, Steuerstrafrecht/*ders.*, Oktober 2017, § 370 AO Rn. 340.

962 Vgl. *Uhländer*, Waza/Uhländer/Schmittmann, Insolvenzen und Steuern, [11]2015, Rn. 690, wo eine entsprechende Verwaltungsanweisung der OFD Münster, Verfügung vom 30. März 2011, abgedruckt ist.

963 Nur im Rahmen der rechtlichen Befugnisse des vorläufigen Insolvenzverwalters begründete Forderungen sind Masseverbindlichkeiten gemäß § 55 Abs. 4 InsO, BFH, Urteil vom 24. September 2014 – V R 48/13 –, BStBl. II 2015, 506 (508) Rn. 13, 15.

Steuerforderungen dem § 55 Abs. 4 InsO. Selbst wenn die vom Schuldner im Eröffnungsverfahren abgegebene Steuererklärung / -anmeldung richtig und vollständig ist, würde eine schlichte Übernahme deshalb fast schon zwangsläufig zu einer falschen Erklärung von Steuermasseverbindlichkeiten führen. Eingedenk dessen ermittelt der Insolvenzverwalter regelmäßig selbst die unter § 55 Abs. 4 InsO fallenden Besteuerungsgrundlagen, z.B. durch Anlegen eines entsprechenden Buchungskreises in der Finanzbuchhaltung schon während seiner vorläufigen Insolvenzverwaltung.[964] Schließlich werden Masseverbindlichkeiten nach § 55 Abs. 4 InsO nur im Rahmen der rechtlichen Befugnisse des vorläufigen Verwalters begründet.[965] Das bedeutet, dass der (dann endgültige) Insolvenzverwalter die Verbindlichkeiten nach § 55 Abs. 4 InsO aus eigenem Handeln und eigener Anschauung kennt. Er ist also nicht darauf angewiesen, auf die ursprüngliche Steueranmeldung des Schuldners zurückzugreifen, um seine eigenen Aufgaben und Pflichten zu erfüllen.

Im Ergebnis kommt es in der Praxis kaum vor, dass der Insolvenzverwalter in einer Steuererklärung oder -anmeldung unrichtige oder unvollständige Angaben zu Steuerforderungen i.S.d. § 55 Abs. 4 InsO einfach übernimmt. Der Fall, dass unrichtige Angaben des Schuldners im Eröffnungsverfahren bis in eine Steuerverkürzung im Unternehmensteil Insolvenzmasse fortwirken, ist daher eher theoretischer Natur.

Entscheidend und hier relevant ist letztlich Folgendes: Selbst wenn ein steuerunehrliches Verhalten des Schuldners im Eröffnungsverfahren eine zurechenbare Steuerverkürzung im Unternehmensteil Insolvenzmasse verursacht hat, kann er nachentrichtungslos nach § 371 AO straffrei werden. Denn der Schuldner hat dann die Steuer nicht zu seinen Gunsten hinterzogen. Vielmehr profitieren seine Gläubiger wirtschaftlich von einer nach Eröffnung des Insolvenzverfahrens eintretenden Steuerverkürzung, und zwar in Form einer höheren Insolvenzquote.[966]

(4) Zwischenergebnis zu bb.

Die Steuernachentrichtungspflicht nach §§ 371 Abs. 3, 398a Abs. 1 Nr. 1 AO entfällt mit Eröffnung des Insolvenzverfahrens, wenn der insolvente Täter im Eröffnungsverfahren Steuern hinterzogen hat, die strafbefangene Steuerschuld indes eine aufschiebend bedingte Masseverbindlichkeit i.S.d. § 55 Abs. 4 InsO ist. Das beruht auf der konsequenten Anwendung des Grundsatzes, dass die Unternehmenseinheit zwar in der formellen Insolvenz weiterbesteht, sich das

964 Vgl. Uhlenbruck/*Sinz*, § 55 InsO Rn. 146.

965 BFH, Urteil vom 24. September 2014 – V R 48/13 –, BStBl. II 2015, 506 (508) Rn 13, 15.

966 Vgl. dritter Teil A. II. 2. b.

Unternehmen aber in Unternehmensteile aufspaltet. Für eine Selbstanzeige gilt im Ergebnis auch dann nichts anderes, wenn das steuerunehrliche Verhalten des insolventen Steuerhinterziehers aus dem Eröffnungsverfahren ausnahmsweise bis in die Festsetzung einer Steuermasseverbindlichkeit im Unternehmensteil Insolvenzmasse fortwirkt. Der Steuerhinterzieher hat die Tat dann nicht zu seinen, sondern zu Gunsten seiner Gläubiger begangen.

cc. Wandlung der Steuerschuld zu einer unvollkommenen Verbindlichkeit

Die Steuernachentrichtungspflicht nach §§ 371 Abs. 3, 398a Abs. 1 Nr. 1 AO ist akzessorisch zu der strafbefangenen Steuerschuld[967], die sich nach Eröffnung des Insolvenzverfahrens u.U. zu einer unvollkommenen Verbindlichkeit wandeln kann. Eine solche Wandlung kann sich im Insolvenzplan- und im Restschuldbefreiungsverfahren vollziehen.

Die Finanzbehörden sind angewiesen, Insolvenzplänen regelmäßig dann nicht zuzustimmen, wenn aufgrund des bisherigen Schuldnerverhaltens nicht mit der ordnungsgemäßen Erfüllung steuerlicher Pflichten zu rechnen ist.[968] Eine Steuerstraftat in der Vergangenheit schränkt damit den Spielraum der Finanzbehörde im Insolvenzplanverfahren insoweit ein. Eine Selbstanzeige vermag die Prognose zur zukünftigen Erfüllung steuerlicher Pflichten aber positiv zu beeinflussen. Abgesehen davon kann ein Insolvenzplan ggfs. auch ohne Zustimmung der Finanzbehörde angenommen werden (§§ 244 ff. InsO). Es ist demnach zumindest nicht ausgeschlossen, dass ein Insolvenzplan auch eine strafbefangene Steuerschuld erfasst. Eine mit dem Insolvenzplan bewirkte (teilweise) Befreiung des Schuldners von seiner Steuerschuld (vgl. § 254 Abs. 3 InsO) führt nicht zu einem Erlöschen der Steuerforderung i.S.d. § 47 AO. Die Befreiung berührt nicht den Bestand, sondern nur die Durchsetzbarkeit der Steuerforderung.[969] Die Schuld besteht als unvollkommene Verbindlichkeit fort.[970] Hat der Schuldner Selbstanzeige erstattet, stellt sich die Frage, ob seine (teilweise) Befreiung von der Steuerschuld im Insolvenzplan insoweit auch die Nachentrichtungspflicht entfallen lässt.

Eine vergleichbare Problematik besteht bei der Restschuldbefreiung (vgl. § 301 Abs. 3 InsO). Die von der Restschuldbefreiung erfasste Insolvenzforderung

---

967 Siehe unter zweiter Teil A. I. 3. c. cc. (3) und dritter Teil A. II. 2. d.

968 Abschnitt 61 Abs. 4 S. 2 VollstrA.

969 BFH, Beschluss vom 15. Mai 2013 – VII R 2/12 –, ZIP 2013, 1732 (1733) Rn. 13; BGH, Urteil vom 19. Mai 2011 – IX ZR 222/08 –, ZIP 2011, 1271 Rn. 8.

970 Schmidt, InsO/*Spliedt*, § 254 InsO Rn. 12.

besteht als unvollkommene Verbindlichkeit fort. Sie bleibt ihrem Wesen nach unverändert.[971] Sie ist weiterhin erfüllbar, aber nicht erzwingbar.[972] Welche Auswirkungen hat es dann auf die steuerstrafrechtliche Nachentrichtungspflicht, wenn die strafbefangene Steuerschuld von der Restschuldbefreiung erfasst wird?

Der Wortlaut der §§ 371, § 398a AO bietet keinen Anhalt dafür, im Besteuerungsverfahren nicht erzwingbare Steueransprüche von der Steuernachentrichtung auszunehmen. Auch nach Sinn und Zweck der Selbstanzeigevorschriften kann der Umstand, dass die Finanzbehörde den strafbefangenen Steueranspruch nicht durchsetzen kann, die Nachentrichtungspflicht nicht entfallen lassen. Ein Verzicht auf die Steuernachentrichtung würde nicht nur dazu führen, dass das fiskalische Ziel der Aufkommenssteigerung verfehlt wird. Der eingetretene materielle Steuerschaden bliebe auch unkompensiert. Von entscheidender Bedeutung ist, dass die Strafbefreiung die Rückkehr in die Steuerehrlichkeit honorieren soll. Es liefe dem Honorierungsgedanken jedoch zuwider, wenn der Selbstanzeiger mit dem Hinweis darauf zum Nulltarif straffrei werden könnte, dass sein Gläubiger die Durchsetzung des strafbefangenen Steueranspruchs im Besteuerungsverfahren aus rechtlichen oder tatsächlichen Gründen nicht erzwingen kann. Bleibt der fortbestehende Steueranspruch unerfüllt, ist der Steuerhinterzieher nicht vollkommen in die Steuerlegalität zurückgekehrt. Für eine Belohnung besteht dann kein Anlass. Auf strafrechtlicher Ebene kann es ohnehin nicht auf die Erzwingbarkeit der Steuernachzahlung ankommen. Denn aus strafrechtlicher Sicht ist die Steuernachentrichtung eine Obliegenheit.[973] Die Situation ist vergleichbar mit dem zuvor aufgehobenen Insolvenzverfahren: Auch während jener Phase ist die Durchsetzung des Steueranspruchs eingeschränkt (§ 251 Abs. 2 AO i.V.m. § 89 InsO). Ein Verzicht auf die Steuernachentrichtung scheidet aus ähnlichen Gründen aus.[974] Die (dauerhafte) Undurchsetzbarkeit kann im Ergebnis nicht mit dem Erlöschen des Steueranspruchs gleichgestellt werden. Die Steuernachentrichtung nach §§ 371 Abs. 3, 398a Abs. 1 Nr. 1 AO ist *nicht* akzessorisch zur Erzwingbarkeit des Steueranspruchs.

Mit Inkrafttreten der InsO ist das Fiskusvorrecht abgeschafft worden. Der Fiskus ist demnach wie jeder andere Insolvenzgläubiger zu behandeln. Der Grundsatz der gleichmäßigen Gläubigerbefriedigung gilt auch für Insolvenzpläne, auch wenn das Insolvenzplanverfahren auf eine flexible Handhabung angelegt ist (vgl.

---

971 Uhlenbruck/*Sternal*, § 301 InsO Rn. 16.

972 BGH, Beschluss vom 25. September 2008 - IX ZB 205/06 -, ZVI 2009, 40 f. Rn. 11.

973 Siehe unter erster Teil A. III.

974 Siehe unter dritter Teil A. II. 2. a.

§§ 226, 245 InsO). So sind allen Beteiligten innerhalb einer nach § 222 InsO gebildeten Gruppe gleiche Rechte anzubieten (§ 226 Abs. 1 InsO), also insbesondere die gleiche Planquote. Die Restschuldbefreiung erfasst alle Insolvenzforderungen gleichermaßen, soweit sie im Verteilungsverfahren nicht gleichmäßig befriedigt worden sind (§§ 174 ff., 286, 294, 301 Abs. 1 InsO). Diese Grundsätze gelten auch für Steuerinsolvenzforderungen. Die §§ 371, 398a AO schaffen allein für die strafbefangene Steuerschuld einen starken Anreiz, den Steuergläubiger nach Aufhebung des Insolvenzverfahrens über die Planquote hinaus bzw. trotz der Restschuldbefreiung zu befriedigen. Für die anderen Gläubiger unvollkommener Verbindlichkeiten gibt es einen vergleichbaren Anreiz nicht. Insofern hat das Rechtsinstitut der Selbstanzeige durch die strafrechtliche Hintertür die Wirkung eines faktischen Fiskusprivilegs. Diese faktische Wirkung ist vergleichbar mit § 302 Nr. 1 InsO, der rechtlich strafbefangene Steuerforderungen von der Restschuldbefreiung ausnimmt, wenn der Schuldner wegen einer Steuerstraftat auch rechtskräftig verurteilt worden ist. Im Schrifttum wird § 302 Nr. 1 InsO als Fiskusprivileg bezeichnet und als Durchbrechung des Gläubigergleichbehandlungsgrundsatzes kritisiert.[975] Nun stellt sich die Frage, ob zur Vermeidung des Fiskusprivilegs auf die Steuernachentrichtung im Rahmen der Selbstanzeige verzichtet werden kann.

Eine teleologische Reduktion der §§ 371 Abs. 3, 398a Abs. 1 Nr. 1 AO ist kein geeigneter Ansatz, um die Nachentrichtungspflicht im Sinne der par conditio creditorum entfallen zu lassen. Denn der Gläubigergleichbehandlungsgrundsatz zählt nicht zu den Zwecken der Selbstanzeige. Er selbst hat auch keinen Verfassungsrang[976], so dass auch eine verfassungskonforme Auslegung nicht geboten ist.

In Betracht kommt allenfalls eine Auslegung im Lichte der Insolvenzordnung zur Herstellung der Einheit und Widerspruchsfreiheit der Rechtsordnung. § 371 AO und die Insolvenzordnung gehören nicht zu einem gemeinsamen Regelungsgefüge. Die Berührungspunkte sind tatsächlicher Art, teilweise – wie hier – zufällig. Was man hier vorfindet, ist nicht vergleichbar mit einem gesetzlich verankerten und beabsichtigten Fiskusvorrecht. Eine Anpassung der Selbstanzeigevorschriften an den Gläubigergleichbehandlungsgrundsatz würde zu Lasten der Selbstanzeigezwecke und letztlich dazu führen, dass den §§ 371, 398a AO ein grundlegend anderer Normgehalt verliehen würde, nämlich der Schutz der Gläubiger als abgegrenztem Personenkreis. Damit würde eine Auslegungsgrenze

975 *Ahrens*, ZVI 2012, 122 (125); *Hofmeister*, ZVI 2014, 247 (251).

976 Siehe unter erster Teil C. II. 1. c.

überschritten.[977] Auch der Wortlaut lässt das nicht zu. Es fehlt ein Anknüpfungspunkt in den Tatbeständen.

Des Weiteren droht bei einem Wegfall der Steuernachentrichtungspflicht eine Besserstellung desjenigen Steuerhinterziehers, der mit der Selbstanzeige besonders lange und taktisch motiviert wartet, gegenüber anderen Selbstanzeigern. Gerade dieses Taktieren sollte mit der Entscheidung des BGH aus 2010[978] und mit dem anschließenden SchwarzGBekG 2011[979] unterbunden werden. Es stellt keine honorierungswürdige Rückkehr in die Steuerehrlichkeit dar.

Schließlich zeigt gerade § 302 Nr. 1 InsO, dass der Gesetzgeber durchaus eine Besserstellung des Fiskus befürwortet, wenn es um strafbefangene Steuerforderungen geht. Der Gesetzgeber macht von seiner Befugnis Gebrauch, den einfachgesetzlichen Gläubigergleichbehandlungsgrundsatz zu gestalten und zu beschränken. Beispiele hierfür gibt es viele (§§ 47, 49 ff., 55, 123 InsO etc.).

Fazit: Wandelt sich der strafbefangene Steueranspruch zu einer unvollkommenen Verbindlichkeit, bleibt der Selbstanzeiger dennoch nachentrichtungspflichtig. Die Steuernachentrichtungspflicht ist nicht akzessorisch zur Durchsetzbarkeit des Steueranspruchs. Ebenso wenig stellt es einen Grund zur Suspendierung der Nachentrichtungspflicht dar, dass die §§ 371, 398a AO bei unvollkommenen Steuerverbindlichkeiten wie ein Fiskusprivileg wirken.

dd. Angefochtene Steuerschuldbegründung

Der Insolvenzanfechtung unterliegt auch die Begründung von Verbindlichkeiten.[980] Der Fiskus kann anfechtbare Steueransprüche erwerben, ohne dies anzustreben oder überhaupt verhindern zu können. Möglich ist insbesondere, dass ein bereits insolvenzreifer Unternehmer einen Umsatzsteueranspruch des Fiskus

---

977 Vgl. BVerfG, Beschluss vom 11. Juni 1958 – 1 BvL 149/52 –, BVerfGE 8, 28 (34); BVerfG, Beschluss vom 11. Juni 1980 – 1 PBvU 1/79 –, BVerfGE 54, 277 (299 f.); BVerfG, Beschluss vom 22. Oktober 1985 – 1 BvL 44/83 –, BVerfGE 71, 81 (105), nach denen selbst eine verfassungskonforme Auslegung an dieser Auslegungsgrenze scheitern würde.

978 BGH, Beschluss vom 20. Mai 2010 – 1 StR 577/09 –, BGHSt 55, 180 (182 f.) Rn. 8, 12.

979 BT-Drucks. 17/4182, S. 4.

980 HambKomm/*Rogge/Leptien*, § 143 InsO Rn. 35; vgl. auch BGH, Urteil vom 22. Oktober 2009 – IX ZR 147/06 –, ZIP 2010, 90 (91) Rn. 16 ff.; BFH, Urteil vom 02. November 2010 – VII R 6/10 –, BStBl. II 2011, 374 (375 f.) Rn. 18 ff.; BFH, Urteil vom 02. November 2010 – VII R 62/10 –, BStBl. II 2011, 439 (440) Rn. 16 (jeweils zu § 96 Abs. 1 Nr. 3 InsO).

anfechtbar begründet, indem er Leistungen im Drei-Monatszeitraum vor dem Insolvenzantrag oder danach ausführt.[981]

Kommt der Steuerpflichtige seinen steuerlichen Anmelde- und Erklärungspflichten nicht, nicht vollständig oder verspätet nach, begeht er auch bei anfechtbaren Steueransprüchen eine vollendete Steuerhinterziehung mit dem Taterfolg einer Steuerverkürzung im Sinne des § 370 Abs. 4 S. 1 AO. Denkbar ist insbesondere, dass ein insolvenzreifer Unternehmer in der Krise keine USt-VA mehr abgibt (§ 370 Abs. 1 Nr. 2 AO). In der Krise greift oft Resignation um sich, Steuerberater kündigen das Mandat, Buchhalter wechseln den Arbeitgeber.

Nach § 143 Abs. 1 S. 1 InsO muss zur Insolvenzmasse zurückgewährt werden, was durch die anfechtbare Handlung aus dem Vermögen des Schuldners veräußert, weggegeben oder aufgegeben ist. Rückabzuwickeln ist bei Anfechtbarkeit nicht die Rechtshandlung als solche, sondern die sich ergebende Rechtswirkung.[982] Der Anfechtungsgegner hat sich im Fall einer anfechtbaren Schuldbegründung so zu verhalten, als bestünde die Schuld nicht.[983] Daher darf er seine anfechtbar begründete Forderung nicht im Insolvenzverfahren anmelden.[984] Auch angefochtene Steueransprüche können deshalb nicht im Insolvenzverfahren berücksichtigt werden.[985] Der Fiskus nimmt nicht an der Verteilung im Insolvenzverfahren teil; die Steueransprüche sind nicht in die Insolvenztabelle einzutragen.[986] Rechtsfolge der Anfechtung ist also die Nichtberücksichtigung des angefochtenen Steueranspruchs im Insolvenzverfahren.[987] Der materiellrechtliche Bestand des Steueranspruchs bleibt davon unberührt. Wie im Zusammenhang mit den unvollkommenen Steuerverbindlichkeiten festgestellt[988], ist die Steuernachentrichtungspflicht akzessorisch zum Bestand der strafbefangenen Steuerschuld, nicht aber zu deren Durchsetzbarkeit. Ficht der Insolvenzverwalter die Steuerschuldbegründung an, muss der Selbstanzeiger deshalb

---

981 Die Umsatzsteuerschuldbegründung kann insb. nach § 130 Abs. 1 InsO anfechtbar sein, weil die Steuerforderung eine Befriedigung des Steuergläubigers *ermöglicht*.

982 BGH, Urteil vom 09. Juli 2009 – IX ZR 86/08 –, MDR 2009, 1306 (1307).

983 KPB/*Jacoby*, November 2011, § 143 InsO Rn. 25.

984 KPB/*ders.*, November 2011, § 143 InsO Rn. 25.

985 Vgl. HambKomm/*Rogge/Leptien*, § 143 InsO Rn. 3.

986 Vgl. *Foerste*, Insolvenzrecht, ^{7}2018, Rn. 339.

987 Außerdem kann der Steuergläubiger im Insolvenzverfahren mit einem angefochtenen Steueranspruch nicht aufrechnen, vgl. BFH, Urteil vom 02. November 2010 – VII R 6/10 –, BStBl. II 2011, 374 (375 f.) Rn. 18 ff.; BFH, Urteil vom 02. November 2010 – VII R 62/10 –, BStBl. II 2011, 439 (440) Rn. 14 ff. (jeweils zu § 96 Nr. 3 InsO).

988 Siehe dritter Teil A. II. 2. d. cc.

gleichwohl die hinterzogene Steuer nachentrichten, um straffrei zu werden. Das wird ihm im eröffneten Insolvenzverfahren regelmäßig nicht möglich sein.

III. Der Strafzuschlag

Grundsätzlich hat der Selbstanzeiger im Anwendungsbereich des § 398a AO auch nach Eröffnung des Insolvenzverfahrens den Strafzuschlag zu zahlen, um das Strafverfolgungshindernis zu erwirken. Entfällt jedoch als Folge der Verfahrenseröffnung das Erfordernis, die hinterzogenen Steuern nachzuentrichten[989], stellt sich die Frage, inwieweit das Auswirkungen auf den Strafzuschlag hat.

Nach § 398a Abs. 1 Nr. 2 AO hat der Selbstanzeiger als Strafzuschlag einen Geldbetrag in Höhe bestimmter Prozentsätze „der hinterzogenen Steuer“ zu zahlen. Das Merkmal der hinterzogenen Steuern findet sich auch in § 398a Abs. 1 Nr. 1 AO, in dem die Steuernachentrichtungspflicht geregelt ist. Insofern gibt es eine Verbindung zwischen dem Strafzuschlag und der strafbefangenen Steuerschuld. Aber: Entfällt die Nachentrichtungspflicht, weil das Entgelt rechtlich uneinbringlich wird[990] oder weil der Steueranspruch in den Unternehmensteil Masse wechselt[991], liegt das nicht daran, dass das Tatbestandsmerkmal der hinterzogenen Steuer nicht erfüllt ist. Vielmehr ist der materiell-rechtliche Fortbestand der strafbefangenen Steuerschuld ein ungeschriebenes Tatbestandsmerkmal[992], das in § 398a Abs. 1 Nr. 1 AO, aber nicht in § 398a Abs. 1 Nr. 2 AO enthalten ist. Der Strafzuschlag ist daher anders als die Steuernachentrichtung nicht akzessorisch zu der strafbefangenen Steuerschuld.

Mit dem Wegfall der strafbefangenen Steuerschuld haben sich die Zwecke des Strafzuschlags anders als diejenigen der Nachentrichtungspflicht nicht erledigt. Das gilt insbesondere für seinen repressiven Charakter und seine Funktion als Strafersatz. Er ist Surrogat für eine ohne Selbstanzeige zu erwartende Kriminalstrafe.[993] Der Strafanspruch des Staates würde nicht erlöschen, wenn der insolvente Steuerhinterzieher sich nicht selbst anzeigt und die strafbefangene Steuerschuld später hinfällig wird. Nichts anderes kann für den die Kriminalstrafe ersetzenden Strafzuschlag gelten. Das Unrecht bleibt bestehen.

---

989 Insb. bei rechtlicher Uneinbringlichkeit der Umsatzsteuer und beim Wechsel des Unternehmensteils, gegen den sich die Steuerforderung richtet (§ 55 Abs. 4 InsO).

990 Siehe unter dritter Teil A. II. 2. d. aa.

991 Siehe unter dritter Teil A. II. 2. d. bb.

992 Siehe unter zweiter Teil A. I. 3. c. cc. (3).

993 Siehe unter erster Teil B. II. 4.

Auch der Zuschlagszweck, Hinterziehungsstrategien, die die Möglichkeit der Selbstanzeige miteinbeziehen, unattraktiv zu machen, erledigt sich nicht. Im Gegenteil, gerade die Aussicht auf eine nachentrichtungslose Selbstanzeige könnte zu taktischem Vorgehen motivieren, wenn keine finanzielle Belastung durch den Strafzuschlag drohen würde.

Schließlich spricht auch die mit dem Strafzuschlag bezweckte Mehrbelastung des Steuerhinterziehers im Verhältnis zum bloß säumigen Steuerpflichtigen dafür, den Strafzuschlag beizubehalten: Die nach einer Steuerfestsetzung bis dato verwirkten Säumniszuschläge bleiben auch bei einem späteren Wegfall der Steuerschuld bestehen. Wenn eine Selbstanzeige ohne Strafzuschlag wirksam wäre, bliebe bei einem hinterzogenen und später wegfallenden Steueranspruch gar keine finanzielle Belastung.

Fazit: Auch wenn als Folge der Verfahrenseröffnung das Erfordernis entfällt, die hinterzogenen Steuern nachzuentrichten, kann der Selbstanzeiger nur dann ein Absehen von Strafe gemäß § 398a AO erwirken, wenn er den Strafzuschlag zahlt.

IV. Zusammenfassung zu A.

Für die Selbstanzeige im eröffneten Insolvenzverfahren gilt, dass der insolvente Steuerhinterzieher die gebotene Materiallieferung vorzunehmen hat, obschon die Steuererklärungspflichten für die Dauer des Insolvenzverfahrens auf den Insolvenzverwalter übergehen. Für eine ordnungsgemäße Materiallieferung ist im eröffneten Insolvenzverfahren maßgeblich, ob die Finanzbehörde mit den nachgelieferten Besteuerungsgrundlagen ohne langwierige Nachforschungen den Sachverhalt vollends aufklären und den Steueranspruch ordnungsgemäß zur Insolvenztabelle anmelden kann.

Der Insolvenzverwalter hat die für das Insolvenzverfahren relevanten Unterlagen in Besitz zu nehmen. Der insolvente Steuerhinterzieher ist deshalb bei komplexen Vorgängen nicht immer in der Lage, ohne Mithilfe des Insolvenzverwalters die strengen Anforderungen an die Materiallieferung zu erfüllen. Das Problem wird gelöst, wenn der Insolvenzverwalter der Finanzbehörde eine Mitteilung macht, die dem insolventen Steuerhinterzieher zugerechnet werden kann und inhaltlich den Anforderungen an eine Materiallieferung genügt. Das ist der Fall, wenn der insolvente Steuerhinterzieher die Steuererklärung oder eine inhaltlich hinreichende Berichtigung, die der Insolvenzverwalter sowieso plant, mitveranlasst. Die Unabhängigkeit des Insolvenzverwalters wird dadurch nicht beeinträchtigt. Ist der Insolvenzverwalter weder verpflichtet noch bereit, eine solche Mitteilung zu machen, kann sich der insolvente Steuerhinterzieher das notwendige Material vom Insolvenzverwalter beschaffen. Er hat einen Anspruch auf Zugangsgewährung. Die beabsichtigte Selbstanzeige begründet für ihn das hierfür notwendige besondere Informationsbedürfnis.

Begeht der Schuldner eine Steuerhinterziehung nach Eröffnung des Insolvenzverfahrens, profitieren seine Gläubiger von der dadurch angereicherten Insolvenzmasse. Weil es an der Eigennützigkeit der Tat fehlt, ist für ihn eine nachentrichtungslose Selbstanzeige möglich. Hat die Steuerverkürzung hingegen schon vor Verfahrenseröffnung stattgefunden, gelten die folgenden Grundsätze: Der insolvente Steuerhinterzieher kann und der Insolvenzverwalter darf nach Eröffnung des Insolvenzverfahrens auf die strafbefangene Steuerinsolvenzforderung keine Zahlung aus dem Schuldnervermögen (Insolvenzmasse) leisten. Regelmäßig ist dem insolventen Steuerhinterzieher damit der Weg über die Selbstanzeige verbaut. Ausnahmsweise ist jedoch im eröffneten Insolvenzverfahren eine nachentrichtungslose Selbstanzeige möglich, wenn der Steueranspruch hinfällig ist. Eine Aufrechnung kann den strafbefangenen Steueranspruch zum Erlöschen bringen und so auch die Nachentrichtungsobliegenheit entfallen lassen, soweit kein Aufrechnungsausschluss (§§ 95, 96 InsO) vorliegt. Darüber hinaus kann die Nachentrichtungsobliegenheit entfallen, weil sie akzessorisch zur materiellen Steuerschuld ist. So kann ein Umsatzsteueranspruch (Soll-Besteuerung) nach den Grundsätzen der Doppelberichtigungsrechtsprechung des BFH durch Maßnahmen des Insolvenzgerichts in rechtlicher Hinsicht uneinbringlich (§ 17 Abs. 2 UStG) werden. Zu nennen sind insb. der Eröffnungsbeschluss und die vorherige Anordnung eines Zustimmungsvorbehalts und/oder eines Forderungseinzugsrechts für einen vorläufigen Insolvenzverwalter. Der Umsatzsteueranspruch wird dabei ungeachtet dessen hinfällig, dass er in einem anderen VAZ als Masseverbindlichkeit neu entstehen kann.

Die Nachentrichtungsobliegenheit entfällt außerdem mit Eröffnung des Insolvenzverfahrens, wenn der Schuldner im Eröffnungsverfahren Steuern hinterzogen hat und der strafbefangene Steueranspruch eine aufschiebend bedingte Masseverbindlichkeit i.S.d. § 55 Abs. 4 InsO darstellt. Das beruht auf der konsequenten Anwendung des Grundsatzes, dass die Unternehmenseinheit zwar auch in der formellen Insolvenz weiterbesteht, sich das Unternehmen aber in eigenständige Unternehmensteile aufspaltet. Die § 55 Abs. 4 InsO unterfallenden Umsatzsteueransprüche des Steuergläubigers sind mit Verfahrenseröffnung ex nunc im vorinsolvenzrechtlichen Unternehmensteil hinfällig. Der verschwiegene materiell-rechtliche Steueranspruch richtet sich nicht (mehr) gegen den vorinsolvenzrechtlichen Unternehmensteil, sondern gegen den Unternehmensteil Masse. Die Umsatzsteuer ist nunmehr gegen diesen Unternehmensteil festzusetzen. Die strafbewehrten Mitwirkungspflichten treffen insoweit den Insolvenzverwalter. Die Nachentrichtungsobliegenheit ist im Ergebnis nicht nur akzessorisch zum materiell-rechtlichen Bestand des Steueranspruchs, sondern auch zum Unternehmensteil, in dem der Steueranspruch ursprünglich begründet wurde.

Die Selbstanzeige nach § 398a AO erfordert auch nach Eröffnung des Insolvenzverfahrens stets die Zahlung des Strafzuschlags. Insbesondere ist die gebotene Zuschlagszahlung anders als die Nachentrichtungsobliegenheit nicht akzessorisch zum Fortbestand der strafbefangenen Steuerschuld. Abgesehen davon hat es keinen Einfluss auf das einmal verwirkte Unrecht und den Sanktionszweck des Strafzuschlags, ob der strafbefangene Steueranspruch nachträglich erlischt oder auf andere Weise hinfällig wird.

B. Eigenverwaltung

I. Materiallieferung

Nach Anordnung der Eigenverwaltung gelten für den Selbstanzeiger im Hinblick auf die Materiallieferung keine Besonderheiten. Er hat gegenüber der Finanzbehörde eine vollständige Nacherklärung im Sinne der §§ 371 Abs. 1, 398a Abs. 1 AO vorzunehmen. Er hat auch keine gesteigerten praktischen Schwierigkeiten zu gewärtigen. Er befindet sich regelmäßig bereits im Besitz der zur Insolvenzmasse gehörenden Unterlagen, insbesondere auch der Geschäftsbücher. Wenn nicht, hat er wie ein Insolvenzverwalter das Recht und die Pflicht, die Unterlagen in Besitz zu nehmen (§ 270 Abs. 1 S. 2 i.V.m. §§ 148, 36 InsO).[994]

II. Zahlungen im Rahmen der Selbstanzeige

1. Grundsätzliches

Nach Anordnung der Eigenverwaltung gelten für den Selbstanzeiger im Hinblick auf Zahlungen, die im Rahmen der Selbstanzeige zu leisten sind, die allgemeinen Anforderungen: Damit die Selbstanzeige wirksam wird, ist grundsätzlich die Steuer nachzuentrichten. Bei einer verkürzten Steuer von mehr als 25.000 € oder bei besonders schweren Fällen der Steuerhinterziehung hat der eigenverwaltende Selbstanzeiger zusätzlich einen Strafzuschlag zu zahlen.

Es tauchen jedoch für die Eigenverwaltung spezifische weitere Fragestellungen auf: Der eigenverwaltende Schuldner übt nach h.M.[995] seine Befugnisse wie

---

994 Vgl. auch Uhlenbruck/*Zipperer*, § 270 InsO Rn. 35.

995 OLG Karlsruhe, Urteil vom 14. Juni 2016 – 8 U 44/15 –, ZIP 2016, 1649 (1650); FG Baden-Württemberg, Urteil vom 15. Juni 2016 – 9 K 2564/14 –, ZInsO 2016, 1824 (1826); MünchKommInsO, Band 3/*Tetzlaff*, § 270 InsO Rn. 149; Uhlenbruck/*Zipperer*, § 270 InsO Rn. 12 (mit Darstellung des Streitstands); *Pape*, ZInsO 2016, 2149 (2152).

der Insolvenzverwalter als Amtswalter aus. Seine Verwaltungs- und Verfügungsbefugnis gründet nicht mehr in seiner Privatautonomie. Er tritt vielmehr in die Rechte und Pflichten eines Insolvenzverwalters ein und hat das gleiche insolvenzrechtliche Pflichtenprogramm zu erfüllen.[996] In diesem Sinne behält er seine Verwaltungs- und Verfügungsbefugnis nicht, sie wird ihm mit einem zusätzlichen insolvenzrechtlichen Pflichtenprogramm neu verliehen.

Anfechtbar sind nur Rechtshandlungen, die vor Eröffnung des Insolvenzverfahrens vorgenommen sind. Auf Zahlungen des Eigenverwalters finden die §§ 129 ff. InsO demzufolge keine Anwendung.

2. *Insolvenzzweckwidrigkeit*

Zum Pflichtenprogramm des Eigenverwalters gehört insbesondere, dass er keine Rechtshandlungen vornehmen darf, die dem Gläubigergleichbehandlungsgrundsatz zuwiderlaufen und einzelnen Gläubigern Sondervorteile verschaffen.[997] Zahlungen des Eigenverwalters an einzelne Insolvenzgläubiger sind daher grundsätzlich insolvenzzweckwidrig.[998]

a. *Unwirksamkeit evident insolvenzzweckwidriger Zahlungen*

Grundsätzlich hat der Eigenverwalter die Befugnis, über die Insolvenzmasse zu verfügen. Seine Verfügungsmacht wird dadurch im Außenverhältnis begrenzt, dass die Regeln über den Missbrauch der Vertretungsmacht auf Rechtshandlungen des Eigenverwalters entsprechend anzuwenden sind.[999] Demnach sind nur evident insolvenzzweckwidrige Rechtshandlungen (auch Zahlungen[1000]) unwirksam. Evidenz ist gegeben, wenn der Widerspruch zum Insolvenzzweck

---

996 Uhlenbruck/*Zipperer*, § 270 InsO Rn. 12; vgl. auch BT-Drucks. 18/407, S. 42 f. (Begründung zu § 270d InsO-E in dem Regierungsentwurf eines Gesetzes zur Erleichterung der Bewältigung von Konzerninsolvenzen) und HK, InsO/*Brünkmans*, § 270 InsO Rn. 29; KPB/*Pape*, April 2012, § 270 InsO Rn. 190; unklar BGH, Urteil vom 09. März 2017 - IX ZR 177/15 -, ZIP 2017, 686 (687) Rn. 8.

997 Uhlenbruck/*Zipperer*, § 270 InsO Rn. 12.

998 BGH, Beschluss vom 20. März 2008 - IX ZR 68/06 - ZIP 2008, 884 Rn. 4, 6; mwN aus der Rechtsprechung; KPB/*Blankenburg*, April 2017, § 21 InsO Rn. 128.

999 KPB/*Lüke*, September 2009, § 80 InsO Rn. 29; Schmidt, InsO/*Undritz*, § 270 InsO Rn. 17; HambKomm/*Fiebig*, § 270 InsO Rn. 35; vgl. auch BGH, Urteil vom 25. April 2002 - IX ZR 313/99 -, BGHZ 150, 353 (360 f.).

1000 Vgl. zur verfügungsähnlichen Wirkung von Zahlungen und der Notwendigkeit der uneingeschränkten Verfügungsbefugnis des Zahlenden BGH, Urteil vom 13. März 2014 - IX ZR 147/11 -, DB 2014, 1134 (1135).

unter allen in Betracht kommenden Gesichtspunkten für jeden verständigen Beobachter ohne weiteres ersichtlich ist und sich dem anderen Teil aufgrund der Umstände des Einzelfalls begründete Zweifel an der Vereinbarkeit der Handlung mit dem Zweck des Insolvenzverfahrens aufdrängen mussten.[1001]

b. *Möglicher Konflikt insolvenzrechtlicher Verfahrensziele*

Zu den Zielen des Insolvenzverfahrens zählt neben der gleichmäßigen und bestmöglichen Gläubigerbefriedigung u.a. auch der Unternehmenserhalt (§ 1 InsO). Die Eigenverwaltung zielt nicht zwingend, aber doch in der Regel auf die Unternehmensfortführung ab, für die sich die Unternehmens- und Branchenkenntnis des Schuldners nutzbar machen lässt.[1002] Die Gesetzesmaterialien zum ESUG sind ebenfalls von der Vorstellung geprägt, dass bei der Eigenverwaltung das Vertrauen der Geschäftspartner in eine erfolgreiche Sanierung an die Geschäftsleitung des Schuldners geknüpft ist.[1003] Das Verfahrensziel des Unternehmenserhalts ist daher im Falle der Eigenverwaltung bei der Beurteilung der Insolvenzrechtskonformität einer Rechtshandlung in der Regel zu berücksichtigen.

Eine Verfügung, die einen Gläubiger bevorzugt und die Insolvenzmasse schmälert, kann gleichzeitig dem Unternehmenserhalt dienlich sein. Ob die Verfügung in diesem Spannungsfeld als insolvenzzweckwidrig einzustufen ist, ist von den Umständen des Einzelfalls abhängig.[1004] Ein solches Spannungsverhältnis kann auch bei Zahlungen im Rahmen einer Selbstanzeige auftreten: Der

---

1001 BGH, Urteil vom 25. April 2002 – IX ZR 313/99 –, BGHZ 150, 353 (360 f.); OLG Karlsruhe, Urteil vom 14. Juni 2016 – 8 U 44/15 –, ZIP 2016, 1649 (1650).

1002 *Foerste*, Insolvenzrecht, [7]2018, Rn. 605.

1003 So wird z.B. die Neuregelung des § 270a Abs. 1 InsO, wonach das Insolvenzgericht bei einem nicht offensichtlich aussichtslosen Antrag auf Eigenverwaltung von der Bestellung eines vorläufigen Insolvenzverwalters mit Zustimmungsvorbehalt absehen soll, damit begründet, dass dadurch das Vertrauen der Geschäftspartner in die Geschäftsleitung des Schuldners und deren Sanierungskonzept zerstört werden könnte, BR-Drucks. 127/11, S. 57.

1004 Allgemein zum Spannungsverhältnis zwischen der gleichmäßigen Gläubigerbefriedigung und der Sanierungsfunktion HambKomm/*Schmidt*, § 1 InsO Rn. 26; das OLG Karlsruhe sah die Aufhebung eines Vorstandsanstellungsvertrags verbunden mit der Vereinbarung einer masseschädlichen Abfindung für das ausscheidende Vorstandsmitglied nicht als insolvenzzweckwidrig an, weil in dem entschiedenen Fall dadurch die Unternehmenssanierung ermöglicht wurde, OLG Karlsruhe, Urteil vom 14. Juni 2016 – 8 U 44/15 –, ZIP 2016, 1649 (1650).

Eigenverwalter ist dem Risiko der Strafverfolgung ausgesetzt, wenn seine Selbstanzeige am Ende daran scheitert, dass er die Steuer bzw. den Zuschlag nicht aus der Insolvenzmasse leisten darf. Im Falle einer Inhaftierung kann der eigenverwaltende Schuldner das Unternehmen tatsächlich nicht mehr leiten, eine angestrebte Sanierung kann deswegen scheitern. Die Inhaftierung droht dem eigenverwaltenden Schuldner bei einer Verurteilung zu einer Haftstrafe, aber auch, wenn er zu einer Geldstrafe verurteilt wird. Denn eine Geldstrafe wird während des Insolvenzverfahrens regelmäßig uneinbringlich. Sie kann dann nach § 43 S. 1 StGB i.V.m. § 459e StPO in eine Ersatzfreiheitstrafe umgewandelt werden.[1005] In einer solchen Situation mögen zwar Zahlungen im Rahmen der Selbstanzeige den Steuergläubiger bevorzugen, sie dienen aber gleichzeitig dem Insolvenzzweck des Unternehmenserhalts, weil sie die Strafverfolgung und Inhaftierung des Unternehmensleiters verhindern können. Um ein solches Spannungsverhältnis aufzulösen, sind die im Einzelfall jeweils vorliegenden insolvenzrechtlichen Besonderheiten und Verfahrensziele mit in den Blick zu nehmen.[1006] Die Unternehmenssanierung ist kein per se vorrangiges Verfahrensziel der InsO.[1007] Kollidiert sie mit dem Ziel der bestmöglichen gleichmäßigen Gläubigerbefriedigung, kommt man jedoch nicht umhin, einzelfallabhängig eine Vorranggebung vorzunehmen.

Ob die Verfahrensbeteiligten tatsächlich die Unternehmenssanierung anstreben, lässt sich u.a. folgendermaßen feststellen:

- War dem Insolvenzverfahren in Eigenverwaltung ein Schutzschirmverfahren vorgeschaltet, in dem der Schuldner tatsächlich einen Insolvenzplan vorgelegt hat, ist dies ein klarer Anhaltspunkt nicht nur für die angestrebte Sanierung, sondern auch für die Priorisierung dieses Ziels. Denn das Schutzschirmverfahren dient dem Ziel des Unternehmenserhalts (vgl. § 270b Abs. 1 S. 1 InsO)

1005 Nach der hier vertretenen Auffassung ist die Vollstreckung einer Ersatzfreiheitsstrafe nach Anfechtung einer Steuernachzahlung, die im Rahmen einer Selbstanzeige vorgenommen worden ist, verfassungsrechtlich unzulässig. Das Gericht hat in einem solchen Fall nach dem verfassungskonform ausgelegten § 459f StPO anzuordnen, dass die Vollstreckung der Ersatzfreiheitsstrafe unterbleibt, siehe unter zweiter Teil B. VI. Allerdings hält das BVerfG die Anordnung und Vollziehung von Ersatzfreiheitsstrafen während des Insolvenzverfahrens außerhalb der Anfechtungskonstellation – d.h. auch hier – für verfassungsrechtlich unbedenklich, BVerfG, Nichtannahmebeschluss vom 24. August 2006 – 2 BvR 1552/06 –, NJW 2006, 3626 (3627).

1006 Vgl. OLG Karlsruhe, Urteil vom 14. Juni 2016 – 8 U 44/15 –, ZIP 2016, 1649 (1650).

1007 Uhlenbruck/*Pape*, § 1 InsO Rn. 1, 7.

und nicht dazu, das Schuldnervermögen zu verwerten und gleichmäßig zu verteilen.[1008]

- Nach der Konzeption der InsO sollen die Gläubiger maßgeblichen Einfluss auf die Entscheidung haben, ob ein Unternehmen zerschlagen oder saniert und erhalten wird.[1009] Im Rahmen der Gläubigerautonomie[1010] getroffene Maßnahmen können deshalb entscheidende Weichenstellungen darstellen. Sieht beispielsweise ein vorläufiger Gläubigerausschuss (§ 22a InsO) von einem Antrag auf Aufhebung des Schutzschirmverfahrens nach § 270b Abs. 4 Nr. 2 InsO ab, wird dadurch die Vorranggebung zu Gunsten der Sanierung zusätzlich (ggfs. stillschweigend) legitimiert.

Es ist nicht ungewöhnlich, dass das Gebot der Gläubigergleichbehandlung im Interesse anderer insolvenzrechtlicher Ziele oder Grundsätze zurücktritt: Der BGH[1011] hat z.B. entschieden, dass ein vorläufiger Insolvenzverwalter Forderungen einzelner Gläubiger erfüllen darf, wenn dies im Einzelfall zur Fortführung des Schuldnerunternehmens im Interesse der Gläubigergesamtheit erforderlich oder wenigstens zweckmäßig erscheint. Das OLG Braunschweig[1012] hat die gläubigerbenachteiligende Wirkung von Steuerzahlungen verneint, wenn diese im Einzelfall dem Unternehmenserhalt und so gleichsam auch den Gläubigern dienten.

Es sind strenge Maßstäbe anzulegen, wenn es um die Frage geht, ob die Finanzbehörde erkannt hat oder erkennen musste, dass im Rahmen der Selbstanzeige vorgenommene Zahlungen insolvenzzweckwidrig waren (Evidenz). Denn der Finanzverwaltung ist nicht nur die Geltung des Gläubigergleichbehandlungsgrundsatzes im Insolvenzverfahren geläufig, sie agiert zusätzlich auch noch als Strafverfolgungsbehörde. Sie kann deshalb das Spannungsverhältnis zwischen gleichmäßiger Gläubigerbefriedigung und Unternehmenserhalt besonders gut einschätzen.

1008 OLG Karlsruhe, Urteil vom 14. Juni 2016 – 8 U 44/15 –, ZIP 2016, 1649 (1650); vgl. auch KPB/*ders.*, Juli 2012, § 270b InsO Rn. 17.

1009 Vgl. Uhlenbruck/*ders.*, § 1 InsO Rn. 3; *Foerste*, Insolvenzrecht, [7]2018, Rn. 469.

1010 Vgl. allgemein zur Gläubigerautonomie im Insolvenzverfahren Uhlenbruck/*Pape*, § 1 InsO Rn. 4.

1011 BGH, Urteil vom 04. November 2004 – IX ZR 22/03 –, BGHZ 161, 49 (55 f.).

1012 OLG Braunschweig, MDR 1950, 356 (357) (zur Zahlung von Vergnügungssteuer, die eine Betriebsfortführung ermöglicht).

c. Zustimmungsvorbehalte anderer Verfahrensbeteiligter?

Der Eigenverwalter kann seine Verfügungsmacht grundsätzlich ausüben, ohne dass er die Zustimmung des Sachwalters (§ 270c InsO) einholen muss. Die Aufgabe des Sachwalters besteht in der Aufsicht des Eigenverwalters (§ 274 Abs. 2 InsO). Stellt er Verstöße fest, muss er diese gemäß § 274 Abs. 3 InsO dem Insolvenzgericht und dem Gläubigerausschuss anzeigen bzw. die Insolvenzgläubiger und die absonderungsberechtigten Gläubiger unterrichten. Diese können dann ggfs. die Aufhebung der Eigenverwaltung (§ 272 InsO) oder die Anordnung der Zustimmungsbedürftigkeit (§ 277 InsO) beantragen. Die vom Eigenverwalter bis dato ausgeführten Verfügungen bleiben dann jedoch trotzdem wirksam.

Bestimmte Verbindlichkeiten soll der Schuldner zwar nur mit Zustimmung des Sachwalters eingehen (§ 275 Abs. 1 InsO). Aber selbst diese gebotene Mitwirkung des Sachwalters bleibt eine rein interne Maßnahme und ist keine Voraussetzung für die rechtliche Wirksamkeit im Außenverhältnis.[1013] Gleiches gilt für die Übernahme der Kassenführungsbefugnis durch den Sachwalter (§ 275 Abs. 2 InsO). Selbst Verfügungen des Eigenverwalters, die er ohne Wissen des Sachwalters mit Kassenführungsbefugnis tätigt, sind wirksam. Der Schuldner ist zwar im Innenverhältnis zum Sachwalter mit Kassenführungsbefugnis verpflichtet, eigene Verfügungen über Geldbestände zu unterlassen. Pflichtwidrig getätigte Überweisungen sind jedoch dennoch wirksam, pflichtwidrige Zahlungen haben dennoch Erfüllungswirkung.[1014] Im Ergebnis ist der eigenverwaltende Schuldner nicht daran gehindert, auch ohne Zustimmung des Sachwalters die hinterzogene Steuer nachzuentrichten und ggfs. den Strafzuschlag zu zahlen.

Ob Steuernachzahlungen oder Zuschlagszahlungen ausnahmsweise zu den besonders bedeutsamen Rechtshandlungen i.S.d. § 276 i.V.m. § 160 InsO gehören, denen der Gläubigerausschuss zustimmen muss, hängt von den Umständen des jeweiligen Einzelfalls ab. Nach § 276 Abs. 1 S. 2 i.V.m. § 164 InsO wird jedoch die Wirksamkeit der Rechtshandlung durch einen Verstoß gegen ein solches Zustimmungserfordernis ohnehin nicht berührt. Der eigenverwaltende Schuldner riskiert lediglich – ähnlich wie bei einem Verstoß gegen § 275 InsO – die Beendigung der Eigenverwaltung.[1015] Im Ergebnis wäre er nicht daran gehindert,

---

1013 Schmidt, InsO/*Undritz*, § 275 InsO Rn. 5.

1014 HambKomm/*Fiebig*, § 275 InsO Rn. 14.

1015 HK, InsO/*Brünkmans*, § 276 InsO Rn. 6. Es kommt auch eine Strafbarkeit wegen Untreue (§ 266 StGB) zum Nachteil der Insolvenzmasse in Betracht. Zwar schließt die wirksame Einwilligung des Inhabers des zu betreuenden Vermögens die Tatbestandsmäßigkeit der Untreue aus, BGH, Urteil vom 27. August 2010 – 2 StR 111/09 –,

auch ohne Zustimmung des Gläubigerausschusses die hinterzogene Steuer nachzuentrichten und ggfs. den Strafzuschlag zu zahlen.

III. Zusammenfassung zu B.

Der insolvente Steuerhinterzieher hat auch in der Eigenverwaltung die Materiallieferung und grundsätzlich auch die Steuernachzahlung (sowie ggfs. auch die Zuschlagszahlung) zu leisten, um eine wirksame Selbstanzeige vorzunehmen. Als eigenverwaltender Schuldner übt er seine Befugnisse nicht aufgrund seiner Privatautonomie aus. Er agiert vielmehr als Amtswalter. Deshalb hat er wie ein Insolvenzverwalter das insolvenzrechtliche Pflichtenprogramm zu erfüllen. Zu den Pflichten zählt insbesondere, dass er einzelnen Gläubigern keine Sondervorteile verschaffen darf. Zahlungen des Eigenverwalters im Rahmen einer Selbstanzeige sind deshalb grundsätzlich insolvenzzweckwidrig und im Außenverhältnis zur Finanzbehörde regelmäßig unwirksam. Ausnahmsweise sind solche Zahlungen dann nicht insolvenzzweckwidrig, wenn im konkreten Insolvenzverfahren der Weg der Unternehmenssanierung eingeschlagen worden ist und ohne wirksame Selbstanzeige dieses Ziel gefährdet wäre. Letzteres ist der Fall, wenn dem Eigenverwalter ernsthaft eine Haftstrafe droht und deren Vollzug seine Unternehmensleitung und dadurch auch die Sanierung ernsthaft gefährden würde. Von einem vorrangigen Sanierungsziel ist insbesondere dann auszugehen, wenn der Eigenverwaltung ein Schutzschirmverfahren vorgeschaltet gewesen ist.

BGHSt 55, 266 (279 f.) Rn. 36. Dispositionsbefugt ist nach Eröffnung des Insolvenzverfahrens jedoch insofern die Gesamtheit der Gläubiger bzw. der Gläubigerausschuss, BGH, Beschluss vom 20. Oktober 2016 – 2 StR 2/16 –, InsbürO 2017, 167. Dabei ist der eigenverwaltende Schuldner in seiner Eigenschaft als Amtswalter tauglicher Untreuetäter und kann auch den Missbrauchstatbestand erfüllen, LK/*Schünemann*, § 266 StGB Rn. 45; *a.A. Bittmann*, Praxishandbuch Insolvenzsteuerrecht, [2]2017, § 16 Tz. 81.

Vierter Teil: Die Selbstanzeige im Eröffnungsverfahren

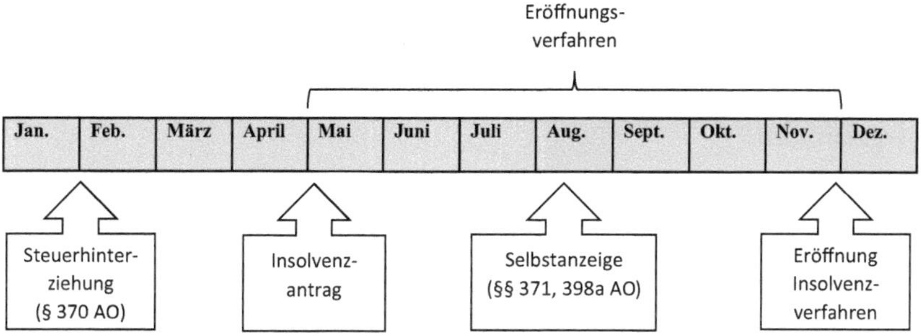

Abb. 6: Selbstanzeige im Eröffnungsverfahren (Tat vor Antrag)

A. Insolvenzrechtliche und steuerliche Pflichten des insolventen Steuerpflichtigen

Die Steuererklärungspflichten des insolventen Steuerpflichtigen bestehen grundsätzlich bis zur Eröffnung des Insolvenzverfahrens weiter.[1016] Etwas anderes gilt dann, wenn das Insolvenzgericht dem Schuldner ein allgemeines Verfügungsverbot auferlegt und einen sog. „starken" vorläufigen Insolvenzverwalter bestellt. Dieser ist dann gesetzlicher Vertreter gemäß § 34 Abs. 1 und 3 AO und damit auch steuererklärungspflichtig.[1017] Die festgesetzten Steuern werden im Eröffnungsverfahren nach den Regeln des Steuerverfahrensrechts erhoben und vollstreckt, es sei denn, das Insolvenzgericht trifft eine Anordnung nach § 21 Abs. 2 Nr. 3 InsO (Untersagung bzw. einstweilige Einstellung der Zwangsvollstreckung).

Grundsätzlich trifft den vorläufigen Insolvenzverwalter im Eröffnungsverfahren ein insolvenzrechtliches Pflichtenprogramm, zu dem insbesondere die Pflicht zählt, die (vorläufige) Insolvenzmasse zu sichern.[1018] Ausnahmsweise

1016 *Frotscher*, Besteuerung bei Insolvenz, [8]2014, S. 40.

1017 *ders.*, Besteuerung bei Insolvenz, [8]2014, S. 47; Schmidt, InsO/*Schmittmann*, Anhang Steuerrecht Rn. 4; vgl. auch Tipke/Kruse/*Loose*, Juli 2015, § 34 AO Rn. 25.

1018 Uhlenbruck/*Vallender*, § 22 InsO Rn. 13, vgl. auch §§ 21 Abs. 1, 22 Abs. 1 S. 1 Nr. 1 InsO.

trifft nach h.M.[1019] auch den Schuldner dieses Pflichtenprogramm, wenn vorläufige Eigenverwaltung angeordnet ist. Er darf in der vorläufigen Eigenverwaltung Forderungen des Fiskus grundsätzlich nicht erfüllen, sondern muss die Masse sichern. Wie beim vorläufigen Insolvenzverwalter besteht hiervon eine Ausnahme, wenn dies im Einzelfall zur Erfüllung der ihm obliegenden Aufgabe, etwa zur Fortführung des Schuldnerunternehmens im Interesse der Gläubigergesamtheit erforderlich oder wenigstens zweckmäßig erscheint.[1020] Die Bezahlung von Steuern liegt grundsätzlich nicht im Interesse der Gläubigergesamtheit.[1021]

B. Materiallieferung

Grundsätzlich bleibt der Schuldner auch im Eröffnungsverfahren im Besitz seiner Unterlagen, insbesondere auch seiner Geschäftsunterlagen. Der vorläufige Verwalter ist nur berechtigt, die Geschäftsräume des Schuldners zu betreten und Geschäftsunterlagen einzusehen (§ 22 Abs. 3 InsO). Dem Schuldner stehen damit im Eröffnungsverfahren i.d.R. sämtliche Unterlagen zur Verfügung, um eine vollständige Materiallieferung (§ 371 Abs. 1, § 398a Abs. 1 AO) vorzunehmen (Abb. 6). Gestützt auf die Generalklausel des § 21 Abs. 1 S. 1 InsO kann das Insolvenzgericht jedoch zusätzlich die Beschlagnahme von Unterlagen anordnen, die für das vorläufige Insolvenzverfahren relevant sind.[1022] Sind die Unterlagen beschlagnahmt, gelten die Grundsätze und Ansprüche aus dem eröffneten Insolvenzverfahren entsprechend. Der Schuldner kann sich insbesondere die konkreten Informationen über die Besteuerungsgrundlagen nach § 242 BGB vom vorläufigen Insolvenzverwalter beschaffen.[1023] Außerdem kommt noch in Betracht, dem Schuldner an die Finanzbehörde gerichtete Mitteilungen des

---

1019 Uhlenbruck/*Zipperer*, § 270a InsO Rn. 25; *Kahlert*, ZIP 2012, 2089 (2090), der das mit dem Grundsatz der Einheit der Rechtsordnung und einem Vergleich mit der Rechtsprechung zu § 64 GmbHG begründet.

1020 Uhlenbruck/*Zipperer*, § 270a InsO Rn. 25.

1021 *Kahlert*, ZIP 2012, 2089. Auch bei einer beabsichtigten Betriebsfortführung sind Steuerzahlungen im Eröffnungsverfahren grundsätzlich nicht im Interesse der Gläubigergesamtheit. Denn der Steuergläubiger erbringt keine Gegenleistung an die vorläufige Masse, die für eine Betriebsfortführung notwendig wäre und für deren Empfang die Zahlung von Betriebssteuern oder anderen Steuern Voraussetzung wäre, Näheres siehe unter vierter Teil D. II. 2.

1022 *Foerste*, Insolvenzrecht, [7]2018, Rn. 105.

1023 Vgl. unter dritter Teil A. I. 3. c.

„starken“ vorläufigen Insolvenzverwalters zuzurechnen, die den Anforderungen einer Materiallieferung genügen.[1024] Nur der „starke“ (aber nicht der „schwache“) vorläufige Insolvenzverwalter ist im Hinblick auf steuerliche Mitwirkungspflichten dem endgültigen Insolvenzverwalter gleichgestellt.[1025]

C. Steuernachentrichtung und Zuschlagszahlung

I. Selbstanzeigezahlungen nach Bestellung eines vorläufigen Insolvenzverwalters

Erlegt das Insolvenzgericht dem Schuldner ein allgemeines Verfügungsverbot auf, geht die Verwaltungs- und Verfügungsbefugnis auf den („starken“) vorläufigen Insolvenzverwalter über (§§ 22 Abs. 1, 21 Abs. 2 Nr. 2, 1. Alt. InsO). Der Schuldner ist dann nicht imstande, die im Rahmen der Selbstanzeige gebotenen Zahlungen mit Mitteln der Insolvenzmasse zu leisten. Im Ergebnis gilt das auch für die Anordnung, dass der Schuldner nur noch mit Zustimmung des vorläufigen Insolvenzverwalters wirksam verfügen kann (§ 22 Abs. 2 i.V.m. § 21 Abs. 2 Nr. 2, 2. Alt. InsO). Den vorläufigen Insolvenzverwalter trifft generell eine originäre Massesicherungspflicht.[1026] Er darf an der Erfüllung von Forderungen einzelner Gläubiger nur mitwirken, wenn dies im Einzelfall im Interesse der Gläubigergesamtheit ist. Das ist bei Steuerzahlungen nicht der Fall.[1027] Zahlungen des Schuldners bzw. Zahlungen ohne Zustimmung des („schwachen“) vorläufigen Insolvenzverwalters mit Zustimmungsvorbehalt sind unwirksam (§ 24 Abs. 1, i.V.m. § 81 InsO) und haben keine Erfüllungswirkung.

Ordnet das Insolvenzgericht weder ein allgemeines Verfügungsverbot noch einen Zustimmungsvorbehalt an, ist der Schuldner weiter rechtlich in der Lage, die gebotenen Zahlungen zu leisten. Die Bestellung des „schwachen“ vorläufigen Insolvenzverwalters ohne Zustimmungsvorbehalt hindert ihn nicht daran.[1028] Den Schuldner trifft in dieser Konstellation auch keine Massesicherungspflicht,

1024 Vgl. unter dritter Teil A. I. 3. a.

1025 *Bartone*, AO-StB 2002, 22; speziell zu den Berichtigungspflichten des „starken“ vorläufigen Insolvenzverwalters nach § 153 Abs. 1 S. 2 AO: Tipke/Kruse/*Seer*, Oktober 2016, § 153 AO Rn. 3; der „starke“ vorläufige ist genauso wenig wie der endgültige Insolvenzverwalter zur Berichtigung von vorsätzlich falschen Steuererklärungen verpflichtet, aber dazu berechtigt, vgl. *Frotscher*, Besteuerung bei Insolvenz, [8]2014, S. 41.

1026 Siehe unter vierter Teil A.

1027 *Kahlert*, ZIP 2012, 2089, siehe auch unter vierter Teil A.

1028 Der vorläufige Insolvenzverwalter kontrolliert in der Praxis jedoch oft faktisch den Zahlungsverkehr des Schuldners.

die einer späteren gleichmäßigen und bestmöglichen Gläubigerbefriedigung dienen würde. Er hat im Eröffnungsverfahren kein insolvenzrechtliches Pflichtenprogramm zu erfüllen. Das ist auch in dieser Konstellation nur die originäre Aufgabe des „schwachen" vorläufigen Insolvenzverwalters.[1029]

II. Selbstanzeigezahlungen und Massesicherungspflicht in der vorläufigen Eigenverwaltung

Stellt der Schuldner einen Antrag auf Eigenverwaltung, kann das Insolvenzgericht nach § 270a InsO im Eröffnungsverfahren davon absehen, einen vorläufigen Insolvenzverwalter zu bestellen (vorläufige Eigenverwaltung). Stattdessen ist ein vorläufiger Sachwalter zu bestellen.

Der Schuldner hat in der vorläufigen Eigenverwaltung das insolvenzrechtliche Pflichtenprogramm zu beachten und damit auch die Masse im Eröffnungsverfahren im Interesse seiner Gläubiger zu sichern.[1030] Er tritt insofern an die Stelle eines vorläufigen Insolvenzverwalters, vgl. § 22 Abs. 1 Nr. 1 InsO.[1031] Zahlt der Schuldner die Steuer nach und ggfs. auch den Strafzuschlag, ist das nicht im Interesse der Gläubigergesamtheit, weil dadurch die für die gemeinschaftliche Befriedigung vorhandene Masse geschmälert wird. Die insolvenzrechtliche Masseerhaltungspflicht kollidiert mit der steuerlichen Zahlungspflicht des Schuldners. In der vorläufigen Eigenverwaltung beansprucht die Masseerhaltungspflicht den Vorrang und suspendiert die steuerliche Pflicht des Schuldners, seine Verbindlichkeiten beim Fiskus zu begleichen.[1032]

Da die strafrechtliche Nachentrichtungsobliegenheit akzessorisch zur Steuerschuld ist[1033], stellt sich die Frage, ob sie auch von der Suspendierung erfasst wird. Die Suspendierung der steuerlichen Zahlungspflicht bedeutet, dass der Schuldner die Zahlung im Stadium des Eröffnungsverfahrens vorübergehend weder vornehmen darf noch muss. Die Steuerschuld erlischt aber nicht und wird auch nicht auf andere Weise hinfällig. Der Steuergläubiger kann die fortbestehende Steuerschuld später im eröffneten Insolvenzverfahren im Wege der Tabellenanmeldung (§§ 174 ff. InsO) oder nach Aufhebung des Insolvenzverfahrens im

---

1029 Siehe auch unter vierter Teil A.

1030 Uhlenbruck/*Zipperer*, § 270a InsO Rn. 25; *Kahlert*, ZIP 2012, 2089 ff.; *Schmittmann/Dannemann*, ZIP 2014, 1405 (1407).

1031 Uhlenbruck/*Zipperer*, § 270a InsO Rn. 25 mwN.

1032 Uhlenbruck/*ders.*, § 270a InsO Rn. 25; *Kahlert*, ZIP 2012, 2089 ff.; *Schmittmann/Dannemann*, ZIP 2014, 1405 (1407).

1033 Siehe unter zweiter Teil A. I. 3. c. cc. (3) und dritter Teil A. II. 2. d.

Wege der Einzelzwangsvollstreckung (§ 201 Abs. 1 InsO) grundsätzlich wieder geltend machen. Die strafrechtliche Nachentrichtungsobliegenheit ist nur akzessorisch zum materiell-rechtlichen Bestand der strafbefangenen Steuerschuld, aber nicht zu deren Durchsetzbarkeit. Ihre Mitsuspendierung wäre auch nicht mit den Selbstanzeigezwecken vereinbar.[1034] Sie bleibt daher bestehen. Eine wirksame Selbstanzeige setzt demzufolge auch in der vorläufigen Eigenverwaltung die (verzinste) Steuernachzahlung voraus.

Auch wenn die steuerliche Zahlungspflicht suspendiert ist, hat der Schuldner auch in der vorläufigen Eigenverwaltung regelmäßig weiter die Rechtsmacht, über die Mittel aus der (vorläufigen) Insolvenzmasse zu verfügen (§ 270a Abs. 1 InsO). Damit ist er grundsätzlich in der Lage, nach außen wirksame Zahlungen, also auch Steuer- und Zuschlagszahlungen vorzunehmen. Der vorläufige Sachwalter hat insoweit nur eine Aufsichtsfunktion (§ 270a Abs. 1 S. 2 i.V.m. § 274 Abs. 2 und 3 InsO). Sind die Zahlungen jedoch evident insolvenzzweckwidrig, sind sie und mit ihnen auch die Selbstanzeige unwirksam. Die Zahlungen haben dann keine Erfüllungswirkung.[1035] Evidenz dürfte regelmäßig vorliegen. Denn gerade das informierte und sachkundige FA kann in der Regel einen Widerspruch zur Massesicherungspflicht erkennen.[1036]

Die Steuer- und die Zuschlagszahlung sind auch in der vorläufigen Eigenverwaltung ggfs. an dem Verfahrensziel des Unternehmenserhalts zu messen. Zahlungen aus der (vorläufigen) Insolvenzmasse, die der Schuldner in der vorläufigen Eigenverwaltung vornimmt, sind dann ausnahmsweise nicht insolvenzzweckwidrig, wenn die Verfahrensbeteiligten vorrangig die Unternehmenssanierung anstreben, dafür die Unternehmensleitung durch den Schuldner persönlich unabdingbar ist und eine drohende Inhaftierung im Sanierungsstadium mit diesen Zahlungen abgewendet werden kann.[1037] Ausnahmsweise besteht dann insoweit keine Masseerhaltungspflicht. Ein Sanierungsvorrang kommt vor allem im Schutzschirmverfahren (§ 270b InsO) wegen dessen Sanierungsausrichtung

---

1034 Vgl. die parallelen Thematiken: im eröffneten Insolvenzverfahren nicht durchsetzbare Steueransprüche, siehe dritter Teil A. II. 2. a.; nach Restschuldbefreiung nicht durchsetzbare Steueransprüche, siehe dritter Teil A. II. 2. d. cc. und Steueransprüche, bei denen die Steuerschuldbegründung angefochten worden ist, siehe dritter Teil A. II. 2. d. dd. Auch in diesen Fallgestaltungen bleibt die Nachentrichtungsobliegenheit bestehen, weil diese nicht zu der *Durchsetzbarkeit* des Steueranspruchs akzessorisch ist und andernfalls die Selbstanzeigezwecke verfehlt würden.

1035 Vgl. unter dritter Teil B. II. 2. a.

1036 Vgl. unter dritter Teil B. II. 2. b.

1037 Vgl. unter dritter Teil B. II. 2. b.

in Betracht.[1038] Zahlungen im Rahmen einer Selbstanzeige und auch die Selbstanzeige selbst wären in einem solchen Fall wirksam.

III. Rückwirkend unwirksame Aufrechnung

Sofern die Anordnungen des Insolvenzgerichts die Verfügungsbefugnis des Schuldners im Eröffnungsverfahren nicht einschränken, kann er auch weiterhin die Aufrechnung nach §§ 47, 226 Abs. 1 AO i.V.m. §§ 387 ff. BGB erklären.[1039] Die Finanzbehörde kann sogar ein Interesse daran haben, selbst aufzurechnen, weil sie so einen Steueranspruch, der trotz Strafbefangenheit nur eine Insolvenzforderung darstellt, voll durchsetzen kann.[1040] Die Aufrechnung könnte also gerade im Eröffnungsverfahren ein probates Mittel im Rahmen einer Selbstanzeige sein.

Die Nachentrichtungspflicht nach §§ 371 Abs. 3, 398a Abs. 1 Nr. 1 AO erlischt, wenn und sobald die strafbefangene Steuerschuld durch Aufrechnung untergeht.[1041] Eine vor Verfahrenseröffnung erklärte Aufrechnung wird allerdings nach Sinn und Zweck des § 96 Abs. 1 Nr. 3 InsO mit Verfahrenseröffnung rückwirkend unwirksam, wenn das FA die Aufrechnungslage anfechtbar erlangt hatte.[1042] Es tut sich eine ähnliche Problematik wie bei der späteren Anfechtung der Steuernachzahlung auf[1043]: Nach Sinn und Zweck des § 371 AO müsste die Nachentrichtungspflicht „wiederaufleben". Andererseits handelt es sich bei der Selbstanzeige um einen Strafaufhebungsgrund. D.h., dass der staatliche Strafanspruch in dem Zeitpunkt erloschen ist, in dem alle Voraussetzungen des § 371 AO vorgelegen haben. Spätere Entwicklungen können grundsätzlich den einmal erloschenen Strafanspruch nicht wieder entstehen lassen.

Die Aufrechnung ist die wechselseitige Tilgung von zwei sich gegenüberstehenden Forderungen. Sie ist insofern ein Erfüllungssurrogat.[1044] Im Hinblick auf

---

1038 Vgl. unter dritter Teil B. II. 2. b.

1039 Vgl. zum auch die Aufrechnung umfassenden Verfügungsbegriff der InsO Uhlenbruck/*Mock*, § 81 InsO Rn. 5.

1040 Sie könnte ihn ansonsten nur mit einer geringen Quotenaussicht zur Insolvenztabelle anmelden und müsste später die Restschuldbefreiung befürchten, die auch strafbefangene Steueransprüche erfasst, wenn es nicht zu einer rechtskräftigen Verurteilung kommt (§ 302 Nr. 1 InsO).

1041 Vgl. HHSP/*Beckemper*, August 2015, § 371 AO Rn. 122.

1042 BGH, Urteil vom 28. September 2006 – IX ZR 136/05 –, BGHZ 169, 158 (161 ff.) Rn. 11 ff.

1043 Vgl. unter zweiter Teil B. III.

1044 Palandt/*Grüneberg*, § 387 BGB Rn. 1, vgl. auch unter dritter Teil A. II. 2. c.

die Erfüllungswirkung ist sie der Zahlung gleichgestellt. Es ist deswegen sachgerecht, sie wie die Zahlung als einen Fall des Entrichtens aufzufassen.[1045] Der Begriff „entrichtet" in § 371 Abs. 3 AO ist insofern offen. Der Wortsinn lässt auch andere Formen der Erfüllung zu. Wie im Zusammenhang mit der Insolvenzanfechtung herausgearbeitet[1046], setzt ein Entrichten außerhalb von Konfliktsituationen Nachhaltigkeit voraus. Dieser Maßstab ist folgerichtig auch auf das Entrichten durch Aufrechnung anzuwenden. Analog zu der Thematik der Zahlungsanfechtung tritt Straffreiheit erst ein, sobald die dauerhafte Wirksamkeit der Aufrechnung feststeht.

IV. Zwischenergebnis zu C.

Ein vorläufiger Insolvenzverwalter darf aufgrund seiner originären Massesicherungspflicht grundsätzlich nicht an Zahlungen mitwirken, die im Rahmen der Selbstanzeige geboten sind. Der insolvente Steuerhinterzieher ist deshalb nur dann privatautonom zu den Zahlungen in der Lage, wenn das Insolvenzgericht einen schwachen vorläufigen Insolvenzverwalter ohne Zustimmungsvorbehalt bestellt. Ordnet das Insolvenzgericht vorläufige Eigenverwaltung an, soll der Schuldner die Befugnis haben, über die Mittel aus der (vorläufigen) Insolvenzmasse zu verfügen. Damit ist er grundsätzlich in der Lage, nach außen wirksame Zahlungen mit Erfüllungswirkung vorzunehmen. Allerdings trifft ihn in diesem Fall eine Massesicherungspflicht. Steuernachzahlungen und Zuschlagszahlungen aus der Masse an das FA sind damit grundsätzlich nicht vereinbar. Die steuerstrafrechtliche Nachentrichtungsobliegenheit wird dadurch indes nicht suspendiert. Weil die Zahlungen, die für die Selbstanzeige geboten sind, in der Regel aus Sicht des FA evident insolvenzzweckwidrig sind, sind sie und in der Folge auch die Selbstanzeige regelmäßig unwirksam.

Entzieht das Insolvenzgericht dem Schuldner im Eröffnungsverfahren nicht die alleinige Verfügungsbefugnis, kann er – wie auch das FA – ggfs. aufrechnen und so im Rahmen einer Selbstanzeige die verzinste Steuer nachentrichten. Die Steuer ist jedoch dann nicht entrichtet, wenn die Aufrechnungslage anfechtbar erlangt wurde und später das Insolvenzverfahren eröffnet wird.

1045 So auch JJR/*Joecks*, § 371 AO Rn. 170.

1046 Siehe unter zweiter Teil B. III. 2.

D. Insolvenzanfechtung

I. Zahlungen im Eröffnungsverfahren als anfechtbare Rechtshandlungen

Rechtshandlungen, die nach dem Antrag auf Eröffnung des Insolvenzverfahrens vorgenommen werden, unterliegen grundsätzlich auch der Insolvenzanfechtung nach den §§ 129 ff. InsO.[1047] Anstelle des § 130 Abs. 1 Nr. 1 InsO ist jedoch § 130 Abs. 1 Nr. 2 InsO einschlägig. Letzterer erleichtert die Insolvenzanfechtung, weil er einen zusätzlichen Anfechtungstatbestand enthält. Er ermöglicht die Insolvenzanfechtung nicht nur, wenn der Anfechtungsgegner zur Zeit der Rechtshandlung die Zahlungsunfähigkeit des Schuldners, sondern auch wenn er den Eröffnungsantrag kennt. Ansonsten kommen dieselben Anfechtungstatbestände wie bei Rechtshandlungen in Betracht, die in der Krise vor dem Eröffnungsantrag vorgenommen werden.[1048] Die Anfechtung kann auch mit denselben Maßnahmen wie vor dem Insolvenzantrag vermieden werden.[1049] Auch wenn der Selbstanzeiger die Steuern im Eröffnungsverfahren nachzahlt und der Insolvenzverwalter diese Rechtshandlung später erfolgreich anficht, ist die Wiederaufnahme des Strafverfahrens nur dann gemäß § 398a Abs. 3 AO gesperrt, wenn die Finanzbehörde bei Verfahrenseinstellung wusste, dass die Nachzahlung die anderen Gläubiger benachteiligt.

II. Anfechtungsausschluss?

1. Grundsätzlicher Anfechtungsausschluss bei Masseverbindlichkeiten

Die §§ 129 ff. InsO sind zwar grundsätzlich auf Zahlungen anwendbar, die auf Steuermasseverbindlichkeiten geleistet werden.[1050] Jedoch ist regelmäßig die Insolvenzanfechtung von Zahlungen ausgeschlossen, die im Eröffnungsverfahren zur Tilgung (späterer) Masseverbindlichkeiten vorgenommen werden.[1051] Hierfür gibt es zwei Gründe:

1047 Uhlenbruck/*Hirte/Ede*, § 129 InsO Rn. 138.

1048 §§ 131, 133 InsO und für Zuschlagszahlungen ggfs. § 134 InsO, vgl. unter zweiter Teil B. III. 1 und IV. 3.

1049 Mit Zahlungen des Schuldners aus seinem insolvenzfreien Vermögen, mit Zahlungen Dritter bei Anweisung auf Kredit und mit dem Erwerb des Anfechtungsanspruchs durch einen Dritten, vgl. unter zweiter Teil B. III. 4.

1050 Vgl. Uhlenbruck/*Sinz*, § 55 InsO Rn. 157; *Schmittmann/Dannemann*, ZIP 2013, 760 (761).

1051 OLG Celle, Urteil vom 12. Dezember 2002 – 13 U 56/02 –, ZIP 2003, 412 (43) Rn. 17; KPB/*Ehricke*, November 2008, § 129 InsO Rn. 24.

- Der erste Grund ist, dass die kraft gesetzlicher bzw. gerichtlicher Anordnung bestehende Rechtsmacht, Masseverbindlichkeiten zu begründen, jeweils das Vertrauen des Rechtsverkehrs in die Handlungen des vorläufigen Insolvenzverwalters bzw. Eigenverwalters stärken soll. Die Anordnung wäre sinnlos, wenn die Masseverbindlichkeiten nach einer Verfahrenseröffnung im Wege der Anfechtung wieder beseitigt oder die entsprechenden Zahlungen rückgängig gemacht werden könnten.[1052]
- Der zweite Grund besteht darin, dass es regelmäßig an einer für die Insolvenzanfechtung notwendigen *Gläubigerbenachteiligung* fehlt. Denn der spätere endgültige Verwalter müsste die befriedigten Ansprüche genauso erfüllen.[1053] Die Finanzverwaltung[1054] greift der Sache nach denselben Gedanken auf, verweigert die Rückgewähr der Steuerzahlung aber mit der Begründung, dass die – zunächst erfüllte – Steuerforderung als Masseverbindlichkeit gemäß § 144 Abs. 1 InsO wieder auflebt und die Geltendmachung des Anfechtungsanspruchs daher rechtsmissbräuchlich wäre. Die Anfechtung kommt trotz Umqualifizierung einer Insolvenzforderung in eine Masseverbindlichkeit nur dann noch in Betracht, wenn das FA im eröffneten Insolvenzverfahren gerade keine Befriedigung erfahren würde. Das ist bei später angezeigter Masseunzulänglichkeit der Fall, weil die Steuerforderung nur noch als Altmasseverbindlichkeit im Rang des § 209 Abs. 1 Nr. 3 InsO befriedigt werden darf.[1055] Die Zahlung ist dann gläubigerbenachteiligend. Von Rechtsmissbrauch des anfechtenden Insolvenzverwalters kann dann auch keine Rede sein, weil das FA bei Masseunzulänglichkeit gerade nicht die volle Zahlung der Steuer aus der Insolvenzmasse verlangen könnte.[1056]

1052 OLG Celle, Urteil vom 12. Dezember 2002 – 13 U 56/02 –, ZIP 2003, 412 (413) Rn. 17; vgl. auch BGH, Urteil vom 13. März 2003 – IX ZR 64/02 –, BGHZ 154, 190 (199).

1053 MünchKommInsO, Band 2/*Kayser*, § 129 InsO Rn. 110; Uhlenbruck/*Sinz*, § 55 InsO Rn. 57 (zur Zahlung auf eine spätere Masseverbindlichkeit nach § 55 Abs. 4 InsO); vgl. BGH, Urteil vom 07. Mai 1991 – IX ZR 30/90 –, BGHZ 114, 315 (322).

1054 BMF-Schreiben vom 20.05.2015, IV A 3-S 0550/10/10020-05, BStBl. I 2015, 47 Rn. 50.

1055 Uhlenbruck/*Sinz*, § 55 InsO Rn. 158.

1056 Vor diesem Hintergrund sind besondere Regelungen oder Anordnungen zur Begründung von Steuermasseverbindlichkeiten im Eröffnungsverfahren für den Steuergläubiger ambivalent. Denn je mehr Masseverbindlichkeiten begründet werden, desto höher ist das Risiko der Masseunzulänglichkeit und damit einer doch nur noch nachrangigen Befriedigung. Der Insolvenzverwalter hat schlicht mehr

Diesen Anfechtungsgrundsätzen unterliegen Rechtshandlungen eines starken vorläufigen Insolvenzverwalters, mit denen dieser Masseverbindlichkeiten begründet (§ 55 Abs. 2 InsO) oder tilgt.[1057] Zudem hat der starke vorläufige Insolvenzverwalter die Steuererklärungspflichten im Hinblick auf die Steuermasseverbindlichkeiten gemäß §§ 34, 35 AO zu erfüllen, die er so im vorläufigen Insolvenzverfahren begründet hat.[1058] In den Fällen des § 55 Abs. 2 InsO ist deshalb in erster Linie der vorläufige Insolvenzverwalter steuerstrafrechtlichen Risiken ausgesetzt.

Die dargestellten Anfechtungsgrundsätze gelten grundsätzlich zwar auch für Rechtshandlungen eines schwachen vorläufigen Insolvenzverwalters, der im Wege der Einzelermächtigung vom Insolvenzgericht ermächtigt wurde, Masseverbindlichkeiten zu begründen.[1059] In der Praxis erstrecken sich jedoch gerichtlich angeordnete Einzelermächtigungen regelmäßig nicht auf die Begründung von Steuerverbindlichkeiten.[1060] Daher stellt sich die Frage, wie mit hinterzogenen Steuermasseverbindlichkeiten umzugehen ist, in diesen Fällen regelmäßig nicht.

Im Schutzschirmverfahren wie auch bei Forderungen, die § 55 Abs. 4 InsO unterfallen, hat noch der Schuldner die Steuererklärungen und -anmeldungen abzugeben. Der vorläufige Sachwalter im Schutzschirmverfahren ist kein Vermögensverwalter i.S.d. § 34 Abs. 3 AO und damit auch nicht steuererklärungspflichtig.[1061] Der schwache vorläufige Insolvenzverwalter ist ebenfalls kein Vermögensverwalter, auch wenn er Steuerverbindlichkeiten des Insolvenzschuldners aus dem Steuerschuldverhältnis begründet oder mit dessen Zustimmung solche Steuerverbindlichkeiten begründet werden.[1062] Für diese erklärungspflichtigen Schuldner ist die Frage des Anfechtungsausschlusses bei Steuermasseverbindlichkeiten von großer Bedeutung. Denn ihre Erklärungspflichten

---

Masseverbindlichkeiten zu berücksichtigen, die die Insolvenzmasse aufzehren und dann zur Masseunzulänglichkeit führen.

1057 Vgl. *Schmittmann/Dannemann*, ZIP 2013, 760 (763) mwN aus Rechtsprechung und Literatur.

1058 *Uhländer*, Waza/Uhländer/Schmittmann, Insolvenzen und Steuern, [11]2015, Rn. 483; BMF-Schreiben vom 20.05.2015, IV A 3-S 0550/10/10020-05, BStBl I 2015, 47 Rn. 4.

1059 *Schmittmann/Dannemann*, ZIP 2013, 760 (763) mwN.

1060 Vgl. Finanzgericht Baden-Württemberg, Urteil vom 27. Mai 2009 – 1 K 105/06 –, ZInsO 2009, 1825 (1827 f.) Rn. 29-32.

1061 *Uhländer*, Waza/Uhländer/Schmittmann, Insolvenzen und Steuern, [11]2015, Rn. 484.

1062 *ders.*, Waza/Uhländer/Schmittmann, Insolvenzen und Steuern, [11]2015, Rn. 484.

sind strafbewehrt und die Wirksamkeit einer späteren Selbstanzeige hängt vom Anfechtungsausschluss ab.

2. *Steuermasseverbindlichkeiten im Schutzschirmverfahren*

Das Insolvenzgericht hat im Schutzschirmverfahren auf Antrag gemäß § 270b Abs. 3 InsO anzuordnen, dass der Schuldner im Sinne einer Globalermächtigung Masseverbindlichkeiten begründet.[1063] § 55 Abs. 2 InsO findet entsprechende Anwendung (§ 270b Abs. 3 S. 2 InsO). Erfasst werden demnach rechtsgeschäftliche und gesetzliche Verbindlichkeiten, insbesondere auch Steuern.[1064] Wenn der mit der Befugnis des § 270b Abs. 3 InsO ausgestattete Schuldner im Schutzschirmverfahren begründete Steuern hinterzieht[1065] und im Rahmen einer Selbstanzeige nachzahlt, stellt sich auch für ihn die Frage, ob die Insolvenzanfechtung (mit ihren steuerstrafrechtlichen Folgen) ausgeschlossen ist.

a. *Globalermächtigung für eine erleichterte Betriebsfortführung*

Das OLG Karlsruhe[1066] und die Literatur[1067] sind der Auffassung, dass vom Schuldner im Schutzschirmverfahren begründete Masseverbindlichkeiten grundsätzlich nicht der Insolvenzanfechtung unterliegen. Die Stellung des Schuldners im Schutzschirmverfahren sei mit der Rechtsstellung eines starken vorläufigen Insolvenzverwalters vergleichbar. Der Gesetzgeber habe beabsichtigt, die Betriebsfortführung zu erleichtern. Diese Maßnahme solle Vertrauen der Geschäftspartner in den Schuldner schaffen. Dieses Vertrauen könne nicht erworben werden, wenn der Gläubiger mit einer Anfechtung rechnen müsse, die dazu führen würde, dass er nicht Inhaber einer Masseforderung wäre, sondern möglicherweise lediglich Insolvenzgläubiger. Dies hätte Auswirkungen auf die Bereitschaft der Gläubiger, die Betriebsfortführung im Schutzschirmverfahren zu unterstützen.

1063 HambKomm/*Fiebig*, § 270b InsO Rn. 33; Uhlenbruck/*Zipperer*, § 270b InsO Rn. 69, der erwägt, dem Insolvenzgericht zu erlauben, auch im Schutzschirmverfahren von Amts wegen Beschränkungen auf Einzelermächtigungen vorzunehmen, weil wegen der Vielzahl von Masseverbindlichkeiten eine Masseauszehrung und der Eintritt der Masseunzulänglichkeit droht.

1064 HambKomm/*Fiebig*, § 270b InsO Rn. 33; vgl. auch BGH, Urteil vom 16. Juni 2016 – IX ZR 114/15 –, DStR 2016, 2050 (2051, 2053) Rn. 18, 29.

1065 Abweichend von Abb. 6 findet die Tat während des Eröffnungsverfahrens statt.

1066 OLG Karlsruhe, Urteil vom 14. Juni 2016 – 8 U 44/15 –, ZIP 2016, 1649 (1652).

1067 Uhlenbruck/*Hirte/Ede*, § 129 InsO Rn. 157; *Schmittmann/Dannemann*, ZIP 2013, 760 (763).

In den Gesetzesmaterialien[1068] wird ausdrücklich als Zweck des § 270b Abs. 3 InsO genannt, dass das Vertrauen des Rechtsverkehrs in die Handlungen des zur Begründung der Masseverbindlichkeiten ermächtigten Schuldners gestärkt werden soll. Sie bestätigen insofern die geschilderte Auffassung. Allerdings ist folgendes zu bedenken: Der Steuergläubiger erbringt keine Gegenleistung an die vorläufige Masse, schon gar keine, die für die Betriebsfortführung notwendig wäre. In diesem Sinne ist die Betriebsfortführung auch nicht von der Unterstützung des Fiskus abhängig. Steueransprüche, auch solche gegen die Masse, entstehen kraft Gesetzes. Ihre Begründung ist nicht von einer wie auch immer gearteten Bereitschaft des Fiskus abhängig. Er ist vielmehr Zwangsgläubiger. Es ist also gar nicht nötig, um das Vertrauen des Fiskus zu buhlen. Er zählt deshalb nicht zu dem Personenkreis, der nach dem Sinn und Zweck des § 270b Abs. 3 InsO zu schützen ist. Die Insolvenzanfechtung gegenüber dem Fiskus ist deshalb unter dem Vertrauensschutzaspekt grundsätzlich nicht ausgeschlossen.

Ungeachtet dessen, dass der Steuergläubiger kein für die Betriebsfortführung notwendiger Geschäftspartner ist, begründet der Schuldner auch im Schutzschirmverfahren Steueransprüche stets als Masseverbindlichkeiten.[1069] Nach dem Wortlaut des § 270b Abs. 3 AO hat das Insolvenzgericht ihn mit einer uneingeschränkten Globalermächtigung auszustatten. Da der Steuergläubiger im eröffneten Insolvenzverfahren deshalb ohnehin vollumfänglich vor den Insolvenzgläubigern zu befriedigen wäre, scheitert eine Insolvenzanfechtung grundsätzlich an der fehlenden Gläubigerbenachteiligung. Allerdings erhöht gerade die Globalermächtigung die Wahrscheinlichkeit, dass im eröffneten Verfahren Masseunzulänglichkeit eintritt. Bei Masseunzulänglichkeit erfährt der Steuergläubiger auch im Hinblick auf Steuermasseverbindlichkeiten nach § 270b Abs. 3 InsO keine volle Befriedigung mehr. Er kann als Altmassegläubiger nur noch nachrangige Befriedigung verlangen. Die vorinsolvenzliche Zahlung auf eine solche später als Altmasseverbindlichkeit qualifizierte Steuerschuld ist anfechtbar.

b. Unionskonforme Auslegung des § 270b Abs. 3 InsO

Dem Gemeinsamen Mehrwertsteuersystem wohnt der Neutralitätsgrundsatz inne.[1070] Er ist eine bereichsspezifische Ausprägung des unionsrechtlichen

1068 BT-Drucks. 17/7511, S. 37; vgl. auch BGH, Urteil vom 16. Juni 2016 – IX ZR 114/15 –, DStR 2016, 2050 (2051) Rn. 18.

1069 HambKomm/*Fiebig*, § 270b InsO Rn. 33; vgl. auch BGH, Urteil vom 16. Juni 2016 – IX ZR 114/15 –, DStR 2016, 2050 (2051) Rn. 18.

1070 EuGH, Urteil vom 07. April 2016 – C-546/14 –, *Degano Trasporti*, UR 2016, 448 (451) Rn. 21; EuGH, Urteil vom 16. März 2017 – C-493/15 –, *Identi*, UR 2017, 310

Grundsatzes der Gleichbehandlung und ein systemtragendes Prinzip der harmonisierten Umsatzbesteuerung.[1071] Der Neutralitätsgrundsatz besagt nicht nur, dass die Umsatzbesteuerung den Unternehmer im Ergebnis nicht belasten, aber auch nicht bereichern darf (durchlaufender Posten)[1072]; er beinhalt zudem die Wettbewerbsneutralität der Mehrwertsteuer. Gleichartige und deshalb miteinander in Wettbewerb stehende Waren oder Dienstleistungen dürfen nicht unterschiedlich behandelt werden.[1073] Ein Wettbewerbsnachteil kann durch eine vom Gesetz vorgesehene Nichtbesteuerung von Unternehmen eintreten, die dieselben Leistungen wie besteuerte Unternehmer erbringen.[1074]

Die Wettbewerbsneutralität gebietet insbesondere, dass es für die Besteuerung grundsätzlich keinen Unterschied ausmachen darf, ob die Leistung von einem solventen oder von einem insolventen Unternehmen ausgeführt wird. Ein am Markt weiterhin während des Insolvenzeröffnungsverfahren agierender insolventer Unternehmer darf nicht dadurch einen Wettbewerbsvorteil gegenüber einem solventen Unternehmen erlangen, dass die von ihm in der Krise vereinnahmten Umsatzsteuerbeträge in der Krise zur Auffüllung der Masse verwendet werden, obwohl sie nach der Konzeption der Mehrwertsteuer nur ein durchlaufender Posten sein sollen.[1075]

Vor allem wegen des Verbots, im Wettbewerb stehende Waren oder Dienstleistungen unterschiedlich zu behandeln, ist § 270b Abs. 3 InsO dahingehend unionskonform auszulegen, dass die Insolvenzanfechtung einer Zahlung auf eine Umsatzsteuermasseverbindlichkeit stets ausgeschlossen bleibt. Das Neutralitätsprinzip verlangt, dass der im Eröffnungsverfahren weiterhin am Markt als Eigenverwalter werbend tätige Schuldner nicht dadurch einen Wettbewerbsvorteil gegenüber anderen (solventen) Unternehmern erlangt, dass er Umsatzsteuer im Ergebnis nicht abführt, weil die gezahlten Umsatzsteuerbeträge

---

(311) Rn. 16; vgl. in diesem Sinne auch EuGH, Urteil vom – C-500/10 –, *Belvedere Costruzioni*, UR 2012, 768 (770) Rn. 22; vgl. auch die Begründungserwägungen 5 und 8 der 1. EG-Richtlinie (67/227/EWG vom 11.4.1967, Rz. 59) und zur Mehrwertsteuersystemrichtlinie (Rz. 60).

1071 EuGH, Urteil vom 10. April 2008 – C-309/06 –, *Marks und Spencer*, UR 2008, 592 (597) Rn. 47, 49.

1072 *Seer*, DStR 2016, 1289 (1295).

1073 EuGH, Urteil vom 10. April 2008 – C-309/06 –, *Marks und Spencer*, UR 2008, 592 (597) Rn. 47 ff.; EuGH, Urteil vom 10. November 2011 – C-259/10 und C-260/10 –, *The Rank Group*, UR 2012, 104 Rn. 32; Niedersächsisches Finanzgericht, Urteil vom 16. November 2017 – 11 K 113/17 –, EFG 2018, 417-420 Rn. 33.

1074 Stadie/*Stadie*, Vorbem. Rn. 47.

1075 *Seer*, DStR 2016, 1289 (1295).

durch Insolvenzanfechtung in das Unternehmensvermögen (Insolvenzmasse) zurückgelangen. Ansonsten wäre die Umsatzsteuer für den Unternehmer kein durchlaufender Posten und würde systemwidrig im Unternehmensvermögen (Insolvenzmasse) verbleiben.[1076]

3. *Steuermasseverbindlichkeiten nach § 55 Abs. 4 InsO*

Die durch den schwachen vorläufigen Insolvenzverwalter oder mit dessen Zustimmung begründeten Steuerverbindlichkeiten sind bei späterer Verfahrenseröffnung nach § 55 Abs. 4 InsO Masseverbindlichkeiten.[1077] Deren Erfüllung unterliegt deshalb nicht der Insolvenzanfechtung.[1078] Der Schutzzweck der Norm gebietet hier anders als bei § 270b Abs. 3 InsO keine andere Bewertung. Der Steuergläubiger ist nicht nur in den Schutzbereich des § 55 Abs. 4 InsO einbezogen. Die Norm schützt sogar ausschließlich den Fiskus.[1079] Bei § 270b Abs. 3 InsO gehören gesetzliche Zwangsgläubiger wie der Fiskus dagegen gar nicht zum geschützten Personenkreis. Deshalb sind die abweichenden Auslegungen auch sachgerecht. Im Bereich der Umsatzsteuer verwirklicht der Anfechtungsausschluss nebenbei auch das o.g. umsatzsteuerliche Neutralitätsprinzip. Der Umsatzsteuerbetrag bleibt nicht umsatzsteuersystemwidrig im Unternehmensvermögen (Insolvenzmasse) „hängen".

Hinterzieht der im Eröffnungsverfahren noch erklärungspflichtige Schuldner Steueransprüche, die § 55 Abs. 4 InsO unterfallen[1080], gilt für eine anschließende Selbstanzeige nach alledem folgendes: Liefert der Schuldner die

---

1076 Vgl. zur ähnlichen Problematik bei der Doppelberichtigungsrechtsprechung des BFH zu § 17 UStG *ders.*, DStR 2016, 1289 (1295).

1077 Auf die vorläufige Eigenverwaltung (§§ 270, 270a InsO) ist § 55 Abs. 4 InsO nicht analog anwendbar, Thüringer Oberlandesgericht, Urteil vom 22. Juni 2016 – 7 U 753/15 –, ZIP 2016, 1741; Uhlenbruck/*Sinz*, § 55 InsO Rn. 110; *Hobelsberger*, DStR 2013, 2545 (2547 f.); ausführlich *Harder*, NZI 2016, 867 ff.

1078 Uhlenbruck/*Hirte/Ede*, § 129 InsO Rn. 148; *a.A. Roth*, ZInsO 2011, 1779 ff., der einen Vertrauenstatbestand ablehnt, dabei aber verkennt, dass auch eine gesetzliche Regelung ein schützenswertes Vertrauen hervorrufen kann.

1079 Der – fiskalische – Zweck des § 55 Abs. 4 InsO besteht darin, „zusätzliche Einnahmequellen für den Fiskus in Insolvenzverfahren" zu erschließen, BT-Drucks. 17/3030, S. 42. Weil nur der Fiskus von § 55 Abs. 4 InsO profitiert, wird die Norm im Schrifttum teilweise als Fiskusprivileg eingestuft, Uhlenbruck/*Sinz*, § 55 InsO Rn. 105 mwN.

1080 Abweichend von Abb. 6 findet die Tat in diesem Fall während des Eröffnungsverfahrens statt.

Besteuerungsgrundlagen nach und zahlt er die hinterzogene Steuer noch im Eröffnungsverfahren nach, besteht kein Anfechtungsrisiko. Die Selbstanzeige ist wirksam.

III. Zwischenergebnis zu D.

Auf Steuernachzahlungen im Eröffnungsverfahren sind die §§ 129 ff. InsO anwendbar. Ficht der Insolvenzverwalter oder Sachwalter (§ 280 InsO) die Zahlung später an, ist die Selbstanzeige mangels nachhaltiger Steuerentrichtung unwirksam. Allerdings ist der insolvente Steuerhinterzieher davor geschützt, wenn Gegenstand der Hinterziehung eine Steuermasseverbindlichkeit (Steuerforderung gegen die Insolvenzmasse) gewesen ist. Grundsätzlich ist nämlich die Insolvenzanfechtung von Zahlungen ausgeschlossen, die im Eröffnungsverfahren zur Tilgung (späterer) Masseverbindlichkeiten vorgenommen werden. Dieser Anfechtungsausschluss erfasst Zahlungen auf Steuermasseverbindlichkeiten nach § 55 Abs. 4 InsO. Er erstreckt sich auch auf Zahlungen auf Steuermasseverbindlichkeiten nach § 270b Abs. 3 InsO, es sei denn, im eröffneten Insolvenzverfahren tritt Masseunzulänglichkeit ein. Die Insolvenzanfechtung von Steuerzahlungen, die auf nach § 270b Abs. 3 InsO begründete Umsatzsteuermasseverbindlichkeiten geleistet werden, ist stets ausgeschlossen.

E. Selbstanzeige in Konfliktsituationen

I. Später angefochtene Steuernachzahlung

Zeigt sich der Steuerpflichtige in einer Konfliktsituation hinsichtlich des vorangegangenen Besteuerungszeitraums selbst an und zahlt er die Steuer im Eröffnungsverfahren nach, führt auch hier allein die erfolgreiche Insolvenzanfechtung der Steuernachzahlung nicht zur Unwirksamkeit der Selbstanzeige. Der Nemo-tenetur-Grundsatz wirkt sich hier in derselben Weise auf die Auslegung der §§ 371, 398a AO wie in der Krise vor dem Eröffnungsantrag aus.[1081]

Die spätere Anfechtung einer im Stadium des Eröffnungsverfahrens geleisteten Steuernachzahlung ist sehr wahrscheinlich und sogar dadurch steuerbar, dass der Schuldner oder der vorläufige Insolvenzverwalter die Finanzbehörde über den Eröffnungsantrag unterrichtet. Dennoch liegt kein Missbrauch des Rechtsinstituts der Selbstanzeige vor. Der Nemo-tenetur-Grundsatz überlagert in gleicher Weise die anderen Selbstanzeigezwecke, wie das bei einer Zahlung

1081 Vgl. unter zweiter Teil C. II. 2.

vor dem Eröffnungsantrag der Fall ist. Derjenige Steuerpflichtige, der im Eröffnungsverfahren in einer Konfliktsituation ist oder in eine solche gerät, genießt den gleichen verfassungsrechtlich verankerten Schutz vor erzwungenen Selbstbezichtigungen wie vor dem Insolvenzantrag. Es sind auch keine spezifisch insolvenzrechtlichen Gründe ersichtlich, die eine weitere Einschränkung des Grundrechts in dieser Phase gebieten würden. Abgesehen davon ist eine spätere Anfechtung genauso sicher vorhersehbar und steuerbar, wenn die Finanzbehörde vor dem Eröffnungsantrag über die Zahlungsunfähigkeit des Steuerpflichtigen in Kenntnis gesetzt wird.

II. Verlust der Verfügungsbefugnis

Verliert der Schuldner im Eröffnungsverfahren seine alleinige Verfügungsbefugnis über sein Vermögen (z.B. bei insolvenzgerichtlicher Anordnung eines allgemeinen Verfügungsverbots oder bei Bestellung eines vorläufigen Insolvenzverwalters mit Zustimmungsvorbehalt), scheidet die Konfliktlösung durch Selbstanzeige als Konfliktlösungsinstrument aus, weil der Schuldner nicht einmal in der Lage ist, eine nicht nachhaltige Steuernachzahlung vorzunehmen.[1082]

Der Steuerhinterzieher, der sich in einer Konfliktsituation befindet und die Verfügungsbefugnis über sein Vermögen verloren hat, ist mit dem mittellosen Steuerhinterzieher in einer Konfliktsituation vergleichbar. Beide sind gezwungen, eine wahrheitsgemäße und vollständige Steuererklärung abzugeben und sich dadurch selbst strafrechtlich wegen eines vorangegangenen Besteuerungszeitraums zu belasten. Das Nemo-tenetur-Prinzip gebietet für beide eine Konfliktlösung. Die Selbstanzeige scheidet für beide insofern aus, als sie beide die Steuer nicht nachzahlen können. Dass das Unvermögen einmal auf tatsächlichen (Mittellosigkeit) und einmal auf rechtlichen Gründen (Verlust der Verfügungsbefugnis) beruht, rechtfertigt keine unterschiedliche Behandlung. Für den Steuerhinterzieher ohne Verfügungsbefugnis greift deshalb wie bei dem mittellosen Steuerhinterzieher ein Beweisverwendungsverbot nach § 97 Abs. 1 S. 3 InsO analog ein.[1083]

Im Ergebnis dürfen die Angaben, die ein Schuldner in der Steuererklärung für den nachfolgenden Besteuerungszeitraum (VZ 02) macht und ihn im Hinblick auf den vorangegangenen Besteuerungszeitraum (VZ 01) belasten, strafrechtlich nicht verwendet werden.

1082 Vgl. unter vierter Teil C. I.

1083 Vgl. zweiter Teil C. III. 2. d.

III. Massesicherungspflicht in der vorläufigen Eigenverwaltung

Der vorläufige Eigenverwalter hat die Masse zu sichern. Im Innenverhältnis gegenüber der Gläubigergesamtheit darf er die hinterzogene Steuer und ggfs. auch den Zuschlag nicht zahlen. Nach außen hat er jedoch die Verfügungsmacht und ist rechtlich grundsätzlich zu wirksamen Zahlungen in der Lage.

Die Zahlung (genauer die Erfüllungszweckbestimmung) ist aber unwirksam, wenn sie evident insolvenzzweckwidrig ist.[1084] Ist die Insolvenzzweckwidrigkeit der Steuer- und ggfs. auch der Zuschlagszahlung zu bejahen, liegt regelmäßig auch die Evidenz vor. Die informierte und sachkundige Finanzbehörde kann in der Regel den Verstoß gegen die Masseerhaltungspflicht erkennen.[1085] Wenn es wegen einer evidenten Insolvenzzweckwidrigkeit am rechtlichen Können fehlt, ist die Situation im Ergebnis nicht anders als beim Verlust der alleinigen Verfügungsbefugnis. Es greift in Konfliktsituationen ein Beweisverwendungsverbot nach § 97 Abs. 1 S. 3 InsO analog[1086], das die Angaben in der Steuererklärung für den VZ 02 betrifft.

Ist die Insolvenzzweckwidrigkeit ausnahmsweise nicht evident, mangelt es dem vorläufigen Eigenverwalter nur am rechtlichen Dürfen. In einem solchen Fall ist dem Grundsatz der Einheit der Rechtsordnung und dem Verhältnismäßigkeitsgrundsatz Rechnung zu tragen. Eine insolvenzrechtlich verbotene Steuer- und ggfs. Zuschlagszahlung, die im Rahmen einer Selbstanzeige vorgenommen wird, kann nicht der allein zulässige Ausweg aus der Konfliktsituation sein. Es ist nicht zumutbar, den eigenverwaltenden Steuerhinterzieher allein auf die Selbstanzeige zu verweisen. Denn bei einer insolvenzzweckwidrigen Zahlung droht die Aufhebung der vorläufigen Eigenverwaltung (vgl. § 270a Abs. 1 S. 2 i.V.m. § 274 Abs. 2 und 3 InsO). Im Rahmen der Verhältnismäßigkeit im engeren Sinne fällt zudem das Interesse der Gläubiger am Masseerhalt ins Gewicht, das der eigenverwaltende Schuldner mit der Steuer- und mit der Zuschlagzahlung beeinträchtigen würde. Anstatt sich selbst anzuzeigen, hat der eigenverwaltende Schuldner in Konfliktsituationen deshalb die Möglichkeit, sich auf ein Beweisverwendungsverbot nach § 97 Abs. 1 S. 3 InsO analog im Hinblick auf den nachfolgenden Besteuerungszeitraum (VZ 02) zu berufen.

1084 Siehe unter vierter Teil C. II.

1085 Siehe unter vierter Teil C. II.

1086 § 97 InsO gilt auch in der vorläufigen Eigenverwaltung, in direkter Anwendung im Verhältnis des Schuldners zum Insolvenzgericht, zum Sachwalter und zu einem möglichen vorläufigen Gläubigerausschuss, vgl. § 274 Abs. 2 S. 2, § 22 Abs. 3 S. 3 a.E. InsO.

Für eine Aufweichung des Zahlungsverbots durch eine einschränkende Auslegung der Masseerhaltungspflicht gibt es keinen Raum. Das gibt schon der Wortlaut des § 22 Abs. 1 Nr. 1 InsO, der auf den vorläufigen Eigenverwalter entsprechend anzuwenden ist[1087], nicht her. Die strafrechtliche Selbstbelastungsfreiheit ist außerdem kein Zweck des § 22 Abs. 1 Nr. 1 InsO und vermag deshalb auch eine teleologische Reduktion dieser Norm nicht zu rechtfertigen. Insofern unterscheidet sich diese insolvenzrechtliche Norm von den §§ 371, 398a AO, bei denen der Nemo-tenetur-Grundsatz die unerreichten Selbstanzeigezwecke in Konfliktsituationen überlagert.[1088]

F. Akzessorietät der Steuernachentrichtung zum strafbefangenen Steueranspruch

Die Nachentrichtungsobliegenheit ist akzessorisch zum strafbefangenen Steueranspruch.[1089] Wird die strafbefangene Steuerschuld schon im Eröffnungsverfahren materiell-rechtlich hinfällig, entfällt deshalb auch bereits in diesem Stadium die Nachentrichtungsobliegenheit.

Die Uneinbringlichkeit des vereinbarten Entgelts nach § 17 Abs. 2 Nr. 1 S. 1 InsO ist ein solcher Fall des Hinfälligwerdens.[1090] Eine Uneinbringlichkeit aus rechtlichen Gründen tritt nach der BFH-Rechtsprechung[1091] und Verwaltungsauffassung[1092] bereits im Eröffnungsverfahren ein, wenn das Insolvenzgericht ein Forderungseinzugsrecht des vorläufigen Insolvenzverwalters anordnet. Das gilt ungeachtet der Tatsache, dass der Umsatzsteueranspruch bei späterer

---

1087 Siehe unter vierter Teil C. II.

1088 Siehe unter zweiter Teil C. II. 2.

1089 HHSP/*Beckemper*, August 2015, § 371 AO Rn. 92; Kohlmann/*Schauf*, Mai 2018, § 371 AO Rn. 401; Schwarz/Pahlke/*Webel*, November 2015, § 371 AO Rn. 333 f.; vgl. auch RG, Urteil vom 04. Januar 1927 – I 612/26 –, RGSt. 61, 115 (118); Rolletschke/Kemper, Steuerstrafrecht/*Kemper*, Oktober 2017, § 371 AO Rn. 400; JJR/*Joecks*, § 371 AO Rn. 176; siehe auch unter zweiter Teil A. I. 3. c. cc. (3) und unter dritter Teil A. II. 2. d.

1090 Siehe unter dritter Teil A. II. 2. d. aa.

1091 BFH, Urteil vom 24. September 2014 – V R 48/13 –, BStBl. II 2015, 506 (511) Rn. 25 ff.

1092 BMF-Schreiben vom 20.05.2015, IV A 3-S 0550/10/10020-05, Rn. 13 ff, wonach der Eintritt der Uneinbringlichkeit auch auf den vorläufigen Insolvenzverwalter mit Kassenführungsbefugnis und den vorläufigen Insolvenzverwalter mit allgemeinem Zustimmungsvorbehalt ohne ausdrücklichem Recht zum Forderungseinzug auszudehnen ist; siehe auch dritter Teil A. II. 2. d. aa. (2).

Vereinnahmung in einem anderen Unternehmensteil und regelmäßig auch in einem anderen VAZ neu entsteht.

Ist die Nachentrichtungsobliegenheit an einen Steueranspruch geknüpft, der unter § 55 Abs. 4 InsO fällt[1093], kann auf ihre Erfüllung im Eröffnungsverfahren noch nicht verzichtet werden: Die Nachentrichtungsobliegenheit ist akzessorisch zum vorinsolvenzrechtlichen Unternehmensteil.[1094] Die Umsatzsteuerforderung wechselt jedoch erst ex nunc[1095] mit Eröffnung des Insolvenzverfahrens in den Unternehmensteil Insolvenzmasse; vorher ist sie weiter dem vorinsolvenzrechtlichen Unternehmensteil zuzuordnen. Die Maßgeblichkeit des Eröffnungszeitpunktes ergibt sich bereits aus dem Wortlaut des § 55 Abs. 4 InsO („gelten *nach* Eröffnung des Insolvenzverfahrens"). Für den insolventen Steuerhinterzieher ist es daher taktisch sinnvoll, die Materiallieferung nach § 371 Abs. 1 AO (bzw. nach § 398a Abs. 1 AO) erst kurz vor Eröffnung des Insolvenzverfahrens vorzunehmen, um dann nach Verfahrenseröffnung einer Nachentrichtungsobliegenheit zu entgehen.

Fazit: Wird die strafbefangene Umsatzsteuerschuld im Eröffnungsverfahren aus rechtlichen Gründen uneinbringlich (z.B. wegen eines angeordneten Forderungseinzugsrechts des vorläufigen Insolvenzverwalters bei Soll-Versteuerung), ist eine wirksame Selbstanzeige des insolventen Steuerhinterziehers schon im Eröffnungsverfahren nachentrichtungslos möglich. Fällt die strafbefangene Steuerschuld unter § 55 Abs. 4 InsO, ist dagegen für eine wirksame Selbstanzeige im Eröffnungsverfahren noch die Steuernachentrichtung erforderlich.

1093 Vereinnahmt im Fall der Soll-Versteuerung ein empfangszuständiger vorläufiger Insolvenzverwalter schon während des Eröffnungsverfahrens das Entgelt, fällt der Steueranspruch nach § 17 Abs. 1 S. 2 UStG zwar auch unter § 55 Abs. 4 InsO, der Steueranspruch war aber „zwischendurch" wegen rechtlicher Uneinbringlichkeit hinfällig (§ 17 Abs. 2 Nr. 1 S. 1 UStG).

1094 Siehe dritter Teil A. II. 2. d. bb. (2).

1095 Vgl. Uhlenbruck/*Sinz*, § 55 InsO Rn. 145.

Abschließende Betrachtung

A. Zusammenfassung der wesentlichen Ergebnisse

Zweiter Teil Abschnitt A (Selbstanzeigen mittelloser Selbstanzeiger):
Mittellosigkeit und Mittelknappheit sind begrifflich wie rechtlich von der insolvenzrechtlichen Zahlungsunfähigkeit zu unterscheiden. Während § 17 Abs. 2 InsO sämtliche fälligen Verbindlichkeiten des Schuldners in den Blick nimmt, ist mit der Mittellosigkeit bzw. der Mittelknappheit das Unvermögen des Schuldners gemeint, die fälligen Forderungen *eines* Gläubigers (Fiskus) vollständig zu tilgen.

Auch der mittellose Steuerhinterzieher hat in der Regel die hinterzogene Steuer verzinst nachzuentrichten, um die Strafbefreiung nach § 371 AO zu erlangen. Ihm ist damit der Weg über die strafbefreiende Selbstanzeige weitgehend verbaut. Eine Ausnahme besteht jedoch im Fall einer späteren Berichtigung der Umsatzsteuerschuld nach § 17 UStG. Die Nachentrichtungsobliegenheit ist insofern nach Sinn und Zweck des § 371 Abs. 3 AO einzuschränken. In dem Regelfall, dass die Nachentrichtungsobliegenheit fortbesteht, kommt eine strafmildernde Berücksichtigung der anfänglichen Mittellosigkeit des Steuerhinterziehers im Rahmen der Strafzumessung in Betracht. Eine Strafmilderung ist jedoch insoweit ausgeschlossen, als der Steuerhinterzieher die hinterzogenen Steuerbeträge treuhänderisch für den Fiskus zu verwalten hatte.

Die Steuernachentrichtungs- und auch die Zuschlagszahlungsobliegenheit des § 398a AO treffen auch den mittellosen Selbstanzeiger. Auch wenn die Anwendung des § 398a AO daran scheitert, dass der Selbstanzeiger den Strafzuschlag nicht aufbringt, er aber die hinterzogene Steuer verzinst nachentrichtet, kann dieses Nachtatverhalten strafmildernd im Rahmen der Strafzumessung Berücksichtigung finden. Kommt ein an der Zuschlagszahlung scheiternder Selbstanzeiger dadurch in Not, dass er sein gesamtes Restvermögen für die verzinste Steuernachentrichtung eingesetzt hat, kommt eine Strafmilderung nach § 49 Abs. 1 StGB bzw. sogar ein Absehen von Strafe gemäß § 46a Nr. 2 StGB in Betracht.

Zweiter Teil Abschnitt B (Selbstanzeigen insolvenzreifer Steuerhinterzieher):
Die strafbewehrten Steuererklärungspflichten bestehen in der materiellen Insolvenz des Steuerpflichtigen fort. Insolvenzreife natürliche Personen sind in diesem Stadium grundsätzlich noch nicht verpflichtet, ihre Gläubiger gleichmäßig zu befriedigen.

In der Krise ist die Nachentrichtungsobliegenheit des Selbstanzeigers (§§ 371 Abs. 3, 398a Abs. 1 Nr. 1 AO) nicht dispensiert. Insbesondere Zahlungsunfähigkeit (§ 17 Abs. 2 InsO) lässt die Obliegenheit nicht entfallen. Das gilt auch dann, wenn der Steuerhinterzieher zwar über hinreichende Liquidität für die hinterzogene Steuer, aber eben nicht für alle fälligen Forderungen verfügt. Auch wenn der Hinterzieher schon bei Tatvollendung insolvenzreif ist, hinterzieht er zu seinen eigenen Gunsten i.S.d. § 371 Abs. 3 AO. Das gilt selbst dann, wenn man sein Vermögen in diesem Stadium bereits der Gläubigergesamtheit haftungsrechtlich zuweisen wollte. Er zieht aus seiner in der Krise vollendeten Tat sowohl einen steuerlichen als auch einen wirtschaftlichen Vorteil. Seit der Änderung des § 371 Abs. 3 AO durch das SchwarzGBekG 2011 ist dem Selbstanzeiger die Möglichkeit verbaut, in dem Umfang straffrei zu werden, wie er die Steuer entrichtet. Die Option, gleichmäßige (und dadurch anfechtungsfeste) Teilzahlungen auf alle fälligen Forderungen einschließlich des strafbefangenen Steueranspruchs vorzunehmen, besteht damit de lege lata nicht.

Eine Selbstanzeige nach § 371 AO führt zur Straffreiheit. Ficht der Insolvenzverwalter die (verzinste) Steuernachzahlung des Selbstanzeigers erfolgreich an, ist die Selbstanzeige jedoch nicht wirksam. Denn die Steuer ist nur dann „entrichtet", wenn die Zahlung nachhaltig ist. Die Strafverfolgungsbehörde kann ein nach § 170 Abs. 2 StPO eingestelltes Strafverfahren wiederaufnehmen.

Mit einer wirksamen Selbstanzeige nach § 398a AO erlangt der Selbstanzeiger keine Straffreiheit, sondern erwirkt ein prozessuales Strafverfolgungshindernis. Ficht der Insolvenzverwalter allein die Zuschlagszahlung an, beeinträchtigt das nicht die Wirksamkeit der Selbstanzeige. Wird hingegen (auch) die verzinste Steuernachzahlung nach § 398a Abs. 1 Nr. 1 AO angefochten, ist die hinterzogene Steuer wiederum nicht „entrichtet" und es entsteht kein Strafverfolgungshindernis. Wusste die Strafverfolgungsbehörde bei Einstellung des Strafverfahrens, dass die Steuernachzahlung anfechtbar ist, insbesondere dass sie die übrigen Gläubiger des Selbstanzeigers benachteiligt hat, ist die Wiederaufnahme gemäß § 398a Abs. 3 AO ausgeschlossen (Wiederaufnahmesperre).

Ein gezahlter Strafzuschlag nach § 398a Abs. 1 Nr. 2 AO ist, selbst wenn der Insolvenzverwalter ihn erfolgreich angefochten hat, nach Wiederaufnahme des Strafverfahrens auf die später verhängte Geld- und auch Freiheitsstrafe vollständig anzurechnen. Ein Strafverfahren wegen Mehrwertsteuerhinterziehung ist wegen Art. 50 EU-GR Charta wieder einzustellen, wenn die Zuschlagshöhe die Höhe der Geldstrafe übersteigen würde. Verhängt ein Strafgericht nach einer Wiederaufnahme eine Freiheitsstrafe, ist die Zuschlagszahlung im Rahmen der

Strafzumessung angemessen zu berücksichtigen, wobei die Schärfe von Zuschlag und Freiheitsstrafe insgesamt die Schwere der Steuerhinterziehung nicht übersteigen darf.

Wird ein Strafverfahren nach einer an der Anfechtung gescheiterten Selbstanzeige wieder aufgenommen, kann sich das Nachtatverhalten des Steuerhinterziehers, das er im Zuge der verunglückten Selbstanzeige an den Tag gelegt hat, im Rahmen der Strafzumessung (§ 46 StGB) strafmildernd auswirken.

Scheitert eine wirksame Selbstanzeige nur an der Anfechtung der verzinsten Steuernachzahlung, würde die Vollstreckung einer Ersatzfreiheitsstrafe anstelle einer verhängten Geldstrafe gegen das Übermaßverbot verstoßen. Das Gericht hat dann wegen einer unbilligen Härte i.S.d. verfassungskonform ausgelegten § 459f StPO anzuordnen, dass die Vollstreckung der Ersatzfreiheitsstrafe gegen den Zahlungsunfähigen im Insolvenzverfahren zu unterbleiben hat.

Zweiter Teil Abschnitt C (Vereinbarkeit mit dem Verbot des Zwangs zur Selbstbelastung):

Das Dilemma, in dem sich der Steuerpflichtige befindet, wenn er sich mit einer wahrheitsgemäßen und vollständigen Steuererklärung im Hinblick auf eine frühere Steuerstraftat selbst belasten würde, kann er selbst dann mit einer Selbstanzeige auflösen, wenn die gebotene Steuernachzahlung anfechtbar ist. Die Selbstanzeigevorschriften sind verfassungskonform auszulegen. „Entrichtet" im Sinne der §§ 371, 398a AO sind die hinterzogenen Steuern demnach dann, wenn der Selbstanzeiger nachhaltig oder in der Situation eines Selbstbelastungszwangs zahlt. Auch wenn man den Begriff des Entrichtens in dieser Weise weit auslegt, bleibt die Selbstanzeige nach § 398a AO als alleiniger Lösungsansatz in Konfliktsituationen unverhältnismäßig, weil sie zusätzlich eine Zuschlagszahlung als strafähnliche bzw. strafersetzende Sanktion voraussetzt. Deshalb darf der insolvenzreife Steuerpflichtige sein Dilemma statt durch Selbstanzeige auch dadurch lösen, dass er sich auf ein strafrechtliches Beweisverwendungsverbot gemäß § 97 Abs. 1 S. 3 InsO analog beruft, das sich auf die selbstbelastenden Angaben in der Steuererklärung bezieht (Wahlrecht). Dieses Wahlrecht ist de lege lata auch im Anwendungsbereich des § 371 AO für den Fall einzuräumen, dass in den betreffenden Verzinsungszeiträumen der gesetzliche Steuerzins (§ 238 AO) gemessen am verfestigten Marktzinsniveau so realitätsfern ist, dass er die Schwelle zur sanktionierenden Wirkung überschreitet.

Für mittellose Steuerpflichtige oder solche mit knappen Mitteln ist eine Selbstanzeige nach den §§ 371, 398a AO in der Regel kein Ausweg aus Konfliktsituationen, weil sie die gebotenen Zahlungen nicht aufbringen können.

Den Schutz des Nemo-tenetur-Prinzips gewährleistet statt der Selbstanzeige das strafrechtliche Beweisverwendungsverbot nach § 97 Abs. 1 S. 3 InsO analog, das die Angaben des Steuerpflichtigen aus der Steuererklärung für den nachfolgenden Besteuerungszeitraum erfasst.

Dritter Teil Abschnitt A (Die Selbstanzeige im Insolvenzverfahren – Fremdverwaltung):
Für die Selbstanzeige im eröffneten Insolvenzverfahren gilt, dass der insolvente Steuerhinterzieher die gebotene Materiallieferung vorzunehmen hat, obschon die Steuererklärungspflichten für die Dauer des Insolvenzverfahrens auf den Insolvenzverwalter übergehen. Für eine ordnungsgemäße Materiallieferung ist im eröffneten Insolvenzverfahren maßgeblich, ob die Finanzbehörde mit den nachgelieferten Besteuerungsgrundlagen ohne langwierige Nachforschungen den Sachverhalt vollends aufklären und den Steueranspruch ordnungsgemäß zur Insolvenztabelle anmelden kann.

Der Insolvenzverwalter hat die für das Insolvenzverfahren relevanten Unterlagen in Besitz zu nehmen. Der insolvente Steuerhinterzieher ist deshalb bei komplexen Vorgängen nicht immer in der Lage, ohne Mithilfe des Insolvenzverwalters die strengen Anforderungen an die Materiallieferung zu erfüllen. Das Problem wird gelöst, wenn der Insolvenzverwalter der Finanzbehörde eine Mitteilung macht, die dem insolventen Steuerhinterzieher zugerechnet werden kann und inhaltlich den Anforderungen an eine Materiallieferung genügt. Das ist der Fall, wenn der insolvente Steuerhinterzieher die Steuererklärung oder eine inhaltlich hinreichende Berichtigung, die der Insolvenzverwalter sowieso plant, mitveranlasst. Die Unabhängigkeit des Insolvenzverwalters wird dadurch nicht beeinträchtigt. Ist der Insolvenzverwalter weder verpflichtet noch bereit, eine solche Mitteilung zu machen, kann sich der insolvente Steuerhinterzieher das notwendige Material vom Insolvenzverwalter beschaffen. Er hat einen Anspruch auf Zugangsgewährung. Die beabsichtigte Selbstanzeige begründet für ihn das hierfür notwendige besondere Informationsbedürfnis.

Begeht der Schuldner eine Steuerhinterziehung nach Eröffnung des Insolvenzverfahrens, profitieren seine Gläubiger von der dadurch angereicherten Insolvenzmasse. Weil es an der Eigennützigkeit der Tat fehlt, ist für ihn eine nachentrichtungslose Selbstanzeige möglich. Hat die Steuerverkürzung hingegen schon vor Verfahrenseröffnung stattgefunden, gelten die folgenden Grundsätze: Der insolvente Steuerhinterzieher kann und der Insolvenzverwalter darf nach Eröffnung des Insolvenzverfahrens auf die strafbefangene Steuerinsolvenzforderung keine Zahlung aus dem Schuldnervermögen (Insolvenzmasse) leisten. Regelmäßig ist dem insolventen Steuerhinterzieher damit der Weg über die Selbstanzeige verbaut. Ausnahmsweise ist jedoch im eröffneten Insolvenzverfahren eine nachentrichtungslose Selbstanzeige möglich, wenn der Steueranspruch hinfällig ist. Eine Aufrechnung kann den strafbefangenen Steueranspruch zum Erlöschen bringen und so auch die Nachentrichtungsobliegenheit entfallen lassen, soweit kein Aufrechnungsausschluss (§§ 95, 96 InsO) vorliegt. Darüber hinaus kann die Nachentrichtungsobliegenheit entfallen, weil sie akzessorisch zur materiellen Steuerschuld ist. So kann ein Umsatzsteueranspruch (Soll-Besteuerung) nach den Grundsätzen der Doppelberichtigungsrechtsprechung des BFH durch Maßnahmen des Insolvenzgerichts in rechtlicher Hinsicht uneinbringlich (§ 17 Abs. 2 UStG) werden. Zu nennen sind insb. der Eröffnungsbeschluss und die vorherige Anordnung eines Zustimmungsvorbehalts und/oder eines Forderungseinzugsrechts für einen vorläufigen Insolvenzverwalter. Der Umsatzsteueranspruch wird dabei ungeachtet dessen hinfällig, dass er in einem anderen VAZ als Masseverbindlichkeit neu entstehen kann.

Die Nachentrichtungsobliegenheit entfällt außerdem mit Eröffnung des Insolvenzverfahrens, wenn der Schuldner im Eröffnungsverfahren Steuern hinterzogen hat und der strafbefangene Steueranspruch eine aufschiebend bedingte Masseverbindlichkeit i.S.d. § 55 Abs. 4 InsO darstellt. Das beruht auf der konsequenten Anwendung des Grundsatzes, dass die Unternehmenseinheit zwar auch in der formellen Insolvenz weiterbesteht, sich das Unternehmen aber in eigenständige Unternehmensteile aufspaltet. Die § 55 Abs. 4 InsO unterfallenden Umsatzsteueransprüche des Steuergläubigers sind mit Verfahrenseröffnung ex nunc im vorinsolvenzrechtlichen Unternehmensteil hinfällig. Der verschwiegene materiell-rechtliche Steueranspruch richtet sich nicht (mehr) gegen den vorinsolvenzrechtlichen Unternehmensteil, sondern gegen den Unternehmensteil Masse. Die Umsatzsteuer ist nunmehr gegen diesen Unternehmensteil festzusetzen. Die strafbewehrten Mitwirkungspflichten treffen insoweit den Insolvenzverwalter. Die Nachentrichtungsobliegenheit ist im Ergebnis nicht nur akzessorisch zum materiell-rechtlichen Bestand des Steueranspruchs, sondern auch zum Unternehmensteil, in dem der Steueranspruch ursprünglich begründet wurde.

Die Selbstanzeige nach § 398a AO erfordert auch nach Eröffnung des Insolvenzverfahrens stets die Zahlung des Strafzuschlags. Insbesondere ist die gebotene Zuschlagszahlung anders als die Nachentrichtungsobliegenheit nicht akzessorisch zum Fortbestand der strafbefangenen Steuerschuld. Abgesehen davon hat es keinen Einfluss auf das einmal verwirkte Unrecht und den Sanktionszweck des Strafzuschlags, ob der strafbefangene Steueranspruch nachträglich erlischt oder auf andere Weise hinfällig wird.

Dritter Teil Abschnitt B (Die Selbstanzeige im Insolvenzverfahren – Eigenverwaltung): Der insolvente Steuerhinterzieher hat auch in der Eigenverwaltung die Materiallieferung und grundsätzlich auch die Steuernachzahlung (sowie ggfs. auch die Zuschlagszahlung) zu leisten, um eine wirksame Selbstanzeige vorzunehmen. Als eigenverwaltender Schuldner übt er seine Befugnisse nicht aufgrund seiner Privatautonomie aus. Er agiert vielmehr als Amtswalter. Deshalb hat er wie ein Insolvenzverwalter das insolvenzrechtliche Pflichtenprogramm zu erfüllen. Zu den Pflichten zählt insbesondere, dass er einzelnen Gläubigern keine Sondervorteile verschaffen darf. Zahlungen des Eigenverwalters im Rahmen einer Selbstanzeige sind deshalb grundsätzlich insolvenzzweckwidrig und im Außenverhältnis zur Finanzbehörde regelmäßig unwirksam. Ausnahmsweise sind solche Zahlungen dann nicht insolvenzzweckwidrig, wenn im konkreten Insolvenzverfahren der Weg der Unternehmenssanierung eingeschlagen worden ist und ohne wirksame Selbstanzeige dieses Ziel gefährdet wäre. Letzteres ist der Fall, wenn dem Eigenverwalter ernsthaft eine Haftstrafe droht und deren Vollzug seine Unternehmensleitung und dadurch auch die Sanierung ernsthaft gefährden würde. Von einem vorrangigen Sanierungsziel ist insbesondere dann auszugehen, wenn der Eigenverwaltung ein Schutzschirmverfahren vorgeschaltet gewesen war.

Vierter Teil (Die Selbstanzeige im Eröffnungsverfahren):

I. Die Möglichkeiten des insolventen Steuerhinterziehers, im Eröffnungsverfahren eine wirksame Selbstanzeige zu erstatten, hängen von den Anordnungen des Insolvenzgerichts ab. Grundsätzlich trifft ihn im Eröffnungsverfahren kein insolvenzrechtliches Pflichtenprogramm. Nur in der vorläufigen Eigenverwaltung hat er die Pflicht, die Masse zu sichern und zu erhalten. Sieht das Insolvenzgericht von der Anordnung eines allgemeinen Verfügungsverbots ab, bestehen für ihn im Eröffnungsverfahren die strafbewehrten Steuererklärungspflichten fort.

II. Bei der Materiallieferung gibt es im Eröffnungsverfahren grundsätzlich keine Besonderheiten. Hat der vorläufige Insolvenzverwalter die Unterlagen nach einer Anordnung des Insolvenzgerichts in Besitz genommen, gelten die Grundsätze und Ansprüche aus dem eröffneten Insolvenzverfahren entsprechend (zurechenbare Mitveranlassung der Materiallieferung, Anspruch auf Zugangsgewährung).

III. Ein vorläufiger Insolvenzverwalter darf aufgrund seiner originären Massesicherungspflicht grundsätzlich nicht an Zahlungen mitwirken, die im Rahmen der Selbstanzeige geboten sind. Der insolvente Steuerhinterzieher selbst ist nur dann privatautonom zu diesen Zahlungen in der Lage, wenn das Insolvenzgericht einen schwachen vorläufigen Insolvenzverwalter ohne Zustimmungsvorbehalt bestellt. In der vorläufigen Eigenverwaltung soll der Schuldner regelmäßig die Befugnis haben, über die Mittel aus der (vorläufigen) Insolvenzmasse zu verfügen. Allerdings trifft ihn in diesem Fall die Massesicherungspflicht, mit der Zahlungen aus der Masse an das FA grundsätzlich unvereinbar sind. Eine wirksame Selbstanzeige würde regelmäßig an der – für das FA evidenten – Insolvenzzweckwidrigkeit der Steuernach- bzw. Zuschlagszahlung scheitern.

IV. Auf Steuernachzahlungen im Eröffnungsverfahren sind die §§ 129 ff. InsO anwendbar. Ficht der Insolvenzverwalter oder Sachwalter die Steuernachzahlung später an, ist die Selbstanzeige mangels Nachhaltigkeit der Zahlung unwirksam. Allerdings ist der insolvente Steuerhinterzieher davor dann regelmäßig geschützt, wenn Gegenstand der Hinterziehung eine Steuermasseverbindlichkeit gewesen ist. Grundsätzlich ist nämlich die Insolvenzanfechtung bei denjenigen Zahlungen ausgeschlossen, die im Eröffnungsverfahren zur Tilgung (späterer) Masseverbindlichkeiten vorgenommen werden. Dieser Anfechtungsausschluss erfasst insbesondere Masseverbindlichkeiten nach § 55 Abs. 4 InsO. Er erstreckt sich auch auf Zahlungen auf Steuermasseverbindlichkeiten nach § 270b Abs. 3 InsO, es sei denn, im eröffneten Insolvenzverfahren tritt Masseunzulänglichkeit ein. Die Insolvenzanfechtung von Steuerzahlungen, die auf nach § 270b Abs. 3 InsO begründete Umsatzsteuermasseverbindlichkeiten geleistet werden, ist stets ausgeschlossen.

V. Befindet sich ein Steuerpflichtiger im Eröffnungsverfahren in einer Konfliktsituation, genießt er den gleichen verfassungsrechtlich verankerten Schutz vor erzwungenen Selbstbezichtigungen wie vor dem Insolvenzantrag. Insbesondere führt die erfolgreiche Insolvenzanfechtung einer im Eröffnungsverfahren vorgenommenen Steuernachzahlung nicht zur Unwirksamkeit der Selbstanzeige. Verliert der Schuldner im Eröffnungsverfahren seine alleinige Verfügungsbefugnis über sein Vermögen, kann er weder die Steuer entrichten noch den Zuschlag zahlen. Eine Selbstanzeige scheidet dann als Konfliktlösungsinstrument aus. Die selbstbelastenden Angaben des Steuerpflichtigen in der Steuererklärung für den nachfolgenden Besteuerungszeitraum dürfen dann nach § 97 Abs. 1 S. 3 InsO analog nicht für strafrechtliche Zwecke verwendet werden.

Der vorläufige Eigenverwalter ist auch in einer Konfliktsituation, in der er sich einem Zwang zur Selbstbelastung in Form einer strafbewehrten Steuererklärungspflicht ausgesetzt sieht, zusätzlich auch noch zur Sicherung und Erhaltung der Masse verpflichtet. Wäre eine im Rahmen der Selbstanzeige gebotene Zahlung – wie wohl meistens – evident insolvenzzweckwidrig, ist die Situation im Ergebnis nicht anders als beim Verlust der alleinigen Verfügungsbefugnis: Der Steuerpflichtige (vorläufiger Eigenverwalter) *kann* nicht wirksam leisten. Es greift aber stattdessen das strafrechtliche Beweisverwendungsverbot nach § 97 Abs. 1 S. 3 InsO analog, das sich auf die selbstbelastenden Angaben aus der Steuererklärung für den nachfolgenden Besteuerungszeitraum bezieht. Sofern er wegen seiner Masseerhaltungspflicht nur nicht leisten *darf* (nicht evidente Insolvenzzweckwidrigkeit), er aber nach außen wirksam über die Masse verfügen kann, kann er sich ebenfalls auf das Beweisverwendungsverbot berufen. Würde er stattdessen die im Rahmen einer Selbstanzeige gebotenen Zahlungen vornehmen, könnte er zwar auch die Strafverfolgung abwenden. Es droht dann aber die Aufhebung der (vorläufigen) Eigenverwaltung.

VI. Die Nachentrichtungsobliegenheit ist auch während des Eröffnungsverfahrens akzessorisch zum strafbefangenen Steueranspruch. Wird bei einer Besteuerung nach vereinbarten Entgelten die strafbefangene Umsatzsteuerschuld im Eröffnungsverfahren aus rechtlichen Gründen uneinbringlich (z.B. wegen eines gerichtlich angeordneten Forderungseinzugsrechts des vorläufigen Insolvenzverwalters), ist deshalb eine wirksame Selbstanzeige schon im Eröffnungsverfahren nachentrichtungslos möglich. Fällt die strafbefangene Steuerschuld unter § 55 Abs. 4 InsO, bleibt die Steuerentrichtung während des Eröffnungsverfahrens nach den §§ 371, 398a AO noch weiter geboten.

Grundsätzlich kann der Selbstanzeiger die hinterzogene Steuer nachentrichten, indem er mit einem Steuererstattungs- oder -vergütungsanspruch aufrechnet. Allerdings scheitert die Selbstanzeige dann, wenn das FA die Aufrechnungslage anfechtbar erlangt hat und das Insolvenzverfahren später eröffnet wird. Die Aufrechnung ist dann unwirksam und die Tilgung der hinterzogenen Steuer nicht nachhaltig.

B. Legislativer Handlungsbedarf

Neben juristischen Auslegungsfragen bieten die Thematiken dieser Arbeit Anlass dazu, über legislativen Handlungsbedarf nachzudenken, zumal der Gesetzgeber bislang durch seine Zurückhaltung auffällt.

I. Weil beispielsweise die Obliegenheit zur Steuernachentrichtung akzessorisch zum strafbefangenen Steueranspruch ist, ist das Insolvenzsteuerrecht für die Selbstanzeige von Bedeutung. Die Rechtsprechung hat zwar im Wege der Rechtsfortbildung dieses Rechtsgebiet erschlossen und entwickelt. Eine kodifizierte Rechtsgrundlage fehlt jedoch weitgehend. Selbst dort, wo es mit § 55

Abs. 4 InsO eine insolvenzsteuerrechtliche Kodifizierung gibt, ist diese so normenunklar[1096], dass selbst für deren Grundverständnis höchstrichterliche Klärungen erforderlich waren und teilweise noch sind. Die insolvenzsteuerrechtlichen Rechtsfortbildungen wirken sich bei der Selbstanzeige überwiegend vorteilhaft für den insolvenzreifen Steuerhinterzieher aus (Beispiel: Wegfall der akzessorischen Nachentrichtungsobliegenheit). Deshalb führt der geringe Kodifizierungsgrad des Insolvenzsteuerrechts wohl nicht zu einem Verstoß gegen Art. 103 Abs. 2 GG. Dennoch sind die Überschneidungen mit dem Steuerstraf- und Strafverfahrensrecht ein zusätzliches Argument dafür, das Insolvenzsteuerrecht stärker in Gesetzesform zu gießen.

II. Das Insolvenzanfechtungsrecht kann demjenigen insolvenzreifen Steuerhinterzieher die Selbstanzeige verbauen, der zwar über Liquidität für die Steuernachzahlung verfügt und auch verfügen darf, dessen Mittel aber nicht für alle seine fälligen Verbindlichkeiten hinreichen. Die Insolvenzanfechtung dient der Gläubigergleichbehandlung, deren Rechtfertigung und Sinn darin liegt, Konflikte zwischen Schuldner und Gläubigern sowie zwischen den Gläubigern untereinander zu befrieden. Eine solche multilaterale Konfliktbefriedung ist der Selbstanzeige fremd; die Insolvenzanfechtung kann dennoch im Ergebnis die Strafbefreiung vereiteln. Das Scheitern der Selbstanzeige beruht nicht auf einer bewussten gesetzgeberischen Entscheidung, sondern ist so gesehen zufällig. Der Gesetzgeber hat es versäumt, das Verhältnis der Rechtsgebiete untereinander überhaupt, geschweige denn konsistent zu regeln. Das ist letztlich der Grund dafür, dass die Selbstanzeige in der Krise für den insolvenzreifen Steuerhinterzieher nicht kalkulierbar ist.

De lege ferenda erscheint eine Lösung angemessen, die gewissermaßen praktische Konkordanz herstellt: § 371 Abs. 3 AO sollte zu der Konjunktion „soweit" zurückkehren und so die Möglichkeit eröffnen, durch gleichmäßige und anfechtungsfeste Teilzahlungen rechtssichere Straffreiheit im Umfang der Steuernachentrichtung zu erlangen. Um Anfechtungsfestigkeit sicherzustellen, müsste § 129 InsO flankierend den Begriff der Gläubigerbenachteiligung eingrenzen. Der Kreis der benachteiligungsfähigen Insolvenzgläubiger sollte auf gegenwärtige Gläubiger begrenzt werden. Denn ein Selbstanzeiger kann einen zukünftigen und ungewissen Gläubiger bei gleichmäßigen Teilzahlungen naturgemäß nicht berücksichtigen und damit dessen Benachteiligung – und damit auch die Anfechtbarkeit einer quotalen Steuernachzahlung – trotz allen Bemühens

---

1096 Vgl. hierzu *Onusseit*, ZInsO 2011, 641 (645 ff.).

nicht verhindern. Diese gesetzgeberischen Maßnahmen würden nicht nur das Dilemma des insolvenzreifen Steuerhinterziehers abmildern, sondern auch sog. Quotenvergleiche erleichtern. Dies läge auf einer Linie mit dem Zweck des Gesetzes zur Verbesserung der Rechtssicherheit bei Anfechtungen vom 29.3.2017, der darin besteht, Zahlungsempfängern mehr Rechtssicherheit vor Anfechtungsrisiken zu gewähren.[1097] Es empfehlen sich die folgenden Neufassungen des § 371 Abs. 3 AO und des § 129 Abs. 1 InsO:

§ 371 Selbstanzeige bei Steuerhinterziehung

...

(3) Sind Steuerverkürzungen bereits eingetreten oder Steuervorteile erlangt, so tritt für den an der Tat Beteiligten Straffreiheit nur ein, *soweit* er die aus der Tat zu seinen Gunsten hinterzogenen Steuern, die Hinterziehungszinsen nach § 235 und die Zinsen nach § 233a, soweit sie auf die Hinterziehungszinsen nach § 235 Abs. 4 angerechnet werden, innerhalb der ihm bestimmten angemessenen Frist entrichtet.

§ 129 Grundsatz

(1) Rechtshandlungen, die vor der Eröffnung des Insolvenzverfahrens vorgenommen sind und die *gegenwärtigen* Insolvenzgläubiger benachteiligen, kann der Insolvenzverwalter nach Maßgabe der §§ 129 bis 146 anfechten.

III. Das Institut der Selbstanzeige ist einerseits von interessenausgleichenden und befriedenden Elementen (Wiedergutmachung, Tatausgleich, Rückkehr in die Steuerehrlichkeit und Konfliktlösung) geprägt. Andererseits wirkt der Strafzuschlag als Sanktion repressiv. Die Normstruktur des § 398a AO ist insofern nicht konsistent. Im Anwendungsbereich des § 398a AO ist der Strafzuschlag außerdem insoweit ein Hindernis, als er einem Ausgleich zwischen Selbstanzeigeinteresse und Anfechtungsrecht verhindert. Die Ersetzung der Konjunktion „wenn" durch „soweit" und die empfohlene Änderung des § 129 Abs. 1 InsO würden nicht hinreichen, um eine rechtssichere Selbstanzeige zu ermöglichen: Die Einbindung in eine gleichmäßige Gläubigerbefriedigung ist nicht möglich, weil der Zuschlag keine Verbindlichkeit, sondern eine strafverfahrensrechtliche Obliegenheit ist. Selbst ein quotaler Zuschlag im Rahmen gleichmäßiger Zahlungen würde zwangsläufig die „echten" Insolvenzgläubiger benachteiligen. Außerdem ist für ein Absehen von Strafe stets eine vollständige Zuschlagszahlung nötig. Schließlich ist die Selbstanzeige nach § 398a AO in Konfliktsituationen im Allgemeinen und für den insolvenzreifen Steuerhinterzieher im Besonderen kein verhältnismäßiges Konfliktlösungsinstrument. Die Vorschrift wird damit einem zentralen Zweck des Rechtsinstituts der Selbstanzeige nicht gerecht.

1097 BT-Drucks. 18/7054, S. 1 ff.

Die genannten Schwächen lassen sich durch eine Streichung des § 371 Abs. 2 Nr. 3 und Nr. 4 AO sowie des § 398a AO beseitigen. Eine (wieder) einheitliche Selbstanzeige würde zudem die ausufernde Komplexität des Selbstanzeigerechts abmildern. Der tiefere Sinn für die derzeitige Differenzierung zwischen Strafbefreiung (§ 371 AO) und Absehen von Strafe (§ 398a AO) wird in der Rechtspraxis ohnehin nicht hinreichend deutlich: Die gesetzgeberische Absicht, Steuerhinterziehungen von größerem Gewicht anders als bei § 371 AO weiter als kriminelles Unrecht zu brandmarken, ist für juristische Laien nicht sichtbar. Aus der Sicht der Allgemeinheit und der Hinterzieher führen beide Selbstanzeigeformen zu demselben Ergebnis, nämlich dazu, dass ein Selbstanzeiger keine Strafverfolgung mehr zu befürchten hat. Der in der Laiensphäre wahrnehmbare Unterschied ist allein der „Preis".

Die mit dem Strafzuschlag verfolgten Ziele, die Steuerhinterziehung zu verteuern und Hinterziehungsstrategien unattraktiv zu machen, sind auch auf andere Weise erreichbar. Der Zuschlag müsste de lege ferenda als steuerliche Nebenleistung aus dem Steuerschuldverhältnis ausgestaltet sein, von dessen Entrichtung die Wirksamkeit der strafbefreienden Selbstanzeige nicht abhängt. Es würde sich um eine Rechtspflicht, um eine weitere Verbindlichkeit handeln, die in die gleichmäßige Gläubigerbefriedigung einzubeziehen wäre. Zu empfehlen ist – ab einer hinterzogenen Steuer von 25.000 € – die gesetzliche Implementierung eines Verwaltungszuschlags, für den es mit §§ 146 Abs. 2b, 152, 162 Abs. 4 AO, § 32 Abs. 3 ZollVG bereits Vorbilder gibt. Ein Verwaltungszuschlag ohne strafersetzenden Charakter wäre zudem für den Fall, dass eine hinterzogene Mehrwertsteuer betreffende Selbstanzeige scheitert, mit Art. 50 EU-GR Charta vereinbar. Um einen Verstoß gegen das Übermaßverbot zu verhindern, sollte es für den Verwaltungszuschlag keine Verfallsregelung geben.

Als „Hinterziehungszuschlag" sollte die steuerliche Nebenleistung in § 3 Abs. 4 AO aufgenommen werden. Um die Abkehr von der strafprozessualen Einordnung auch systematisch deutlich zu machen, sollten die Modalitäten im Anschluss an den Säumniszuschlag im 5. Teil der AO (2. Abschnitt, 2. Unterabschnitt) geregelt werden:

§ 3 Steuern, steuerliche Nebenleistungen

…

(4) Steuerliche Nebenleistungen sind

…

5. Säumniszuschläge nach § 240,

5*a*. Hinterziehungszuschläge nach § 240a,

…

§ 240a Hinterziehungszuschläge

(1) Wird ein an der Tat Beteiligter nach § 371 straffrei, ist gegen ihn ein Hinterziehungszuschlag in folgender Höhe zugunsten der Staatskasse festzusetzen:

a)
10 Prozent der hinterzogenen Steuer, wenn der Hinterziehungsbetrag 100.000 Euro nicht übersteigt,
b)
15 Prozent der hinterzogenen Steuer, wenn der Hinterziehungsbetrag 100.000 Euro übersteigt und 1.000.000 Euro nicht übersteigt,
c)
20 Prozent der hinterzogenen Steuer, wenn der Hinterziehungsbetrag 1.000.000 Euro übersteigt.

Der Zuschlag wird nur festgesetzt, wenn die nach § 370 Absatz 1 verkürzte Steuer oder der für sich oder einen anderen erlangte nicht gerechtfertigte Steuervorteil einen Betrag von 25.000 Euro je Tat übersteigt oder ein in § 370 Absatz 3 Satz 2 Nr. 2 bis 5 genannter besonders schwerer Fall vorliegt.

(2) Die Bemessung des Hinterziehungszuschlags richtet sich nach den Grundsätzen in § 370 Absatz 4.

IV. Der Gesetzgeber hat bislang auch die Frage der steuerstraf- und strafverfahrensrechtlichen Folgen einer Insolvenzanfechtung ignoriert. Schon weil sie für die Rechtspraxis große Bedeutung hat, erscheint de lege ferenda eine ausdrückliche gesetzgeberische Antwort geboten. Befindet sich der insolvenzreife Steuerhinterzieher auch noch in einer Konfliktsituation, kommen das Nemo-tenetur-Prinzip und damit auch eine verfassungsrechtliche Dimension hinzu. Das macht eine gesetzgeberische Klarstellung noch dringlicher. Es erscheint sinnvoll, den Begriff des Entrichtens in § 371 Abs. 3 AO so legalzudefinieren, wie er in dieser Arbeit im Auslegungswege entwickelt wurde. Es empfiehlt sich die folgende Ergänzung des § 371 Abs. 3 AO:

§ 371 Selbstanzeige bei Steuerhinterziehung

...

(3)...[3]Entrichtet sind die hinterzogenen Steuern, wenn der an der Tat Beteiligte nachhaltig oder in der Situation eines Selbstbelastungszwangs zahlt oder aufrechnet.

V. Bis endgültig geklärt ist, ob der Insolvenzverwalter erfolgreich anficht, befinden sich Steuernachzahlungen eines insolvenzreifen Steuerhinterziehers in einem steuerstrafrechtlichen Schwebezustand. Die Einleitung bzw. Wiederaufnahme des Strafverfahrens kann nach der Klärung ausgeschlossen sein, weil zwischenzeitlich Verfolgungsverjährung (Verfolgungshindernis) eingetreten ist, ohne dass die Strafverfolgungsbehörde das hätte verhindern können. De lege ferenda ist deshalb die Schaffung eines speziellen Ruhenstatbestandes für noch ungeklärte Anfechtungsfälle geboten. Nach § 396 Abs. 1 AO kann das Strafverfahren bis zum rechtskräftigen Abschluss des Besteuerungsverfahrens ausgesetzt werden, wenn die Beurteilung der Tat als Steuerhinterziehung davon abhängt, ob ein Steueranspruch besteht, ob Steuern verkürzt oder ob nicht gerechtfertigte Steuervorteile erlangt sind. Nach § 396 Abs. 3 AO ruht die Verfolgungsverjährung während der Aussetzung. Es empfiehlt sich die folgende Ergänzung des § 396 AO:

§ 396 Aussetzung des Verfahrens

...

(1a) Hängt die Wirksamkeit der Selbstanzeige eines insolvenzreifen Steuerhinterziehers davon ab, ob die Steuernachzahlung (§ 371 Abs. 3) nach den §§ 129 ff. InsO angefochten wird, so kann das Strafverfahren ausgesetzt werden, bis eine abschließende Klärung erfolgt ist.

...

Der Schwebezustand führt des Weiteren zu Ungewissheit und beeinträchtigt den Beschleunigungsgrundsatz. Es empfiehlt sich, das Recht und die Pflicht der Finanzbehörde zum Fremdinsolvenzantrag zu normieren. Die Zulässigkeit darf nicht von der Existenz weiterer fälliger Steuerforderungen abhängen. Es empfiehlt sich die folgende Änderung des § 14 InsO:

§ 14 Antrag eines Gläubigers

...

(1a) Die Finanzbehörde hat einen Antrag zu stellen, wenn der insolvenzreife Schuldner eine Steuerforderung im Rahmen einer Selbstanzeige erfüllt hat. Die Glaubhaftmachung einer offenen Steuerforderung ist in diesem Fall entbehrlich.

...

Literaturverzeichnis

Ahrens, Martin, Abpfiff – Eine Stellungnahme zu den geplanten Änderungen in § 302 Nr. 1 InsO-RefE 2012, ZVI 2012, 122.

Andres, Dirk/Dahl, Michael/Leithaus, Rolf (Hrsg.), Insolvenzordnung – (InsO); Kommentar, 3. Aufl., München 2014 (zit. Andres/Leithaus/*Bearbeiter*).

Bartone, Roberto, Auswirkungen des Insolvenzverfahrens auf das Besteuerungsverfahren – Die richtige Maßnahme zum richtigen Zeitpunkt, AO-StB 2002, 22.

Bauer, Joachim, Ungleichbehandlung der Gläubiger im geltenden Insolvenzrecht – Zugleich zur Dogmatik gesetzlich geschaffener Gläubigerprivilegien am Beispiel des § 32 DepotG, § 13c UStG und des Entwurfs der (vorigen) Bundesregierung eines Gesetzes zum Pfändungsschutz der Altersvorsorge und zur Anpassung des Rechts, Berlin 2007 Reprint Berlin 2011 (zit. *Bauer*, Ungleichbehandlung der Gläubiger).

—, Die schleichende Wiedereinführung von Insolvenzvorrechten zugunsten des Fiskus und der Sozialkassen schreitet voran. – § 28e Abs. 1 Satz 2 SGB IV n.F. als jüngstes Beispiel für Verstöße gegen den Gläubigergleichbehandlungsgrundsatz, ZInsO 2008, 119.

Beck, Siegfried, 8. Kapitel. Insolvenz Materiellrechtlicher Teil, in: Bannenberg, Britta/Janovsky, Thomas/Wabnitz, Heinz-Bernd (Hrsg.), Handbuch des Wirtschafts- und Steuerstrafrechts, 4. Aufl., München 2014 (zit. *Beck*, Wabnitz/Janovsky).

Beckemper, Katharina, Nemo tenetur-Grundsatz im Steuerstrafrecht – Verwertbarkeit einer gescheiterten Selbstanzeige, ZIS 2012, 221.

Beckemper, Katharina/Schmitz, Roland/Wegner, Carsten/Wulf, Martin, Zehn Anmerkungen zur Neuregelung der strafbefreienden Selbstanzeige durch das „Schwarzgeldbekämpfungsgesetz", wistra 2011, 281.

Beermann, Albert/Gosch, Dietmar (Hrsg.), Steuerliches Verfahrensrecht – Abgabenordung-Finanzgerichtsordnung, Loseblatt-Kommentar, Bonn Stand: Mai 2018 (zit. Beermann/Gosch/*Bearbeiter*).

Berthold, Volker, Der Zwang zur Selbstbezichtigung aus § 370 Abs. 1 AO und der Grundsatz des nemo tenetur, Frankfurt am Main/New York 1993 (zit. *Berthold*, Zwang zur Selbstbezichtigung aus § 370 Abs. 1 AO).

Beyer, Dirk, Verbot der Doppelbestrafung im Steuerstrafverfahren, AO-StB 2013, 129.

Birk, Dieter/Desens, Marc/Tappe, Henning, Steuerrecht, 20. Aufl., Heidelberg 2017.

Bitter, Georg/Rauhut, Tilman, Grundzüge zivilrechtlicher Methodik – Schlüssel zu einer gelungenen Fallbearbeitung, JuS 2009, 289.

Bittmann, Folker, § 16 Untreue, (§ 266 StGB), in: ders. (Hrsg.), Praxishandbuch Insolvenzstrafrecht, 2. Aufl., Berlin, Boston 2017 (zit. *Bittmann*, Praxishandbuch Insolvenzsteuerrecht).

Bittmann, Volker, Nochmals: Geldstrafen und Insolvenzanfechtung, wistra 2009, 15.

Blesinger, Karl, Zur Anwendung des Täter-Opfer-Ausgleichs nach § 46a StGB im Steuerstrafrecht, wistra 1996, 90.

Bötticher, Eduard, Die Konkursmasse als Rechtsträger und der Konkursverwalter als ihr Organ, ZZP 77 (1964),

Braun, Michael, Nachentrichtung der hinterzogenen Steuer, PStR 2003, 234.

Brauns, Uwe, Die Anwendbarkeit des § 46a StGB im Steuerstrafrecht, wistra 1996, 214.

Breyer, Jörg, Der Inhalt der strafbefreienden Selbstanzeige, Berlin 1999 (zit. *Breyer*, Inhalt der Selbstanzeige).

Bringewat, Peter, Der „Staatssäckel" als Kriterium der Gesetzesauslegung? – Kritische Anmerkung zu BGH JZ 1980, 362, JZ 1980, 347.

Buchalik, Robert/Kraus, Alfred, Die Abführung von Sozialversicherungsbeiträgen im Eigenverwaltungseröffnungsverfahren, ZInsO 2014, 2354.

Bülte, Jens, § 398a AO im Licht des europäischen Grundsatzes ne bis in idem, NZWiSt 2014, 321.

Bunjes, Johann/Geist, Reinhold/Heidner, Hans-Hermann/Korn, Christian/Leonard, Axel/Robisch, Martin (Hrsg.), Bunjes Umsatzsteuergesetz, 14. Aufl., München 2015 (zit. Bunjes, UStG/*Bearbeiter*).

Buse, Johannes W., Die Selbstanzeige ab dem 01.01.2015, DB 2015, 89.

Cranshaw, Friedrich, Erneute Vollstreckung einer Geldstrafe nach Anfechtung ihrer Zahlung durch den Insolvenzverwalter, jurisPR-InsR 7/2016 (geprüft am 10.8.2018).

—, Voraussetzungen der Gläubigerbenachteiligung bei Leistung eines Geschäftsführers (Bürgen) an den Insolvenzgläubiger, jurisPR-InsR 17/2012 Anm. 2 (geprüft am 08.08.2018).

Creditreform Wirtschaftsforschung, Insolvenzen in Deutschland – Jahr 2017, https://www.creditreform.de/fileadmin/user_upload/crefo/download_de/news_termine/wirtschaftsforschung/insolvenzen-deutschland/analyse_UE-2017.pdf (geprüft am 30.08.2018).

Dobratz, Lars, EU-Grundrechte und Umsatzsteuerrecht – Zum Diskussionsbeitrag von Werner Widmann, UR 2014, 425.

Drees, Rainer, Anmerkung zu BGH, Urteil vom 05. Juni 2008 – IX ZR 17/07, NStZ 2009, 522.

Dumke, Wolfgang, Zur Nachentrichtungspflicht für hinterzogene Steuern bei der strafbefreienden Selbstanzeige, BB 1981, 117.

Durst, Diana, Vermögensverlagerung in der Krise – Zivil-, straf- und steuerrechtliche Aspekte, KÖSDI 2004, 14261.

Erb, Hilmar/Schmitt, Eliu Julian, Ausschluss der Selbstanzeige bei Hinterziehungsbeträgen über 50.000 EUR, PStR 2011, 144.

Fischer, Thomas (Hrsg.), Strafgesetzbuch – Mit Nebengesetzen, 65. Aufl., München 2018 (zit. Fischer/*Bearbeiter*).

Flore, Ingo/Tsambikakis, Michael (Hrsg.), Steuerstrafrecht – Kommentar, 2. Aufl., Köln 2016 (zit. Flore/Tsambikakis, Steuerstrafrecht/*Bearbeiter*).

Foerste, Ulrich, Insolvenzrecht, 7. Aufl., München 2018 (zit. *Foerste*, Insolvenzrecht).

Franzen, Klaus, Selbstanzeige und Nachzahlung fremder Steuern (§ 371 Abs. 3 AO), DStR 1983, 323.

Frind, Frank, Insolvenzliche Eigenverwaltung und öffentlich-rechtliche Forderungen: Zahlen oder nicht?, GmbHR 2015, 128.

Frisch, Wolfgang, Schuldgrundsatz und Verhältnismäßigkeitsgrundsatz, NStZ 2013, 249.

Frotscher, Gerrit, Zur Anfechtung von Lohn- und Umsatzsteuerzahlungen im Vorfeld der Insolvenzeröffnung, BB 2006, 351.

—, Besteuerung bei Insolvenz, 8. Aufl., Frankfurt am Main 2014.

Füllsack, Markus/Bürger, Sebastian, Die Neuregelung der Selbstanzeige 2011, 1239.

Gehm, Matthias H., Eckpunkte der Neuregelung der strafbefreienden Selbstanzeige, StBW 2015, 105.

Gercke, Björn/Julius, Karl-Peter/Temming, Dieter/Zöller, Mark A. (Hrsg.), Strafprozessordnung – Heidelberger Kommentar, 5. Aufl., Heidelberg 2012 (zit. HK, StPO/*Bearbeiter*).

Gerhardt, Walter, Auskunftspflicht des Konkursverwalters gegenüber dem Gemeinschuldner?, ZIP 1980, 941.

Graf, Jürgen Peter/Jäger, Markus/Wittig, Petra (Hrsg.), Wirtschafts- und Steuerstrafrecht – Kommentar, 2. Aufl., München 2017 (zit. GJW/*Bearbeiter*).

Graf-Schlicker, Marie-Luise (Hrsg.), InsO – Kommentar zur Insolvenzordnung, 5. Aufl., Köln 2018 (zit. Graf-Schlicker, InsO/*Bearbeiter*).

Harder, Phillip-Boie, Kein Fiskusprivileg in der Eigenverwaltung – Möglichkeit der Anfechtung von Steuerzahlungen im vorläufigen Eigenverwaltungsverfahren nach §§ 270, 270a InsO – Zugleich Anmerkung zu OLG Jena, NZI 2016, 784 sowie zu LG Erfurt, NZI 2016, 32, NZI 2016, 867.

Häsemeyer, Ludwig, Die Gleichbehandlung der Konkursgläubiger, KTS 1982, 507.

—, Insolvenzrecht, 4. Aufl., Köln/München 2007.

Heferdehl, Roland, Beweisermittlungs- und -beweisverwertungsverbote bei Auskunfts- und Mitwirkungspflichten – das sog. Verwendungsverbot nach § 97 Abs. 1 S. 3 InsO, wistra 2003, 1.

Helml, Sarah Regina, Die Reform der Selbstanzeige im Steuerstrafrecht, München 2014 (zit. *Helml*, Reform der Selbstanzeige).

Herlan, Wilhelm, Aus der – nicht in der „Amtlichen Sammlung" veröffentlichten – Rechtsprechung des BGH zu den strafrechtlichen Nebengesetzen, GA 1963, 67.

Herrmann, Klaus, Erneute Verschärfung der Selbstanzeige und ihre Auswirkungen in der Praxis, PStR 2014, 199.

Heuel, Ingo/Beyer, Dirk, Die neue Selbstanzeige zum 1.1.2015 – Praxishinweise zu Grenz- und Streitfragen, AO-StB 2015, 129.

Heuermann, Bernd, Insolvenzeröffnungsverfahren und Umsatzsteuer, UR 2015, 174.

Hey, Johanna, § 3 Steuersystem und Steuerverfassungsrecht, in: Tipke, Klaus/Lang, Joachim u.a. (Hrsg.), Tipke/Lang Steuerrecht, 23. Aufl., Köln 2018 (zit. *Hey*, Tipke/Lang, Steuerrecht).

Hobelsberger, Alexander, Umsatzsteuerpflicht und -haftung in der vorläufigen Eigenverwaltung, DStR 2013, 2545.

Hofmeister, Klaus, Insolvenzrechtsreform 2014: Kein Hinkelstein, aber jede Menge Schotter im Detail – Anmerkungen aus Sicht der Schuldner- und Insolvenzberatung, ZVI 2014, 247.

Hölzle, Gerrit, Konkurrenz von Steuerrecht und Insolvenzrecht, BB 2012, 1571.

Höpfner, Andreas, Neuer Anwendungserlass des FinMin NRW zu §§ 371, 398a AO, PStR 2016, 147.

Hübschmann, Walter/Hepp, Ernst/Spitaler, Armin (Hrsg.), Abgabenordnung, Finanzgerichtsordnung – Kommentar Loseblattsammlung, Köln Stand: Juni 2018 (zit. HHSP/*Bearbeiter*).

Hüls, Silke/Reichling, Tilman, Die Selbstanzeige nach § 371 AO im Spannungsfeld zum Insolvenzrecht, wistra 2010, 327.

Hüls, Silke/Reichling, Tilmann (Hrsg.), Steuerstrafrecht, Heidelberg 2016 (zit. HK, Steuerstrafrecht/*Bearbeiter*).

Hunsmann, Daniel, Das Absehen von Strafverfolgung nach § 398a AO in der Verfahrenspraxis, BB 2011, 2519.

—, Die Novellierung der Selbstanzeige durch das Schwarzgeldbekämpfungsgesetz, NJW 2011, 1482.

—, Neuregelung der Selbstanzeige im Steuerstrafrecht – Neue Herausforderungen für Beratung und Verteidigung, NJW 2015, 113.

—, Zur Bestimmung des Geldbetrages, der hinterzogenen Steuer und des Hinterziehungsbetrages in § 398a AO Abs. 1 Nr. 2, NZWiSt 2015, 130.

Hutzschenreuter, Thomas, Krisenmanagement – Grundlagen, Strategien, Instrumente, Wiesbaden 2006.

Jaeger, Ernst/Eckardt, Diederich/Henckel, Wolfram (Hrsg.), Insolvenzordnung – Großkommentar, Berlin 2004 (zit. Jaeger, InsO/*Bearbeiter*).

Janca, Markus/Heßlau, Henner, Geldstrafen und Geldbußen in der Insolvenz, ZInsO 2012, 2128.

Janca, Markus/Schroeder, Christian/Baron, Jan, Strafrecht und Insolvenzrecht – Stationen, Friktionen, Lösungsansätze, wistra 2015, 409.

Jarass, Hans D., Bedeutung der EU-Rechtschutzgewährleistung für nationale und EU-Gerichte, NJW 2011, 1393.

Jarass, Hans D./Pieroth, Bodo (Hrsg.), Grundgesetz für die Bundesrepublik Deutschland – Kommentar, 15. Aufl., München 2018 (zit. Jarass/Pieroth, GG/*Bearbeiter*).

Jesse, Lenhard, Anzeige- und Berichtigungspflichten nach § 153 AO, BB 2011, 1431.

—, Das Nebeneinander von Besteuerungs- und Steuerstrafverfahren – Eine kritische Bestandsaufnahme zwischen Wahrheitspflicht und Schweigerecht, DB 2013, 1803.

Joecks, Wolfgang, Der Regierungsentwurf eines Gesetzes zur Änderung der Abgabenordnung und des Einführungsgesetzes zur Abgabenordnung, DStR 2014, 2261.

— (Hrsg.), Münchener Kommentar zum Strafgesetzbuch Band 2 §§ 38-79b StGB, 3. Aufl., München 2016 (zit. MünchKommStGB, Band 2/*Bearbeiter*).

Joecks, Wolfgang/Jäger, Markus/Randt, Karsten (Hrsg.), Steuerstrafrecht, 8. Aufl., München 2015 (zit. JJR/*Bearbeiter*).

Joecks, Wolfgang/Miebach, Klaus (Hrsg.), Münchener Kommentar zum Strafgesetzbuch Band 7: Nebenstrafrecht II, 3. Aufl., München 2017 (zit. MünchKommStGB, Band 7/*Bearbeiter*).

Kahlert, Günter, Der V. Senat des BFH als Schöpfer von Fiskusvorrechten im Umsatzsteuerrecht, DStR 2011, 921.

—, Steuerzahlungspflicht im Eröffnungsverfahren der Eigenverwaltung, ZIP 2012, 2089.

Kahlert, Günter/Rühland, Bernd, Sanierungs- und Insolvenzsteuerrecht, 2. Aufl., Köln 2011.

Kayser, Godehard, Vorsatzanfechtung von Zahlungen nach Stundungsbitte, Quotenvergleich und Sanierungsplan, ZInsO 2016, 2134.

—, Die Entkräftung der die Insolvenzanfechtung begründenden Vermutungen und Indizien, WM 2013, 293.

Kayser, Godehard/Thole, Christoph (Hrsg.), Insolvenzordnung – Heidelberger Kommentar, 9. Aufl., Stuttgart 2018 (zit. HK, InsO/*Bearbeiter*).

Kemperdick, Christian, Zur Zulässigkeit der Vollstreckung der Ersatzfreiheitsstrafe bei insolvenzrechtlicher Anfechtung der Zahlung der Geldstrafe, ZInsO 2010, 1307.

Kirchhof, Hans-Peter/Eidenmüller, Horst (Hrsg.), Münchener Kommentar zur Insolvenzordnung, Band 2, 3. Aufl., München 2013 (zit. MünchKommInsO, Band 2/*Bearbeiter*).

— (Hrsg.), Münchener Kommentar zur Insolvenzordnung, Band 3 – Konzernsinsolvenzrecht, Insolvenzsteuerrecht, 3. Aufl., München 2014 (zit. MünchKommInsO, Band 3/*Bearbeiter*).

Kirchhof, Hans-Peter/Stürner, Rolf/Eidenmüller, Horst (Hrsg.), Münchener Kommentar zur Insolvenzordnung, 3. Aufl., München 2013 (zit. MünchKommInsO, Band 1/*Bearbeiter*).

Klaproth, Martin, Ausgewählte Auswirkungen der Insolvenz des Beschuldigten auf ein Steuerstrafverfahren, wistra 2008, 174.

Klein, Franz (Hrsg.), Abgabenordnung – Einschliesslich Steuerstrafrecht Kommentar, 12. Aufl., München 2014 (zit. Klein (12.Aufl.)/*Bearbeiter*).

— (Hrsg.), Abgabenordnung – Einschliesslich Steuerstrafrecht Kommentar, 13. Aufl., München 2016 (zit. Klein (13. Aufl.)/*Bearbeiter*).

Kleinknecht, Theodor/Müller, Hermann/Reitberger, Ludwig (Hrsg.), Kommentar zur Strafprozeßordnung – Loseblattsammlung, Neuwied Stand: Juli 2018 (zit. Kleinknecht/Müller/Reitberger, StPO/*Bearbeiter*).

Knospe, Armin, Scharfes Schwert oder harmlose Gerechtigkeitsregel? – Die insolvenzrechtliche Monstranz der Gläubigergleichbehandlung, ZInsO 2014, 861.

Köhler, Michael, Zur Kritik an der Zwangsarbeiterstrafe, GA 1987, 145.

Kohlmann, Günter (Begr.), Steuerstrafrecht mit Ordnungswidrigkeitenrecht und Verfahrensrecht – Loseblattsammlung, Köln Stand: Mai 2018 (zit. Kohlmann/*Bearbeiter*).

Kopf, Robert/Szalai, Stephan, Der „Nemo-tenetur-Grundsatz" im Steuerrecht, NJ 2010, 363.

Krick, Carsten, § 153a StPO: Rückerstattung erbrachter Leistungen bei späterer Strafverfolgung wegen eines Verbrechens oder Kompensation im Rahmen der Strafzumessung?, NStZ 2003, 68.

Krüger, Frank, Insolvenzsteuerrecht Update 2017, ZInsO 2017, 405.

Krumm, Marcel, Insolvenzrechtliches Zahlungsverbot und rechtmäßiges Alternativverhalten – Zur Massesicherungs- und -erhaltungspflicht bei debitorischen Bankkonten, WM 2010, 296.

—, Steuervollzug und formelle Insolvenz, Frankfurt am Main/New York 2009.

Kübler, Bruno M./Prütting, Hanns/Bork, Reinhard/Holzer, Johannes/Pape, Gerhard/Adolphsen, Jens (Hrsg.), InsO – Kommentar zur Insolvenzordnung Loseblattsammlung, Köln Stand: März 2018 (zit. KPB/*Bearbeiter*).

Kuhlen, Lothar, Grundfragen der strafbaren Steuerhinterziehung, Heidelberg 2012.

Kühn, Rolf/Wedelstädt, Alexander von (Hrsg.), Abgabenordnung und Finanzgerichtsordnung – Kommentar, 21. Aufl., Stuttgart 2015 (zit. Kühn/von Wedelstedt/*Bearbeiter*).

Kühn, Rolf/Kutter, Heinz, Abgabenordnung Finanzgerichtsordnung – Steueranpassungsgesetz/ Finanzverwaltungsgesetze/ Nebengesetze, 11. Aufl. 1974 (zit. *Kühn/Kutter*, AO/FGO).

Kunkel-Razum, Kathrin/Konopka, Anja, Duden – Das Bedeutungswörterbuch, 4. Aufl., Mannheim u.a. 2010.

Lackner, Karl/Kühl, Kristian (Hrsg.), Strafgesetzbuch – Kommentar, 29. Aufl., München 2018 (zit. Lackner/Kühl/*Bearbeiter*).

Lammerding, Jo/Scheel, Thomas/Brehm, Bernhard, Abgabenordnung, FGO einschließlich Steuerstrafrecht, 16. Aufl., Achim 2012 (zit. *Lammerding/Scheel/Brehm*, AO/FGO).

Larenz, Karl/Canaris, Claus-Wilhelm, Methodenlehre der Rechtswissenschaft, 3. Aufl., Berlin Heidelberg 1995 (zit. *Larenz/Canaris*, Methodenlehre).

Laufhütte, Heinrich Wilhelm/Tiedemann, Klaus (Hrsg.), Strafgesetzbuch – Leipziger Kommentar; Großkommentar, 12. Aufl., Berlin u.a. 2012 (zit. LK/*Bearbeiter*).

Leipold, Klaus/Zöller, Markus/Tsambikakis, Michael (Hrsg.), AnwaltKommentar StGB – Heidelberger Kommentar, 2. Aufl., Heidelberg u.a. 2015 (zit. HK, StGB/*Bearbeiter*).

Lenaerts, Koen, Grundrechte-Charta im System eines pluralistischen Grundrechtsschutzes, AnwBl 2014, 772.

Lippross, Otto-Gerd, Umsatzsteuer, 24. Aufl., Achim 2017.

Lippross, Otto-Gerd/Seibel, Wolfgang (Hrsg.), Basiskommentar Steuerrecht – Loseblattsammlung, Köln Stand: Juli 2017 (zit. Lippross, Steuerrecht/*Bearbeiter*).

Löffler, Christian, Grund und Grenzen der steuerstrafrechtlichen Selbstanzeige – Über die strafrechtliche Erklärung des § 371 AO, Baden-Baden 1992 (zit. *Löffler*, Grund der Selbstanzeige).

Lorenz, Serkan/Roth, David, Insolvenzanfechtung im Steuerstrafrecht: Geldstrafe, Geldauflage, Selbstanzeige, PStR 2011, 129.

Lutter, Marcus/Hommelhoff, Peter/Bayer, Walter/Kleindiek, Detlef (Hrsg.), GmbH-Gesetz – Kommentar, 19. Aufl., Köln 2016 (zit. Lutter/Hommelhoff, GmbH-Gesetz/*Bearbeiter*).

Matschke, Sebastian, Strafzumessung im Steuerstrafrecht, wistra 2012, 457.

Mensch, Gerhard, Finanz-Controlling – Finanzplanung und -kontrolle; Controlling zur finanziellen Unternehmensführung, 2. Aufl., München 2008.

Meyer-Goßner, Lutz/Schmitt, Bertram (Hrsg.), Strafprozessordnung – Gerichtsverfassungsgesetz, Nebengesetze und ergänzende Bestimmungen, 61. Aufl., München 2018 (zit. Meyer-Goßner/Schmitt, StPO/*Bearbeiter*).

Meyer-Ladewig, Jens/Nettesheim, Martin/von Raumer, Stefan (Hrsg.), EMRK Handkommentar – Europäische Menschenrechtskonvention, 4. Aufl., Baden-Baden 2016 (zit. Meyer-Ladewig, EMRK/*Bearbeiter*).

Müller, Michael, Die Selbstanzeige im Steuerstrafrecht – Vor und nach dem Schwarzgeldbekämpfungsgesetz (2011) mit besonderem Augenmerk auf den neu geschaffenen Sperrgrund gemäß § 371 Abs. 2 Nr. 3, 398a AO, Berlin 2015 (zit. *Müller*, Selbstanzeige im Steuerstrafrecht).

Nachtmann, Andrea, Das Fiskusvorrecht im deutschen Insolvenzrecht – Eine Untersuchung der aktuellen Entwicklung, des aktuellen Stands und der Verfassungsmäßigkeit des Fiskusvorrechts im geltenden Insolvenzrecht, Frankfurt am Main 2014 (zit. *Nachtmann*, Fiskusvorrecht).

Nerlich, Jörg/Römermann, Volker (Hrsg.), Insolvenzordnung – (InsO), Kommentar Loseblattsammlung, 35. Aufl., München Stand: April 2018 (zit. Nerlich/Römermann, InsO/*Bearbeiter*).

Nieberl, Albert (Hrsg.), Reichsabgabenordnung – Kommentar, 3. Aufl., Berlin Leipzig 1932 (zit. Nieberl, RAO 1931/*Bearbeiter*).

Onusseit, Dietmar, Zur Neuregelung des § 55 Abs. 4 InsO, ZInsO 2011, 641.

Palandt, Otto, Bürgerliches Gesetzbuch – Mit Nebengesetzen, bearbeitet von Brudermüller, Gerd u.a., 77. Aufl., München 2018 (zit. Palandt/*Bearbeiter*).

Pape, Gerhard, Die Insolvenzzweckwidrigkeit von Rechtshandlungen des vorläufigen und des endgültigen Insolvenzverwalters/Sachwalters, ZInsO 2016, 2149.

Pape, Gerhard/Uhländer, Christoph (Hrsg.), NWB-Kommentar zum Insolvenzrecht – Praktikerkommentar mit Schwerpunkt zum Steuerrecht, Herne 2012 (zit. Pape/Uhländer, Insolvenzrecht/*Bearbeiter*).

Pfordte, Thilo, Insolvenzrecht und Strafverfahren, StV 2010, 591.

Püschel, Chrisof/Paradissis, Alexander, Die Staatsanwaltschaft als Insolvenzpolizei – eine Polemik gegen die Praxis der Ermittlungen ohne Verdacht, ZInsO 2015, 1786.

Rau, Günter/Dürrwächter, Erich (Hrsg.), Kommentar zum Umsatzsteuergesetz – Loseblattsammlung, Köln Stand: Mai 2018 (zit. Rau/Dürrwächter/*Bearbeiter*).

Raupach, Arndt/Herrmann, Carl/Heuer, Gerhard/Mrozek, Alfons (Hrsg.), Einkommensteuer- und Körperschaftsteuergesetz – Kommentar Loseblattsammlung, 21. Aufl., Köln Stand: Mai 2017 (zit. Raupach/Herrmann/Heuer/*Bearbeiter*).

Reiß, Wolfram, Besteuerungsverfahren und Strafverfahren – Zugleich ein Beitrag zur Bedeutung des Grundsatzes von nemo tenetur se ipsum prodere im Besteuerungsverfahren, Köln 1987.

Reiter, Christian Harald Maximilian, „Nemo tenetur se ipsum prodere" und Steuererklärungspflicht – Zur Strafbarkeit der wiederholenden Hinterziehung periodischer Veranlagungs- und Fälligkeitssteuern im anhängigen Steuerstrafverfahren, München 2007 (zit. *Reiter*, Nemo tenetur und Steuererklärungspflicht).

Renzikowski, Joachim, Anmerkung zu BGH 3 StR 104/07 vom 26.07.2007, JR 2008, 164.

Rinjes, Axel, Zur Anfechtbarkeit von Zahlungen auf Geldstrafen im Insolvenzverfahren, wistra 2008, 336.

Rolletschke, Stefan, Steuerstrafrecht, 4. Aufl., München 2012.

Rolletschke, Stefan/Kemper, Martin (Hrsg.), Steuerstrafrecht – AO, UStG, ZollVG; Kommentar Loseblatsammlung, Köln Stand: April 2018 (zit. Rolletschke/Kemper, Steuerstrafrecht/*Bearbeiter*).

Rolletschke, Stefan/Roth, David, Selbstanzeige: Verschärfte Anforderungen durch das Schwarzgeldbekämpfungsgesetz, Stbg 2011, 200.

—, Die Selbstanzeige, München 2015.

Rönnau, Thomas/Tachau, Benjamin, Der Geldstrafenschuldner in der Insolvenz – zwischen Skylla und Charibdis, NZI 2007, 208.

Roth, David, Klage auf Rückerstattung des Strafzuschlags i.S.d. § 398a Nr. 2 AO?, ZWH 2013, 7.

—, § 398a Abs. 4 AO – Verfall „wirkungsloser" Strafzuschläge und Anrechnung auf Geldstrafen in Selbstanzeigefällen, wistra 2015, 295.

—, Selbstanzeige: Keine Wiederaufnahme (§ 398a Abs. 3 AO) eingestellter Verfahren bei nachträglich erkannten Sperrgründen?, Stbg 2015, 311.

Roth, Jan, Anfechtbarkeit von Umsatzsteuerforderungen gem. § 55 Abs. 4 InsO, ZInsO 2011, 1779.

—, Insolvenz-Steuerrecht – Insolvenzrechtliche Implikationen im Steuerrecht, 2. Aufl., Köln 2016.

Sahan, Oliver, Keine Steuererklärungspflicht bei Gefahr strafrechtlicher Selbstbelastung, Baden Baden 2006 (zit. *Sahan*, Gefahr strafrechtlicher Selbstbelastung).

Samson, Erich, Zur Rechtsnatur der Steuerverkürzung, in: Canaris, Claus-Wilhelm/Schmidt, Karsten u.a. (Hrsg.), 50 Jahre Bundesgerichtshof – Festgabe aus der Wissenschaft, München 2000, S. 675 (zit. *Samson*, Festgabe 50 Jahre BGH).

Schaefer, Torsten, Der Nemo-Tenetur-Grundsatz im Steuerstrafverfahren, Marburg 2007 (zit. *Schaefer*, Nemo-tenetur-Grundsatz).

Schmidt, Andreas/Ahrendt, Achim (Hrsg.), Hamburger Kommentar zum Insolvenzrecht, 6. Aufl., Köln 2017 (zit. HambKomm/*Bearbeiter*).

Schmidt, Karsten, Klage und Rechtshängigkeit bei Konkurseröffnung vor Klagezustellung – Eine Bewährungsprobe für die Amtstheorie?, NJW 1995, 911.

— (Hrsg.), Insolvenzordnung – InsO mit EuInsVO, 19. Aufl., München 2016 (zit. Schmidt, InsO/*Bearbeiter*).

Schmidt-Bleibtreu, Bruno/Hofmann, Hans/Henneke, Hans-Günter (Hrsg.), Grundgesetz – Kommentar, 14. Aufl., Köln 2018 (zit. Schmidt-Bleibtreu, GG/*Bearbeiter*).

Schmittmann, Jens, Strafbefreiende Selbstanzeige, Insolvenzeröffnung, Anfechtung – und was kommt dann?, VIA 2012, 1.

—, A. Überblick über das Regelinsolvenzverfahren, in: Waza, Thomas/ Schmittmann, Jens M./Uhländer, Christoph (Hrsg.), Insolvenzen und Steuern, 11. Aufl., Herne 2015 (zit. *ders.*, Waza/Uhländer/Schmittmann, Insolvenzen und Steuern).

Schmittmann, Jens/Dannemann, Dirk, Schutzschirmverfahren versus Insolvenzanfechtung? – Überlegungen zur Anfechtungsfestigkeit von Rechtshandlungen des Schuldners im Rahmen des Schutzschirmverfahrens nach § 270b InsO, ZIP 2013, 760.

—, Massesicherungs- versus Steuerzahlungspflicht im Schutzschirmverfahren nach § 270b ZPO – Einen Tod muss der Geschäftsführer sterben?! – Persönliche Haftung des Geschäftsführers aus §§ 69, 34 AO und § 64 Satz 1 GmbHG, ZIP 2014, 1405.

Schneider, Hartmut (Hrsg.), Münchener Kommentar zur Strafprozessordnung, München 2016 (zit. MünchKomm, StPO/*Bearbeiter*).

Scholz, Franz/Bitter, Georg (Hrsg.), Kommentar zum GmbH-Gesetz – Band III, 11. Aufl., Köln 2015 (zit. Scholz, GmbH-Gesetz/*Bearbeiter*).

Schönke, Adolf/Schröder, Horst (Hrsg.), Strafgesetzbuch – Kommentar, 29. Aufl., München 2014 (zit. Schönke/Schröder/*Bearbeiter*).

Schuster, Frank Peter, Die strafbefreiende Selbstanzeige im Steuerstrafrecht – Auslaufmodell oder notwendige Brücke in die Steuerehrlichkeit?, JZ 2015, 27.

Schwarz, Bernhard/Pahlke, Armin (Hrsg.), Kommentar zur Abgabenordnung (AO) Loseblattsammlung, Freiburg i. Br. Stand: Mai 2018 (zit. Schwarz/ Pahlke/*Bearbeiter*).

Schwarz, Tobias, Praxisfragen zur neuen Selbstanzeigeregelung zum 1. Januar 2015, PStR 2015, 37.

Seelmann, Kurt, Probleme der Unterscheidung von Handeln und Unterlassen im Strafrecht, JuS-Lernbogen 1987, 33.

Seer, Roman, Verfassungswidrigkeit der kapitalmarktunabhängigen Verzinsung von Steueransprüchen und Reformbedarf, DB 2014, 1945.

—, Der sog. Strafzuschlag nach § 398a AO im Bereich von Unternehmenssteuern, in: Ahlbrecht, Heiko/Dann, Matthias u.a. (Hrsg.), Festschrift für Jürgen Wessing zum 65. Geburtstag, München 2015, S. 353 (zit. *ders.*, Festschrift für Wessing).

—, Abstimmungsprobleme zwischen Umsatzsteuer- und Insolvenzrecht, DStR 2016, S. 1289.

—, Berichtigung nach § 153 AO oder Selbstanzeige nach §§ 371, 398a AO – Bedeutung des Anwendungserlasses vom 23.05.2016, DB 2016, 2192.

—, Das Delikt der Steuerhinterziehung im Kernbereich des Steuerstrafrechts – Wichtiges Detailwissen für die Prüfung und Praxis, SteuerStud 2016, 35.

—, § 21 Durchführung der Besteuerung, in: Tipke, Klaus/Lang, Joachim u.a. (Hrsg.), Tipke/Lang Steuerrecht, 23. Aufl., Köln 2018 (zit. *ders.*, Tipke/Lang, Steuerrecht).

Simon, H. Eberhard, Teil II: Selbstanzeige, in: Simon, H. Eberhard/Vogelberg, Claus-Arnold (Hrsg.), Steuerstrafrecht, Stuttgart 2015, 205 (zit. *Simon*, Simon/Vogelberg, Steuerstrafrecht).

Sinz, Ralf, 1. Teil: Krisenvermeidung, Krisenfrüherkennung und Krisenbewältigung, in: Schmidt, Karsten/Uhlenbruck, Wilhelm (Hrsg.), Die GmbH in Krise, Sanierung und Insolvenz – Gesellschaftsrecht, Insolvenzrecht, Steuerrecht, Arbeitsrecht, Bankrecht und Organisation bei Krisenvermeidung, Krisenbewältigung und Abwicklung, 5. Aufl., Köln 2016 (zit. *Sinz*, Schmidt/Uhlenbruck, Sanierung und Insolvenz).

Skok, Jürgen/Vogelberg, Arnold, Selbstanzeige im Konkursfall, PStR 1998, 170.

Smid, Stefan, Gleichbehandlung der Gläubiger und Wiederherstellung eines funktionsfähigen Insolvenzrechts als Aufgaben der Insolvenzrechtsreform – Bemerkungen zum Regierungsentwurf einer zukünftigen InsO, BB 1992, 501.

Spilker, Bettina, Abgabenrechtliches Mitwirkungssystem im Spannungsverhältnis mit dem Nemo-tenetur-Grundsatz, DB 2016, 1842.

Stadie, Holger (Hrsg.), Umsatzsteuergesetz – Kommentar, 3. Aufl., Köln 2015 (zit. Stadie/*Bearbeiter*).

Stahl, Rudolf, Selbstanzeige – Unter Berücksichtigung des Schwarzgeldbekämpfungsgesetzes und des deutsch-schweizerischen Steuerabkommens, 3. Aufl., Bonn 2011.

—, Die neue Selbstanzeige ab 2015, KÖSDI 2015, 19167.

—, Selbstanzeige, 4. Aufl., Bonn 2016.

Suhr, Christian, Rechtsgut der Steuerhinterziehung und Steuerverkürzung im Festsetzungsverfahren, Frankfurt am Main u.a. 1989 (zit. *Suhr*, Rechtsgut der Steuerhinterziehung).

Terstegen, Die Frist nach § 410 Abs. 3 AO, StW 1954, Sp. 382.

Thomas, Heinz/Putzo, Hans/Reichold, Klaus/Hüßtege, Rainer/Seiler, Christian (Hrsg.), Zivilprozessordnung, 37. Aufl., München 2016 (zit. Thomas/Putzo, ZPO/*Bearbeiter*).

Tiedemann, Klaus, Gleichheit und Sozialstaatlichkeit im Strafrecht, GA 1964, 353.

Tipke, Klaus/Kruse, Heinrich Wilhelm/Brandis, Peter/Drüen, Klaus-Dieter/ Krumm, Marcel/Loose, Matthias/Seer, Roman (Hrsg.), Abgabenordnung, Finanzgerichtsordnung – Kommentar zur AO und FGO Loseblattsammlung, Köln Stand: April 2018 (zit. Tipke/Kruse/*Bearbeiter*).

Uhländer, Christoph, B. Das Besteuerungs- und Erhebungsverfahren in der Insolvenz, in: Waza, Thomas/Schmittmann, Jens M./Uhländer, Christoph (Hrsg.), Insolvenzen und Steuern, 11. Aufl., Herne 2015 (zit. *Uhländer*, Waza/ Uhländer/Schmittmann, Insolvenzen und Steuern).

Uhlenbruck, Wilhelm (Hrsg.), Insolvenzordnung – Kommentar, 14. Aufl., München 2015 (zit. Uhlenbruck/*Bearbeiter*).

Vogelberg, Claus-Arnold, Selbstanzeige (§ 371 AO), in: Andrejtschitsch, Jan/Wannemacher, Wolfgang (Hrsg.), Steuerstrafrecht – Handbuch, 6. Aufl., Bonn 2013 (zit. *Vogelberg*, Wannemacher).

von Selle, Dirk, Der Begriff der unbilligen Härte in § 459f StPO, NStZ 1990, 118.

Wassmann, Hans, Zu den Voraussetzungen des § 371 Absatz 3 AO, ZfZ 1990, 40.

Waza, Thomas, C. Durchsetzung von Steuerforderungen, in: Waza, Thomas/ Schmittmann, Jens M./Uhländer, Christoph (Hrsg.), Insolvenzen und Steuern, 11. Aufl., Herne 2015 (zit. *Waza*, Waza/Uhländer/Schmittmann, Insolvenzen und Steuern).

Wegner, Carsten, Zu den Voraussetzungen einer Zahlungsunfähigkeit bei Insolvenzstraftaten, wistra 2007, 386.

Weidmüller, Juliane, Die Rückschlagsperre als Instrument zur gemeinschaftlichen Haftungsverwirklichung – Eine Analyse im Spannungsfeld zwischen Einzel- und Gesamtvollstreckung, Baden-Baden 2012.

Weinreuter, Uwe, Selbstanzeige und Fremdanzeige im Steuerstrafrecht, DStZ 2000, 398.

Wenzel, Judith, Das Verhältnis von Steuerstraf- und Besteuerungsverfahren unter besonderer Berücksichtigung der Ursächlichkeit des Besteuerungsverfahrens für Beweisverwertungsverbote im Steuerstrafrecht, Herbolzheim 2003 (zit. *Wenzel*, Beweisverwertungsverbote im Steuerstrafrecht).

Wenzler, Thomas/Rübenstahl, Markus, Die Selbstanzeige – Ratgeber Steuerstrafrecht, 2. Aufl., Wiesbaden 2015.

Weyand, Raimund/Diversy, Judith, Insolvenzdelikte – Unternehmenszusammenbruch und Strafrecht, 10. Aufl., Berlin 2016 (zit. *Weyand/Diversy*, Insolvenzdelikte).

Wimmer, Klaus/Ahrens, Martin (Hrsg.), Frankfurter Kommentar zur Insolvenzordnung, 9. Aufl., Köln 2018 (zit. FK, InsO/*Bearbeiter*).

Windel, Peter A., Der insolvenzrechtliche Gleichbehandlungsgrundsatz und seine Auswirkungen auf die Abwicklung schwebender Austauschverträge, Jura 2002, 230.

Wollmann, Christian, Straffreiheit gem. §§ 371, 398a AO zum Nulltarif? - Zur (nicht) strafbefreienden Wirkung einer angefochtenen Steuernachzahlung, ZInsO 2011, 1521.

Wollweber, Markus/Bertrand, Christian, Restschuldbefreiung bei strafbefangenen Steuerverbindlichkeiten, DStR 2015, 1115.

Wolter, Jürgen (Hrsg.), Systematischer Kommentar zur Strafprozessordnung - Mit GVG und EMRK, 5. Aufl., Köln 2016 (zit. SK, StPO, Band II/*Bearbeiter*).

Zenker, Wolfgang, Kapitel 9 Insolvenzanfechtung, in: Bork, Reinhard/Hölzle, Gerrit (Hrsg.), Handbuch Insolvenzrecht - Kommentar zur Insolvenzordnung, Köln 2014 (zit. *Zenker*, Bork/Hölzle, Handbuch Insolvenzrecht).

Zimmermann, Friedrich, Nachzahlung bei Selbstanzeige, Frankfurt am Main/ New York 2001.

Zippelius, Reinhold, Juristische Methodenlehre, 11. Aufl., München 2012.

Zöller, Richard (Hrsg.), Zivilprozessordnung - Kommentar, 32. Aufl., Köln 2018 (zit. Zöller/*Bearbeiter*).

Abbildungsverzeichnis